はじめ

ファイナンシャル・プランナー（FP）とは、お客様のライフプランをベースに、貯蓄や投資、保険、年金、不動産、税金、相続などを、包括的にアドバイスする専門家です。

各専門分野の資格をもって活躍している人も、現代の複雑化した経済環境の中で、お客様に対するアドバイスの仕方が変化してきています。従来のように、1つの専門分野だけを点でアドバイスするのではなく、各分野とのかかわりを意識しながら、線や面で捉えることが求められているのです。

このような背景により、幅広い知識をもつFP技能士は、金融業界や会計業界、不動産業界などの個人の家庭をお客様とする業種のアドバイザーとして、必須の資格といえるでしょう。

また、なにごとも「自己責任」が問われる現在、FP技能士の知識は身近な家計を考えるうえでも役に立ちます。家計を運営するすべての人にとって、身につけておくと良い資格ともいえるでしょう。

本書を執筆いたしましたマネースマートは、FP、社会保険労務士、税理士、弁護士などのメンバーが集まり、相談業務、講師業務、執筆業務を行っている会社です。本書には、普段の業務で使っている知識を満載して、読者の皆さんが、FP技能士2級の資格取得に向けて効率よく学べるように、随所に工夫を凝らしました。

本書を最大限に活用され、ぜひ、FP技能士2級の試験に合格してください。そして、ビジネスやご自身の生活設計にお役立ていただけることを、心より期待しています。

2024年5月　株式会社 マネースマート

本書の構成と特長

※ 年金額等、毎年度の基準額の変更や、特例等で年度のみが延長される変更については、改正のアイコンはつけていません。

5

改正ポイントはココ！

しっかり確認しておきましょう！

本書の'23→'24年版から'24→'25年版で変更のあった、主な改正ポイントは以下のとおりです。

内　容	改正前	改正後	参照ページ
健康保険の被保険者	従業員101人以上の民間企業は、4分の3基準を満たしていなくても、一定の要件を満たせば、被保険者とされる	令和6年10月以降、従業員51人以上の民間企業は、4分の3基準を満たしていなくても、一定の要件を満たせば、被保険者とされる	▶p.49
高年齢雇用継続給付の支給額	低下後の賃金割合が61%未満の場合、支給対象月の賃金×15%低下後の賃金割合が61%以上75%未満の場合、支給対象月の賃金×0%超〜15%	令和7年4月から、低下後の賃金割合が61%未満の場合、支給対象月の賃金×10%低下後の賃金割合が61%以上75%未満の場合、支給対象月の賃金×0%超〜10%	▶p.65
国民年金第1号被保険者の保険料	月額16,520円	月額16,980円	▶p.67
老齢基礎年金の基礎満額	795,000円	816,000円（昭和31年4月1日以前生まれの人は、813,700円）	▶p.72
老齢厚生年金の定額単価	1,657円	1,701円	▶p.76
加給年金額	配偶者 397,500円子(2人目まで)228,700円/人子(3人目以降)　76,200円/人	配偶者408,100円子(2人目まで)234,800円/人子(3人目以降)　78,300円/人	▶p.78
在職老齢年金の調整方法	基本月額＋総報酬月額相当額が48万円超の場合、超えた額×2分の1の額を停止	基本月額＋総報酬月額相当額が50万円超の場合、超えた額×2分の1の額を停止	▶p.79
障害基礎年金額	795,000円	816,000円	▶p.85
障害基礎年金の子の加算額	子(2人目まで)228,700円/人子(3人目以降)　76,200円/人	子(2人目まで)234,800円/人子(3人目以降)　78,300円/人	▶p.85
障害厚生年金の配偶者加給年金額	228,700円	234,800円	▶p.85
遺族基礎年金額	795,000円	816,000円	▶p.88
遺族基礎年金の子の加算額	子(2人目まで)228,700円/人子(3人目以降)　76,200円/人	子(2人目まで)234,800円/人子(3人目以降)　78,300円/人	▶p.88
中高齢寡婦加算額	596,300円	612,000円	▶p.89

内　容	改正前	改正後	参照ページ
企業型確定拠出年金加入者の個人型加入の拠出限度額	企業型DC加入者は月2万円（企業型DCと確定給付型企業年金加入者は月1.2万円）かつ企業型DCと合計して5.5万円（2.75万円）	令和6年12月から、企業型DC加入者は月額2万円かつ企業型DCおよび確定給付型企業年金等の掛金相当額を合計して5.5万円以内	▶p.99
企業型確定拠出年金加入者の企業型加入の拠出限	企業型DC加入者で確定給付型企業年金がある場合2.75万円	令和6年12月から、月額5.5万円から確定給付型企業年金等の掛金相当額を控除した額	▶p.99
住宅借入金等特別控除の借入限度額	居住年が2024年の場合、認定住宅4,500万円、ZEH水準省エネ住宅3,500万円、省エネ基準適合住宅3,000万円	居住年が2024年の場合で、子育て特例対象の個人は、認定住宅5,000万円、ZEH水準省エネ住宅4,500万円、省エネ基準適合住宅4,000万円	▶p.274
住宅改修の特別控除対象工事の拡充	一定の改修工事（耐震、バリアフリー、三世代同居、省エネ、耐久性向上）を行った場合に、一定の要件のもとに、一定の額を所得税額から控除できる	子育て特例対象の個人が、子育て対応改修工事を行い、2024年4月1日〜2024年12月31日までの間に居住の用に供した場合、一定の額を所得税額から控除できる	▶p.275
青色申告の中小企業者等に対する少額減価償却資産の損金算入の特例の期間	2024年3月31日までの間	2026年3月31日までの間	▶p.280
森林環境税の創設	―	2024年度から個人住民税均等割とあわせて一人年額1,000円が森林環境税及び森林環境譲与税として課税される	▶p.282
法人税の交際費が非課税となる飲食代の上限	5,000円以下	2024年4月1日以降の支出については、10,000円以下	▶p.288
居住用財産（空き家）に係る譲渡所得の特別控除の適用要件	一定の空き家を譲渡した場合、譲渡所得金額から3,000万円を控除	・一定の空き家を譲渡した場合、譲渡所得金額から3,000万円を控除。相続人が3人以上の場合は、1人当たり2,000万円 ・譲渡の年の翌年の2月15日までに、家屋を解体するか耐震基準に適合するように改修工事を行う	▶p.351、352
直系尊属からの住宅取得等資金贈与の特例期間	2023年12月31日まで	2026年12月31日まで	▶p.368
相続時精算課税制度の利用要件	2023年12月31日までの贈与について、住宅取得等資金の贈与に限り、贈与者の年齢要件が撤廃される	2026年12月31日までの贈与について、住宅取得等資金の贈与に限り、贈与者の年齢要件が撤廃される	▶p.371

目　次

第1章 ライフプランニングと資金計画

＊本書は、原則として、2024年4月1日時点で施行されている法令等や令和6年度税制改正大綱に基づいて原稿執筆・編集を行っています。

第2章　リスク管理

第3章　金融資産運用

第4章 タックスプランニング

第5章 不動産

第6章　相続・事業承継

＊本書に記載の税額（税率）には、原則として復興特別所得税が含まれております。

FP技能検定2級　試験概要

❶ 試験概要

FP技能検定2級の試験実施機関は、**一般社団法人金融財政事情研究会**(以下金財という)と、NPO法人日本ファイナンシャル・プランナーズ協会(以下FP協会という)の2団体があります。

FP技能検定3級、厚生労働省認定金融渉外技能審査3級に合格した者、実務経験2年以上の者、FP協会が認定するAFP認定研修を修了した者が受検することができます。

❷ 出題形式

FP技能検定2級の試験は、**学科試験**と**実技試験**で行われます。金財で実施される実技試験は選択科目方式となっており、どの選択科目を受検してもかまいません。

学科試験と実技試験は、同じ日の午前と午後に行われるため、同日に受検することができます。

	学科試験	実技試験
受検科目の選択	―	金財 ・個人資産相談業務 ・中小事業主資産相談業務 ・生保顧客資産相談業務 ・損保顧客資産相談業務 FP協会 ・資産設計提案業務
出題形式	マークシート方式 ・四答択一式　60問	記述式による筆記試験
試験時間	120分	90分

❸ 合格基準

学科試験・実技試験それぞれに合格判定が行われ、**両方に合格する**とFP技能士2級が認定されます。

学科試験	実技試験
60点満点で36点以上	・金財実施試験 　　50点満点で30点以上 ・FP協会実施試験 　　100点満点で60点以上

学科試験と実技試験は、同日に受検することができます。どちらか一方のみ合格した場合は、一部合格証書が発行され、その試験日の翌々年度末までに、合格していない学科試験（あるいは実技試験）に合格すると、合格証書が発行されます。

❹ 試験範囲

①学科試験の出題範囲は、以下のとおりです。

A ライフプランニングと資金計画	3.各種所得の内容
1.ファイナンシャル・プランニングと倫理	4.損益通算
2.ファイナンシャル・プランニングと関連法規	5.所得控除
3.ライフプランニングの考え方・手法	6.税額控除
4.社会保険	7.所得税の申告と納付
5.公的年金	8.個人住民税
6.企業年金・個人年金等	9.個人事業税
7.年金と税金	10.法人税
8.ライフプラン策定上の資金計画	11.法人住民税
9.中小法人の資金計画	12.法人事業税
10.ローンとカード	13.消費税
11.ライフプランニングと資金計画の最新の動向	14.会社、役員間及び会社間の税務
B リスク管理	15.決算書と法人税申告書
1.リスクマネジメント	16.諸外国の税制
2.保険制度全般	17.タックスプランニングの最新の動向
3.生命保険	**E 不動産**
4.損害保険	1.不動産の見方
5.第三分野の保険	2.不動産の取引
6.リスク管理と保険	3.不動産に関する法令上の規制
7.リスク管理の最新の動向	4.不動産の取得・保有に係る税金
C 金融資産運用	5.不動産の譲渡に係る税金
1.マーケット環境の理解	6.不動産の賃貸
2.預貯金・金融類似商品等	7.不動産の有効活用
3.投資信託	8.不動産の証券化
4.債券投資	9.不動産の最新の動向
5.株式投資	**F 相続・事業承継**
6.外貨建商品	1.贈与と法律
7.保険商品	2.贈与と税金
8.金融派生商品	3.相続と法律
9.ポートフォリオ運用	4.相続と税金
10.金融商品と税金	5.相続財産の評価(不動産以外)
11.セーフティネット	6.相続財産の評価(不動産)
12.関連法規	7.不動産の相続対策
13.金融資産運用の最新の動向	8.相続と保険の活用
D タックスプランニング	9.事業承継対策
1.わが国の税制	10.事業と経営
2.所得税の仕組み	11.相続・事業承継の最新の動向

②実技試験の出題範囲は以下のとおりです。

●金財　個人資産相談業務

1	関連業法との関係及び職業上の倫理を踏まえたファイナンシャル・プランニング
2	個人顧客のニーズ及び問題点の把握
3	問題の解決策の検討・分析
4	顧客の立場に立った相談

●金財　中小事業主資産相談業務

1	関連業法との関係及び職業上の倫理を踏まえたファイナンシャル・プランニング
2	中小事業主のニーズ及び問題点の把握
3	問題の解決策の検討・分析
4	顧客の立場に立った相談

●金財　生保顧客資産相談業務

1	関連業法との関係及び職業上の倫理を踏まえたファイナンシャル・プランニング
2	生保顧客のニーズ及び問題点の把握
3	問題の解決策の検討・分析
4	顧客の立場に立った相談

●金財　損保顧客資産相談業務

1	関連業法との関係及び職業上の倫理を踏まえたファイナンシャル・プランニング
2	損保顧客のニーズ及び問題点の把握
3	問題解決策の検討・分析
4	顧客の立場に立った相談

FP協会の実技試験の範囲は、右のページをみてください。

●FP協会　資産設計提案業務

1	関連業法との関係及び職業上の倫理を踏まえたファイナンシャル・プランニング
2	ファイナンシャル・プランニングのプロセス
3	顧客のファイナンス状況の分析と評価
4	プランの検討・作成と提示

❺　受検申込み方法

①郵便で申し込む

　下記の2点を受検申請締切日（消印有効）までに事務局宛に郵送する（FP協会は簡易書留で郵送）

　　1．受検申請書

　　2．受検手数料の振込金受取書または利用明細（コピー可）

②インターネットで直接申し込む

❻　試験日程

2024年9月〜25年1月の試験日程は、以下のとおりです。

試験日	2024年9月8日(日)	2025年1月26日(日)
受検申請受付期間	2024年7月2日(火)〜7月23日(火)	2024年11月13日(水)〜12月3日(火)
合格発表	2024年10月21日(月)	2025年3月7日(金)

なお、2025年度以降は、3級と同様にCBT化での実施が予定されています。

❼　法令基準日

　試験の問題文にとくに断りがない限り、以下の基準日時点の法令に基づいて出題されますので、法令基準日も確認しましょう。

試 験 日	2024年9月8日	2025年1月26日	2025年4〜5月
	↓	↓	↓
法令基準日	2024年4月1日	2024年10月1日	2024年4月1日

また、復興特別所得税について、本書では税額を含んだ数字を記載していますが、試験では問題により含んでいない場合もあります。解答するときは、問題をしっかり確認しましょう。

＊ 資格と試験に関する情報は、変更される場合があります。受検前に必ずご自身で、試験実施団体の発表する最新情報を確認してください。

試験についての問い合わせ
　一般社団法人金融財政事情研究会　検定センター
　　　　　　　　　　　　　　　　　　TEL　03-3358-0771
　　　　　　　　　　　　　　　HP　https://www.kinzai.or.jp/fp
　NPO法人日本ファイナンシャル・プランナーズ協会
　　　　　　　　　　　　　　　　　　試験業務部試験事務課
　　　　　　　　　　　　　　　　　　TEL　03-5403-9890
　　　　　　　　　　　　HP　https://www.jafp.or.jp/exam/

試験の概要はつかめましたか？それでは続いて出題傾向についてみていきましょう!!

A ライフプランニングと資金計画

❶ 学科試験

　社会保険・公的年金・企業年金からの出題が多くなっています。とくに公的年金は、国民年金と厚生年金で各1問以上は出題されていますので、より深い内容の理解が必要となります。また、制度改正があったときも出題される可能性が高くなります。

　企業年金からは、確定拠出年金に関する問題も増えています。また、課税関係も整理して覚えておきましょう。その他ファイナンシャル・プランニングと関連法規、ライフプラン策定上の資金計画（住宅取得資金設計、教育資金設計など）からは、各1問ずつ程度、出題される傾向が高いようです。

　ローンとカードや中小法人の資金計画からも、1問程度の出題がある場合があります。範囲は広くなりますが、基本事項は押さえておきましょう。

❷ 実技試験

　公的年金と社会保険の出題が中心となります。公的年金に関する計算問題も出題されます。FP協会実施の実技試験では、キャッシュフロー表（CF表）の計算や、6つの係数を使った計算問題なども出題されています。

●これまでの出題傾向

	2024年1月 学科(金)	2024年1月 実技(協会)	2023年9月 学科(金)	2023年9月 実技(協会)	2023年5月 学科(金)	2023年5月 実技(協会)	2023年1月 学科(金)	2023年1月 実技(協会)	2022年9月 学科(金)	2022年9月 実技(協会)
1 ファイナンシャル・プランニングと倫理										
2 ファイナンシャル・プランニングと関連法規	1	1	1	2	1	1	1	1	1	1
3 ライフプランニングの考え方・手法	1	6	1	7		6	1	7		6
4 社会保険	1	3	2	3	3	3	3	3	2・1	3
5 公的年金	3	2・1	2	2	2	1・3	2	2・1	2	2・1
6 企業年金・個人年金等	1	1	1	1	1	1	1	1	2	1
7 年金と税金						1	1	1	1	1
8 ライフプラン策定上の資金計画	1	2		2	1		1	2・1		1
9 中小法人の資金計画	1		1		1		1			
10 ローンとカード	1				1					
11 ライフプランニングと資金計画の最新の動向										

（金：金財（個人資産相談業務）／協会：FP協会の出題数を表す）

❶ 学科試験

生命保険、損害保険について、それぞれ商品の仕組みを中心に出題されます。生命保険では、定期保険、終身保険、定期付終身保険など死亡保障の商品の保障範囲や特約の内容について、個人年金保険の内容なども出題の可能性があります。また、第三分野の保険からの出題もあります。損害保険分野では、火災保険、自動車保険、傷害保険などからそれぞれ出題されます。

保険の課税関係も多く出題されます。保険の契約者、被保険者、保険金の受取人の違いによる課税方法や保険料控除の仕組みなどを、しっかりと理解しておく必要があります。なお、法人契約の経理処理も出題される可能性が高いため、押さえておく必要があります。

その他、**リスク管理と保険**についても、1問程度出題される可能性があります。商品の仕組みだけでなく、どのような場合にどんな保険に加入したら良いかも、整理して理解しておきましょう。

❷ 実技試験

金財実施の実技試験（個人資産相談業務）では、リスク管理の分野は出題されていません。

FP協会実施の実技試験では、**保険証券の見本から内容を読み解く問題**などが出題されます。保険証券の見方に慣れておくとよいでしょう。

●これまでの出題傾向

	2024年1月 学科	2024年1月 実技	2023年9月 学科	2023年9月 実技	2023年5月 学科	2023年5月 実技	2023年1月 学科	2023年1月 実技	2022年9月 学科	2022年9月 実技
	金	協会	金	協会	金	協会	金	協会	金	協会
1 リスクマネジメント										
2 保険制度全般	1	1	1				1			
3 生命保険	4	3	5	5	5	3	4	2	6	5
4 損害保険	3	1	2	2	3	1	2	1	2	1
5 第三分野の保険	1	1	1		1	1	1	2	1	
6 リスク管理と保険	1		1		1		2		1	
7 リスク管理の最新の動向										

（金：金財（個人資産相談業務）／協会：FP協会の出題数を表す）

❶ 学科試験

　投資信託、債券投資、株式投資、外貨建て商品から各1〜2問程度出題されます。基本的な仕組みなどの出題のほか、より実践的な内容も含まれます。**株式投資からは、PER、PBRなどを計算する問題なども出題されます**。その他**マーケット環境の理解**からの出題も多くみられます。金融派生商品やポートフォリオ運用からも出題があるため、基本事項は押さえておきましょう。NISA（少額投資非課税制度）に関する問題なども出題されています。

　金融商品と税金、金融商品等のセーフティネットも出題の可能性があります。とくに株式の譲渡益や配当課税については、タックスプランニングの分野と併せて重要項目となりますので、しっかりと押さえておきましょう。

❷ 実技試験

　債券の利回り計算、投資指標の計算、外貨建て商品の利回り計算など、計算問題が多く出題します。基本内容の確認のほか、計算問題にも慣れておきましょう。

　FP協会実施の実技試験では、**会社四季報や目論見書（もくろみしょ）、日経新聞等の見本から**読み解く出題もみられます。より実践的な学習が必要となります。

●これまでの出題傾向

分野	2024年1月 学科	金	協会	2023年9月 学科	金	協会	2023年5月 学科	金	協会	2023年1月 学科	金	協会	2022年9月 学科	金	協会
1 マーケット環境の理解	1		1	1									1		1
2 預貯金・金融類似商品等	1									1	1	1			
3 投資信託	1			2	1	1	1					1			1
4 債券投資	1	1	2	1			2	1		1	1	2	1	2	1
5 株式投資	2	1				2	2			4	3	1	2	2	2
6 外貨建商品						1				1	1	1			
7 保険商品															
8 金融派生商品	1			1									1		
9 ポートフォリオ運用	1			1			2								
10 金融商品と税金	1	1	2	1			1	1		1	1		1	1	2
11 セーフティネット	1			1						1					
12 関連法規						1	1		1	1	1				1
13 金融資産運用の最新の動向															

（金：金財（個人資産相談業務）／協会：FP協会の出題数を表す）

D タックスプランニング

❶ 学科試験

出題の中心は**所得税**ですが、その他、**法人税**から２～３問、**消費税**から１問程度の出題があります。

所得税からは、**各種所得の内容**、**損益通算**、**所得控除**からの出題が中心となります。総所得金額を計算するような問題も出題されますので、各種所得を計算後、**損益通算**をして、総所得金額を計算するまでの流れも押さえておきましょう。

法人税では、基本事項の出題のほか、損金になるものならないものや、役員と会社の間の取引についてなども出題頻度が高い項目です。

❷ 実技試験

設例に基づいて適用される**所得控除**、**損益通算**、**税額控除**について問われる出題が多くみられます。また各種計算問題も多く、より実践的な出題となります。

FP協会実施の実技試験では、資料の内容を読み解いて、各所得の金額、損益通算、総所得金額などを計算する問題が出題されています。所得税の計算の流れをしっかり理解しておく必要があります。

●これまでの出題傾向

	2024年1月 学科(金)	実技(金)	実技(協会)	2023年9月 学科(金)	実技(金)	実技(協会)	2023年5月 学科(金)	実技(金)	実技(協会)	2023年1月 学科(金)	実技(金)	実技(協会)	2022年9月 学科(金)	実技(金)	実技(協会)
1 わが国の税制							1								
2 所得税の仕組み	1			1	1		1			1			1		
3 各種所得の内容	1	2	3	1		1	1	1		1	1	1	1	1	1
4 損益通算	1						1			1					
5 所得控除	1	1	2	1	1	1	1	1	2	1	2		1		1
6 税額控除							1		1	1	1		1	2	1
7 所得税の申告と納付	1						1			1			2	1	
8 個人住民税															
9 個人事業税															
10 法人税	2			2			2			1			2		
11 法人住民税															
12 法人事業税															
13 消費税	1			1			1			1					
14 会社、役員間及び会社間の税務	1			1			1	1		1					
15 決算書と法人税申告書	1			1			1			1					
16 諸外国の税制度															
17 タックスプランニングの最新の動向															

（金：金財(個人資産相談業務)／協会：FP協会の出題数を表す）

❶ 学科試験

不動産の取引、不動産に関する法令上の規制からの出題が多く、5～6問程度出題されています。借地借家法、建築基準法、都市計画法などは、出題頻度が高い項目です。とくに建築基準法からの出題は、毎回必ずあり、基本的な事項から計算問題まで幅広く出題されます。

不動産に関する税金は、不動産の取得・保有にかかる税金と、不動産の譲渡にかかる税金がありますが、それぞれから1問程度出題されることが多いようです。タックスプランニングの分野と併せて譲渡所得の仕組みをしっかりと理解しましょう。また、計算問題にも対応できるようにしましょう。

不動産の有効活用についての問題も、1問程度出題されています。

❷ 実技試験

建蔽率、容積率の計算などの計算問題、不動産の譲渡にかかる税金の計算問題などが多く出題されています。

FP協会実施の実技試験では、不動産登記簿など実際の資料の見本等から出題されることもあります。資料の見方にも慣れておきましょう。

●これまでの出題傾向

	2024年1月			2023年9月			2023年5月			2023年1月			2022年9月		
	学科	実技 金	実技 協会	学科	実技 金	実技 協会	学科	実技 金	実技 協会	学科	実技 金	実技 協会	学科	実技 金	実技 協会
1 不動産の見方	1		1	2		1	1		1	2		1	2		
2 不動産の取引	2			4			3			3			2		2
3 不動産に関する法令上の規制	3	1	1	1	1	1	2	1	1	2	2	1	3	1	1
4 不動産の取得・保有に係る税金	1			1	1	1	1	1	1	1	1	1	1		1
5 不動産の譲渡に係る税金	2				1	1	1	1	1		1	1		1	1
6 不動産の賃貸						1	1	2	1						
7 不動産の有効活用	1		2			1			1	1	1	1	1	1	1
8 不動産の証券化						1									
9 不動産の最新の動向															

（金：金財(個人資産相談業務)／協会：FP協会の出題数を表す）

❶ 学科試験

贈与と税金、相続と法律、相続と税金からの出題が中心となります。**法定相続人と法定相続分**、**遺産分割**などの基本事項は確実に押さえましょう。相続については民法上の考え方と、相続税を計算する際の考え方の違いなども、整理して押さえておく必要があります。

また、相続税、贈与税とも、計算の流れをしっかりと確認することが必要です。

財産評価では、**不動産の評価方法**が頻出項目です。通常の宅地の評価以外に、借地権や貸宅地、貸家建付地の評価などの評価方法も重要です。

不動産以外では株式（上場株式、取引相場のない株式）の評価も出題頻度が高くなります。

❷ 実技試験

親族関係図から法定相続人や法定相続分を確認し、相続税の総額の計算をしたり、**路線価図**から不動産の評価を行ったりと、より実践的な出題がされます。

図表から読み解いて答える問題に、慣れておくようにしましょう。

●これまでの出題傾向

	2024年1月			2023年9月			2023年5月			2023年1月			2022年9月		
	学科	実技		学科	実技		学科	実技		学科	実技		学科	実技	
		金	協会		金	協会		金	協会		金	協会		金	協会
1 贈与と法律	1			1						1			1		
2 贈与と税金	2			2					1	1	1		1	1	1
3 相続と法律	1	1	2	3	1	2	4	1	2	3			1	1	
4 相続と税金	2	2	1	2	2	1	2	2	1	2	2	2	1	1	1
5 相続財産の評価(不動産以外)	1						1					2			
6 相続財産の評価(不動産)	1				1	1		1	1			2	1		2
7 不動産の相続対策															
8 相続と保険の活用															
9 事業承継対策	1						1						1	1	
10 事業と経営	1			1									1		
11 相続・事業承継の最新の動向															

（金：金財（個人資産相談業務）／協会：FP協会の出題数を表す）

第 **1** 章
ライフプランニングと資金計画

1 ファイナンシャル・プランニング

ココが ポイント

FPの職業倫理や**関連法規**は、出題率がかなり高い分野です。FP に求められる倫理や、関連法規を踏まえての業務範囲を、しっかりと理解しておきましょう。**税理士法**などの関連法規では、FPが行うことができる業務の範囲を確認しましょう。

1 ファイナンシャル・プランニングとは

1. ライフデザインとライフプラン

　個人が生きていくうえでどう生きたいのか、自分の価値観で**描くこと**をライフデザインといいます。ライフデザインをもとに、自分と家族がどのような人生を送りたいのかを**計画すること**がライフプランです。そのライフプランを実現するために、**経済的**な側面での手段を考えることを、ファイナンシャル・プランニングといいます。

年代別ライフプランと資金ニーズの例

20代	独身期・就職の時期 ・結婚資金準備 ・必要に合わせた保険加入
30代	家族形成の時期 ・子どもの予定があれば教育資金の準備 ・家族が増えることによる保障額の増額 ・マイホーム取得のための頭金準備
40代	家族成長の時期 ・教育資金と住宅ローンの負担が重なる
50代	家族成熟の時期 ・教育資金負担が減り、自分の老後資金準備を本格化 ・子どもの自立により、保障の見直し。医療や介護保障を検討 ・住宅ローンを随時見直す
60代	定年退職の時期 ・リタイアするか仕事を続けるか、今後の収支や健康・生きがいをもとに考える ・相続対策を検討する

プラスα

FPがファイナンシャル・プランニングを策定する際には、事前に顧客が理解できているかを常に確認する「インフォームド・コンセント(事前説明と同

2．ファイナンシャル・プランニングの検討材料

　ファイナンシャル・プランニングでは、ライフプラン実行の検討材料として、ライフプランを踏まえた収支・貯蓄残高を予想するキャッシュフロー表（CF表）を作成します。作成には、自分や家族の結婚、住宅購入等の今後の予定や希望を時系列で表すライフイベント表や、収入・支出・資産等のデータを使います。

3．FPの役割

　ファイナンシャル・プランナー（FP）は、顧客のファイナンシャル・プランニングを行い、ライフプラン達成のための必要資金の目標額（ファイナンシャル・ゴール）を考え、それらの実行・援助を行います。

2　FPの職業倫理と関連法規　📝頻出

1．FPの職業倫理　📖暗記

　FPは、顧客のプライバシーにかかわる情報を扱うので、顧客と信頼関係を築くことが必要です。そのためには、高い職業倫理をもつことは当然のことです。FPとして守るべきモラルには、次のようなものがあげられます。

●**顧客利益**の優先…顧客の利益を優先して、FP業務を行う。
●**守秘義務**の遵守…知り得た顧客情報を顧客の同意なく第三者に漏らすことがあってはならない。
●**説明責任**（アカウンタビリティ）…提供する商品やサービスについて、リスクやメリット・デメリット等を説明し、理解を得て顧客の意思決定を促す。

FPとして守るべきモラルは、試験によく出ます。しっかり覚えましょう。

2. FPと関連法規 暗記

　ファイナンシャル・プランを考える際には、ある特定の1分野だけではなく、多方面にわたる包括的アプローチが必要です。

　プランニングの際には、税理士法や金融商品取引法などの関連法規に抵触しないように、細心の注意が必要です。

FPが注意すべき関連法規

税理士法	税理士でない者は、一般的な税法の解説などはできるが、個別具体的な税務相談や税務書類の作成は、有償無償にかかわらずできない
弁護士法	弁護士でない者は、個別具体的な法律相談や法律事務を行うことはできない
保険業法	保険募集人資格がなければ、保険の募集はできないが、相談や保障の見直し、必要保障額の計算などはできる
金融商品取引法	金融商品取引業者(投資助言・代理業)の登録がなければ、顧客に投資助言はできない。顧客から一任を受けた投資運用もできない。ただし、新聞・雑誌など不特定多数の者を対象として不特定多数の者が購入可能な文書での助言は除外される。投資判断の基礎資料の材料となる一般的な情報や、現在・過去の株価や基準価額等は紹介できる
著作権法	法令、判決などや、国や地方自治体の統計資料、報告書などは、許諾なしに転載できる。他人の著作物やホームページなどを、私的使用目的以外で使用する場合は、著作権者の許諾が必要である
個人情報保護法	個人情報を保有するすべての事業者が対象。第三者への提供を行ったり受けたりする場合は、記録の作成と適切な保管が義務付けられている。

確認しよう！

Q1 顧客の同意を得なくても、利用目的がプランニングに関するものであれば、弁護士等の専門家に顧客情報を提供しても良い。

Q2 保険募集人資格がなくても、保険の相談や必要保障額の計算などはできる。

Q3 金融商品取引業者の登録がないFPが、顧客に推奨銘柄の情報提供をした。

A1 ✕ (⇒p.25)　　**A2** ◯ (⇒p.26)　　**A3** ✕ (⇒p.26)

プラスα 個人情報保護法の対象となる個人情報取り扱い事業者は、当初は体系的に整理されている個人情報を5,000件以上保有する企業となっていたが、2015年の改

2 ライフプラン策定上の資金計画

**ココが
ポイント**

　FPの基本である、**ライフプランニングの6つの手順**を理解しましょう。また、**可処分所得**、**キャッシュフロー表**、**個人バランスシート**、**係数**は、出題頻度の高い項目です。キャッシュフロー表や6つの係数は、計算問題も出題されます。

1 ライフプランニングの手順と手法

1．ライフプランニングの6つの手順

　ライフプランニングには6つの手順があります。この流れは重要です。顧客情報の収集からプランの見直しまでの、おおまかな流れをみてみましょう。

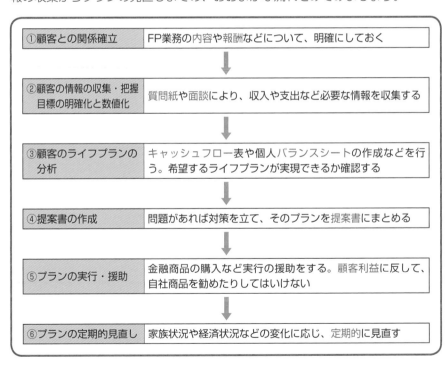

①顧客との関係確立　FP業務の内容や報酬などについて、明確にしておく

②顧客の情報の収集・把握
目標の明確化と数値化　質問紙や面談により、収入や支出など必要な情報を収集する

③顧客のライフプランの
分析　キャッシュフロー表や個人バランスシートの作成などを行う。希望するライフプランが実現できるか確認する

④提案書の作成　問題があれば対策を立て、そのプランを提案書にまとめる

⑤プランの実行・援助　金融商品の購入など実行の援助をする。顧客利益に反して、自社商品を勧めたりしてはいけない

⑥プランの定期的見直し　家族状況や経済状況などの変化に応じ、定期的に見直す

正で撤廃され、1件でも個人情報を扱っていれば個人情報取り扱い事業者とみなされる。
また、個人情報には氏名や生年月日の他、指紋認証や顔認証といったデータも含まれる。

2．顧客情報の分類

　顧客の情報には、数値化できる「**定量的情報**」と、顧客の性格など数値化できない「**定性的情報**」があります。

- ●**定量的情報**…数値化できる情報。収入・支出など
- ●**定性的情報**…顧客の考え方や価値観など数値化できないもの

3．ライフイベント表の作成

　ライフイベント表とは、顧客のライフイベント（顧客やその家族の将来の予定や計画）を時系列で表したものです。必要資金の見積りは現在価値で記入します。

【ライフイベント表の例】

西暦(年)	家族の年齢				家族のイベント	必要資金 （万円）
	夫	妻	長女	長男		
2024	35	33	5	3		
2025	36	34	6	4	長男幼稚園入園	15
2026	37	35	7	5	長女小学校入学	20
2027	38	36	8	6	車買換え	250
2028	39	37	9	7	長男小学校入学	20

＊ 上記のライフイベント表は、1年間の設定を1〜12月とし、12月末時点の年齢でそろえて表示している

4．キャッシュフロー表の作成　🧮計算

　キャッシュフロー表は、ライフプランをもとに、今後の収支状況や貯蓄残高を試算し、表にしたものです。

　収入は**可処分**所得を把握することが必要です。**可処分**所得とは、年収から所得税・住民税・社会保険料を控除したものです。

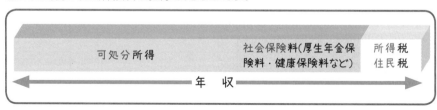

可処分所得	社会保険料(厚生年金保 険料・健康保険料など)	所得税 住民税

←――――――――― 年　収 ―――――――――→

ライフプランを作成する上で使用するデータとして、総務省による「家計調査」「消費者物価指数」、文部科学省による「子供の学習費調査」、厚生労働省

●キャッシュフロー表作成の計算方法

将来価値＝現在の金額×（1＋変動率）^{経過年数}　または、現在の金額×終価係数
現在価値＝将来価値の金額÷（1＋変動率）^{経過年数}　または、将来価値×現価係数
年間収支＝年間収入－年間支出
貯蓄残高＝前年の貯蓄残高×（1＋運用利率）±その年の年間収支

CF表は変動率を加味して
将来価値で表します。

キャッシュフロー表の例

（万円）

西暦(年)		2024	2025	2026	2027	2028
年齢	夫	35	36	37	38	39
	妻	33	34	35	36	37
	長女	5	6	7	8	9
	長男	3	4	5	6	7
	変動率(%)					
収入	給与収入(夫) 1.0	500	505	510	515	520
	給与収入(妻) 1.0			100	101	102
	年金収入(夫) 1.0					
	年金収入(妻) 1.0					
	一時的な収入			50		
	合　計	500	505	660	616	622
支出	基本生活費 1.0	240	242	245	247	250
	住居費	96	96	96	96	96
	教育費 1.5	54	122	88	89	66
	保険料					
	その他の支出 1.0	50	51	51	52	52
	一時的な支出				250	
	合　計	440	511	480	734	464
年間収支		60	−6	180	−118	158
貯蓄残高	(運用利率) 1.0	161	157	339	224	384

前年の貯蓄残高	100

の「簡易生命表の概況」、消費者庁の「消費者白書」、金融広報中央委員会の「家計の金
融行動に関する世論調査」などがある。

5．個人バランスシートの作成

　個人バランスシートは、企業の貸借対照表を個人にあてはめたものです。現時点での世帯の預貯金や株式、家などの資産と、住宅ローンなどの負債のバランスを把握するためのものです。

　左側に資産、右側に負債と純資産があり、「**純資産**」は、「**資産**」から「**負債**」を引いて求めます。「**資産**」－「**負債**」がマイナスなら「**債務超過**」となります。

　バランスシートは常に変化するものなので、**時価**で計上し、定期的に作成します。

個人バランスシートの例

○年　○月　○日（円）

資　産			負　債		
A 金融資産	預貯金（普通）	2,000,000	C 負債	住宅ローン	25,000,000
	預貯金（定期性）	4,000,000		その他借入金	0
	郵便貯金（普通）	0			0
	郵便貯金（定期性）	4,000,000			0
	信託	0			0
	有価証券	0			0
	投資信託	0			0
	貯蓄性の保険	0			0
	その他の金融資産	0			0
金融資産合計		10,000,000	**負債合計**		25,000,000
B 実物資産	土地	20,000,000	D 純資産	**純資産額** （A＋B）－C	5,000,000
	建物	0			
	その他実物資産	0			
実物資産合計		20,000,000			
資産合計（A＋B）		30,000,000	**負債・純資産合計（C＋D）**		30,000,000

　資産と負債の内容を把握することで、住宅ローンや金融資産の運用などの資産構成上の問題の発見や、見直しができます。

個人バランスシートに記入する金額は、預貯金は元利合計、土地・建物・有価証券等は時価（評価日の終値）、国債や社債などは満期まで保有した場合

6. 係 数 📖 暗記

ファイナンシャル・プランニングの際に係数を利用すると、計算が容易になります。どの係数をどのような計算に利用するのか、押さえておきましょう。

終価係数	現在の額から複利運用した場合、将来いくらになるのかを計算する
現価係数	複利運用しながら、将来の目標額に到達するために現在必要な額を求められる。複利運用によって所定の金額を得るためには、現時点でいくらの元本が必要か計算できる
年金終価係数	毎年の積立額を複利運用して、将来いくらになるのかを計算する
減債基金係数	複利運用によって一定期間後に一定の金額を得るために、毎年いくらずつ積み立てれば良いのかを計算する
資本回収係数	年金原資を複利運用しながら受け取れる年金の額や、借入額に対する利息を含めた毎年の返済額を求める
年金現価係数	希望する年金額を受け取るために必要な元本などを求める。一定期間にわたり複利運用しながら、一定金額を年金として受け取るためには、年金原資がいくら必要かを計算する

 計算しよう！

Q1 5年間で200万円を貯蓄する場合、年利3%で複利運用できるとすると、毎年いくら積み立てていけば良いか求めなさい(税金は考慮しない)。
[係数表(年利3.0%)]

	終価係数	現価係数	年金終価係数	減債基金係数	資本回収係数	年金現価係数
5年	1.159	0.863	5.309	0.188	0.218	4.580

Q2 2,000万円借り入れて、今後20年間年利2%で毎年年末に元利均等で返済する場合、毎年の返済額を求めなさい。
[係数表(年利2.0%)]

	終価係数	現価係数	年金終価係数	減債基金係数	資本回収係数	年金現価係数
20年	1.486	0.673	24.297	0.041	0.061	16.351

A1 目標額を得るために毎年積み立てる額を計算する場合は、減債基金係数を使う。

2,000,000円×0.188＝376,000円

A2 借入額に対する利息を含めた毎年の返済額を求める場合は、資本回収係数を使う。

20,000,000円×0.061＝1,220,000円

の元本償還額、保険商品は解約返戻金相当額、美術品・貴金属・宝石等は現金化が可能なものを時価で記入する。

3 教育資金設計

頻出度 A ／ 学習日

ココが ポイント

教育資金作りに適している制度や商品を確認しましょう。**こども 保険の仕組み**や、利用の注意点なども重要です。資金が準備できな かった場合の制度として、**教育ローン**や**奨学金**がありますので利用 の条件や利用限度額、返済方法なども覚えましょう。

1 教育資金の準備に適した金融商品

教育資金作りの代表的な金融商品として、一般財形貯蓄と、こども保険があり ます。一般財形貯蓄は財形貯蓄制度の1つで、**利用目的**に制限はありません。年 金財形貯蓄や住宅財形貯蓄のように非課税のメリットはありませんが、給料天引 きで積立てができるので計画的に準備できます。

こども保険(学資保険)は、積立保険で、大学入学時などに設定した満期時に、 満期保険金が受け取れます。また、親(契約者)が死亡すると、以後の**保険料支払** が免除され、満期保険金が受け取れます。進学時の祝金や、親が死亡した場合に 遺族年金として毎年支払われる**育英年金**が付加できるものもあります。

こども保険の例

満期保険金

子 | 幼稚園 | 小学校 | 中学校 | 高校 | 大学

親 保険料払込み → 保険料免除

死亡

こども保険は、親 が契約者となっ て、子どもの教 育資金を準備しつ つ、万一の保障も ある保険です。

2 公的な教育ローン

教育ローンには、国の教育ローンなどの公的なローンと、銀行など民間のロー ンがあります。次ページで、国の教育ローンの内容を押さえておきましょう。

プラス α 日本学生支援機構の貸与型奨学金は、利子の有無にかかわらず学生本人に返 還義務がある。返還が困難な場合、減額返還制度や返還期限猶予制度の利用

【国の教育ローン】

	教育一般貸付
融資機関	日本政策金融公庫
融資限度額	学生・生徒1人あたり350万円（自宅外通学、修業年限5年以上の大学、大学院、海外留学の場合は450万円）
金利タイプ	固定金利
所得制限	あり（子どもの人数により年収の上限額が異なる）
返　済	最長18年以内 在学中は利息のみの返済（元金据置き）が可能

受験料や入学金・授業料などの学校納付金のみでなく、定期代やパソコン等の購入にもあてられます。

3　奨学金 📖暗記

　代表的な奨学金には、日本学生支援機構の奨学金があります。奨学金を受けるには、学力と家計支持者収入の基準があります。

【独立行政法人日本学生支援機構の奨学金】

給付型奨学金（返済義務なし）

条　件	住民税非課税世帯・準ずる世帯の学生で学ぶ意欲がある者
給付額	世帯の収入や学校の種類や進学形態によって異なる
その他	大学・専門学校等の入学金・授業料の免除または減額が受けられる

貸与型奨学金（返済義務あり）

種　類	第一種奨学金	第二種奨学金
貸与額	学校の種類や通学形態により設定されている金額から選択	学校の種類ごとに定められた月額の中から申込者が選択
利　息	無利息	在学中は無利息、卒業後は上限3％の利息付
申込方法	予約採用　在学採用　緊急・応急採用	
保証人	機関保証か人的保証（連帯保証人と保証人を選任）のどちらかを選択（所定の海外留学資金の場合は両方）	

給付型奨学金を申し込む人も貸与型奨学金に申込できますが、第一種奨学金は支援区分に応じて貸与額が制限されます。

が可能。期日までに返還されない場合、延滞金が課され、一定期間後、個人信用情報機関に個人情報が登録される。

4 住宅資金設計

ココが ポイント

自己資金の準備方法として、**財形住宅貯蓄制度**の利用条件やメリットを覚えましょう。また**住宅ローン**の仕組みでは、**返済方法**や**金利**の仕組みを理解することが重要です。住宅ローンのリフォームでは、**繰上げ返済**や**ローンの借換え**のポイントが頻出項目です。

1 | 自己資金の準備方法

住宅購入時には、一般的に頭金や諸費用が必要となり、購入価格の2〜3割の資金を準備すべきといわれています。住宅資金準備は、金融商品を利用して積み立てていく方法や、親などから住宅資金を贈与してもらうなどの方法があります。自己資金作りを目的とした制度としては、毎月の給与のなかから積み立てる財形住宅貯蓄が代表的です。

諸費用には、融資手数料、団体信用生命保険料、登記費用、印紙代、ローン保証料などがあります。

【財形住宅貯蓄の内容】 暗記

要 件	・申込時に満55歳未満の勤労者であり、5年以上給与天引きで積み立てること ・住宅取得や増改築を目的とすること
税制メリット	・元利合計550万円までの利子等が非課税 ・保険商品(生命保険・損害保険等)は払込保険料累計550万円までは非課税
融資制度	財形貯蓄(一般・住宅・年金のいずれか)を1年以上継続して行い、貯蓄残高が50万円以上あれば、財形住宅融資が受けられる

2 | 住宅ローンの仕組み

住宅ローンは返済方法や金利、返済期間によって返済額が変わります。返済方法や金利の種類は、以下のとおりです。

1．返済方法

返済の仕方には、元金と利息を合わせた毎回の返済額が一定の**元利均等返済**と、

プラスα

住宅ローンを借りる際、夫婦や親子など複数人の収入を合算して借入可能額を算出する方法を収入合算という。収入合算する場合、主たる債務者を決め、

元金部分を返済期間で按分していく**元金**均等返済とがあります。

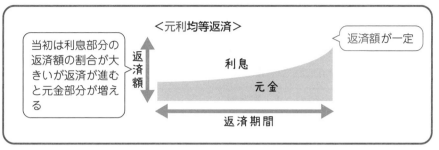

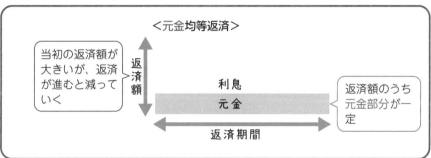

2. 金利タイプ

　金利タイプには、**返済期間中は金利が変わらない**「全期間固定金利」、一般に半年に1度金利の見直しが行われる「変動金利」があります。また、3年、10年など**一定期間のみ**金利が変わらず、**一定期間後**に金利が見直され、一般に変動か固定か選択していく「固定金利期間選択型」があります。

全期間固定金利	フラット35など 金利も返済額も完済まで変わらない
変動金利	銀行など 一般的に半年に一回金利を見直す。金利が変動しても5年間は毎回の返済額が変わらず、返済額に占める利息と元金の割合が変わる。5年毎の返済額の見直しの際の返済額の増額幅は25%以内。
固定金利期間選択型	3年や10年など、あらかじめ決められた期間の金利が固定。一定期間終了後は変動金利型か固定金利期間選択型かを選択する。その時点で金利も見直し、毎回の返済額も変わる。返済額の増額幅の上限はない。

その他の人は連帯債務者または連帯保証人となる。この場合、団体信用生命保険は主たる債務者のみ加入することになる。

3．住宅ローンの種類

住宅ローンには、フラット35や財形住宅融資、民間金融機関の融資などがあります。フラット35は、民間の金融機関が融資を行いますが、融資実行後に住宅金融支援機構が住宅ローン債権を買い取る仕組みで融資を行っています。

【主な住宅ローンの内容】 📖暗記

住宅ローンの種類	フラット35	財形住宅融資	各金融機関
利用できる人の主な要件	満70歳未満（親子リレー返済は70歳以上でも利用可）借換えにも利用可	財形貯蓄を1年以上続け、その残高が50万円以上あること	金融機関によって異なるが、借入時の年齢が70歳以下で安定した収入のある人など
収入基準	すべての借入れの総返済負担率 年収400万円未満30%以下 年収400万円以上35%以下	利用する機関によって異なる	金融機関により異なる
融資限度額	8,000万円以下で建設費や購入価額まで借入可能（借換えは別条件）	財形貯蓄残高の10倍以内（最高4,000万円）かつ、購入価額の90%以内	一般に1億円以内
金利タイプ	全期間固定金利 借入期間や融資率に応じて金利が異なる。金利は融資実行時に決まる	5年固定金利（5年ごとに見直し）申込時に金利が決まる	変動金利・固定金利 固定金利期間選択 一般的に融資実行時に金利が決まる
保証料	〔不要〕	利用する機関によって異なる	原則として必要
団体信用生命保険（団信）	金利に保険料を含む。健康上、団信に加入できない場合は、借入金利が下がる	利用する機関によって異なる	原則強制加入 金利に保険料を含む
繰上げ返済	手数料不要 一部繰上げ返済は、金融機関窓口では100万円以上、インターネットサービス「住・My Note」では10万円以上から可能	手数料必要	金融機関により異なる

---

3 ┃ ローンの見直し

1．繰上げ返済

繰上げ返済とは、ローンの元金部分の全部あるいは一部を繰り上げて、ローン

  フラット35の借換融資は、8,000万円以下で借換対象の住宅ローン残高か、担保評価額の200%のいずれか低い額まで借りられる。取得時の住宅ローンの借

を返済する方法です。残りの元金を一括で返済する方法が**全部繰上げ返済**（**一括繰上げ返済**）で、元金の一部を返済する方法が**一部繰上げ返済**です。繰上げは、一般的に、金利が高いものから、返済期間の長いものから、融資額が多いものから、また、時期は早く行うほど有利となります。

　繰上げ返済の方法には、返済額は変えずに完済期間を短くする**期間短縮型**と、返済期間はそのままで毎回の返済額を減額する**返済額軽減**（圧縮）型があります。

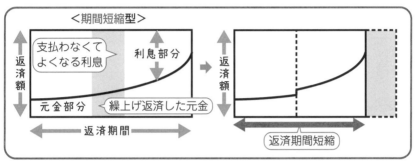

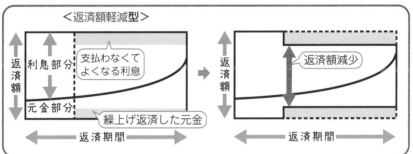

2．ローンの借換え

　返済中のローンを、別に借りたローンで一括返済して、その新しいローンを返済していくことを借換えといいます。

　なお、物件の**担保価値**が低い場合や、**健康状態**により団体信用生命保険に加入できないことで、借換えが**できない**場合もあります。

借換えの手数料や諸費用が発生するため、金利が低いからといって借り換えたほうが必ずしも有利ということではありません。

5 その他のローンとカード

ココが
ポイント

消費者の信用を担保にするローンやカードには、商品を後払いで販売する**販売信用**と、直接金銭を貸し付ける**消費者金融**があります。近年、さまざまな種類のカードが発行されています。それらの種類と内容を理解しておきましょう。

1 カードの種類と特徴

1．主なカードの分類

　カードには、クレジットカード、電子マネー、デビットカードなどがあり、銀行系、信販系、流通系、航空会社系などさまざまな発行主体があります。

主なカードの種類

	クレジットカード	電子マネー			デビットカード
仕組み	利用者の信用に基づいて発行される	お金の価値を電子データとして記録させて決済するもの			銀行など金融機関のキャッシュカードを加盟店でそのまま使用するもの。金利手数料が不要
決済時期	[後払い]	[前払い]	[即時払い]	[後払い]	[即時払い]
利用限度額	あらかじめ設定された利用限度額	チャージした金額	デビットカードに紐付け	クレジットカードなどの利用限度額	一般には預貯金残高が限度額
本人確認	磁気カード：サイン　ICカード：暗証番号	[なし]			暗証番号
利用可能時間	24時間	24時間			金融機関システム稼働時間内

2．支払方法の種類

　カードの支払方法には、次のような種類があります。

クレジットカードやローン利用者の個人情報や個人信用情報は、信用情報機関に一定期間保有されている。信用情報機関は複数あり、異なる信用情報機関の

一括払い	後日1回で返済する支払方法。ボーナス時に一括払いするものもある。一般に手数料はかからない
分割払い	支払回数を指定して、複数回に分割して支払う方法。通常、3回以上に分割すると手数料がかかる
リボルビング払い	利用限度額の範囲内で設定した一定金額を、毎月支払う方法
アド・オン方式	もともとの元金から利息を計算して、元金と利息の総額を割賦回数で割って毎回の返済額を決める。実質金利は高くなる

2 ｜ その他のローン

1．カードローン

　貸付限度額内であれば、CD（キャッシュディスペンサー　現金自動支払機）・ATM（現金自動預け払い機）からカードで融資が受けられます。ローン専用カードが発行されたり、キャッシュカードにローン機能が付加されたものがあります。

2．フリーローン

　使途に制限がなく融資が受けられるローンです。貸付けは、無担保・無保証の証書貸付になっています。金利は目的が限定されたものよりも、高くなります。

3．キャッシング

　クレジットカードの会員が利用できる、小口の即時融資です。クレジットカード会社が提携しているCD・ATMから融資が受けられます。

【貸付制度を利用した無目的ローン】

種　類	総合口座	貯金担保自動貸付
借入先	銀行	ゆうちょ銀行
融資内容	一般的に、定期預金などを担保に、預金残高の90％（最高200万円）まで。金利は預金金利＋0.5％	定額貯金・定期貯金などを担保に、貯金残高の90％（最高300万円）まで。貸付期間は通常2年間

間で情報を相互に利用できるようになっている。また、パソコンやスマートフォンなどを使って、自分の信用情報を確認することもできる。

3 | 関係法規

1．貸金業法

　貸金業法は、消費者金融業務に関しての法律で、事業者を規制しています。ローン利用者の借入残高が年収の**3分の1**を超える場合、新規の借入はできないとするいわゆる**総量規制**などが定められており、違反に対して厳しい罰則があります。なお、クレジットカードを使用したキャッシングも、貸金業法上、総量規制の対象になります。

2．割賦販売法

　割賦販売法は、**クレジット取引**等に関するルールについて定めた法律です。クレジット利用者の支払い可能見込額の調査や、カード番号等の適切な管理等が規定されています。

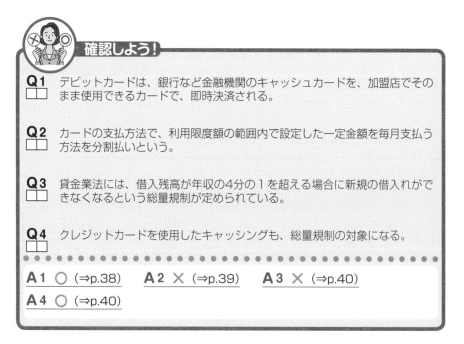

確認しよう！

Q1 デビットカードは、銀行など金融機関のキャッシュカードを、加盟店でそのまま使用できるカードで、即時決済される。

Q2 カードの支払方法で、利用限度額の範囲内で設定した一定金額を毎月支払う方法を分割払いという。

Q3 貸金業法には、借入残高が年収の4分の1を超える場合に新規の借入れができなくなるという総量規制が定められている。

Q4 クレジットカードを使用したキャッシングも、総量規制の対象になる。

A1 ◯（⇒p.38）　　**A2** ✕（⇒p.39）　　**A3** ✕（⇒p.40）
A4 ◯（⇒p.40）

プラスα 貸金業法の対象となる「貸金業者」とは、財務局または都道府県に登録をしている業者で、消費者金融やクレジットカード会社などがある。貸付に対する上限

6 中小企業の資金計画

頻出度 **B**　学習日 ／

**ココが
ポイント**

中小企業の資金調達には、**直接金融**と**間接金融**があります。その主な調達方法を知っておきましょう。資金調達の資金の流れを理解するためには、財務諸表を知ることが必要です。ここでは、**貸借対照表**や**損益計算書**の中でどのように表されるかをみてみましょう。

1 資金調達の方法

中小企業が資金を調達するには、直接金融と間接金融があります。

1. 直接金融

株式や債券の発行など、資金の貸し手（個人・企業）が借り手（企業など）に**直接資金を払い込む形**を、直接金融といいます。

私募債		特定の金融機関などの縁故者等が直接引受けする社債。50人未満の少人数のものは少人数私募債という。一般的に満期一括償還で固定金利なので、長期安定資金としての調達が可能
増資	株主割当	既存の株主に新株引受権を割り当てて、新株式を発行する
	第三者割当	特定の第三者に新株引受権を与え、新株式を発行する。一般的に時価より割安である
	公募	不特定多数の株主を募集して、時価で新株式を発行する

2. 間接金融

金融機関からの借入れなど、**金融機関が介在して借り手（企業など）に資金を調達する形**を間接金融といいます。担保が必要な場合もあります。

手形借入	借用証書の代わりに、融資代金と同額の、金融機関宛の約束手形の振り出しを行うことで融資を受ける
証書借入	金銭消費貸借契約証書を交付して、融資を受ける
インパクトローン	使い道に制限のない外貨での借入れ。為替変動リスクがある

金利は、貸付額が10万円未満は20％、10万円から100万円未満は18％、100万円以上の場合は15％に規制されている。

3．その他

リース会社やファイナンス会社など、金融業者による資金調達方法などもあります。

リース	特定の機械や設備を、リース料を支払って一定期間業者から賃借する。リース期間中の解除が原則認められないファイナンス・リースと、解約可能なオペレーティング・リースがある
ファクタリング※	企業の売掛債権を、期日前にファクタリング会社に売却することによって資金調達する手法

※ 売掛債権の買取り

2 | 財務分析の基礎知識

企業が事業を行う場合の資金を調達する方法として、主に、次の3つがあります。

❶借入金や社債等を利用する
❷新株発行等を利用した増資により株主から出資してもらう
❸事業で稼いだ儲け

この3つのうち、❶の借入れの場合、借金の返済をする必要があります。これを「**負債**」といいます。❷と❸は、返済は不要で、「**純資産**」といいます。

その会社の一定期間の経営成績や財政状態などを表すものを財務諸表といいます。代表的なものとして、「貸借対照表」や「損益計算書」などがあります。

貸借対照表や損益計算書を読み解くことができると、その会社の財政状態がわかるようになります。次ページで具体的な内容について、説明しています。

間接金融で資金を調達する場合は金融機関が介在する。中小企業が利用する資金調達先としては、民間金融機関では、銀行、信用金庫、信用組合、労働

3 | 貸借対照表（B/S）

　貸借対照表（Balance Sheet）は、会社の**決算期末時点**における財政状態（資産・負債・純資産）を表しています。次の表のように、表の左が、会社が集めたお金をどのように運用しているかを示す**資産**の部、右が、会社がどのように事業資金を集めたかを示す**負債**と**純資産**の部となります。「資産 － 負債 ＝ 純資産」となるので、常に左右の金額の合計は一致します。

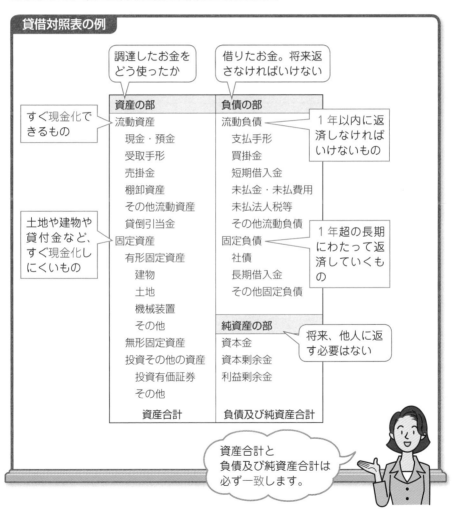

貸借対照表の例

調達したお金をどう使ったか

借りたお金。将来返さなければいけない

すぐ現金化できるもの

土地や建物や貸付金など、すぐ現金化しにくいもの

資産の部	負債の部
流動資産	流動負債
現金・預金	支払手形
受取手形	買掛金
売掛金	短期借入金
棚卸資産	未払金・未払費用
その他流動資産	未払法人税等
貸倒引当金	その他流動負債
固定資産	固定負債
有形固定資産	社債
建物	長期借入金
土地	その他固定負債
機械装置	
その他	純資産の部
無形固定資産	資本金
投資その他の資産	資本剰余金
投資有価証券	利益剰余金
その他	
資産合計	負債及び純資産合計

1年以内に返済しなければいけないもの

1年超の長期にわたって返済していくもの

将来、他人に返す必要はない

資産合計と負債及び純資産合計は必ず一致します。

金庫などがある。公的金融機関では100％政府出資の政府系金融機関である日本政策金融公庫や商工組合中央金庫などがある。

4 損益計算書(P/L)

　損益計算書(Profit & Loss statement)は、会社の**一会計期間**における経営成績を示すものです。収益と費用の状態が記されています。「利益」は、「収益」から「費用」を差し引いて表示されます。

$$利益＝収益－費用$$

　会社が利益を得る方法には、商品・サービスを売ったり、土地、株などを売ったりするなど、いろいろあります。そのため、損益計算書では段階的に5種類の利益が表示されています。

【5つの利益】
❶売上総利益　❷営業利益　❸経常利益　❹税引前当期純利益　❺当期純利益

　下の表の一番上に会社の本業での収入を合計した「売上高」があり、その下に5つの利益が並んでいます。この5つの利益を読むと、どのように1年間の利益や損失が出てきたかがわかります。損益計算書の当期純利益をもとに、法人税申告書別表四を使って会社の所得金額または欠損金額を算出します。

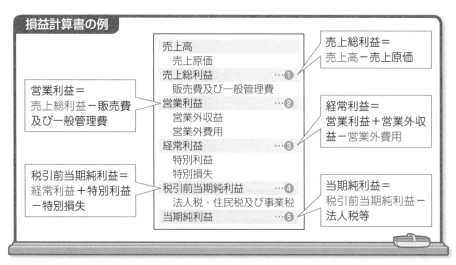

損益計算書の例

| 売上高 |
| 　売上原価 |
| 売上総利益 …❶ |
| 　販売費及び一般管理費 |
| 営業利益 …❷ |
| 　営業外収益 |
| 　営業外費用 |
| 経常利益 …❸ |
| 　特別利益 |
| 　特別損失 |
| 税引前当期純利益 …❹ |
| 　法人税・住民税及び事業税 |
| 当期純利益 …❺ |

売上総利益＝
売上高－売上原価

営業利益＝
売上総利益－販売費
及び一般管理費

経常利益＝
営業利益＋営業外収益－営業外費用

税引前当期純利益＝
経常利益＋特別利益
－特別損失

当期純利益＝
税引前当期純利益－
法人税等

プラスα　財務諸表の一つに「株主資本等変動計算書」があり、これは貸借対照表の「純資産の部」について、一定の期間における株主資本の変動を表す財務報告書であ

5 ｜ キャッシュフロー計算書(C/F)

キャッシュフロー計算書では、会社のキャッシュ（現金等)の動きを表しています。

キャッシュフロー計算書の例

1. 営業活動によるキャッシュフロー
   税引前当期純利益
   減価償却費
   投資有価証券売却益
   土地売却益
   固定資産廃棄損
   売上債権の増減額
   棚卸資産の増減額
   仕入債務の増減額
   その他の資産、負債の増減額

   > 1年間に本業から生じたキャッシュの増減を表す。健全な会社はプラスとなる

2. 投資活動によるキャッシュフロー
   定期預金の払戻しによる収入
   有形固定資産売却による収入
   有形固定資産取得による支出
   投資有価証券取得による支出

   > 将来の利益獲得のために行った設備投資などによるお金の増減を表す

3. 財務活動によるキャッシュフロー
   短期借入金の純減少額
   長期借入による収入
   長期借入金の返済による支出
   配当金の支払額

   > どのくらいの資金を調達、返済したかを表す

4. 現金及び現金同等物の増減額
5. 現金及び現金同等物の期首残高
6. 現金及び現金同等物の期末残高

   > 1年の間にどれだけお金が増えたか減ったかを表す

> 一定期間の現金収支（資金の出入りの状況)を営業、投資、財務の3つの面から計算したものです。

る。株主資本等変動計算書により、会社の利益を何にどのように使ったかということがわかる。なお、この株主資本等変動計算書は、すべての会社に作成の義務がある。

7 社会保険の概要

 医療保険や**介護保険**、**労災保険**など、それぞれの社会保険制度について、運営の主体（保険者）、加入対象者（被保険者）、どのような場合に給付されるのか（給付事由）などを、横断的に理解しましょう。

1 社会保険とは

社会保険とは、一定の人を加入者（被保険者）とし、加入者やその家族に、病気、ケガ、死亡、失業など一定の事由が起きたときに、加入者から集めた保険料によって給付を行い、生活を保障する制度です。

なお、医療保険、介護保険、年金保険を「（狭義の）**社会保険**」、労災保険（労働者災害補償保険）、雇用保険を「**労働保険**」ということがあります。

2 保険の種類など

1. 加入者別でみる社会保険

医療保険、介護保険、年金保険については、すべての人が何らかの制度に加入します。これを「**国民皆保険・国民皆年金**」といいます。

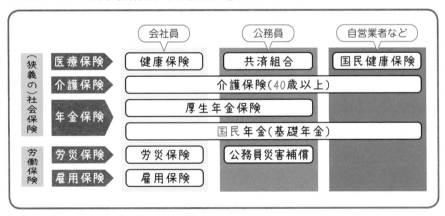

 法人の取締役等は労働者に該当しないため、原則として労災保険は適用されず、雇用保険の被保険者とされない。一方、健康保険・厚生年金保険では、

2．給付事由別でみる社会保険

給付事由	保険の種類	保険者[1]	被保険者[2]	窓　口
業務外の病気、ケガ、出産、死亡	健康保険	全国健康保険協会（協会けんぽ）	適用事業所で働く人	全国健康保険協会（協会けんぽ）
		健康保険組合		健康保険組合
病気、ケガ、出産、死亡	国民健康保険	都道府県および市区町村	自営業者など	〔市区町村〕
		国民健康保険組合	同業種の個人など	国民健康保険組合
病気、ケガ、死亡	後期高齢者医療制度	後期高齢者医療広域連合（都道府県）	75歳以上の人	市区町村
介護	介護保険	市区町村	40歳以上の人	市区町村
老齢、障害、死亡	国民年金	政府（国）	すべての人	市区町村・年金事務所
	厚生年金保険	政府（国）	70歳未満の会社員、公務員など	年金事務所、共済組合など
業務上の病気、ケガ、障害、死亡、介護	労災保険	政府（国）	適用事業で働くすべての人	労働基準監督署
失業、雇用継続	雇用保険	政府（国）	適用事業で働く人	公共職業安定所（ハローワーク）

※1 保険料の徴収や給付を行う、制度の運営主体
※2 保険制度に加入して、保険料を負担し給付を受ける人

3．各保険の強制適用事業所

　社会保険のうち、会社員などを対象にした健康保険、厚生年金保険、労働者災害補償保険（労災保険）、雇用保険は、事業所を単位として適用されます。適用事業所とは、これらの社会保険の適用を受ける事業所のことです。

　なお、保険料は、**労災保険**を除いて原則として**労使折半**負担です。事業主は従業員の給料から保険料を天引きして、事業主負担分と合わせて納めます。

保険の種類	強制適用事業所	保険料の負担割合
健康保険厚生年金保険	従業員を使用する国・地方公共団体または法人の事業所、5人以上の従業員を使用する個人事業所（サービス業等を除く）	〔労使折半〕
労災保険	ごく一部を除き、1人でも労働者を使用する事業所（パートタイマー、アルバイト含む）	〔全額会社負担〕
雇用保険	一部を除き、1人でも労働者を使用する事業所	〔会社負担がやや多い〕

法人から労務の対価として報酬を受けている者は、法人に使用される者として被保険者とされる。

8 公的医療保険① 医療制度の概要と健康保険

 頻出度 学習日 **A** /

ココが ポイント

公的医療保険には、**健康保険、国民健康保険、後期高齢者医療制度**の３つの制度があります。それぞれの制度について、誰が加入者とされるのか、**保険料率の決まり方**(都道府県単位または市町村単位など)を押さえましょう。傷病手当金はよく出題されます。

1 公的医療保険の主な種類 📝頻出

　公的医療保険にはいくつかの種類があります。職業などにより大別され、**75歳**になると職業にかかわらず後期高齢者医療制度に加入します。内容は次のとおりです。**40歳以上65歳未満**の被保険者の保険料には、介護保険料が上乗せされます。

【公的医療保険の種類と医療費の自己負担割合】

種類	健康保険	国民健康保険	後期高齢者医療制度
対象者	会社員とその家族(被扶養者)	自営業者など	75歳(障害状態にある65歳)以上の者
保険者	・全国健康保険協会 ・健康保険組合	・都道府県および市区町村 ・国民健康保険組合	後期高齢者医療広域連合(都道府県ごとに設置)
支給事由	業務外の病気、ケガ、出産、死亡	病気、ケガ、出産、死亡	病気、ケガ、死亡
保険料の決定	・都道府県ごと ・組合ごと	・市区町村ごと ・組合ごと	後期高齢者医療広域連合ごと
医療費の自己負担割合 📖暗記	・義務教育就学前　　　　　　　　２割 ・義務教育就学以後70歳未満　　３割 ・70歳以上75歳未満　　　　　　２割 　　　　　　一定以上所得者は３割		１割 一定以上所得者は２割 現役並み所得者は３割
その他	被扶養者制度あり	「被扶養者」という概念がなく、全員が被保険者となる	

2 健康保険

1. 健康保険の仕組み

　健康保険は、会社員を加入者(被保険者)とし、加入者やその家族(被扶養者)の、

プラスα 健康保険では、配偶者(内縁関係を含む)、子、孫、直系尊属(父母、祖父母、曾祖父母など)、兄弟姉妹以外の３親等(おじ・おば・おい・めい)以内の親族

業務外の病気やケガ、出産、死亡などに対して保険給付を行う制度です。

【健康保険の種類】

	全国健康保険協会管掌健康保険(協会けんぽ)	組合管掌健康保険(組合健保)
保険者	全国健康保険協会	健康保険組合
対象企業	右記以外 (主に中小企業)	主に大企業 同業種の複数企業
一般保険料率	都道府県ごと	一定の範囲内で組合ごとの規約による
介護保険料率※	全国一律	組合ごとの規約による

※ 40歳以上65歳未満の者

2. 健康保険の被保険者

　適用事業所(47ページ)に使用される**75歳未満の正社員**や法人の代表、役員などは、健康保険の被保険者とされます。なお、短時間労働者(パートタイマーなど)は、適用条件(1週間の所定労働時間および1カ月の所定労働日数が一般社員の**4分の3以上(4分の3基準)**)にあたるときは被保険者とされます。

> 4分の3基準を満たさない場合であっても、民間企業は従業員101人(令和6年10月以降は51人)以上、国・地方公共団体は職員数にかかわらず、次の①〜④の要件をすべて満たせば被保険者とされます。①2カ月超の雇用見込み、②週の所定労働時間が20時間以上、③月額賃金が8.8万円以上、④学生等ではない

3. 被扶養者　📖暗記

　被扶養者は、健康保険特有の制度です。被扶養者とされるのは、原則として**国内居住**の一定の親族で、主に被保険者の収入により**生計を維持**されていることが必要です。具体的には、被扶養者になる人の**年収**※が**130万円(60歳以上の者・障害者は180万円)未満**で、かつ被保険者の年収の**2分の1未満**である(同一世帯ではない場合は被保険者からの援助額より少ない)ことです。

※ 給与収入だけでなく、老齢・障害・遺族などの公的年金、企業年金、雇用保険の失業等給付なども含む

4. 保険料

　保険料の算定方法は、毎月の標準報酬月額(月給)および標準賞与額(賞与)に一般保険料率を掛けた額で、原則として被保険者と事業主が**半分ずつ負担**(労使折

半)し、事業主が納付します。なお、被扶養者の保険料はかかりません。

$$\frac{\boxed{標準報酬月額}}{\boxed{標準賞与額}} \times \frac{一般保険料率}{介護保険料率（40歳以上65歳未満の人）}$$

【標準報酬月額と標準賞与額の上限・下限】

報　酬	標準報酬月額 月給をいくつかの等級に区分した額		標準賞与額※ 賞与の支給額から千円未満を切り捨てた額	
	健康保険	厚生年金保険	健康保険	厚生年金保険
上　限	第50等級 (1,390,000円)	第32等級 (650,000円)	573万円 （1年度ごと）	150万円 （1回の支払いごと）
下　限	第1等級 (58,000円)	第1等級 (88,000円)	―	―

※ 年3回以内に支払われる賞与

5. 保険給付

1 保険給付の種類

　健康保険の給付は、次のとおりです。なお、組合健保は、法律で定められた給付（法定給付）以外に、組合独自の給付（付加給付）を行うことができます。

給付事由		被保険者の場合	被扶養者の場合
病気やケガをしたとき	被保険者証で治療を受けたとき	療養の給付	家族療養費
	入院中の食事	入院時食事療養費	
	65歳以上の人が療養病床に入院したとき（食費＋居住費）	入院時生活療養費	
	高度な医療を受けたとき	保険外併用療養費	
	やむを得ず立替払いをしたとき	療養費	
	訪問看護を受けたとき	訪問看護療養費	家族訪問看護療養費
	やむを得ず移送されたとき	移送費	家族移送費
	自己負担額が高額になったとき	高額療養費	高額療養費
	医療保険と介護保険の自己負担が高額になったとき	高額介護合算療養費	高額介護合算療養費
	療養のため会社を休んだとき	傷病手当金	―
出産したとき		出産育児一時金	家族出産育児一時金
出産のため会社を休んだとき		出産手当金	―
死亡したとき（原則として5万円）		埋葬料（埋葬費）	家族埋葬料

プラス
α

標準報酬月額は年1回見直しされる。原則として7月1日現在の被保険者を対象とし、4月〜6月に受けた月給の平均額に基づいて決められ、その年の

②主な給付の内容
①療養の給付／家族療養費

病気やケガをしたときに、医療機関の窓口に健康保険証を提示すると、医療費の一部にあたる自己負担分（48ページ）を支払うだけで治療が受けられます。入院の場合には、医療費の自己負担分とは別に食費の一部も負担します。
- ●療養の給付の範囲　→　診察、投薬、処置、手術、入院など
②高額療養費　🖩計算

長期の治療や入院・手術により自己負担分が高額になった場合で、同一月・同一医療機関（入院・外来は別）に支払った自己負担額（入院時の食事代や差額ベッド代などを除く）が下記の自己負担限度額を超えたときは、あとで請求することによって、超えた部分が高額療養費として払い戻されます。

【70歳未満の場合／1カ月あたりの医療費の自己負担限度額】

所得区分	自己負担限度額※1	4回目以降※2
標準報酬月額 83万円以上	252,600円＋（総医療費－842,000円）×1%	140,100円
標準報酬月額 53万～79万円	167,400円＋（総医療費－558,000円）×1%	93,000円
標準報酬月額 28万～50万円	80,100円＋（総医療費－267,000円）×1%	44,400円
標準報酬月額 26万円以下	57,600円	44,400円
低所得者 （住民税非課税者等）	35,400円	24,600円

※1 原則、1人ごと、1カ月ごと、1医療機関ごとに適用。同一世帯（被保険者と被扶養者）で、21,000円以上の自己負担額が複数あるときは、それらを合算できる（世帯合算）
※2 同一世帯で過去1年間に3回以上の高額療養費の支給を受けている場合は、4回目以降の自己負担限度額が引き下げられる（多数回該当）
＊ 70歳以上の者の自己負担限度額も所得に応じて設定されているが、70歳未満とは算定方法が異なる

《例：入院して1カ月の支払額が15万円の場合（所得区分 標準報酬月額28万～50万円）》

自己負担限度額
＝80,100円＋（50万円－267,000円）×1%
＝82,430円

高額療養費
＝67,570円

自己負担額15万円（総医療費50万円）

9月～翌年8月までの1年間使用される。その間は、固定給（基本給、通勤手当など）の大幅な変動による随時改定が行われない限り、標準報酬月額は変わらない。

③高額介護合算療養費

　同一世帯に介護保険（56ページ）の受給者がいる場合、**1年間（8月〜翌年7月まで）**に支払った健康保険と介護保険の自己負担額を合算して一定額を超えたときは、健康保険・介護保険の自己負担額の比率に応じて、健康保険から高額介護合算療養費、介護保険からは高額医療合算介護サービス費が支給されます。

④保険外併用療養費／家族療養費

　保険が適用されない特別な治療等を受けた場合でも、一定の条件を満たした診療（評価療養、患者申出療養または選定療養）であれば、通常の治療と共通する基礎的部分については、給付が行われます。

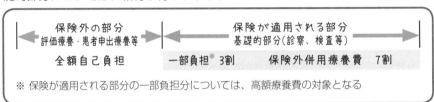

⑤傷病手当金　📖暗記

被保険者が病気やケガで会社を休んだときの給付です。

支給要件	・療養のために休んでいること（自宅療養を含む） ・労働不能であること（仕事に就くことができない状態） ・連続3日間会社を休んでいること（待期期間）。4日目以降の休んだ日について支給 ・給料が支払われないこと（給料が支払われた場合は差額支給あり）
支給額	欠勤1日につき 　支給開始月以前12カ月間の各月の標準報酬月額の平均額の30分の1相当額　×　3分の2
支給期間	同一の傷病等につき支給開始から通算して1年6カ月間

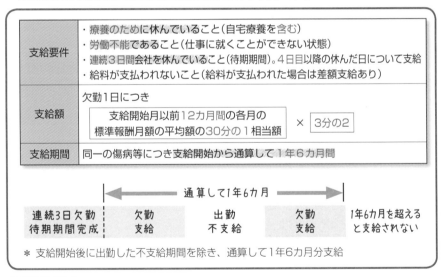

⑥出産手当金

被保険者が出産のために会社を休んだときの給付です。

プラスα 出産育児一時金の支給方法は、原則として医療機関に直接支払う仕組み（直接支払制度）になっている。分娩費用が50万円を超えれば、差額を医療機関

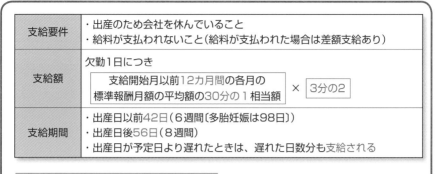

支給要件	・出産のため会社を休んでいること ・給料が支払われないこと(給料が支払われた場合は差額支給あり)
支給額	欠勤1日につき 支給開始月以前12カ月間の各月の標準報酬月額の平均額の30分の1相当額　×　3分の2
支給期間	・出産日以前42日(6週間〔多胎妊娠は98日〕) ・出産日後56日(8週間) ・出産日が予定日より遅れたときは、遅れた日数分も支給される

出産日が出産予定日より遅れた場合

支給期間(42日+α日+56日)

42日(多胎妊娠98日)　　α日　　　56日

出産予定日　出産日

⑦出産育児一時金／家族出産育児一時金

　妊娠4カ月(85日)以上で出産(流産・死産などを含む)したときは、1児につき50万円(産科医療補償制度未加入の医療機関での出産の場合は48.8万円)が支給されます。

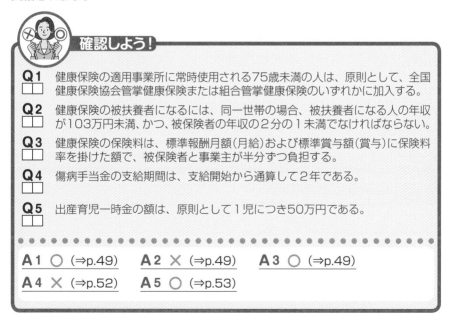

確認しよう！

Q1 健康保険の適用事業所に常時使用される75歳未満の人は、原則として、全国健康保険協会管掌健康保険または組合管掌健康保険のいずれかに加入する。

Q2 健康保険の被扶養者になるには、同一世帯の場合、被扶養者になる人の年収が103万円未満、かつ、被保険者の年収の2分の1未満でなければならない。

Q3 健康保険の保険料は、標準報酬月額(月給)および標準賞与額(賞与)に保険料率を掛けた額で、被保険者と事業主が半分ずつ負担する。

Q4 傷病手当金の支給期間は、支給開始から通算して2年である。

Q5 出産育児一時金の額は、原則として1児につき50万円である。

A1 ○ (⇒p.49)　　**A2** × (⇒p.49)　　**A3** ○ (⇒p.49)

A4 × (⇒p.52)　　**A5** ○ (⇒p.53)

に支払い、逆に50万円未満であれば、被保険者が協会けんぽ(または組合健保)に請求すると、差額が被保険者に出産育児一時金として支給される。

9 公的医療保険② 国民健康保険、退職後の医療保険

ココが ポイント　健康保険の加入対象者ではない自営業者や年金生活者などは、都道府県等あるいは国保組合の**国民健康保険**に加入します。また、会社員が退職後に加入する医療保険の選択肢の一つである健康保険の**任意継続被保険者**に関する出題がよくみられます。

1 国民健康保険

　健康保険の被保険者、被扶養者以外の人は、原則として**都道府県および市区町村**もしくは国民健康保険組合が運営する国民健康保険に加入します。被扶養者制度は**ありません**。

【国民健康保険の概要】

	都道府県等の国民健康保険	国保組合の国民健康保険
保険者	都道府県および市区町村	国民健康保険組合
被保険者	自営業者や年金生活者など、健康保険の対象者以外の者	同業の自営業者やその家族
保険料（税）	市町村ごとに、所得割（前年の所得）、均等割（加入人数）などにより世帯単位で算出・徴収される。上限あり	組合ごとの規定により算出
給付事由	健康保険とほぼ同じ。異なる点は、原則として傷病手当金や出産手当金の給付がないこと、および業務上の病気やケガについても給付されること	

2 退職後の医療保険

1．退職後の医療保険の選択肢

　会社を退職すると、再就職して再び健康保険に加入する場合を除き、次の3つのいずれかの制度に加入します。

　なお、どの医療保険に加入しても、病院の窓口での自己負担割合は同じです。

プラスα　任意継続被保険者の保険料については、全国健康保険協会管掌健康保険（協会けんぽ）の場合、次の①または②のいずれか低い方の標準報酬月額に、住

健康保険の任意継続被保険者制度は、退職などによって資格を喪失した後も、一定の条件をもとに、継続してそれまで加入していた健康保険に加入できる制度です。

制　度	要件など	保険料負担
健康保険の任意継続被保険者　📖暗記　📝頻出	・退職前に、継続して2カ月以上の被保険者期間があること ・資格喪失日（退職日の翌日）から20日以内に申請すること。申請先は住所地を管轄する協会けんぽまたは健康保険組合 ・加入期間は、原則として2年間。申出による途中喪失も可能 ・被扶養者も引き続き、被扶養者になる ・保険給付は在職中とほぼ同じ。ただし、新たな傷病手当金、出産手当金は給付されない	・全額自己負担 ・上限あり
健康保険の被扶養者	・一定の条件（49ページ）に該当した場合、家族等の健康保険の被扶養者になることができる	負担なし
国民健康保険	・任意継続被保険者や被扶養者にならない場合は、国民健康保険の被保険者になる ・届出は14日以内に行うこと	・市町村ごと ・上限あり

2. 後期高齢者医療制度　📝頻出

　75歳（一定の障害状態にある人は65歳）になると、健康保険や国民健康保険の被保険者・被扶養者ではなくなり、一人ひとりが後期高齢者医療制度の被保険者とされます。保険料は、被保険者一人ひとりが負担します。

【後期高齢者医療制度の概要】

運営主体	都道府県ごとに設置された後期高齢者医療広域連合（広域連合）
保険料の決定	広域連合（都道府県）ごとに異なる 均等割額（所得に関係なく一律負担）＋所得割額（所得に応じた負担）
保険料の徴収	市区町村
保険料の納付方法	公的年金からの天引き（特別徴収）が原則だが、申請により口座振替（同居家族の口座でもよい）も利用可能。公的年金額18万円未満の者や介護保険料と合わせた保険料が年金額の2分の1超の者は、納付書で納付する（普通徴収）

所地の都道府県の保険料率を掛けて算出する。①退職時の標準報酬月額、②協会けんぽの全被保険者の標準報酬月額の平均額（30万円（令和6年度））。

10 介護保険

第1号被保険者と**第2号被保険者**の2つに分けられている被保険者について、年齢区分、保険料の決め方や納め方、介護給付（サービス）を受ける要件などの違いを理解しましょう。**要支援状態**と**要介護状態**の区分の数などを問う問題も、多く出題されます。

1 介護保険の仕組み 頻出

　介護保険は、介護が必要になった高齢者およびその家族の負担を軽減するために、介護を社会全体で支えあう制度です。**40歳**になると、原則としてすべての人が、介護保険に加入して保険料を納めます。また、年齢によって、**第1号被保険者**と第2号被保険者に区別されます。

【第1号被保険者と第2号被保険者の特徴】

	第1号被保険者	第2号被保険者
対象者	65歳以上の者	40歳以上65歳未満の公的医療保険加入者
保険料の算定方法・支払方法	所得段階別の定額保険料で、市区町村ごとに保険料を決定し、徴収する ・公的年金額が18万円以上の者…年金から天引き（特別徴収） ・公的年金額が18万円未満の者…納付書での納付（普通徴収）	医療保険の保険料と併せて徴収 ・健康保険など…標準報酬月額、および標準賞与額×介護保険料率※1、労使折半負担。 ・国民健康保険…国民健康保険料と同様に、前年の所得などを基準に算定
給付を受けられる条件	原因を問わず、要介護状態または要支援状態と認定されたとき	老化にともなう特定疾病※2によって、要介護状態または要支援状態と認定されたとき
介護サービス※3を受けたときの自己負担割合	・自己負担は1割。ただし、65歳以上の一定以上の所得者は、所得に応じて2割または3割。ケアプランの作成は無料(本人家族も作成可能) ・同一月に利用したサービスの1割（一定以上所得者は2割または3割）の自己負担額が一定の上限額を超えた場合は、高額介護サービス費が支給される ・施設サービス等を利用した場合は、1割（一定以上所得者は2割または3割）のほかに食費や居住費などの負担（全額自己負担）がある	

※1 協会けんぽは全国一律、組合健保は組合ごとに決定
※2 がん末期、脳血管疾患、関節リウマチなどの16種類
※3 在宅サービスを利用する場合、介護区分に応じた1カ月の支給限度基準額があるため、その額を超えてサービスを利用したときは、超えた分は全額自己負担となる

プラスα 要介護者・要支援者が、自宅で生活するために手すりの取付け・段差の解消などを行った場合には「住宅改修費（上限20万円）」、入浴補助用具等を購入し

2 介護サービスの利用方法

1. 要介護認定の申請

　介護保険による介護サービスを受けるためには、保険者である**市区町村**から「**要介護状態**」または「**要支援状態**」の認定を受けなければなりません。

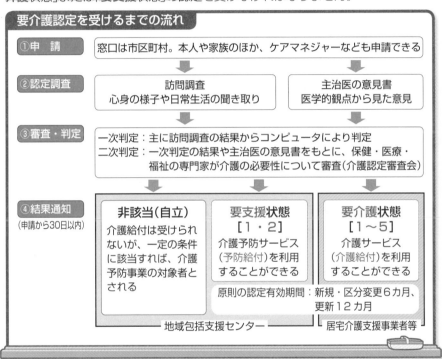

要介護認定を受けるまでの流れ

①申　請	窓口は市区町村。本人や家族のほか、ケアマネジャーなども申請できる

| ②認定調査 | 訪問調査
心身の様子や日常生活の聞き取り | 主治医の意見書
医学的観点から見た意見 |

③審査・判定
一次判定：主に訪問調査の結果からコンピュータにより判定
二次判定：一次判定の結果や主治医の意見書をもとに、保健・医療・
　　　　　福祉の専門家が介護の必要性について審査（介護認定審査会）

④結果通知
（申請から30日以内）

非該当（自立）
介護給付は受けられないが、一定の条件に該当すれば、介護予防事業の対象者とされる

要支援状態
[1・2]
介護予防サービス（予防給付）を利用することができる

要介護状態
[1〜5]
介護サービス（介護給付）を利用することができる

原則の認定有効期間：新規・区分変更6カ月、
　　　　　　　　　　更新12カ月

地域包括支援センター　　　　　居宅介護支援事業者等

2. 利用できる介護サービスの種類

分　類	要支援者（予防給付）	要介護者（介護給付）
自宅で暮らしながら介護を受ける	介護予防サービス	居宅サービス
施設に入所して介護を受ける	―	施設サービス※
地域の実情に合わせた介護を受ける	地域密着型介護予防サービス	地域密着型サービス

※ 介護老人福祉施設（特別養護老人ホーム）の新規入所者は、原則要介護3以上に限定される

た場合には「福祉用具購入費（上限10万円）」として、どちらの費用も9割〜7割が介護
区分ごとの支給限度基準額とは別枠で支給され、残りの1割〜3割が自己負担となる。

11 労働者災害補償保険（労災保険）

 頻出度 **C**

 学習日 ／

 ココが ポイント

仕事上・通勤途中のケガや病気については、健康保険ではなく**労災保険**が適用されます。労災保険は、**すべての労働者**に適用され、原則として医療費の自己負担が**ない**ことが特徴です。適用事業、**誰**が**保険料**を負担するのかがポイントです。

1 労働者災害補償保険（労災保険）

1．労災保険の仕組み

①労災保険とは

労災保険とは、業務上の事由（業務災害）、複数業務を要因とする事由（複数業務要因災害）または通勤途中の事故（通勤災害）によって生じたケガ、病気、障害、死亡等に対して、被災労働者および家族に必要な給付を行う制度です。労災保険は、原則として法人・個人を問わず、**労働者を１人でも使用する事業**に強制的に適用されます。

②適用される労働者

正社員はもとより、パートタイマー、アルバイト、臨時工など、雇用形態を問わず適用事業で働く**すべての労働者**が、労災保険の適用を受けます。

③保険料

労災保険の保険料は、**全額事業主負担**です。保険料は、賞与を含む賃金総額に労災保険率を掛けた額で、保険率は、事業の種類ごとに細かく分かれています。

④特別加入制度

事業主や役員等は労働者ではないので、労災保険は適用されませんが、一定の要件に該当するときは、**任意**に特別加入することができます。ただし、特別加入者には、ボーナス特別支給金など、一部の給付がありません。

特別加入ができる者	申請方法
［中小事業主等］	労働保険事務組合を通じて手続き
［一人親方等］	一人親方等の団体を通じて手続き
［海外派遣者］	事業主を通じて手続き

 プラスα

事業主や一人親方などの特別加入者は、一般の労働者とは異なり"賃金"という概念がない。特別加入者の保険料や給付額のもとになる給付基礎日額

2．労災保険の給付

1 災害の認定

①業務災害

労災保険の対象となる業務災害とは、次の2つの条件にあてはまる災害です。

● 事業主（会社）の支配下にある状態のもとで発生したこと（業務遂行性）

● 業務と傷病（病気やケガなど）との間に因果関係があること（業務起因性）

②通勤災害

労災保険における「通勤」とは、自宅と会社との間を、合理的な経路および方法で往復することを指し、通勤の途中で通常の経路から外れた場合、外れたあとの経路で起きたケガなどについては、原則として通勤災害とは認められません。

＊ 例外として、通常の経路から外れたのが「日常生活上必要な行為（日用品の購入、選挙の投票など）で最小限度」の場合には、通常の経路に戻った後の移動は「通勤」と認められる

2 労災保険の給付の種類

> 業務災害の給付には、「補償」という言葉が入ります。

給付の種類	支給要件	給付内容
療養(補償)給付	治療を受けたとき	治療費全額支給、自己負担はない
休業(補償)給付	療養のため労働することができず（休業している）、賃金を受けられないとき	賃金を受けない日の4日目から1日につき給付基礎日額※の6割が支給される。なお、これに加えさらに2割の特別支給金あり
傷病(補償)年金	療養開始後1年6カ月たっても傷病が治らず、障害の程度が傷病等級に該当するとき	傷病等級(第1級〜第3級)に応じて年金が支給される
障害(補償)給付	傷病が治癒(症状が固定)した後に、障害等級に該当する障害が残ったとき	障害等級第1級〜第7級は年金が支給され、第8級〜第14級は一時金が支給される
介護(補償)給付	障害等級・傷病等級の1級または2級(2級は一部に限定)の受給権者が、その障害により現に介護を受けているとき	原則として実際に介護費用として支出した額が支給される。介護状態等に応じて上限額・保障額あり
遺族(補償)給付	労働者が死亡したとき	受給資格のある遺族の人数等に応じて年金が支給される。年金を受ける家族がいないときは一時金が支給される
葬祭料(給付)	死亡した労働者の葬祭を行ったとき	一定額が支給される
二次健康診断等給付	健康診断の結果、一定の項目のいずれにも異常の所見が認められたとき	二次健康診断および特定保健指導が受けられる

※ 災害発生以前3カ月間に支払われた平均賃金の日額のこと

（59ページ）は、特別加入をするときに3,500〜25,000円の16階級（家内労働者は、2,000〜25,000円の19階級）の中から自ら選択する。

12 雇用保険

雇用保険は、**基本手当**と**高年齢雇用継続給付**について、支給要件と支給期間をしっかりと押さえておきましょう。また、高年齢雇用継続給付は、支給額についての出題もみられるので、賃金低下と支給率との関係を理解することがポイントです。

1 | 雇用保険

1．雇用保険の仕組み

①雇用保険とは

雇用保険は、労働者が失業した場合や雇用の継続が困難になったときなどに、必要な給付（失業等給付）を行うほか、労働者が子を養育するために休業した場合に必要な給付（育児休業給付）を行う制度です。また、失業の予防、労働者の能力開発および向上等を図るための事業（雇用保険二事業）を行っています。労災保険と同様に、原則として労働者を1人でも使用する事業に、強制的に適用されます。

②適用される労働者（被保険者）

適用事業に雇用される労働者は、原則として雇用保険の被保険者とされます。被保険者は、就労形態や年齢に応じて、**一般被保険者**、**高年齢被保険者**、短期雇用特例被保険者、日雇労働被保険者の4つに区分されます。

> 常用労働者（短期・日雇を除く）
> 　65歳未満の者…一般被保険者
> 　65歳以上の者…高年齢被保険者
>
> パートタイマー等の適用
> 週所定労働時間：20時間以上
> 　　　かつ
> 雇用見込：31日以上
>
> ＊ 65歳以上の複数事業就労者は、2つの適用事業の週所定労働時間を合計して20時間以上あるときは、本人の申出により、高年齢被保険者となることができる

③保険料

雇用保険の保険料は、賞与を含む賃金総額に雇用保険率を掛けた額で、そのうち、失業等給付分・育児休業給付分は被保険者と事業主が折半し、雇用保険二事業分は全額事業主負担です。なお、保険料は、事業の種類（一般・農林水産・建設）により、3つに分かれています。

労働保険料（雇用保険料・労災保険料）は、原則として1年度分の賃金見込額に基づいて、あらかじめ概算額で申告・納付を行い（概算保険料）、年度終了

2. 雇用保険の給付

雇用保険の給付には、失業等給付および育児休業給付があります。

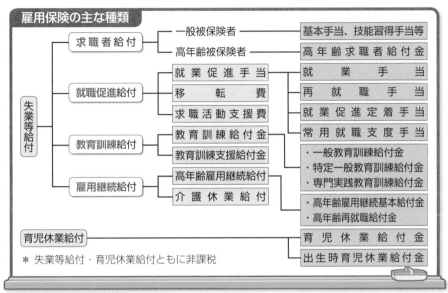

雇用保険の主な種類

* 失業等給付・育児休業給付ともに非課税

3. 基本手当　📝頻出

雇用保険の失業等給付の中心となるのが、一般被保険者（**65歳未満の常用労働者**）が失業したときに支給される「**基本手当**」です。

①支給される要件　📖暗記

●被保険者期間（次ページプラスα参照）が次のように一定期間以上あること

原則（下記以外）	離職日以前2年間に、**被保険者期間が通算して12カ月以上あること**
特定受給資格者※1 特定理由離職者※2	離職日以前1年間に、**被保険者期間が通算して6カ月以上あること**

※1　倒産、事業所の廃止、解雇、退職勧奨などにより離職した者
※2　契約更新を希望したが更新されなかった有期契約労働者、または正当な理由（体力の衰えや結婚による転居など）のある自己都合により離職した者

●**失業の状態**（働く意思および能力がある人が、求職活動を行っているにもかかわらず、仕事に就くことができない）にあること

後に確定額（確定保険料）を申告して、過不足があるときは精算する仕組みをとっている。これを年度更新という。

②基本手当日額

失業1日あたりの基本手当の日額は、次のとおりです。

> 賃金日額※×一定率(50%〜80%、60歳以上65歳未満は45%〜80%)
> ※ 退職前6カ月間の賃金総額(賞与や臨時に支払われた賃金を除く)÷180
> ＊ 下限額および年齢ごとの上限額あり

③所定給付日数

所定給付日数とは、基本手当が支給される限度日数のことです。離職理由に応じた受給資格者の区分によって、次のとおり、大きく2つに分かれています。

【自己都合・定年などによる離職＝通常の受給資格者】 📖暗記

	算定基礎期間(被保険者として雇用された期間、在籍期間)		
	10年未満	10年以上20年未満	20年以上
全年齢	90日	120日	150日

【解雇や倒産などによる離職＝特定受給資格者、および一部の特定理由離職者※】

離職時の年齢	算定基礎期間(被保険者として雇用された期間、在籍期間)				
	1年未満	1年以上5年未満	5年以上10年未満	10年以上20年未満	20年以上
30歳未満	90日	90日	120日	180日	—
30歳以上35歳未満	90日	120日	180日	210日	240日
35歳以上45歳未満	90日	150日	180日	240日	270日
45歳以上60歳未満	90日	180日	240日	270日	330日
60歳以上65歳未満	90日	150日	180日	210日	240日

※ 令和7年3月31日までの暫定措置
＊ 就職が困難な受給資格者(障害者など)の所定給付日数は、150日〜360日

④受給期間

受給期間とは、基本手当の受給が可能な期間のことで、原則として<u>離職日の翌日から1年間</u>です。この期間内の"失業の状態"にある日について、所定給付日数を限度として支給されます。ただし、受給期間内に病気やケガ、出産等の理由で引き続き30日以上就職できない期間があるときは、所定の期間内に申請すると、その日数分(所定の受給期間と合わせて最大で4年間)延長することができます。

⑤基本手当の支給開始日

基本手当受給の最初の手続きである求職の申込み日以後、<u>離職理由にかかわらず、失業の状態が通算して7日間経過するまでの待期期間、離職理由によってはさらに2か月の給付制限期間については、基本手当は支給されません。</u>支給開始後、4週間

 プラスα 基本手当の支給要件における「被保険者期間」とは、離職日から遡って1カ月ごとに区切った期間に、賃金支払いの基礎となった日数が11日以上または時間

ごとに公共職業安定所で、求職活動を行ったことを証明して、**失業の認定**を受けます。

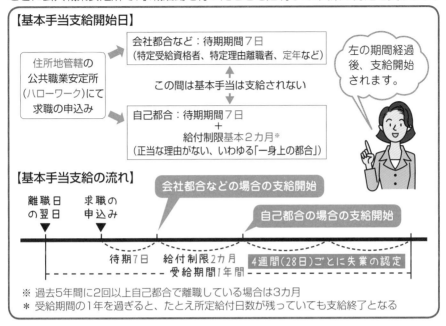

【基本手当支給開始日】

住所地管轄の
公共職業安定所
(ハローワーク)にて
求職の申込み

会社都合など：待期期間7日
(特定受給資格者、特定理由離職者、定年など)

この間は基本手当は支給されない

自己都合：待期期間7日
＋
給付制限基本2カ月※
(正当な理由がない、いわゆる「一身上の都合」)

左の期間経過
後、支給開始
されます。

【基本手当支給の流れ】

会社都合などの場合の支給開始

自己都合の場合の支給開始

離職日
の翌日

求職の
申込み

待期7日　給付制限2カ月
受給期間1年間

4週間(28日)ごとに失業の認定

※ 過去5年間に2回以上自己都合で離職している場合は3カ月
＊ 受給期間の1年を過ぎると、たとえ所定給付日数が残っていても支給終了となる

4. 高年齢求職者給付

高年齢被保険者(**65歳**以上の常用労働者)が失業したときに、支給されます。

支給要件	原則として、離職の日以前1年間に、被保険者期間が通算して6カ月以上あること
支給額	・算定基礎期間1年未満…基本手当日額の30日分 ＼ (一時金) ・算定基礎期間1年以上…基本手当日額の50日分 ／

＊ 待期期間および給付制限については、基本手当と同じ規定が適用される

5. 再就職手当

基本手当の受給資格者が次の要件を満たして再就職したときに、支給されます。

支給要件	基本手当の所定給付日数の3分の1以上の支給日数を残して、安定した職業(雇用期間1年超)に就いたこと
支給額	所定給付日数に対する支給残日数の割合に応じ ・3分の1以上…基本手当日額×支給残日数の60％ ＼ (一時金) ・3分の2以上…基本手当日額×支給残日数の70％ ／

数が80時間以上ある月を1カ月と計算する。高年齢求職者給付(63ページ)、育児休業
給付(64ページ)および介護休業給付(65ページ)の被保険者期間も同様に扱う。

6. 教育訓練給付

　一般被保険者または高年齢被保険者（以下「被保険者等」）あるいは被保険者等であった者が、厚生労働大臣の指定する教育訓練を修了すると、本人が支払った学費（入学料および受講料）の一部を援助します。

	一般教育訓練	特定一般教育訓練	専門実践教育訓練
支給要件期間	雇用保険の加入期間が3年以上（初回は1年以上）		雇用保険の加入期間が3年以上（初回は2年以上）
支給期間	最長1年		原則最長3年
支給額※1	受講費用の20%（上限：10万円）	受講費用の40%（上限：20万円）	受講費用の50%（上限：年間40万円、合計120万円）※2

※1 支給額が4,000円を超えない場合は支給されない
※2 資格を取得し、かつ、修了後1年以内に被保険者等として雇用された場合は、20%（上限：年間16万円）を追加支給
＊ 専門実践教育訓練のうち、法令上最短4年の修業が規定されている長期専門実践教育訓練については、一定の要件のもと、4年目相当分が上乗せされる

7. 育児休業給付 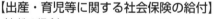 頻出

被保険者等が育児休業を取得したときは、「育児休業給付金」が支給されます。

支給要件	・1歳未満（パパママ育休プラス制度に該当する場合は1歳2カ月未満、保育所等の利用不可の場合は1歳6カ月または2歳未満）の子を養育するために育児休業※を取得したこと（男女不問） ・原則として、休業開始日前2年間に、被保険者期間が通算して12カ月以上あること
支給額	休業開始時賃金日額 × 支給日数 × 休業開始から180日目までは67%／休業開始から181日目以降は50% ＊ 会社から賃金が80%以上支払われるときは支給されない
支給期間	育児休業開始日から子が1歳（最長2歳）になるまで

※ 1歳未満の子については、育児休業を分割して2回取得が可能

【出産・育児等に関する社会保険の給付】

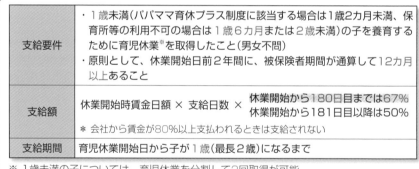
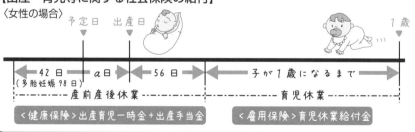

〈女性の場合〉

予定日　出産日　　　　　　　　　　　　　　　　　1歳

42日（多胎妊娠98日）─ α日 ─ 56日 ─ 子が1歳になるまで

産前産後休業　　　　育児休業

〈健康保険〉出産育児一時金＋出産手当金　　　〈雇用保険〉育児休業給付金

 プラスα　子の出生後8週間の期間内に、合計28日を限度として"出生時育児休業（産後パパ育休）"を取得した場合は、一定の要件のもと、「出生時育児休業給付

8．介護休業給付

被保険者等が介護休業を取得したときは、「介護休業給付金」が支給されます。

支給要件	・対象となる家族(配偶者、父母、子および配偶者の父母など)を介護するために介護休業を取得したこと(男女不問) ・原則として、休業開始日前2年間に、被保険者期間が通算して12カ月以上あること
支給額 (暫定措置)	休業開始時賃金日額×支給日数×67% ＊ 会社から賃金が80%以上支払われるときは支給されない
支給期間	対象家族1人につき、介護休業開始日から通算して93日まで、最大3回まで分割可能

9．高年齢雇用継続給付　頻出

60歳以後の賃金が低下したときに被保険者等に支給される高年齢雇用継続給付には、「高年齢雇用継続基本給付金」と「高年齢再就職給付金」があります。

	高年齢雇用継続基本給付金	高年齢再就職給付金
	基本手当を受給しないで60歳以後も勤めている場合	基本手当を受給して60歳以後に再就職し、支給残日数が100日以上ある場合
支給要件 暗記	・60歳以上65歳未満の雇用保険の被保険者等 ・雇用保険の加入期間が通算して5年以上あること ・原則として60歳以後の各月の賃金が60歳到達時と比べて75%未満に低下したこと	
支給額 改正	低下後の賃金割合　継続給付の支給額※ 61%未満　支給対象月の賃金×15%(令和7年4月から10%) 61%以上75%未満　支給対象月の賃金×0%超〜15%(令和7年4月から10%) 75%以上　不支給(要件を満たさない)	
支給期間	60歳に達した月から65歳に達する月まで	基本手当の支給残日数が 100日以上200日未満…1年間(最長65歳) 200日以上　　　　…2年間(最長65歳)
その他	60代前半の在職老齢年金の適用を受ける人が高年齢雇用継続給付金を受けた月の年金については、給与に基づく支給停止のうえに、さらに給付金を受けたことによる支給停止が行われる(82ページ)	

※ 上限と下限があり、毎年見直される
＊ 同一の就職について、高年齢再就職給付金と再就職手当(63ページ)の両方を受けられるときは、本人がいずれか一方を選択する

金」として休業開始時賃金日額×支給日数×67%相当額が支給される。支給された日数は、育児休業給付の支給率の67%の上限日数である180日に通算される。

13 公的年金① 年金制度の概要

第1号・第2号・第3号の3つに分かれている国民年金の被保険者について、それぞれ誰を対象にしているのか、確認しておきましょう。**第1号被保険者**の**保険料の免除**の種類や猶予制度を受ける条件、**保険料を追納**できる期間についての出題がよくみられます。

1 公的年金制度のあらまし

1. 制度と加入者

1 昔の年金制度　昭和61（1986）年4月前

　昔の年金制度は、会社員は厚生年金保険、公務員および私学教職員は共済年金、自営業者などは国民年金に加入し、それぞれの年金が支給されるという仕組みでした。昭和36（1961）年4月に拠出制の**国民年金制度**ができたとき、すべての国民が何らかの公的年金制度に加入するとして「**国民皆年金**」といわれましたが、当時は会社員等の妻や学生などは強制加入ではなく、任意加入の対象とされていました。

2 現在の年金制度　昭和61（1986）年4月以後

　昭和61（1986）年の年金制度の大改正によって、20歳以上60歳未満のすべての人を国民年金の強制被保険者とする「**基礎年金制度**」が導入されました。さらに厚生年金保険の被保険者は、同時に国民年金の第2号被保険者でもあり、基礎年金とその上乗せとして報酬比例の年金を受給します。このように、公的年金は「国民年金（基礎年金）」と「厚生年金」の2階建てになっています。また、個人や企業の選択により、確定拠出年金など（96ページ）に加入することができます。

【現在の公的年金制度の体系】

厚生年金（報酬比例部分）

国民年金（全国民共通の基礎年金）

（自営業、学生等）	（会社員・公務員等）	（専業主婦等）
第1号被保険者	第2号被保険者	第3号被保険者

＊ 公務員・私学教職員が加入していた共済年金は、平成27年10月から、厚生年金保険に統合された

 国民年金の第1号被保険者の保険料の納付方法は、納付書により金融機関やコンビニ等で現金で納付するほか、口座振替やクレジットカードで納付する

2．年金制度の給付の種類

公的年金の給付には、「老齢給付」「障害給付」「遺族給付」の3つがあります。

【給付の種類】

制　度	支給事由		
	老齢（退職）	障　害	死　亡
厚生年金保険	老齢厚生年金	障害厚生年金（1～3級）障害手当金	遺族厚生年金
国民年金	老齢基礎年金付加年金	障害基礎年金（1・2級）	遺族基礎年金寡婦年金死亡一時金

2　国民年金および厚生年金保険の加入者と保険料 頻出

1．国民年金

①国民年金の加入者（被保険者）の種別と保険料

国民年金の被保険者は、次のように職業などによって第1号・第2号・第3号の3つの種別に分かれています。なお、いずれの被保険者も国籍は問いません。

【国民年金の強制被保険者】

	第1号被保険者	第2号被保険者	第3号被保険者
条件 暗記	・日本国内に住む・20歳以上60歳未満・2号・3号以外の者	・厚生年金保険の被保険者（65歳以上の者は、老齢年金の受給権がない場合のみ被保険者となる）	・日本国内に住む（原則）・2号の被扶養配偶者※3・20歳以上60歳未満
対象者	自営業者・学生など	会社員・公務員・私学教職員など	専業主婦など
加入手続	〔市区町村役場〕	勤務先	配偶者の勤務先
保険料	・月額16,980円※1 ※2・納付期限は翌月末日・付加年金の保険料は月額400円（任意）	・個別に国民年金保険料を納める必要はない・2号および3号の国民年金保険料は、厚生年金保険の保険料から拠出されている・2号および3号としての加入期間は、国民年金の「保険料納付済期間」とされる	

※1　令和6年度額。基本額（17,000円）×保険料改定率。改定率は毎年度改定される
※2　被保険者本人だけでなく、世帯主および配偶者も保険料を納付する義務を負う
※3　認定基準は、健康保険の被扶養者（49ページ）と同じ

こともできる。また、将来の一定期間（最大2年）の保険料をまとめて納付することができ（前納）、納付方法や前納期間に応じて保険料が割引される。

②任意加入被保険者

国民年金の強制被保険者に該当しない場合でも、以下の人は、申出により国民年金に任意加入することができます。任意加入被保険者となり、第1号被保険者と同じ保険料を納付することで、老齢基礎年金の受給資格期間を満たしたり、老齢基礎年金の年金額を増やしたりすることができます。ただし、老齢年金を繰上げ受給した人は任意加入できません。

任意加入できる人

〈原則〉
- ●日本国籍を有し、日本国内に住所がない20歳以上65歳未満の者（海外在留邦人）
- ●日本国内に住む60歳以上65歳未満の者

〈特例〉
- ●老齢年金の受給資格期間がない昭和40年4月1日以前生まれの65歳以上70歳未満の者（特例任意加入）

＊ 上記原則の任意加入被保険者については、同時に個人型確定拠出年金（97ページ）や国民年金基金（102ページ）の加入者になることができる

③保険料免除制度

第1号被保険者の保険料は、収入にかかわらず**定額**です。そのため、経済的理由などで保険料の納付が困難な場合は、保険料の納付を免除または猶予される制度があります。免除期間は、年金の受給要件については納付期間と同じ扱いです。なお、法定免除以外は原則として毎年申請が必要で、申請窓口は**市区町村**です。

【免除の種類】

	免除の条件・特徴など	所得審査の対象者 📖暗記
法定免除	・障害等級1級または2級の障害年金、生活保護法の生活扶助を受けているときなど ・届出が必要だが法律上当然に全額免除	－
申請免除	・所得に応じて全額免除、4分の3免除、半額免除、4分の1免除の4種類 ・申請が認められてはじめて免除とされる	本人・配偶者・世帯主
納付猶予	・50歳未満が対象 ・令和12年6月までの暫定措置	本人・配偶者
学生納付特例	・学生等が対象 ・学生等の期間は、申請免除および納付猶予の対象とならない（学生の人は学生納付特例が優先される）	本人

 申請免除のうち、一部免除（4分の3免除、半額免除、4分の1免除）の承認を受けた期間については、納付すべき一部の減額された保険料を納めない

産前産後 免除	・免除期間は、出産予定月の前月から4カ月間（多胎妊娠は 　出産予定月の3カ月前から6カ月間） ・所得の有無は関係なし ・保険料免除期間ではなく「保険料納付済期間」として扱われる	－

＊ 失業によるときは、本人の所得は審査対象にならない

学生等とは、大学（大学院）、短大、高等学校、専門学校、各種学校に在学する学生のことであり、夜間・定時制、通信制の学生も含みます。
産前産後免除は、「保険料納付済期間」になるため、他の免除よりも優先して適用されます。

【保険料免除期間および未納期間の扱い】

	法定免除	申請免除	納付猶予	学生特例	未　納
保険料の納付が免除・猶予されるサイクル（年度）は？	該当の間	7月※1 ～翌年6月	7月※1 ～翌年6月	4月※1 ～翌年3月	－
年金の受給資格期間としては？　📖暗記	○ 算入される				×
老齢基礎年金の金額には？　📖暗記	△※2 一部反映される		〔×〕 反映されない		×
保険料の追納	・免除・猶予等された期間の保険料は、10年以内であればあとからさかのぼって納付できる（追納） ・3年度目以降に追納するときは、当時の保険料に利息相当額が加算される ・追納した期間は、「保険料納付済期間」になる				時効 2年

※1 申請時点から2年1カ月前の月分までさかのぼって申請することができる
※2 国庫（税金）負担分、および一部免除期間の納付分の年金額（72ページ）

場合、その期間の一部免除は無効となる（つまり、未納として扱われる）。そのため、年金の受給資格期間には算入されず、老齢基礎年金の年金額にも反映されない。

2．厚生年金保険

1 厚生年金保険の加入者（被保険者）

　適用事業所（47ページ）に使用される**70歳未満**の人は、適用条件（49ページ 2．健康保険の被保険者参照）にあたらない一部のパートタイマー・アルバイトなどを除いて、厚生年金保険の被保険者とされます。

> 厚生年金保険の被保険者になるかならないかの判定は、健康保険と同じです。

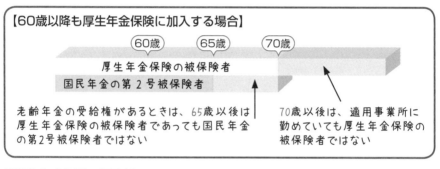

【60歳以降も厚生年金保険に加入する場合】

60歳　65歳　70歳

厚生年金保険の被保険者
国民年金の第2号被保険者

老齢年金の受給権があるときは、65歳以後は厚生年金保険の被保険者であっても国民年金の第2号被保険者ではない

70歳以後は、適用事業所に勤めていても厚生年金保険の被保険者ではない

2 厚生年金保険の保険料

　厚生年金保険の保険料は、標準報酬月額（49ページ4．保険料）および標準賞与額に保険料率を掛けた額で、**被保険者と事業主が折半**します。なお、配偶者（第3号被保険者）の保険料はかかりません。

| 標準報酬月額（第1等級 88,000円〜第32等級650,000円）
標準賞与額（支払い1回あたり上限 150万円） | × 保険料率（18.3%） |

3 厚生年金保険の保険料免除　📖 暗記

　3歳未満の子を養育するための**育児休業等**期間中および**産前産後休業**期間中の厚生年金保険（および健康保険）の保険料は、**事業主の申出により被保険者負担分・事業主負担分**ともに免除されます。

＊ 免除期間は、休業直前の標準報酬月額に基づいて保険料を納めた期間として取り扱われる
＊ 出生時育児休業（産後パパ育休）期間中についても免除される

プラスα

厚生年金保険の被保険者は、第1号厚生年金被保険者（会社員）、第2号厚生年金被保険者（国家公務員）、第3号厚生年金被保険者（地方公務員）、第4号

14 公的年金② 老齢基礎年金

**ココが
ポイント**　老齢基礎年金は、よく出題されます。受給資格期間の「**10年**」というキーワード、年金額の計算問題がよく出題されます。保険料を納付した期間が**40年**未満の場合は、計算は複雑です。計算式を立てるだけでなく、電卓等を使って実際に計算してみましょう。

1 老齢基礎年金

1. 受給要件

　老齢基礎年金は、次の受給資格期間を満たすことによって、**65歳**から支給されます。なお、65歳前から繰り上げて受給、あるいは66歳以後に繰り下げて受給することができます（80ページ）。

【受給資格期間】 📖暗記
保険料納付済期間＋保険料免除期間＋合算対象期間（カラ期間）＝10年以上※

※ 平成29年8月から、25年→10年に短縮された

保険料納付済 期間とは？	・第1号被保険者（任意加入被保険者を含む）期間のうち、保険料を全額納めた期間および産前産後の免除期間 ・第2号被保険者期間のうち、20歳以上60歳未満の期間※ ・第3号被保険者期間
保険料免除 期間とは？	・法定免除、申請全額免除、納付猶予および学生納付特例の期間 ・申請一部（4分の3、半額、4分の1）免除のうち、免除分以外の保険料を納めた期間
合算対象期間 （カラ期間） とは？	・保険料納付済期間＋保険料免除期間が10年ないときの特例措置 ・受給資格期間には算入されるが、年金額には反映されない期間 ・第2号被保険者期間のうち、20歳前および60歳以後の期間 ・昭和61年4月前の国民年金の任意加入の対象（66ページ）でありながら任意加入しなかった期間が、代表的なカラ期間とされる

※ 障害年金や遺族年金の保険料納付要件の判定（84ページ・87ページ）については、第2号被保険者の20歳前および60歳以後の期間は「保険料納付済期間」として取り扱う

厚生年金被保険者（私学教職員）の4つの種別に分かれている。保険料の徴収、保険給付等に関する事務は、種別ごとに定められた実施機関が行う。

２．年金額の計算式 ＋−×÷ 計算

老齢基礎年金の年金額は、**20歳から60歳になるまでの40年間（480月）**の保険料をすべて納めると、「基礎満額」となりますが、保険料を全額納めた期間（保険料納付済期間）が40年に満たない場合は、その期間などに応じて、次のように計算します。

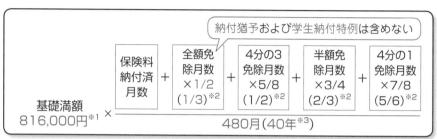

※1 令和6年度の満額　昭和31年4月1日以前生まれの人は813,700円。障害基礎年金（85ページ）、遺族基礎年金（88ページ）も同様
※2（　）内は平成21年3月以前にある免除期間の割合
※3 昭和16年4月1日以前生まれの人は、生年月日ごとの加入可能年数

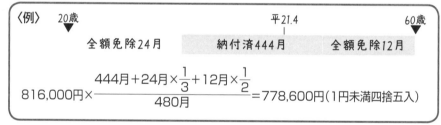

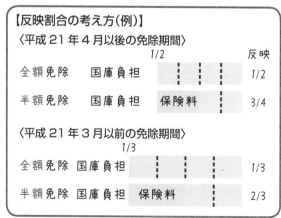

【反映割合の考え方（例）】

〈平成21年4月以後の免除期間〉

		1/2		反映
全 額 免 除	国庫負担			1/2
半 額 免 除	国庫負担	保険料		3/4

〈平成21年3月以前の免除期間〉

		1/3		反映
全 額 免 除	国庫負担			1/3
半 額 免 除	国庫負担	保険料		2/3

免除の種類に応じて年金額の反映割合が決まっています。また、平成21年3月以前と平成21年4月以後で国庫負担割合が異なるため、同じ種類の免除でも分けて計算します。

 年金額は、原則として、新たに受給する新規裁定者は"賃金の変動"、すでに受給している既裁定者は"物価の変動"に合わせて毎年度改定するとして

72

3. 付加年金　📖暗記

付加年金は、**第1号被保険者（65歳未満の任意加入被保険者を含む）**に認められている老齢基礎年金の上乗せ制度です。国民年金の定額保険料にプラスして付加保険料を納めると、将来、付加保険料を納めた期間に応じた次の付加年金が、老齢基礎年金と合わせて支給されます。

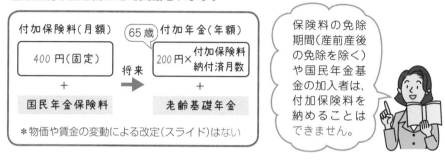

保険料の免除期間（産前産後の免除を除く）や国民年金基金の加入者は、付加保険料を納めることはできません。

4. 振替加算

老齢厚生年金や障害厚生年金の年金額に、配偶者に係る「加給年金額（78ページ、85ページ）」が加算されている場合、その配偶者が65歳になると、自らの老齢基礎年金が支給されるため、加給年金額はなくなります。

このときに、**昭和41年4月1日以前生まれの人の老齢基礎年金**には、一定の要件のもと、経過措置として振替加算が加算されます。

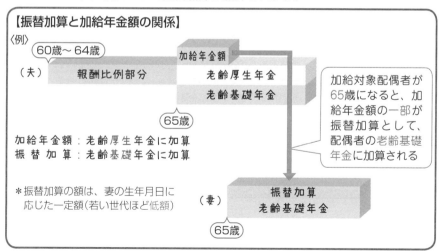

いる。令和6年度は、賃金・物価ともにプラス、かつ、物価が賃金を上回ったため、新規裁定者・既裁定者ともに"賃金"で改定される仕組みが適用された。

73

15 公的年金③ 老齢厚生年金

ココが ポイント

老齢厚生年金では、受給に必要な厚生年金加入期間が**65歳**前後（特別支給と本来支給）で異なります。加給年金額が加算されるための厚生年金加入期間の**20年**、実技では年金額の計算問題、老齢年金の名称を問う問題がよく出題されます。

1 | 老齢厚生年金 📝頻出

1．受給要件 📖暗記

老齢厚生年金は、厚生年金保険に加入していた人に支給され、65歳前に支給される「**特別支給の老齢厚生年金**」と、65歳から支給される「（本来支給の）**老齢厚生年金**」があります。

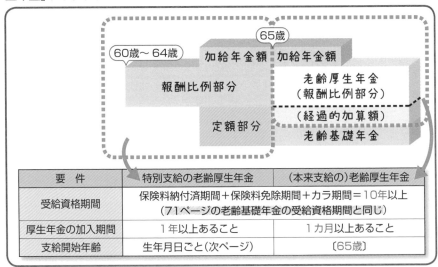

要　件	特別支給の老齢厚生年金	（本来支給の）老齢厚生年金
受給資格期間	保険料納付済期間＋保険料免除期間＋カラ期間＝10年以上 （71ページの老齢基礎年金の受給資格期間と同じ）	
厚生年金の加入期間	1年以上あること	1カ月以上あること
支給開始年齢	生年月日ごと（次ページ）	〔65歳〕

2．支給開始年齢の引上げ

厚生年金保険は、基礎年金の上乗せに位置する「**報酬比例**」の年金を支給する制度です。ただし、65歳前に支給される特別支給の老齢厚生年金には、「**定額部分**」という年金額があります。また、一定の老齢厚生年金には「**加給年金額**」が加算されます。

プラスα　生年月日により報酬比例部分のみ支給される期間について、①厚生年金保険の加入期間が44年以上ある、または②3級以上の障害状態にある場合には、

　特別支給の老齢厚生年金は、以前は60歳から「**報酬比例部分＋定額部分＋加給年金額**」という3つの部分が支給されていましたが、現在、受給権者の生年月日に応じて支給開始年齢が引き上げられつつあり、将来、特別支給の老齢厚生年金は支給されなくなります。なお、定額部分の引き上げは終了しています。

3. 支給開始年齢

　支給開始年齢は、次のように生年月日によって決まっています。

【特別支給の老齢厚生年金の支給開始年齢】

	特別支給の老齢厚生年金	
(男) 昭和16.4.1以前生まれ (女) 昭和21.4.1以前生まれ	▼60歳 報酬比例部分 ／ 定額部分	▼65歳 老齢厚生年金 ／ 老齢基礎年金
(男) 昭和16.4.2〜昭和18.4.1 (女) 昭和21.4.2〜昭和23.4.1	▼61歳 報酬比例部分 ／ 定額部分	老齢厚生年金 ／ 老齢基礎年金
(男) 昭和18.4.2〜昭和20.4.1 (女) 昭和23.4.2〜昭和25.4.1	▼62歳 報酬比例部分 ／ 定額部分	老齢厚生年金 ／ 老齢基礎年金
(男) 昭和20.4.2〜昭和22.4.1 (女) 昭和25.4.2〜昭和27.4.1	▼63歳 報酬比例部分 ／ 定額部分	老齢厚生年金 ／ 老齢基礎年金
(男) 昭和22.4.2〜昭和24.4.1 (女) 昭和27.4.2〜昭和29.4.1	▼64歳 報酬比例部分 ／ 定額部分	老齢厚生年金 ／ 老齢基礎年金
(男) 昭和24.4.2〜昭和28.4.1 (女) 昭和29.4.2〜昭和33.4.1	報酬比例部分	老齢厚生年金 ／ 老齢基礎年金
(男) 昭和28.4.2〜昭和30.4.1 (女) 昭和33.4.2〜昭和35.4.1	▼61歳 報酬比例部分	老齢厚生年金 ／ 老齢基礎年金
(男) 昭和30.4.2〜昭和32.4.1 (女) 昭和35.4.2〜昭和37.4.1	▼62歳 報酬比例部分	老齢厚生年金 ／ 老齢基礎年金
(男) 昭和32.4.2〜昭和34.4.1 (女) 昭和37.4.2〜昭和39.4.1	▼63歳 報酬比例部分	老齢厚生年金 ／ 老齢基礎年金
(男) 昭和34.4.2〜昭和36.4.1 (女) 昭和39.4.2〜昭和41.4.1	▼64歳 比例部分	老齢厚生年金 ／ 老齢基礎年金
(男) 昭和36(1961).4.2以後生まれ (女) 昭和41(1966).4.2以後生まれ		老齢厚生年金 ／ 老齢基礎年金

＊（女）は民間会社員（第1号厚生年金被保険者）の女性。共済期間（第2号〜第4号厚生年金被保険者）に基づく年金は、女性も男性と同じ生年月日が適用される

特例として定額部分と加給年金も支給される。なお、いずれも厚生年金保険の被保険者でないこと、また②については特例についての請求手続きが必要。

4. 年金額 [計算]

　公的年金の年金額は、物価や賃金水準の変動に応じてスライドされます。報酬比例部分は、平成12年の改正による5％適正化（減額）前の計算に基づく「従前保障額」と、適正化後の現行の計算に基づく「本来水準」という2つの額があり、現在は、原則として「本来水準」による年金額が支給されています。

①定額部分

　定額部分は、厚生年金保険の加入期間に基づく額です。なお、定額部分を計算するときの加入月数は、生年月日に応じて420 ～ 480月を上限とします。

```
        令和6年度の定額単価    生年月日ごとの乗率   上限あり

 定額部分＝1,701円      × 1.000 ～ 1.875 × 加入月数
```

＊ 昭和31年4月1日以前生まれの人は1,696円

②報酬比例部分

　報酬比例部分は、厚生年金保険の加入期間、および現在価値に再評価した加入中の標準報酬の平均額に基づく額です。なお、平成15年4月から、総報酬制が導入され、賞与からも保険料を徴収して、年金給付に反映することになりました。そのため、報酬比例部分は平成15年3月以前の期間と平成15年4月以後の期間に分けて計算します。

```
 報酬比例部分＝①＋②

               現年度ベースの再評価   生年月日ごとの乗率

 ①平15.3以前＝平均標準報酬月額×(7.125 ～ 9.500/1000)×平15.3以前の加入月数

               現年度ベースの再評価   生年月日ごとの乗率

 ②平15.4以後＝ 平均標準報酬額 ×(5.481 ～ 7.308/1000)×平15.4以後の加入月数
```

報酬比例部分は、加入月数の上限はありません。

 平均標準報酬月額とは、平成15年3月以前における各月の再評価した標準報酬月額の総額をその期間の加入月数で割った額（平均月収）をいう。平均標

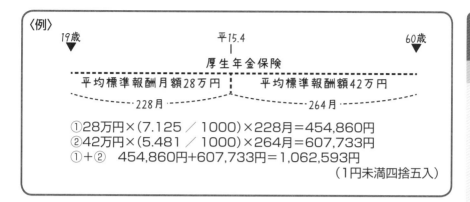

〈例〉

①28万円×（7.125／1000）×228月＝454,860円
②42万円×（5.481／1000）×264月＝607,733円
①＋②　454,860円+607,733円＝1,062,593円
（1円未満四捨五入）

③経過的加算額

　厚生年金保険の加入期間は、同時に原則として国民年金の第2号被保険者としての加入期間です。この期間に基づく特別支給の老齢厚生年金の定額部分と65歳以後の老齢基礎年金は、同額になるようになっていますが、若干の誤差があります。また、20歳前や60歳以後の厚生年金保険の加入期間は、定額部分には反映しますが、老齢基礎年金には反映しません。

　計算上、**老齢基礎年金**は**定額部分**より少なくなります。その差額を「経過的加算額」といい、65歳からの**老齢厚生年金**に加算します。経過的加算額は、支給開始年齢の引き上げにより定額部分が支給されない人にも加算されます。

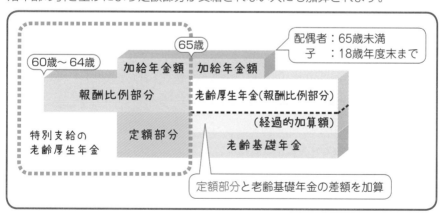

4 加給年金額

　加給年金額とは、**老齢厚生年金**に加算される扶養手当にあたるもので、次の要件に該当し、加給年金額の加算対象者がいるときに加算されます。

要　件	老齢厚生年金の額の計算の基礎となる**厚生年金保険の加入（被保険者）期間**が、原則として**20年以上**あること
加算対象者	・配偶者：65歳未満の者 ・　子　：18歳到達年度の末日までの者、または20歳未満で障害等級1級または2級の障害状態にある者。なお、いずれも未婚であること ・いずれもその権利が発生する時点で受給権者に生計を維持されていること
加給の額※	・配偶者：408,100円（昭和18年4月2日以後生まれの受給権者） 　　　　　（234,800円＋受給権者の生年月日に応じた特別加算） ・　子　：2人目まで各234,800円 　　　　：3人目以降各　78,300円
その他	加算対象者の配偶者が、20年以上の加入期間に基づく老齢厚生年金、あるいは障害年金を受給できるときは、配偶者に係る加給年金額は支給停止

※ 令和6年度額

5 マクロ経済スライド

　平成16年改正により、年金財政が安定する見通しが立つまでの間は、物価や賃金の伸びをそのまま年金額に反映するのではなく、**被保険者の減少**と**平均余命の延び**を勘案し、一定の**調整率**を差し引いて年金の給付水準を調整（抑制）する仕組みが導入されました。これを、「マクロ経済スライド」といいます。

　ただし、物価・賃金が下落した場合や上昇率が小さい場合、マクロ経済スライドによる調整は行われない、または一部になります。そのため、その年度の年金額の改定に反映することができなかった未調整分がある場合は、翌年度以降に繰越し（キャリーオーバー）され、物価・賃金が大きく上昇した際には、前年度までの繰越し分が年金額に反映され、年金額の上昇は抑制されます。

 確認しよう！

Q1
□□
加給年金額が加算されるには、老齢厚生年金の受給権者の厚生年金保険の被保険者期間が25年以上あること等の要件を満たす必要がある。

- -

A1　✕　（⇒p.78）

 プラスα　配偶者に係る加給年金額は、65歳の本来支給の老齢厚生年金または特別支給の老齢厚生年金の定額部分の支給開始から、加算対象者である配偶者が

16 公的年金④　在職老齢年金、繰上げ・繰下げ

ココがポイント　在職老齢年金は、誰がどのような場合にその対象になるのかがよく問われます。支給停止調整額である**50万円**に関する出題もみられます。繰上げ受給・繰下げ受給については、繰上げ＝**0.4**％・繰下げ＝**0.7**％という、年金額の増減率を押さえておきましょう。

1 在職老齢年金

１．在職老齢年金の仕組み

① 在職老齢年金とは

　老齢厚生年金を受給している人が、**厚生年金保険**の被保険者として勤めると、報酬(月給・賞与)と老齢厚生年金の額(月額)に応じて、年金額の**全部**あるいは**一部**が支給停止されることがあります。これを、「在職老齢年金」といいます。老齢基礎年金、65歳以後に支給される経過的加算額および繰下げ加算額は調整の対象外となるため全額支給されます。

② 年金額の調整方法 ★改正

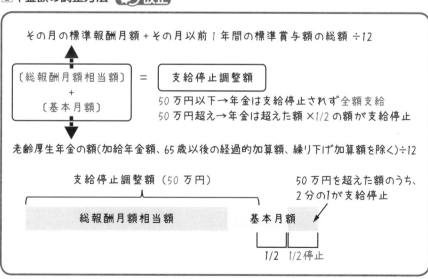

その月の標準報酬月額＋その月以前１年間の標準賞与額の総額÷12

〔総報酬月額相当額〕
＋
〔基本月額〕
＝　支給停止調整額

50万円以下→年金は支給停止されず全額支給
50万円超え→年金は超えた額×1/2の額が支給停止

老齢厚生年金の額(加給年金額、65歳以後の経過的加算額、繰り下げ加算額を除く)÷12

支給停止調整額（50万円）

50万円を超えた額のうち、
2分の1が支給停止

総報酬月額相当額　　　　基本月額

1/2　1/2停止

65歳になるまで支給される。その後、昭和41年4月1日以前生まれの加算対象者の老齢基礎年金に、加算対象者の生年月日に応じた一定額の振替加算額が加算される。

70歳以上の人は、厚生年金保険の被保険者とはされず保険料の負担もありません。ただし、被保険者と同じ条件で勤めている人は、在職老齢年金の仕組みによる支給停止が適用されます。

【在職老齢年金の対象となる部分】

▢の部分が調整の対象になる

▢の部分が全額支給停止になると、加給年金額も全額支給停止になる

65歳

60歳〜64歳　　　　加給年金額　　　　70歳

報酬比例部分　　　　老齢厚生年金（報酬比例部分）

（経過的加算額）

老齢基礎年金

2．在職老齢年金の適用者の年金額改定

①退職改定

老齢厚生年金の支給開始年齢以降、厚生年金保険の被保険者である人が退職し、退職後1カ月以内に再就職しないときは、年金額に反映されていない加入期間を追加して年金額が再計算され、退職した月の翌月分から見直されます。

②在職定時改定

基準日(9月1日)において、65歳以上の厚生年金保険の被保険者である人の老齢厚生年金の年金額については、在職中であっても、基準日の前月(8月)までの加入期間を追加して再計算され、基準日の月の翌月(10月)から年金額が改定されます。

2 老齢年金の繰上げ、繰下げ 📝頻出

1．老齢年金の繰上げ受給

①老齢基礎年金の繰上げ受給

老齢基礎年金は、65歳から支給されるのが原則ですが、老齢年金の受給資格期間を満たしている人については、老齢基礎年金を60歳から65歳になるまでの

老齢基礎年金を、繰上げ・繰下げ受給した場合、付加年金は減額・増額されたうえで繰上げ・繰下げ支給される。一方、振替加算額や加給年金額は、繰

間に繰り上げて受給することができます。なお、老齢厚生年金の繰上げ受給ができるときは、老齢厚生年金と同時に繰り上げなければなりません。

②老齢厚生年金の繰上げ受給

支給開始年齢の引上げによって、特別支給の老齢厚生年金が支給されない人は、老齢厚生年金を60歳から65歳になるまでの間に繰り上げて受給することができます。また、特別支給の老齢厚生年金の報酬比例部分の支給開始年齢が61歳以後の人は、老齢厚生年金を60歳から報酬比例部分の支給開始年齢になるまでの間に繰り上げて受給することができます。なお、いずれの老齢厚生年金の繰上げも、老齢基礎年金と同時に繰り上げなければなりません。

2．老齢年金の繰下げ受給

本来65歳から支給される老齢基礎年金および老齢厚生年金を、66歳から75歳（上限年齢）になるまでの間に繰り下げて受給することができます。老齢基礎年金と老齢厚生年金の繰下げは同時に行う必要はなく、片方だけを繰り下げることも、さらには両者を別々の時期から繰り下げて受給することもできます。ただし、障害給付や遺族給付の受給権者は、原則として繰下げできません。

3．繰上げ減額率・繰下げ増額率

繰り上げて受給するときは、繰上げ受給の請求をした時点に応じて月単位で年金額が減額され、逆に繰り下げて受給するときは、繰下げ受給の申出をした時点に応じて月単位で年金額が増額されます。年金額の減額・増額は生涯にわたって続き、変更や取消しはできません。また、繰上げをした場合は、一部の障害年金や寡婦年金が受給できなくなるなどのデメリットがあります。

【減額率・増額率】 📖暗記

● 繰上げ減額率＝0.4％[※1]×繰上げ請求月から65歳到達月の前月までの月数
● 繰下げ増額率＝0.7％×65歳到達月から繰下げ申出前月までの月数（上限120月[※2]）

※1 昭和37年4月1日以前生まれの人は0.5％
※2 昭和27年4月1日以前生まれの人は60月（上限年齢70歳）

上げ受給した場合でも通常の額で通常の年齢から支給され、繰下げ受給の場合には繰下げ受給開始時から通常の額で支給される（増額されない）。

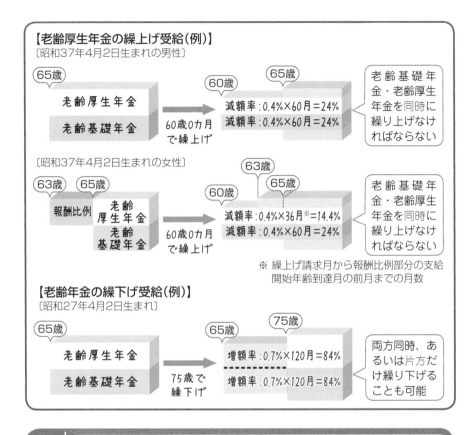

3 | 雇用保険との調整・年金分割

1. 雇用保険との調整

　雇用保険の高年齢雇用継続給付金(65ページ)あるいは基本手当(61ページ)を受給すると、その間、**65歳前の老齢厚生年金**が調整されます。

雇用保険 ＼ 老齢厚生年金		60歳〜65歳になるまでの	特別支給の老齢厚生年金 繰上げ受給の老齢厚生年金
在職中	高年齢雇用継続給付	在職老齢年金(79ページ)の仕組みによる調整が行われ、さらに最大で標準報酬月額の6%相当額が支給停止	
退職後	基本手当	全額支給停止	

雇用保険の基本手当を受けたとみなされる日や、これに準ずる日が1日でもある月については、65歳前の老齢厚生年金の全額が支給停止されるため、

82

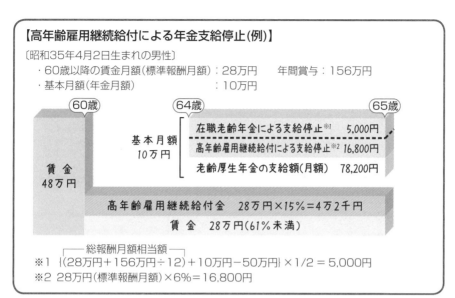

【高年齢雇用継続給付による年金支給停止(例)】

〔昭和35年4月2日生まれの男性〕
・60歳以降の賃金月額(標準報酬月額)：28万円　　年間賞与：156万円
・基本月額(年金月額)　　　　　　　：10万円

60歳　　　　　**64歳**　　　　　**65歳**

基本月額
10万円

在職老齢年金による支給停止※1　　5,000円
高年齢雇用継続給付による支給停止※2　16,800円
老齢厚生年金の支給額(月額)　78,200円

賃金
48万円

高年齢雇用継続給付金　28万円×15%＝4万2千円

賃金　28万円(61%未満)

総報酬月額相当額
※1　{(28万円＋156万円÷12)＋10万円－50万円}×1/2 ＝ 5,000円
※2　28万円(標準報酬月額)×6%＝16,800円

2. 離婚時の年金分割

　夫婦が離婚をした場合、離婚当事者の婚姻期間中の厚生年金保険の保険料納付記録(標準報酬月額・標準賞与額)を分割し、結果として報酬比例部分を分割することができます。年金分割には、離婚した夫婦間の合意に基づく「合意分割」と、夫婦の一方が国民年金の第3号被保険者であった期間を分割する「3号分割」があります。

【合意分割と3号分割】

	合意分割	3号分割
離婚時期	平成19年4月1日以後	平成20年5月1日以後
分割の対象期間	平成19年4月前を含むすべての婚姻期間	平成20年4月1日以後の、夫婦の一方が第3号被保険者であった期間
請求手続	合意に基づいて夫婦の一方が請求	第3号被保険者であったほうが請求
分割割合	夫婦合計の標準報酬総額の2分の1を上限として、報酬総額が多いほうから少ないほうへ分割	第2号被保険者であったほうの標準報酬の2分の1を、第3号被保険者であったほうへ分割
合意の有無	夫婦の合意または裁判手続きが必要	夫婦の合意は不要
請求の時効	原則として離婚後2年を過ぎたら年金分割の請求はできない	
その他	・元配偶者の厚生年金保険料納付記録の分割を受けた期間は、老齢基礎年金の受給資格期間等には算入されない	

基本手当の所定給付日数を受け終わった日(または受給期間が経過した日)において、一定の調整が行われ、支給停止が遡って解除される。これを事後精算という。

17 公的年金⑤　障害年金

障害年金は、国民年金から支給される**障害基礎年金**と厚生年金保険から支給される**障害厚生年金**がありますが、3つの要件（**初診日**・保険料納付・障害等級）をすべて満たさないと受給できません。1級の年金額と2級の年金額の違いを問う問題がよく出題されます。

1 | 障害年金

1. 受給要件

障害年金は、障害のもととなった病気やケガではじめて医師の診療を受けた日（初診日）に加入していた制度から支給され、障害年金を受給するには、次の①〜③の3つの要件すべてに該当していることが必要です。

	障害基礎年金	障害厚生年金
① 初診日要件	初診日において国民年金の被保険者、または国民年金の被保険者であった国内居住の60歳以上65歳未満の者	初診日において厚生年金保険の被保険者
② 保険料納付 要件	・初診日の前日において、初診日のある月の前々月までに国民年金の被保険者期間（2号期間を含む）があるときは、その期間のうち「保険料納付済期間＋保険料免除期間」が3分の2以上あること ・上記に該当しないときは、直近の1年間に保険料の未納期間がない（滞納をしていない）こと。ただし65歳未満の者に限る	
③ 障害程度要件	障害認定日※において 障害等級1級または2級	障害認定日※において 障害等級1級・2級・3級

※ 初診日から1年6カ月たった日、またはその期間内に症状が固定した日

【障害年金受給の流れ】

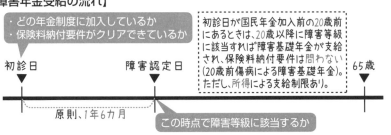

障害認定日には、障害等級に該当しない場合でも、その後症状が悪化し、65歳に達する日の前日までに障害等級に定める障害の状態になったときに

2. 年金額

　障害基礎年金の年金額は、保険料納付済期間などにかかわらず、**障害等級**に応じた定額です。一方、障害厚生年金の年金額は、障害認定日以前の厚生年金保険の加入期間に基づく報酬比例部分の額（76ページ）です。ただし、加入月数が**300月（25年）**未満のときは、**300月**とみなして計算します。障害厚生年金の1級・2級に該当するときには、障害基礎年金も合わせて支給されます。

　なお、障害基礎年金・障害厚生年金ともに1級は、2級の額の**100分の125**相当額となります。

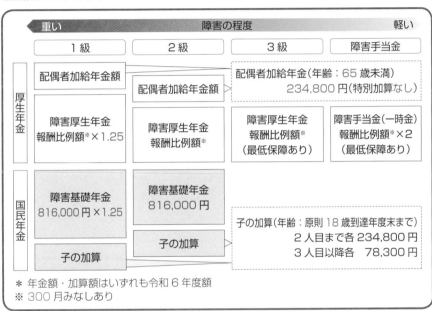

* 年金額・加算額はいずれも令和6年度額
※ 300月みなしあり

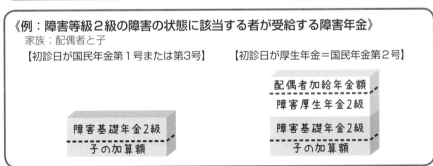

《例：障害等級2級の障害の状態に該当する者が受給する障害年金》
家族：配偶者と子
【初診日が国民年金第1号または第3号】　　【初診日が厚生年金＝国民年金第2号】

は、65歳に達する日の前日までに障害年金の請求をすることができ、請求日の翌月分から障害年金が支給される（事後重症による障害年金）。

18 公的年金⑥ 遺族年金

 ココが ポイント

国民年金から支給される**遺族基礎年金**と厚生年金保険から支給される遺族厚生年金とでは、遺族の範囲や年金額の算出方法が異なります。両者の違いを理解することがポイントです。また、**中高齢寡婦加算**の妻の要件がよく出題されます。

1 遺族年金 頻出

1．受給要件

国民年金の遺族基礎年金および厚生年金保険の遺族厚生年金は、被保険者または被保険者であった人が死亡したときに、死亡者と**生計維持関係**にある遺族に支給します。

生計維持関係とは、遺族年金では、死亡した人と遺族が生計同一で、かつ遺族の年収が850万円未満であることです。老齢年金・障害年金の加給や加算も同様の条件です。

①死亡者の要件

次のいずれかに該当する人が死亡した場合、遺族年金が支給されます。

遺族基礎年金	遺族厚生年金	
①国民年金の被保険者 ②国民年金の被保険者であった国内居住の60歳以上65歳未満の者 ③老齢基礎年金の受給権者※、または受給資格期間※を満たす者	①厚生年金保険の被保険者 ②厚生年金保険の被保険者の資格を喪失後、被保険者であった間に初診日がある傷病により、初診日から5年以内の者 ③障害等級1級または2級の障害状態にある障害厚生年金の受給権者	短期要件
	④老齢厚生年金の受給権者※、または受給資格期間※を満たす者	長期要件

※ 保険料納付済期間、保険料免除期間および合算対象期間を合算した期間が25年以上ある者に限る

 プラスα
配偶者と子が遺族年金の受給者となったときは、受給順位は同じであるが、遺族基礎年金・遺族厚生年金ともに配偶者に全額支給され、子に対する遺族

平成29年8月以降、老齢年金等の受給資格期間は25年から10年に短縮されていますが、遺族年金では、従来どおり25年以上あることとなっています。

　遺族基礎年金と遺族厚生年金のいずれも、前記①と②については、保険料納付要件を満たしていることが必要です。

①と②の保険料納付要件	・死亡日の前日において、死亡日のある月の前々月までに国民年金の被保険者期間（2号期間を含む）があるときは、その期間のうち、「保険料納付済期間＋保険料免除期間」が3分の2以上あること ・上記に該当しないときは、直近の1年間に保険料の未納期間がない（滞納をしていない）こと。ただし65歳未満の者に限る

②遺族の要件　📖暗記

　遺族年金が受給できる遺族は、次のとおりです。

　なお、夫死亡時に子のいない**30歳未満の妻**に対する遺族厚生年金は、受給権を取得した日から**5年**を経過したときに失権します。

遺族基礎年金	遺族厚生年金
①子のある配偶者または子 配偶者は子と生計同一であること	①配偶者および子 ②父母 ③孫 ④祖父母　　もっとも順位が高い者だけが受給できる

* 子・孫は18歳到達年度の末日までの者、または20歳未満で障害等級1級または2級の障害状態にある者。なお、いずれも未婚であること
* 遺族厚生年金の配偶者のうち、夫、および父母・祖父母は、死亡当時55歳以上であること。ただし、遺族基礎年金の受給権がある夫を除き、支給開始は60歳からとなる
* 受給権者が婚姻したときは失権する

死亡した人の年金の加入状況および遺族の範囲によって、"遺族基礎年金""遺族厚生年金"のいずれか、または両方の年金が支給されます。

年金は支給停止となる（配偶者が優先される）。なお、配偶者については、婚姻の届出をしていないが事実上婚姻関係と同様の事情にある者（内縁関係）も含まれる。

2. 年金額　[計算]　[暗記]

　遺族基礎年金の年金額は、死亡した人の保険料納付済期間などにかかわらず**定額**です。ちなみに、配偶者と子が受給権者となったときの遺族基礎年金は配偶者に支給されますが、配偶者は子があることが支給要件なので、**配偶者が受給する遺族基礎年金は、基本額に配偶者と生計を同じくする子の数に応じた子の加算**を加えた額になります。

　一方、遺族厚生年金の年金額は、原則として死亡した人の死亡日以前の厚生年金保険の加入期間に基づく報酬比例部分の額（76ページ）の**4分の3**です。なお、短期要件に該当する場合、加入月数が**300月（25年）未満**のときは、**300月**とみなして計算します。

遺族基礎年金	遺族厚生年金	
816,000円(基本額)＋子の加算	報酬比例額×3/4	
子の加算額 ・2人目までは各234,800円 ・3人目以降は各　78,300円 　（年金額・加算額は令和6年度額）	短期要件 ・300月みなしあり ・給付乗率は原則的な乗率 長期要件 ・実際の加入期間で計算する ・給付乗率は生年月日ごとの乗率	短期要件に該当するか長期要件に該当するかによって計算方法が異なる

例

● 遺族基礎年金

・配偶者と子2人

　　816,000円＋234,800円＋234,800円＝1,285,600円（**配偶者に全額支給**）

・子2人のみ

　　816,000円＋234,800円（2人以降の子の加算）

　　＝1,050,800円÷2（子の数で割る）＝525,400円（子1人当たりの額）

● 遺族厚生年金【短期要件】

・平成15年3月以前

　　平均標準報酬月額 ── 20万円　加入期間 ── 12カ月

・平成15年4月以後

　　平均標準報酬額 ── 40万円　加入期間 ── 216月

　　20万円×(7.125／1,000)×12月＝17,100円…①

$$40万円×（5.481 ／ 1,000）×216月＝473,558円…②$$

$$（①＋②）×\frac{300月}{12月＋216月}×3/4＝484,202円$$

（1円未満四捨五入）

3. 遺族厚生年金の寡婦（かふ）加算

①中高齢寡婦加算

夫の死亡に基づいて妻に支給される遺族厚生年金には、次の場合、妻が**40歳から65歳になるまでの間**「中高齢寡婦加算額」が加算されます。ただし、遺族基礎年金が支給されている間は、中高齢寡婦加算額は**支給停止**となります。

死亡した夫の要件	短期要件：（特に要件なし） 長期要件：厚生年金保険の加入期間が、20年以上あること
受給権者の妻の要件	子のない妻：夫の死亡当時、40歳以上65歳未満であること 子のある妻：夫の死亡当時、40歳未満であっても、妻が40歳の時点で遺族基礎年金の遺族の要件に該当する子と生計同一であること
加算額	612,000円（令和6年度額）

②経過的寡婦加算

妻が65歳になると、妻自身の老齢基礎年金が支給されるため、中高齢寡婦加算はなくなりますが、**昭和31年4月1日以前生まれ**の妻については、**65歳以後**の遺族厚生年金に**生年月日に応じた一定額**が加算されます。これを、経過的寡婦加算といいます。

例：遺族年金の支給の経過

夫死亡時に40歳以上で子のない妻

夫死亡　　　　　妻65歳

中高齢寡婦加算　　経過的寡婦加算※

遺族厚生年金

老齢基礎年金

※ 経過的寡婦加算は、昭和31年4月1日以前生まれの妻が対象

夫死亡時に40歳未満で子のある妻の場合は、次のページを見てください。

じ事由による労災保険の給付と公的年金の障害年金・遺族年金は併給されるが、労災保険の給付が一部減額され、公的年金は全額支給される。

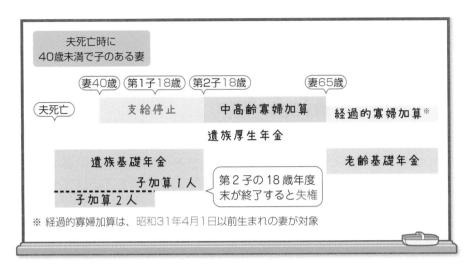

※ 経過的寡婦加算は、昭和31年4月1日以前生まれの妻が対象

遺族基礎年金が支給されているときは、その間、中高齢寡婦加算は支給停止されます（遺族基礎年金が優先）。

4. 第1号被保険者の死亡による国民年金の独自給付

　国民年金の第1号被保険者期間のある人が、老齢基礎年金または障害基礎年金をいずれも受給せずに死亡したときには、寡婦年金や死亡一時金が支給される場合があります。なお、寡婦年金と死亡一時金の両方の要件を満たしている場合は、受給権者が選択したどちらか一方が支給されます。

①寡婦年金

　死亡した夫、および妻が次の要件に該当するときに、妻が60歳から65歳になるまでの間、寡婦年金が支給されます。

要　件	・死亡した夫の国民年金第1号被保険者としての保険料納付済期間＋保険料免除期間が10年以上あること ・夫の死亡時に、妻は65歳未満であること ・夫によって生計を維持され、婚姻期間が10年以上継続していたこと
年金額	死亡した夫の第1号被保険者期間に基づく老齢基礎年金額×3/4

プラスα　寡婦年金の寡婦とは、「夫を亡くした妻」を指す。寡婦年金は、国民年金第1号被保険者として老齢基礎年金の受給資格期間（10年以上）を満たす夫が死

②死亡一時金

死亡した人と**生計を同一**にしていた**配偶者・子・父母・孫・祖父母・兄弟姉妹**で、この順でもっとも順位が高い人に支給されます。

要　件	・死亡者の国民年金第1号被保険者としての保険料納付済期間等が3年以上あること ・遺族基礎年金を受けられる遺族がいないこと
支給額	保険料納付済期間および免除期間の反映割合に応じた一定額 120,000円（36月以上180月未満）〜320,000円（420月以上） 付加保険料を3年以上納めているときは、一律8,500円が加算される

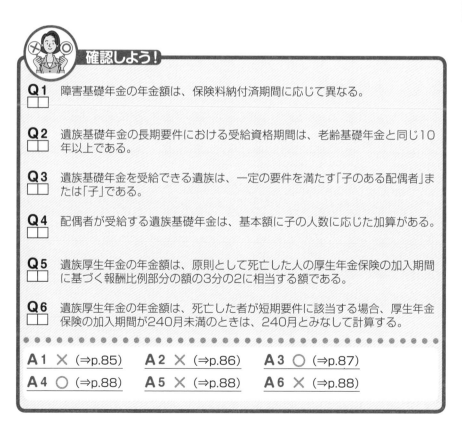

確認しよう！

Q1 障害基礎年金の年金額は、保険料納付済期間に応じて異なる。

Q2 遺族基礎年金の長期要件における受給資格期間は、老齢基礎年金と同じ10年以上である。

Q3 遺族基礎年金を受給できる遺族は、一定の要件を満たす「子のある配偶者」または「子」である。

Q4 配偶者が受給する遺族基礎年金は、基本額に子の人数に応じた加算がある。

Q5 遺族厚生年金の年金額は、原則として死亡した人の厚生年金保険の加入期間に基づく報酬比例部分の額の3分の2に相当する額である。

Q6 遺族厚生年金の年金額は、死亡した者が短期要件に該当する場合、厚生年金保険の加入期間が240月未満のときは、240月とみなして計算する。

A1 ✕（⇒p.85）　　**A2** ✕（⇒p.86）　　**A3** ◯（⇒p.87）
A4 ◯（⇒p.88）　　**A5** ✕（⇒p.88）　　**A6** ✕（⇒p.88）

亡した場合、遺族である妻の高齢期の収入保障とそれまでに支払った保険料の掛け捨て防止のための給付であって、60歳から65歳になるまでの有期年金となっている。

19 公的年金⑦ 併給調整と手続き

あまり出題されない分野ですが、**併給調整**については、65歳以後の遺族厚生年金は老齢厚生年金との差額分しか支給されないということを押さえておきましょう。また、公的年金のうち、障害年金と遺族年金は**非課税**であることを覚えておきましょう。

1 | 公的年金の併給調整

1. 1人1年金の原則

支給事由が異なる複数の年金の受給権を得たときには、本人が選択する1つの年金が支給されます。これを「1人1年金」の原則といいます。選択しなかった年金はなくなるわけではなく、途中で選択替えをすることもできます。

2. 1人1年金の例外

65歳以上になると、支給事由が異なる複数の年金を受給できるようになります。

【65歳以上の基礎年金と厚生年金の併給】

厚生年金 国民年金	老齢厚生年金	障害厚生年金	遺族厚生年金
老齢基礎年金	○	×	○
障害基礎年金	○	○	○
遺族基礎年金	×	×	○

＊ ○は併給可能である組み合わせ。×は併給できないもの

①65歳以後の障害基礎年金と老齢厚生年金等

平成18年4月以降、65歳以後については、障害基礎年金の上乗せとして障害厚生年金、老齢厚生年金あるいは遺族厚生年金から選択して受給することができるようになっています。

 年金は後払いのため、年金の受給権者が死亡したとき、支給されるべき年金が未支給となっている場合がある。この未支給年金は、受給権者の死亡当時に生

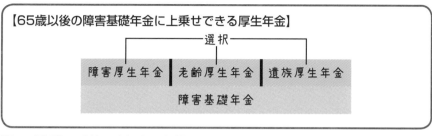

【65歳以後の障害基礎年金に上乗せできる厚生年金】

選択

| 障害厚生年金 | 老齢厚生年金 | 遺族厚生年金 |

障害基礎年金

②65歳以後の遺族厚生年金と老齢年金

65歳以後については、遺族厚生年金と自身の老齢基礎年金・老齢厚生年金は併給できます。ただし、遺族厚生年金と老齢厚生年金を受給できる場合は、老齢厚生年金が優先して全額支給されることとなり、老齢厚生年金の額よりも遺族厚生年金の額が高い場合は、その差額が遺族厚生年金として支給され、老齢厚生年金に相当する額が支給停止されます。

なお、65歳以上で老齢厚生年金が受給できる人の配偶者の死亡による遺族厚生年金は、「原則的な額（死亡者の報酬比例の4分の3（下図ⅠのA））」と「原則的な額×3分の2＋老齢厚生年金の額×2分の1（下図ⅡのB）」のどちらか多い額が遺族厚生年金の額となります。

> 遺族厚生年金の額より老齢厚生年金の額が多いときは、遺族厚生年金は支給されません。

〈例〉
死亡者　報酬比例：120万円
受給者本人　老齢基礎年金：70万円
　　　　　　老齢厚生年金：18万円

Ⅰ　　　　　　　Ⅱ
（原則的な額）

900,000円
死亡者の報酬比例
×3/4
（A）

600,000円
Ⅰの原則的な額×2/3

90,000円
本人の老齢厚生年金×1/2
（B）

［AとBを比較し、多い方が
遺族厚生年金の額となる］

＊ A 900,000円＞B 690,000円のため、
このケースではAの額が遺族厚生年金

支給される年金額
合計：1,600,000円
（老基700,000円＋老厚180,000円＋遺厚720,000円）

720,000円
遺族厚生年金
（A−C）

180,000円
老齢厚生年金
（C）

180,000円
（支給停止）
老齢厚生年金
に相当する額

700,000円
老齢基礎年金
（A）

計を同じくしていた配偶者・子・父母・孫・祖父母・兄弟姉妹またはそれ以外の3親等内の親族（子の配偶者など）のうち、もっとも順位が高い遺族に支給される。

1．ねんきん定期便とは

ねんきん定期便は、国民年金・厚生年金保険の被保険者に対して、毎年誕生月に日本年金機構などから送付される、年金加入記録のお知らせです。通常はハガキ形式ですが、35歳・45歳・59歳は節目年齢と位置付けられ、封書形式で届きます。

【定期便の主な記載内容】

節目年齢	これまでの年金加入期間・保険料納付額（累計額）、全期間の年金加入履歴・国民年金保険料の納付状況・厚生年金保険の標準報酬月額等の月別状況、年金額
上記以外	これまでの年金加入期間・保険料納付額（累計額）、最近の月別状況（直近1年の納付履歴）、年金額

【定期便の年金額】

50歳未満	加入実績に応じた年金額
50歳以上	将来の見込額（定期便作成時に加入している年金制度に、60歳まで同条件で加入し続けると想定）

2．年金の請求手続き

年金は、受ける権利が発生したら自動的に支給されるものではなく、受け取るときには裁定請求手続きが必要です。老齢年金については受給資格を満たす人に、特別支給の老齢厚生年金の支給開始年齢、あるいは65歳になる**3カ月**前に、氏名、基礎年金番号、加入記録などが印字された「裁定請求書（ターンアラウンド用）」が日本年金機構などから送付されます。手続きは**支給開始年齢**（誕生日の前日）から行うことができ、請求先は年金事務所、共済組合等です。年金請求をすると、要件を確認して、年金を受ける権利の証明として年金証書が交付されます。

このような年金証書が届きます。

令和元年10月から、年金に上乗せして給付金が支給される"年金生活者支援給付金制度"が始まった。給付金の種類の一つ老齢年金生活者支援給付金は、

3．年金の支払い

年金は、1カ月単位で、以下のとおり支給されます。

支給期間	受給権を取得した月の翌月から、死亡などによって受給権を喪失した月まで支給される
支払期月	原則として偶数月の15日（休日のときはその前日）に支払われ、それぞれ前2カ月分が支給される 〈例〉4月分と5月分→6月15日振込み
受給権の時効	受給権を取得してから請求をせず5年を過ぎると、原則として、その過ぎた分については支給されない。なお、時効特例法によって、年金記録の訂正による増額分については、時効消滅分も支給される

4．公的年金にかかる税金

公的年金の保険料は、社会保険料控除として、所得税や住民税の計算の際に全額控除されます。

また、障害年金や遺族年金は非課税ですが、老齢年金は、受給額から公的年金等控除額を除いた残りが雑所得として所得税や住民税の課税対象となります。毎年「扶養親族等申告書」を提出すると、配偶者控除などが控除されたうえで、年金支給のつど所得税が源泉徴収されます。なお、年金天引き以外の社会保険料控除や生命保険料控除などについては、確定申告によって控除されます。

 確認しよう！

Q1 65歳以後については、老齢基礎年金と障害厚生年金を同時に受給することができる。

Q2 公的年金のうち、老齢年金は雑所得として課税の対象となるが、障害年金と遺族年金は非課税である。

A1 ✕ （⇒p.92）　　**A2** ◯ （⇒p.95）

①65歳以上の老齢基礎年金の受給権者、②所得が一定額以下、③同一世帯全員が市町村民税非課税の①〜③をすべて満たせば支給される。

20 企業年金等

企業年金等で出題頻度が高いのは、各制度の加入対象者、および**掛金の所得控除**（社会保険料控除、小規模企業共済等掛金控除など）についてです。さらに、確定拠出年金については、企業型と個人型の違い、国年1号・3号被保険者の掛金の限度額などが出題されています。

1 企業年金等

企業年金は、**公的年金の上乗せ**に位置する、**企業が従業員のために用意する私的年金**です。企業年金を実施している企業に勤める従業員は、原則として当該企業年金制度の加入者になります。

企業年金には、大きく分けて次の2つのタイプがあります。

確定給付型	先に給付額を決め、それによって掛金を算定する。運用責任は企業にある。厚生年金基金、確定給付企業年金など
確定拠出型	先に掛金額を決め、給付額は運用結果によって変動する。運用責任は加入者にある。確定拠出年金

【年金制度の体系】

確定拠出年金（個人型）				
	確定拠出年金（企業型）			平成27年9月までは
	確定給付企業年金	厚生年金基金	年金払い退職給付	職域相当部分 と 共済年金
国民年金基金	厚生年金（報酬比例部分）		代行部分	
	国民年金（基礎年金）			
（自営業者、学生等）	（民間企業の会社員）		（公務員等）	（専業主婦等）
第1号被保険者	第2号被保険者			第3号被保険者

1．確定給付型の企業年金

主な確定給付型の企業年金は次のとおりです。

キャッシュバランスプランは、確定給付と確定拠出の両方の特性をあわせ持つ混合（ハイブリッド）型の年金制度である。従業員ごとの仮想口座に、給与の

【確定給付企業年金】

	加入対象者	確定給付企業年金制度の実施企業に勤める厚生年金保険の被保険者※（公務員を除く）
	掛　金	原則として事業主負担、加入者負担も可
	給　付	老齢給付：5年以上の有期または終身年金、一時金給付も可 その他脱退一時金（遺族給付・障害給付は任意）
税制	掛金	事業主：全額損金算入　　従業員：生命保険料控除
	給　付	老齢給付：年金…雑所得（公的年金等控除適用） 　　　　：一時金…退職所得 遺族給付：みなし相続財産として相続税課税 障害給付：非課税

※ 規約により一定の加入資格を定めることができる

2．確定拠出型の年金　頻出

　確定給付型の年金は、たとえば予定利率どおりに運用ができなかった場合には、企業が積立不足を埋め合わせしなければならないなど、運用責任を負う側にとって負担の大きい制度です。そこで、先に**掛金のほうを決め**、運用先は**加入者自らが選び**、運用結果に応じて将来の支給額が変動する確定拠出型の年金として、平成13年10月に導入されたのが「確定拠出年金」です。確定拠出年金には、企業年金にあたる「**企業型**」と、個人が任意に加入する「**個人型**」という2つの種類があります。

① 確定拠出年金の仕組み

　確定拠出年金のおおまかな特徴は、次のとおりです。

	個人型DC[1]（愛称iDeCo）	企業型DC[1]
加入対象者	・国民年金第1号被保険者（低所得による保険料免除者を除く） ・厚生年金保険の被保険者である国民年金第2号被保険者（65歳未満） ・国民年金第3号被保険者 ・65歳未満の国民年金任意加入被保険者[2]	公務員を除く確定拠出年金制度の実施企業に勤める厚生年金保険の被保険者[3]（70歳未満）
運営主体	国民年金基金連合会	制度を実施する各企業

※1、※2、※3の注釈については次ページ

　一定額や一定率などの拠出金と利息が付与され、その累積額が支給額となる。利率は固定せず、国債の利回りなど客観的な指標と連動させて企業のリスクを軽減している。

掛金 拠出者	加入者自身 厚生年金保険の被保険者は勤務先を通じて(給与天引き)納付が可能	原則として事業主 規約により企業型DCの事業主掛金と同額まで、かつ事業主掛金と合算して拠出限度額内(令和6年12月から確定給付型企業年金等の掛金相当額を含む)で、加入者自身も拠出が可能〔マッチング拠出〕
運　用	●運用指図 　運用商品の選択、掛金の配分、預替え、およびそれらの変更は、すべて加入者の自己責任で運営管理機関に対して行う ●運用商品 　預貯金、有価証券(公社債、株式、投資信託等)、保険商品など ●運用商品の提示 　運営管理機関はリスク・リターン特性の異なる3つ以上の運用商品を提示 　(元本確保型商品はなくてもよい) ●預替え(スイッチング) 　運用商品の預替えは、少なくとも3カ月に1回以上可能であること	
給　付	老齢給付：年金(5年以上20年以内の有期または終身)または一時金 ・通算加入者等期間が10年以上の場合は、60歳から受給開始可能 ・通算加入者等期間が10年未満の場合は、加入年数に応じて61歳～65歳から受給開始可能。なお、遅くとも75歳までには受給開始する 障害給付：年金(5年以上20年以内の有期または終身)または一時金 死亡一時金、脱退一時金	
脱退の 要件 (途中引き出し)	60歳未満、個人型に加入できない(帰国する外国籍の者)、加入年数5年以下または資産残高25万円以下、資格喪失から2年以内など	資産残高1.5万円以下、資格喪失から6カ月以内など
税制　掛　金	加入者：全額小規模企業共済等掛金控除　企業：全額損金算入	
税制　給　付	老齢給付：年金…雑所得(公的年金等控除適用)／一時金…退職所得 障害給付：非課税 死亡一時金：みなし相続財産として相続税課税 脱退一時金：一時所得	

※1 Defined Contribution Plan(確定拠出年金)の略
※2 日本国内に住所がある60歳以上65歳未満の者、20歳以上65歳未満の海外在留邦人
※3 規約により一定の年齢未満(下限60歳)とすることが可能

＊ 中小企業(従業員300人以下)を対象とした、企業型DCの事務負担が簡素化された「簡易企業型年金」、個人型DCに加入している従業員に事業主が掛金を上乗せする「中小事業主掛金納付制度(イデコプラス)」がある

②拠出限度額

掛金は、加入者個人あるいは事業主(企業)が、年1回以上定期的に拠出します。

企業型DCの加入者が個人型DCに加入するためには、個人型の加入を認める規約の定めが必要であったが、令和4年10月から、規約の定めがなくても個

限度額は以下のとおりです。なお、月額限度額を使い残した分については、原則として、同一の期間内で繰り越しが可能です（半年払いや年払いも可能）。

<月額／年額（12月～翌年11月まで）>

個人型[1]		国民年金第1号被保険者	6.8万円（国民年金基金の掛金と合算）／81.6万円
		国民年金第3号被保険者	2.3万円／27.6万円
	厚生年金被保険者	厚生年金被保険者で下記以外の者	2.3万円／27.6万円
		企業型DCの加入者	2.0万円[2][3]／24.0万円
		企業型DCと確定給付型企業年金の加入者	1.2万円[2][3]／14.4万円
		確定給付型企業年金の加入者	1.2万円[3]／14.4万円
		公務員、私学共済加入者	
企業型		確定給付型企業年金がない	5.5万円[4]／66.0万円
		確定給付型企業年金がある	2.75万円[4]／33.0万円

※1　5,000円から1,000円単位で任意で決められ、年1回変更が可能
※2　企業型DCと併用する場合は、月額2万円（企業型DCと確定給付型企業年金の加入者は1.2万円）かつ企業型DCと合計して5.5万円（2.75万円）
※3　令和6年12月から、月額2万円かつ事業主の拠出額（企業型DCと確定給付型企業年金等の掛金相当額）を合計して5.5万円以内
※4　令和6年12月から、月額5.5万円から確定給付型企業年金等の掛金相当額を控除した額。経過措置あり

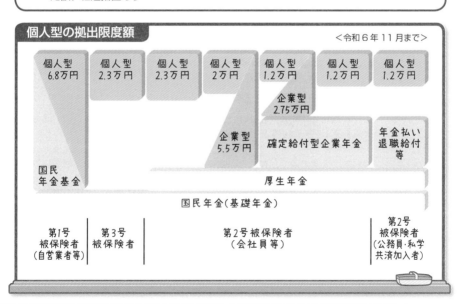

個人型の拠出限度額　　　　　　　　　　　　　　　　　　　　<令和6年11月まで>

個人型6.8万円　個人型2.3万円　個人型2.3万円　個人型2万円　個人型1.2万円　個人型1.2万円　個人型1.2万円

企業型2.75万円

企業型5.5万円　確定給付型企業年金　年金払い退職給付等

国民年金基金　　厚生年金

国民年金（基礎年金）

第1号被保険者（自営業者等）　第3号被保険者　第2号被保険者（会社員等）　第2号被保険者（公務員・私学共済加入者）

人型に加入することが可能となった。なお、マッチング拠出を導入している企業型の加入者は、マッチング拠出を利用するか個人型に加入するかを自身で選択できる。

確定拠出年金は原則として中途脱退できないので、加入者が離職・転職などをしたときには、積立資産を持ち運び（ポータブル）しなければなりません。

企業型DC加入者が離職・転職したときのポータビリティ

離職・転職後に就いた職業など	積立資産の移換先
企業型DCがある企業に再就職	再就職先の企業型DC、または個人型DC（個人型の加入者もしくは運用指図者※になる）
自営業者（国民年金第1号被保険者）	個人型DC（個人型の加入者もしくは運用指図者※になる）
企業型DCがない企業に再就職	
国民年金第3号被保険者または公務員	

※ 掛金は拠出せず、積立資産を預け、預替えなどをする人

3. 中小企業退職金共済（中退共） 頻出

中退共は、国がバックアップする中小企業の従業員を対象とした退職金制度です。

対象者	従業員数または資本金等が一定規模以下の企業の従業員（役員、個人事業主などは加入できない）
掛　金	・全額事業主負担 ・月額5,000円～3万円までの16種類（パートタイマーは2,000円～）、増額はいつでも可能 ・新規加入・掛金増額した事業主には、掛金の一部を国が助成する
税　制	・掛金：法人…全額損金算入、個人事業主…必要経費 ・給付：一時金…退職所得、分割払い…雑所得（公的年金等控除適用）
特　徴	・給付は退職後に従業員（加入者）が勤労者退職金共済機構・中小企業退職金共済事業本部に直接請求し、従業員に直接支給される ・一定の要件を満たせば、分割払いまたは一時金と分割払いの併用が可能 ・加入後に企業の規模が拡大し、要件に該当しなくなったときは、脱退しなければならない※ ・転職先で再び中退共の加入者になったときは、一定の要件のもと、過去の掛金納付実績を通算できる

※ 中退共の解約手当金相当額を、一定の要件のもと、確定給付企業年金や企業型確定拠出年金に移換することができる

 プラスα 企業型DCの加入者が離職や転職により資格を喪失した場合、喪失月から6カ月以内に積立資産を個人型DCまたは他の企業型DCに移さなかったときは、原則と

4．財形年金貯蓄（財形年金）

財形年金とは、勤労者自身で老後の資金を貯蓄する制度です。

対象者	財形年金制度を行っている企業に勤める55歳未満の勤労者
掛　金	給与天引き
税　制	・財形住宅貯蓄と合わせて、貯蓄型は元利合計550万円まで、保険型は払込保険料額385万円までは非課税 ・年金以外の目的で払い出すと、非課税措置がなくなる
特　徴	・1人1契約、5年以上定期的に積み立てる ・受取り期間は、60歳以降に5年以上20年以内（保険型は終身タイプあり） ・年金の受取りを据え置く場合は、据置期間が積立終了から5年以内

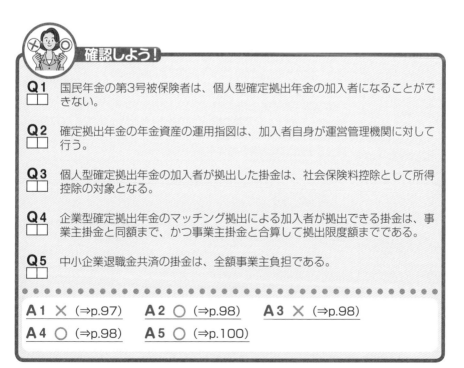

確認しよう！

Q1 国民年金の第3号被保険者は、個人型確定拠出年金の加入者になることができない。

Q2 確定拠出年金の年金資産の運用指図は、加入者自身が運営管理機関に対して行う。

Q3 個人型確定拠出年金の加入者が拠出した掛金は、社会保険料控除として所得控除の対象となる。

Q4 企業型確定拠出年金のマッチング拠出による加入者が拠出できる掛金は、事業主掛金と同額まで、かつ事業主掛金と合算して拠出限度額までである。

Q5 中小企業退職金共済の掛金は、全額事業主負担である。

A1 ✕ （⇒p.97） **A2** ◯ （⇒p.98） **A3** ✕ （⇒p.98）
A4 ◯ （⇒p.98） **A5** ◯ （⇒p.100）

して国民年金基金連合会に自動的に移換される。自動移換中は「通算加給者等期間」に算入されず、運用指図ができないうえ、手数料は差し引かれ、積立資産は目減りしていく。

21 自営業者などの個人年金

 ココが ポイント　国民年金基金と小規模企業共済は、任意の私的年金です。それぞれの制度の**加入対象者**（国民年金の第1号被保険者、小規模企業の事業主など）や、**掛金の限度額**についてよく出題されています。

1 自営業者などの個人年金

自営業者や個人事業主などを対象として、次の制度があります。

【国民年金基金】 頻出

対象者	国民年金第1号被保険者（低所得による保険料免除者を除く）、国民年金任意加入被保険者（〈68ページ〉、日本国内に住所がある60歳以上65歳未満の者、20歳以上65歳未満の海外在留邦人）
掛　金	個人型確定拠出年金と合算して月額68,000円まで。加入時の年齢、性別、選択した給付の型・口数などで異なる
税　制	・掛金：全額社会保険料控除 ・給付：老齢年金…雑所得（公的年金等控除の適用あり） 　　　　遺族一時金…全額非課税
特　徴	・「全国国民年金基金」と職種別で設立された「職能型国民年金基金」がある ・加入は口数制で、年金額や給付の型を加入者自身が選ぶが、1口目は2種類の終身年金（15年保証・保証なし）とし、2口目以降は2種類の終身年金および5種類の確定年金から選択する

【小規模企業共済】 頻出

対象者	従業員20人以下の事業所（卸売業、小売業、サービス業などは5人以下）の個人事業主または役員、一定の要件を満たす共同経営者
掛　金	月額1,000円〜7万円まで（500円刻み）、増額や減額はいつでも可能
税　制	・掛金：全額小規模企業共済等掛金控除 ・給付：一時金…退職所得　　分割払い…雑所得（公的年金等控除適用）
特　徴	・いつでも解約可能。積立資産に応じた事業資金等の貸付制度あり ・受取方法は、「一時金」「分割払い」および「一時金と分割払いの併用」の3種類 ・加入後に従業員が増えても継続できる

 プラスα　国民年金基金は、喪失事由に該当（会社等に就職して国民年金第2号被保険者になったなど）しない限り、任意に脱退することはできない

第1章の学習が終わりました。ここで、この章のおさらいをしましょう。問題のすぐ下にある解答を赤シートでかくして、問題にチャレンジしてください。間違ったときは、必ず参照ページに戻って確認し、実力アップをめざしましょう！

□□□ **問1** 金融商品取引業の登録がないFPが、顧客に現在の経済動向や個々の企業業績などを説明した。

解答1 ○ 設問のとおり。一般的な経済動向や個々の企業の業績などを説明することは、有価証券の価値等に関する助言をしたことにはあたりません。⇒p.26

□□□ **問2** 年金原資を複利運用しながら受けられる年金額は、年金現価係数で求める。

解答2 × 設問は間違い。資本回収係数で求められます。⇒p.31

□□□ **問3** 住宅ローンの繰上げ返済をする場合、条件が同じローンであれば返済額軽減型のほうが期間短縮型より利息軽減効果が大きくなる。

解答3 × 設問は間違い。期間短縮型のほうが、利息軽減効果は大きくなります。⇒p.36、37

□□□ **問4** 傷病手当金は、療養のために働くことができない場合に、会社を休んだ初日から通算して1年6カ月を限度に支給される。

解答4 × 設問は間違い。連続3日間会社を休んだ後も引き続き休んでいた場合、4日目から支給されます。⇒p.52

□□□ **問5** 健康保険の任意継続被保険者となるには、継続して2カ月以上の被保険者期間があり、退職後20日以内に申請する必要がある。

解答5 ○ 設問のとおり。任意継続被保険者は原則として2年間。保険料は全額被保険者負担となります。⇒p.55

□□□ **問6** 介護保険の第2号被保険者は、原因を問わず、要介護状態または要支援状態と認定されたときに、給付が受けられる。

解答6 × 設問は間違い。第2号被保険者は、老化にともなって生じた特定疾病によって所定の状態になった場合にのみ給付が受けられます。⇒p.56

□□□ **問7** 労働者が業務上の災害により負傷し、労災病院で治療等を受ける場合には、労働者の自己負担はない。

解答7 ○ 設問のとおり。労災保険の療養補償給付は、健康保険の療養の給付と異なり自己負担はない。⇒p.59

□□□ **問8** 雇用保険の基本手当を受けるには、原則として離職の日以前2年間に被保険者期間が12カ月以上あることが必要である。

解答8 ○ 設問のとおり。この場合の被保険者期間とは、賃金支払基礎日数が11日以上または80時間以上ある月が1カ月としてカウントされます。⇒p.61

□□□ **問9** 雇用保険の高年齢雇用継続給付の支給額は、最大で支給対象月の賃金の10%相当額である。

解答9 ✕ 設問は間違い。高年齢雇用継続給付の支給額は、最大で支給対象月の賃金の15%相当額です。⇒p.65

□□□ **問10** 国民年金の第1号被保険者は、国内居住の20歳以上60歳未満の者で、第2号被保険者および第3号被保険者以外の者であって、国籍は問わない。

解答10 ○ 設問のとおり。国民年金の第1号・第2号・第3号被保険者ともに国籍要件はありません。⇒p.67

□□□ **問11** 国民年金の保険料の学生納付特例の適用を受けた期間は、老齢基礎年金の年金額には反映されない。

解答11 ○ 設問のとおり。なお、年金の受給資格期間には反映されます。⇒p.69

□□□ **問12** 老齢基礎年金を受給するためには、受給資格期間が25年以上なければならない。

解答12 ✕ 設問は間違い。老齢基礎年金は、受給資格期間が10年以上あると、65歳から受給することができます。⇒p.71

□□□ **問13** 老齢厚生年金の繰上げ支給の請求をする場合は、同時に老齢基礎年金も繰り上げて請求しなければならない。

解答13 ○ 設問のとおり。なお、繰下げ支給の申出は、片方だけ繰り下げることができます。⇒p.80

□□□ **問14** 在職中に死亡した会社員のAさん（45歳）に、専業主婦の妻（43歳）と長女（13歳）がいる場合、遺族給付として遺族基礎年金、遺族厚生年金および中高齢寡婦加算が同時に支給される。

解答14 ✕ 設問は間違い。中高齢寡婦加算は、遺族基礎年金が支給されている間は支給停止されます。⇒p.89

□□□ **問15** 国民年金基金の掛金は、個人型確定拠出年金の掛金と合算して月額51,000円が上限である。

解答15 ✕ 設問は間違い。個人型確定拠出年金の掛金と合算して月額68,000円が上限になります。⇒p.102

第**2**章
リスク管理

1 リスクマネジメント

 ココが ポイント ここでは、リスクマネジメントの手法である**リスクコントロール**と**リスクファイナンシング**の処理技術を理解しましょう。また、個人（家計）を取り巻くリスク、法人を取り巻くリスクにどのようなものがあるのかも、毎回問われる項目です。

1 リスクマネジメントの基礎

リスクとは、将来起こりうる事象の変動に関しての不確実性のことをいいます。

1．リスクマネジメントの概要

リスクマネジメントとは、リスクの軽減・回避などをめざすために、各リスクが生じた場合の損失・損害に対して合理的かつ経済的に効果を上げるための方法を検討・計画し、実践するプロセスのことをいいます。

2．リスクマネジメントの手法

リスクマネジメントの手法は、以下の2つに大別されます。

①リスクコントロール

リスクの発生頻度・規模を軽減させたり、最小限のコストで、リスクの可能性そのものを変える手法です。

①回避 ── リスクの発生頻度を100％回避する。

②損失制御 ── リスクの発生頻度・大きさを軽減する。

③結合 ── リスク対象内容を統合して管理する。

④分離 ── リスク対象内容を細分化し、損失の影響度を軽減する。

②リスクファイナンシング

リスクの発生にともなう経済的損失の影響を軽減させる手法です。

①移転 ── 損失を他者（保険など）に転嫁させる。

②保有 ── 損失を自らの蓄えで負担する。

 プラスα リスクコントロールは、リスクの発生頻度や規模を軽減させるなど、リスクの可能性そのものを変える手法である。一方リスクファイナンシングは、リ

2 ｜ 個人を取り巻く主なリスクとその管理

個人を取り巻くリスクには、主に次のようなものがあります。

人に関するリスク	・死亡にともなうリスク 　必要保障額の備え ・病気、ケガにともなうリスク 　医療費の自己負担分の備え ・長生きにともなうリスク 　老後生活資金の備え
物に関するリスク	・住まいに関するリスク 　建物・家財・家主・他人に 　対する損害の備え ・車に関するリスク 　事故に対する賠償資力準備 ・その他動産に関するリスク 　日用品等の破損、盗難の備え
第三者に対するリスク	・第三者への損害賠償のリスク 　日常生活上における賠償事故の備え

日常生活には、いろいろなリスクがひそんでいます。

3 ｜ 法人を取り巻く主なリスクとその管理

法人を取り巻くリスクには、主に次のようなものがあります。

人的リスク	・経営者、役員、従業員のリスク 　事業承継準備資金、退職金準備、遺族保障、 　傷害事故の備えなど
物的リスク	・資産のリスク 　建物・設備・什器・備品・商品などの損害の備え
利益・費用のリスク	・営業利益の損失のリスク ・相手方の債務不履行による損失のリスク
第三者に対するリスク	・第三者への損害賠償のリスク 　施設や営業活動の管理不備による賠償事故などの備え

スクにともなう経済的損失を軽減する手法のため、リスクそのものは変わらない。
保険に加入することは、リスクファイナンシングの移転に該当する。

2 保険制度の概要

ココが ポイント

生命保険契約者保護機構・損害保険契約者保護機構、**クーリング・オフ制度**、**ソルベンシー・マージン比率**など、契約者の保護に関する制度や仕組みについて問われることが多いです。社会保険と民間保険の違いについても、しっかりと押さえましょう。

1 社会保険と民間保険

リスクに備える機能の一つとして保険制度があります。保険は、大勢の人が負担金を出し、万が一のときに必要な経済的保障を得ることができる仕組みです。

保険制度には、社会保険と民間保険があり、社会保険(公的年金・健康保険など)でカバーしきれないリスクを補う民間保険は、民間の保険会社で加入します。

社会保険と民間保険の相違点

	[社会保険]	[民間保険]
目 的	社会保障	自助努力
加 入	強制	任意
保険者	政府、共済組合など	民間、JAなど
保険料	公費負担、事業主負担あり、免除あり	全額契約者が負担
保険事業支出	国などが保険金の一部を負担・補助	保険料収入とその運用益

民間保険は、**生命保険**(第一分野)・**損害保険**(第二分野)と、その両分野の中間に位置する**第三分野**の保険(人の病気・ケガなど)に分類されます。

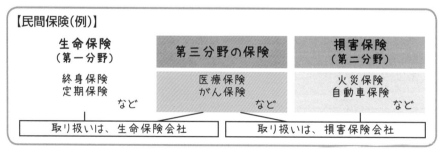

【民間保険(例)】

生命保険 (第一分野)	第三分野の保険	損害保険 (第二分野)
終身保険 定期保険 　　　など	医療保険 がん保険 　　　など	火災保険 自動車保険 　　　など
取り扱いは、生命保険会社		取り扱いは、損害保険会社

プラスα 日本国内で営業を行うすべての保険会社は、免許の種類に応じて、生命保険契約者保護機構または損害保険契約者保護機構のいずれかに強制加入となっ

2　契約者保護に関する制度と仕組み

1．クーリング・オフ制度 🖊頻出

クーリング・オフとは、契約者が一定の範囲内で、一方的な意思表示のみによって、保険契約の申込みを撤回または解除することができる制度です。

①制度の要件

クーリング・オフ事項を記載した書面を交付された日、または申込日のいずれか遅い日から起算して、原則8日以内(消印有効)に書面、あるいは電子メール、ウェブサイトなどの電磁的記録で行います。

②クーリング・オフができない場合

①保険期間が1年以内であるとき

②保険会社が指定した医師による診査を受けたとき

③法令により加入が義務付けられているとき(自賠責保険など)

④法人契約や事業保険契約

⑤既契約の内容変更の場合　など

2．ソルベンシー・マージン比率 🖊頻出

ソルベンシー・マージン比率とは、保険会社の財務体質の健全性を示す指標の1つで、通常の予測を超えるリスクに対する、保険会社の支払余力を指標とします。

ソルベンシー・マージン比率が200%未満になると、金融庁から保険会社に対して、業務改善命令や業務停止命令などの早期是正措置が発動されます。

3．保険契約者保護機構 📖暗記

保険会社が経営破綻した場合に、契約者を保護するために、生命保険と損害保険の保険契約者保護機構が設立されています。外資系企業も加入義務があり、また銀行の窓口で加入した保険も保護の対象です(少額短期保険業者・共済は、加入義務なし)。

国内で営業するすべての生命保険会社、損害保険会社が強制加入です。

ている。なお、共済、少額短期保険業者、簡易生命保険(民営化前)は保険契約者保護機構の対象外である。

保険契約者保護機構は、破綻保険会社の保険契約の継続を**支援**し、保険契約の引継ぎを円滑に行うため、救済保険会社に**資金援助**を行うほか、自ら破綻保険会社の保険契約の引き受けなども行います。

【生命保険契約者保護機構】

保険の種類	補償の内容
生命保険※	破綻時点の責任準備金の90% （高予定利率契約を除く）

※ 再保険を除く全保険契約が対象。

【損害保険契約者保護機構】

保険の種類	補償の内容
自賠責保険・地震保険	保険金・解約返戻金の100%
自動車保険・火災保険 など	保険金※・解約返戻金の80% ※ただし保険金は、破綻後３カ月以内は100%
疾病・傷害保険など	保険金・解約返戻金の90%

4. 保険業法

保険業法は、**保険業に携わる者が守るべき法律**で、契約者等の利益の保護や保険の募集を含めた保険会社の事業が健全に運営されるために、次のことが定められています。

①**保険契約の締結・保険募集の禁止行為違反の処分や罰則を規定**

　例えば、契約者または被保険者に対して「虚偽のことを告げ、または重要な事項を告げない」、「重要な事項を告げないことを勧める」、「不利益な事実を告げずに、契約の乗り換えを勧める」などの行為の禁止

②**クーリング・オフ、およびソルベンシー・マージン比率に関する規定**（109ページ）

　なお、**共済契約は適用外**です。

5. 保険法

保険法は、保険契約者保護のために**契約に関するルールを定めた法律**で、保険契約の成立から終了までの契約当事者間の契約のルールを規定しています。

①**保険契約の定義**

　・保険契約だけでなく、**共済契約も適用**される

　・生命保険・損害保険・第三分野の保険（傷害疾病保険）の契約の規定がある

 責任準備金とは、保険会社が将来の死亡保険金の支払い、および満期保険金支払いに備えて、保険料の中から積み立てるものである（前者は死亡保険料

②保険契約者等の保護

・契約時には、保険会社から**告知を求められた質問に応答**する（告知を求められた事項以外を告知する必要なし）

・**片面的強行規定**（保険法の規定よりも保険契約者等に不利な内容の約款を無効とする）がある

・被保険者と保険契約者が異なる死亡保険契約は、被保険者の同意が必要

③名義変更

保険契約者は遺言により保険金受取人の変更ができる（被保険者の同意が必要）

④モラルリスクの防止

保険契約者または被保険者が告知義務に違反した場合は、保険会社は保険契約を解除することができる。ただし、違反を知ってから１カ月の間に解除権を行使しなかった場合には、保険会社は解除することはできない

⑤損害保険に関するルールの柔軟化

超過保険や重複保険について、保険金額が保険価額を超える部分の契約も有効とする

6．少額短期保険業

少額短期保険業者とは、保険金額が少額でかつ短期の保険の引受けのみ行う保険業者です。保険期間が１年（損害保険は２年）以下の掛捨て保険のみ取り扱うことができます（被保険者一人あたり保険金額の総額は、原則1,000万円が上限）。

保険法・保険業法の対象ですが、保険料は生命保険料控除および地震保険料控除の**対象外**、破綻した場合の保険契約者保護機構も**対象外**です。

確認しよう！

Q1 クーリング・オフ制度は、すべての保険契約が対象となる。
□□

Q2 クーリング・オフ制度は、クーリング・オフ事項を記載した書面を交付された日、または申込日のいずれか遅い日から起算して8日以内（商品による）（消印有効）に書面または電磁的記録による申し出が必要である。
□□

A1 ✕（⇒p.109）　　**A2** ○（⇒p.109）

により、後者は生存保険料により積立て）。一般的には、責任準備金の金額は、払込保険料の合計額よりも少なくなる。

3 生命保険の基礎

**ココが
ポイント**

生命保険の**3つの種類**、保険料算出の仕組みと保険料の構成、剰余金と配当金の仕組み、生命保険の基礎用語をしっかりと押さえましょう。とくに、**収支相等の原則**と**大数の法則**による保険料算出の仕組みと保険料の構成は、最重要項目です。

1 生命保険の仕組み

生命保険は、死亡、病気、ケガ、生存などの人に対する保障をお金で備えるものです。保険と預貯金は次の図のようなイメージになります。

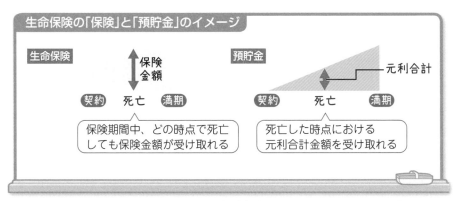

生命保険の「保険」と「預貯金」のイメージ

生命保険	預貯金
保険金額	元利合計
契約　死亡　満期	契約　死亡　満期
保険期間中、どの時点で死亡しても保険金額が受け取れる	死亡した時点における元利合計金額を受け取れる

生命保険は、どのようなときに保険金が支払われるかにより、次のように3つに分類されます。

【生命保険の3分類】

分　類	内　容	保険商品（例）
死亡保険	保険期間中に被保険者が死亡、高度障害状態時に保険金が支払われる	定期保険、終身保険、定期保険特約付終身保険など
生存保険	契約後一定期日満了まで、被保険者が生存していた場合に支払われる	個人年金保険、学資保険など
生死混合保険	死亡保険と生存保険を組み合わせた保険	養老保険、定期保険特約付養老保険など

**プラス
α**

生命保険は、保険金額が変動するかしないかにより、定額保険と変額保険に分類できる。定額保険は、契約時に定めた保険金額が保険期間中一定の保険

2　生命保険料の仕組み 🖊頻出

1．保険料算出の大原則 📖暗記

①収支相等の原則

　契約者全体が支払う保険料とその運用益の総額と、保険会社が受取人全体に支払う保険金と経費の総額が等しくなるように保険料を計算することをいいます。

②大数の法則

　数少ない事象では何も法則がないことでも、数多くの事象を集めて大数でみると一定の法則があることをいいます。

　たとえば、サイコロを振ったときに出る目は、回数が少ないときにはどれかの目に偏る可能性がありますが、数多く振ればどの目が出る確率も6分の1に近づくというようなことです。

> 収支相等の原則と、大数の法則をしっかり理解しましょう。

2．保険料算出の基礎 🖊頻出

　保険料は、以下の3つの予定基礎率をもとに算出されます。

【保険料の予定基礎率】 📖暗記

予定死亡率	過去の死亡率の統計（生命表）をもとに算出される年齢、性別ごとの死亡者数の割合	予定死亡率が低いと予想すれば保険料は安くなる
予定利率	保険会社が資産運用により見込める運用益分を保険料から割引く割引率	予定利率が高いと予想すれば保険料は安くなる
予定事業費率	保険事業運営上必要となる経費（人件費、物件費、事務費、宣伝費）の割合	予定事業費率が低いと予想すれば保険料は安くなる

で、一般勘定で運用される。変額保険は、保険金額が運用実績により変動する保険で、特別勘定で運用される。

保険料（営業保険料）は、純保険料と付加保険料とで構成されています。

純保険料は、死亡保険料と生存保険料で構成され、予定死亡率と予定利率を基礎として算出されます。付加保険料は、予定事業費率を基礎に算出されます。

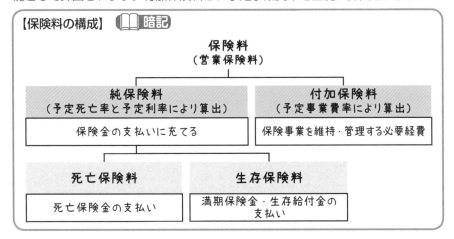

3. 剰余金と配当金の仕組み

①剰余金

保険料は3つの予定基礎率から算出されますが、毎年度の決算の結果、実際にかかった費用と差額（利益）が出ることがあります。この利益を剰余金といいます。剰余金が発生する原因は3つあり、剰余金の3利源と呼びます。

【剰余金の3利源】　📖暗記

死差益	予定死亡率＞実際の死亡率
利差益	予定利率による運用収入＜実際の運用収入
費差益	予定事業費率による事業費＞実際にかかった事業費

②配当金

決算で剰余金が生じた場合は、一定の条件のもと配当金として契約者に還元されます。なお保険は、その配当の有無により有配当保険、準有配当保険、無配当保険の3つに分類されます。

同年齢で比較すると、女性より男性のほうの死亡率が高い。そのため通常、同年齢の場合、男性のほうが予定死亡率が高く、死亡保障の保険料は女性よ

【配当金基準の保険分類】

有配当保険	剰余金の3利源から、配当が支払われる（原則契約3年目から）
準有配当保険（利差配当付保険）	利差益のみから、配当が支払われる
無配当保険	配当が支払われない

保険料が高い　⇅　保険料が安い

配当金の受取方法には、以下の4つがあります。

【配当金の受取方法】

積立方法	配当金を受け取らずに積み立てておく方法。原則、契約者からの請求により、配当が行われてからいつでも途中引出可能
保険金買増方法	配当金で自動的に保険金額を増やす方法。途中引出不可
保険料相殺方法	配当金を支払保険料から差し引く方法。配当金分だけ保険料が安くなる
現金支払方法	配当金を年1回、現金で受け取る方法

確認しよう！

Q1 大数の法則とは、契約者全体が支払う保険料とその運用益の総額と、保険会
社が受取人全体に支払う保険金と経費の総額が等しくなるように保険料を計
算することをいう。

Q2 純保険料は、死亡保険料と生存保険料で構成され、予定死亡率と予定利率と
を計算基礎として算出される。

Q3 有配当保険は、剰余金の3利源をもとに、原則、契約後5年目から毎年配当
を行う。

A1 ✕　(⇒p.113)　　**A2** ◯　(⇒p.114)　　**A3** ✕　(⇒p.115)

り男性のほうが高くなる。予定利率は通常、契約終了まで変更されないが、一部の
保険では予定利率が契約の途中で変更となる商品（利率変動型保険）もある。

4 保険約款の基礎知識

頻出度 **A** 　学習日 ／

ココが ポイント
生命保険を理解するために、**契約者**や**被保険者**といった基本的な用語とともに、**告知義務**など保険申込みの際に必要なことを確認しましょう。また、保険契約の申込みをしてから、保険契約が有効となる**責任開始期**までの流れは重要です。

---

1 ┃ 保険約款の基礎知識　📝頻出

１．生命保険の基礎用語　📖暗記

生命保険を理解するために必要な基礎用語として、以下のものがあります。

生命保険の基礎用語

約款	保険会社と契約者の間で取り交わすお互いの権利義務を規定（約款の作成・変更の際は、内閣総理大臣の認可が必要）
契約者	保険会社と契約を結ぶ者（契約上の権利・義務がある者）
被保険者	保険の対象となる者
受取人	保険会社から保険金を受取る人（契約者が指定する）
診査	保険契約にあたり、加入申込者（被保険者）に対して医師が行う健康診断
承諾	保険会社が加入の申込みを認めること
主契約	保険契約の基礎となる部分
特約	主契約に付加して契約する保険（特約のみの契約は不可）
解約返戻金	保険契約を途中で解約した場合などに、契約者に払い戻されるお金のこと

２．告知義務制度

①告知義務

保険契約申込みの際に、**契約者**または**被保険者**が入院や手術の経験、現在の健康状態や職業など保険会社の質問に対して、正直に答えなければならないことを、

プラスα 保険会社が、契約者・被保険者の告知や保険会社が指定した医師による診査、保険募集人からの報告、保険会社独自による調査などによって、契約の申込

告知義務といいます。この告知は、支払事由（被保険者の死亡等）の発生の可能性に関する重要な事項のうち、保険会社が告知を求めた事項について、契約者等が事実の告知をしなければならないとしています。

②告知義務違反

故意または重大な過失により、重要な事実について告知をしなかったり、事実と違うことを告げたりすることをいいます。違反した場合は、保険会社は契約を解除することができます。解約返戻金（かいやくへんれいきん）があれば支払いますが、保険事故が発生しても保険金などは支払われません。

> ただし、死因などと告知義務違反の事実との間に因果関係がない場合、保険金などを支払います。

③契約解除権の消滅

契約が契約日（または復活日）から5年（保険約款では2年に短縮している場合もある）を超えて有効に継続した場合、および保険会社が告知義務違反を知った日から1カ月以内に解除を行わなかった場合は、契約の解除権は消滅します。

3．契約の承諾と責任開始期　📖暗記

保険会社が保険契約上の責任（保険金・給付金の支払いなど）を負う義務が開始する時期を、責任開始期（日）といいます。責任開始には保険会社の承諾が必要であり、「保険契約申込書の提出」「告知（診査）」「第1回保険料（充当金）の払込み」の3つすべてが完了した日に開始します。

確認しよう！

Q1 生命保険契約の締結に際し、保険会社から告知を求められた事実以外に保険事故の発生の可能性に関する重要な事項があれば、自発的に判断して事実の告知をしなければならない。

･･

A1 ✕　（⇒p.116、117）

みを引き受けるか否か、あるいは特別条件を付けて引き受けるか否かを判断することを、危険選択という。

5 保険料の払込みに関する知識

保険料の払込方法や支払いの猶予期間について確認をしておきましょう。また、保険料の払込みが困難になった場合の措置では、自動振替貸付制度や契約者貸付制度の仕組み、払済保険と延長（定期）保険の違いも重要です。

1 保険料の払込み

1．保険料の払込方法

保険料の払込み方法には、次のような方法があります。

なお、契約年齢・保険期間・年金金額等の契約内容が同一の場合であれば、総支払額が最も少ない方法は、一時払いになります。

【保険料の払込方法】

月払い	毎月支払う
半年払い	半年ごとに支払う（月払いより安い）
年払い	毎年１回支払う（半年払いより安い）
一時払い 頻出	契約時に、保険期間全体の保険料を一時にまとめて払う方法。保険期間中に被保険者が死亡した場合でも保険料の返還はなく、生命保険料控除も支払った年１回のみの適用となる
前納 頻出	将来の年払いや半年払い保険料の全部または一部をまとめて支払う方法。払い込んだ保険料は保険会社が預かり、払込期日の到来ごとに保険料に充当する。全保険期間分をまとめて払う場合を全期前納といい、契約消滅時には、未経過保険料があれば返還される。生命保険料控除は毎年適用となる

2．保険料の払込猶予期間

保険料の払込みが遅れた場合、契約はすぐに失効するわけではなく、保険会社は一定の猶予期間を設けています（次ページ図）。ただし、猶予期間中に保険事故が発生した場合は、その未払保険料を差し引いたうえで、保険金が支払われます。

保険料の払込みが困難となり、自動振替貸付制度および契約者貸付制度を受けた場合、貸付金とその利息はいつでも返済できる。また、貸付けを受けた

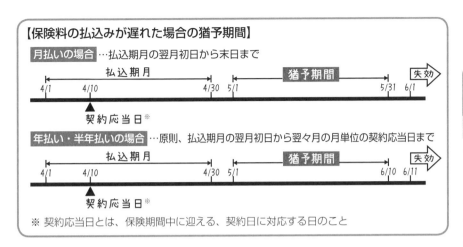

3．契約の失効・復活

①失効

　猶予期間内に保険料の払込みがない場合は、自動振替貸付制度（下記参照）が適用されない限り、保険契約は効力を失います。これを**失効**といいます。

　なお、失効期間中に保険事故が発生しても保険金は支払われません。

②復活

　いったん失効した契約でも、一定要件を満たすことにより契約の効力を元の状態に戻すことができます。これを**復活**といいます。復活するためには、

①失効してから3年以内（変額保険は3カ月）、

②医師の診査または告知が必要、

③失効中の滞納保険料と利息（保険会社による）を支払う必要があります。

　なお、復活したときの保険料は、契約時（失効前）の保険料と**変わりません**。

4．保険料払込みが困難なときの対応策

①自動振替貸付制度　📝頻出

　保険料が猶予期間までに払い込まれなかった場合に、**解約返戻金の一定の範囲内**で保険会社が自動的に保険料を立て替えて、契約を有効にしてくれる制度です。ただし、貸付利息がつくため、貸付元利金より解約返戻金が少ない場合は、契約が失効することもあります。なお、自動振替貸付を受けた保険料は、生命保険料控除の対象です。

まま契約消滅事項が生じた場合は、保険金（または解約返戻金）から未返済の貸付金とその利息を差し引いた金額が支払われることになる。

②保険料払込期間の延長

既契約の払込期間を延長させて、それ以降の保険料を安くする方法です。目先の保険料は軽減されますが、払込期間を延長するため、その分払込保険料総額は多くなります。契約によっては、払込期間の延長ができないものもあります。

③減　額

保険料の払込みや過大な保険金額を減らすために、保険期間の途中で保険金額を減らす方法です。減額は一部解約のことであり、減額部分に対応する解約返戻金がある場合は支払われます。減額した場合、各種特約の保障額が同時に減額される場合もあります。

税制適格特約付の個人年金保険の年金額を減額した場合、減額した部分の解約返戻金は将来の年金原資として積み立てられるため、減額時に受け取ることができません。

④払済保険　📖暗記

保険料の払込みを中止して、**保険期間を変えずにそのときの解約返戻金をもと**に、元の契約と同じ種類の一時払保険または養老保険に変更する方法です。変更後の保険金額は**少なく**なります。また、各種の特約が付加されていた場合は、**消滅**します（解約返戻金がゼロまたは少ない保険は利用できない）。

払済保険、延長（定期）保険は、とても重要です。

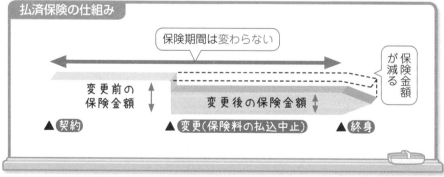

払済保険の仕組み

保険期間は変わらない

変更前の
保険金額

変更後の保険金額

保険金額が減る

▲ 契約　　▲ 変更（保険料の払込中止）　　▲ 終身

プラスα　払済保険や延長（定期）保険は、一定期間内であれば、以前の契約に戻すことができる。これを復旧という。復旧後の責任開始期は、最後の復旧の際の責

⑤延長（定期）保険 　📖暗記

　保険料の払込みを中止して、保険金額を変えずにそのときの解約返戻金をもとに一時払いの定期保険に変更する方法です。解約返戻金の額に応じて、保険期間が元の契約より短くなる場合は、その期間満了をもって契約は消滅します。元の契約の保険期間を超える場合は、元の保険期間のままとし、満了日に生存保険金が支払われます。また、各種の特約が付加されていた場合は、消滅します（解約返戻金が少ない保険は利用できない）。

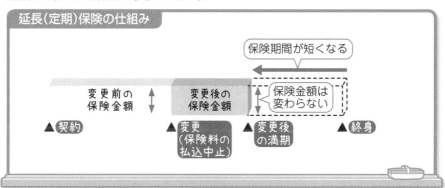

延長（定期）保険の仕組み

5. 一時的に現金が必要になったときの対応策

①契約者貸付制度

　契約者の申し出により、保険会社が解約返戻金の一定の範囲内（通常8～9割）で、資金の貸付けを受けられる制度です。通常、契約者貸付を受けた場合でも、保険契約は変わりなく継続します。また、貸付けを受けていない契約と同じ配当金が支払われます。

　ただし、保険の種類や契約経過年数によって利用できない場合もあります。

貸付なので、所定の利息を支払います。

②配当金の引出し

　契約者が、何らかの理由で現金が必要になったとき、積立配当金があれば、請求に基づき、いつでも全部または一部を引き出すことができます。なお、いったん引き出した配当金は、元に戻すことはできません。

任開始期となる。なお、保険料は以前と変わらないが、所定の金額（積立金不足額やその利息）を払い込む必要がある。

6. その他の保険の見直し

1 中途増額制度

既契約に、保険期間の途中で定期保険（特約）を上乗せして保険金額を増加させることをいいます。増額させた部分の満期は元の契約の満期と同じです。

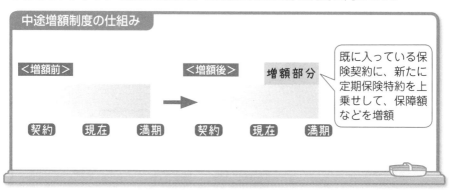

中途増額制度の仕組み

＜増額前＞　　　　　　＜増額後＞　　増額部分

契約　現在　満期　　契約　現在　満期

既に入っている保険契約に、新たに定期保険特約を上乗せして、保障額などを増額

また、途中で増額させた部分の保険料は増額時点の年齢・保険料率で計算されます。なお、その際、告知または医師の診査が必要となります。

2 契約転換制度

現在契約している保険を、転換価格（責任準備金や積立配当金の合計額）で下取りして、同じ保険会社で新しい保険に加入し直す制度です。既契約の転換価格を新契約の保険料の一部に充当するため、既契約は消滅しますが、新たに加入するよりも、保険料が安くなります。

なお、長期継続契約における特別配当の権利は、新契約に引き継がれます。また、新規に契約する場合と同様の要件でクーリング・オフ制度の適用を申し出ることができます。

転換の際には、告知・医師による診査が必要です。保険料は転換時点の年齢、保険料率で計算されます。

転換の際には保険料が上がる可能性があります。

プラスα　追加契約は、既契約に追加して、別の新しい保険に加入する方法。追加契約部分の保険料は、別途払い込む必要がある。長期平準定期保険（148ページ）

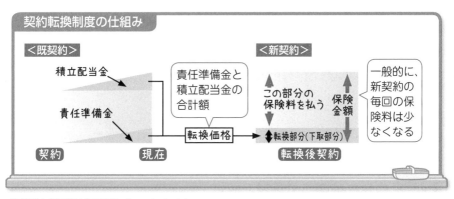

契約転換制度の仕組み

<既契約>　　　　　　　　　　　　　　　　<新契約>

積立配当金　　　　　　責任準備金と
　　　　　　　　　　　積立配当金の　　　この部分の　　一般的に、
　　　　　　　　　　　合計額　　　　　　保険料を払う　保険　新契約の
責任準備金　　　　　　　　　　　　　　　　　　　　　金額　毎回の保
　　　　　　　　　　　　　　　　　　　　　　　　　　　　　険料は少
　　　　　　　　　　　転換価格　　　　　転換部分（下取部分）　なくなる

契約　　　　　現在　　　　　　　　　　転換後契約

③解約（保険が不要になったとき）

　契約者は、いつでも保険契約を解約することができ、保険種類や経過年数などに応じた**解約返戻金**や**配当金**が支払われます。解約した時点で、保険契約は消滅し、再び元に戻すことができません。その直後に死亡したり、病気で入院しても、保険金や給付金は一切受け取れません。

　なお、保障の見直しなどによって、既契約を解約して新契約に加入する場合は、新契約の加入をきちんと終えてから前の保険を解約するようにしなければなりません。新契約加入において、被保険者の健康状態などによって、保険会社から契約の引受けを断られる場合があり、もし既契約を解約していた場合、無保険になる危険性があるからです。

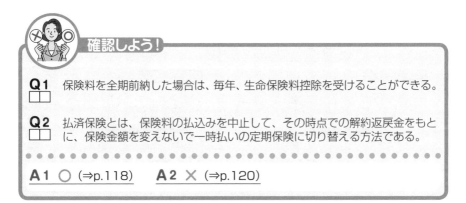

確認しよう！

Q1 保険料を全期前納した場合は、毎年、生命保険料控除を受けることができる。

Q2 払済保険とは、保険料の払込みを中止して、その時点での解約返戻金をもとに、保険金額を変えないで一時払いの定期保険に切り替える方法である。

A1 ○ (⇒p.118)　　**A2** ✕ (⇒p.120)

は、保険期間を長期に設定した定期保険であり、保険料は保険期間が短い定期保険
より高くなっている。

6 生命保険商品①

ココが ポイント

定期保険、終身保険、養老保険という基本的な商品以外に、**収入保障保険**や**定期保険特約付終身保険**も、試験でよく問われる保険です。ここでは「**保障**に重点を置いた保険」と「**保障性**と**貯蓄性**を組み合わせた保険」の種類と特徴をしっかりと理解しましょう。

1 生命保険商品の種類と内容 📝頻出

1. 保障重点型保険

①定期保険 📖暗記

10年、15年など一定の保険期間内に死亡あるいは高度障害状態になった場合、保険金が支払われる保険です。保険料は掛捨てで、満期保険金はないため、終身保険に比べて保険料は割安です。保険金額が一定の平準定期保険のほか、保険料が一定で保険金額が期間の経過とともに一定の割合で減少していく**逓減定期保険**、一定の割合で増加していく**逓増定期保険**があります。

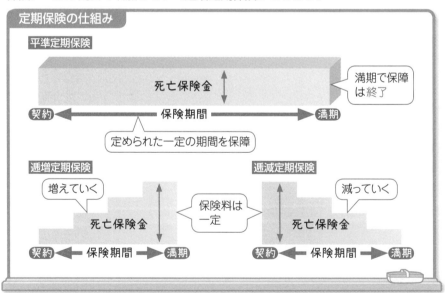

定期保険の仕組み

平準定期保険

死亡保険金

満期で保障は終了

契約 ◀━━ 保険期間 ━━▶ 満期

定められた一定の期間を保障

逓増定期保険

増えていく

死亡保険金

保険料は一定

契約 ◀━ 保険期間 ━▶ 満期

逓減定期保険

減っていく

死亡保険金

契約 ◀━ 保険期間 ━▶ 満期

プラスα 収入保障保険の歳満了年金タイプは、保険期間満了時の1年前に死亡した場合、原則1年分しか保険金が支払われない（最低支払保証付の契約もある）。

②収入(生活)保障保険　📖暗記

　保険期間内に、死亡あるいは高度障害状態になった場合、保険金が毎月、または毎年に分けて年金形式で支払われる保険です。分割受取期間が一定(10年など)の確定タイプと、保険料払込期間満了時までの所定期間(最低保証期間あり)の歳満了タイプがあります。保険金を分割で受け取るため、保険金総額が同額の定期保険に比べ、保険料は**割安**です。

　また、保険金を一時金で受け取ることもできますが、年金形式で受け取る合計金額よりも**減額**されます。

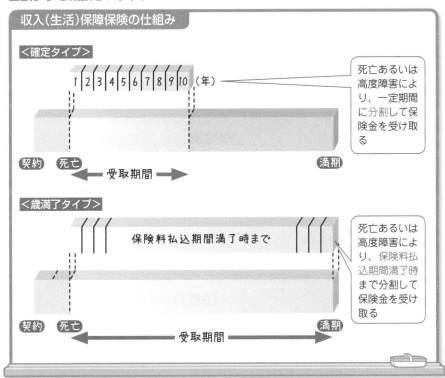

収入(生活)保障保険の仕組み

<確定タイプ>

`1 2 3 4 5 6 7 8 9 10` (年)

死亡あるいは高度障害により、一定期間に分割して保険金を受け取る

契約　死亡　←→ 受取期間 →　満期

<歳満了タイプ>

保険料払込期間満了時まで

死亡あるいは高度障害により、保険料払込期間満了時まで分割して保険金を受け取る

契約　死亡　←→ 受取期間 →　満期

③生存給付金付定期保険

　保険期間中、3年などの一定期間ごとに**生存給付金**が受け取れ、さらに満期時にも**生存給付金**が受け取れる定期保険です。保険期間内に死亡あるいは高度障害となった場合には、定額の保険金が受け取れます(支払済みの生存給付金を差し引きしない)。生存給付金がある分、通常の定期保険よりも保険料は割高です。

一方、確定年金タイプでは、保険期間中に亡くなった場合は、契約時に確定した一定期間は保険金が支払われる。

4 定期保険特約付終身保険 📖暗記

主契約の終身保険に定期保険を特約として組み合わせた保険です。特約期間中は割安な保険料で大きな死亡保障が確保でき、特約期間終了後は、主契約の終身保険により一生涯の死亡保障が確保できます。

定期保険特約には全期型と更新型があり、更新型を同額で自動更新すると保険料は高くなります。ただし更新時の健康状態に関係なく無告知で更新できます。また、主契約の保険料払込み期間が終身の場合は、通常、80歳まで自動更新できます。

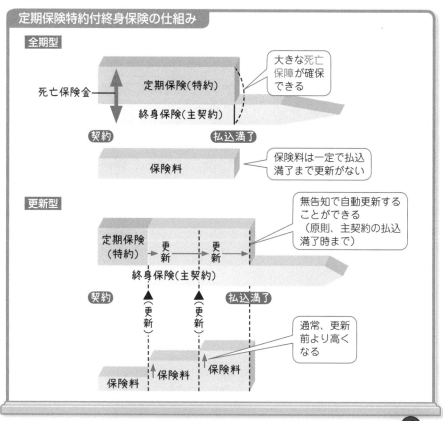

定期保険特約付終身保険の仕組み

全期型

死亡保険金 — 定期保険（特約） 終身保険（主契約）
大きな死亡保障が確保できる
契約 / 払込満了
保険料 — 保険料は一定で払込満了まで更新がない

更新型

定期保険（特約） 更新 更新 終身保険（主契約）
無告知で自動更新することができる（原則、主契約の払込満了時まで）
契約 ▲（更新） ▲（更新） 払込満了
保険料 保険料 保険料
通常、更新前より高くなる

主契約は、生命保険のベースとなる部分。特約は、保障を充実させるためにプラスするものです。

プラスα 低解約返戻金型終身保険の多くは、保険料払込満了時までに解約をした場合の解約返戻金の額を、通常の7割程度に抑えている。そのため、保険料払込

⑤終身保険　📖暗記

　保険期間が一生涯であり、死亡あるいは高度障害状態になった場合、保険金が支払われる保険です。満期保険金はありませんが、解約時に**解約返戻金**を受け取ることができ、貯蓄性もあります。ただし早期解約すると、解約返戻金が払込保険料を下回るので注意が必要です。保険料払込満了時に死亡あるいは高度障害保障の代わりに**年金受取**や**介護保障**などに変更できるものもあります。

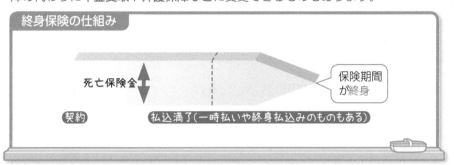

⑥低解約返戻金型終身保険

　保険料払込満了までの**解約返戻金**を低く設定し、保険料を安くする終身保険です。

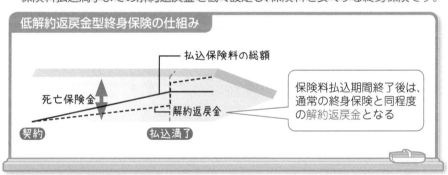

⑦積立利率変動型終身保険

　契約後に積立利率が定期的に見直され（最低保証あり）、利率が高くなった場合は死亡保険金や解約返戻金が増加する可能性がある終身保険です。

⑧利率変動型積立終身保険（アカウント型保険）

　保険料を、保障部分と積立部分（アカウント部分）に分けて、積立部分をライフプランに合わせて一定の範囲内で自由に設定・変更できる保険です。保険料払込期間満了時には、積立金をもとに**終身保険**や**年金受取**に移行することができます。

期間中の解約は不利になるが、保険料が割安に設定されている。一方、保険料払込満了後は従来型の終身保険と同水準の解約返戻金が支払われる仕組みになっている。

第2章

6

生命保険商品①

利率変動型積立終身保険の仕組み

<保障部分>　死亡保障・医療保障など

保険料払込期間満了時点で、終身保険または年金受取に移行できる

<積立部分>
（アカウント部分）　契約　　　　　　　　　　払込満了

2．保障性と貯蓄性を組み合わせた保険

１ 養老保険

　一定の保険期間内に死亡あるいは高度障害状態となった場合は、死亡保険金あるいは高度障害保険金が、満期まで生存していた場合には死亡・高度障害保険金と同額の満期保険金が支払われる保険です。死亡・高度障害保険金が支払われると契約が消滅します。

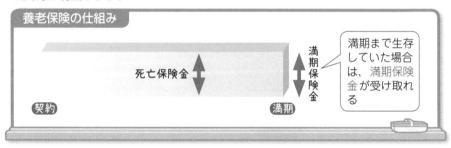

養老保険の仕組み

死亡保険金　　　　　　　　　　　満期保険金

満期まで生存していた場合は、満期保険金が受け取れる

契約　　　　　　　　　　満期

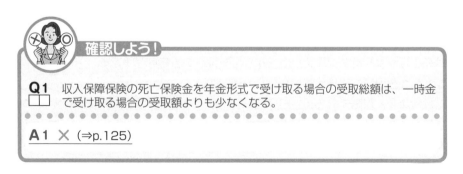

 確認しよう！

Q1 収入保障保険の死亡保険金を年金形式で受け取る場合の受取総額は、一時金で受け取る場合の受取額よりも少なくなる。

A1 ✕ （⇒p.125）

プラスα 通常、健康状態などによって生命保険に加入できないケースがあるが、健康状態にかかわらず加入できる保険もある。これらの保険は医師の診査や告知

第2章●リスク管理

7 生命保険商品②

**ココが
ポイント**　生命保険の一般的な商品として、ここでは「**貯蓄性**に重点をおいた保険」と「**投資性**のある保険」の種類と特徴を覚えましょう。特に変額保険は、**死亡保険金額**は最低保証されますが、**解約返戻金**は最低保証されない点をしっかり理解しましょう。

1. 貯蓄重点型保険

①こども保険（学資保険）　📖暗記

　子どもの入学・進学時や満期時に、祝金・満期保険金が支払われるもので、教育資金の準備のための保険です。通常、親が契約者、子どもが被保険者になります。その親が死亡あるいは高度障害状態となった場合は、それ以降の保険料払込みは免除され、一時金や祝金・満期保険金は契約どおり支払われるのが特徴です。また、育英年金が支払われるものもあります。

　子である被保険者が死亡した場合は、死亡保険金として基準保険金や既払込保険料相当額などが支払われます。子どもの病気やケガなどに備えて、入院特約など付加できるものもあります。

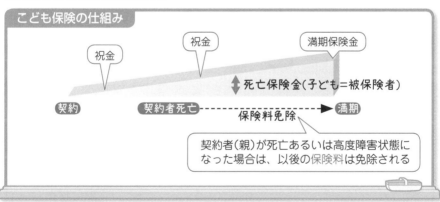

2. 投資型保険

①変額保険

　株式や債券などで運用し、その運用実績によって保険金額や解約返戻金が増え

書の提出も必要ないかわりに、通常の保険に比べて保険料が高く、契約後一定期間の死亡保険金が低いなどの条件が設けられている（無選択型保険）。

たり減ったり変動する保険です。変額保険の資産は、定額保険の資産（一般勘定）とは別の**特別勘定**で運用されます。

②変額保険の種類

　一生涯の保障がつづく**終身型**（終身保険）と、満期がある**有期型**（養老保険）があります。どちらも死亡保険金と高度障害保険金には最低保証（契約時の**基本保険金**）がありますが、解約返戻金と満期保険金には、最低保証はありません。

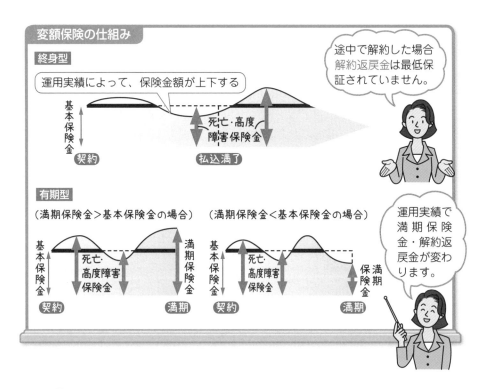

変額保険の仕組み

終身型

運用実績によって、保険金額が上下する

基本保険金

死亡・高度障害保険金

契約　　払込満了

途中で解約した場合解約返戻金は最低保証されていません。

有期型

（満期保険金＞基本保険金の場合）

基本保険金

死亡・高度障害保険金

満期保険金

契約　　満期

（満期保険金＜基本保険金の場合）

基本保険金

死亡・高度障害保険金

満期保険金

契約　　満期

運用実績で満期保険金・解約返戻金が変わります。

確認しよう！

Q1 こども保険（学資保険）は、契約者が死亡した場合、あらかじめ指定した受取り人に死亡保険金が支払われる。

A1 ×（⇒p.129）

かんぽ生命の保険商品の特徴に、保険金倍額支払制度がある。加入後１年６カ月経過後に、不慮の事故などで180日以内に死亡または特定感染症で死亡

8 かんぽ生命・各種共済等

頻出度　C　学習日　／

**ココが
ポイント**

かんぽ生命と、**JA共済、全労済、都道府県民共済、CO-OP共済**の各種共済の基本的な仕組みと特徴を確認しましょう。加入限度額や、診査、告知の要・不要など、商品にどのような保障があるかを整理しましょう。

1 かんぽ生命の仕組み

かんぽ生命は、2007年10月に日本郵政公社の民営、分社化でできた日本郵政グループの保険会社です。次のような特徴があります。

特　徴	内　　容
無審査	契約時に、健康状態についての告知のみでよい （医師の診査は不要）
加入限度額	旧簡易生命保険とかんぽ保険を通算して、被保険者1人あたり原則1,000万円まで加入できる （一定条件により加入後4年を経過すると2,000万円）
保険の種類	定期保険・終身保険・年金保険・養老保険・学資保険など
契約者の保護	生命保険契約者保護機構の対象

なお、民営化以前に加入した簡易生命保険契約は、独立行政法人郵便貯金簡易生命保険管理・郵便局ネットワーク支援機構に継承され、契約内容は変わらず、保険金の支払いなどの政府保証も契約が消滅するまで管理されています。

かんぽ生命では、職業による
加入制限はありません。

2 各種共済等の仕組み

共済制度は、相互扶助の制度です。営利目的にしていないので掛金（保険料）が

した場合は、基本保険金の2倍支払われる。なお、定期保険や年金保険は対象外となっている。

131

割安な場合が多いです。民間の生命保険にあたる生命共済と、損害保険にあたる損害共済の両方を取り扱うのが特徴です。主な共済団体は次の4つです。

①JA共済

全国共済農業協同組合連合会の共済事業で、監督官庁は**農林水産省**です。契約対象者は、原則、組合員（出資金を支払う准組合員を含む）ですが、各JA組合員の利用高の20%以内であれば組合員以外の加入も可能です。掛金は、男女別、年齢別の構成になっています。

②こくみん共済 coop（全労済）

全国労働者共済生活協同組合連合会の共済事業で、監督官庁は**厚生労働省**です。契約対象者は、組合員（100円程度の出資金を払えば誰でも加入可）で、医師の診査が**不要**です。

③都道府県民共済

全国生活協同組合連合会の共済事業で、監督官庁は**厚生労働省**です。掛金は、性別・年齢にかかわらず一律となっており、医師の診査が**不要**です。

④CO-OP共済

日本コープ共済生活協同組合連合会の共済事業で、監督官庁は**厚生労働省**です。主な商品は、生命共済と医療共済が合わさった「たすけあい」などがあります。

各共済では、毎年の決算で剰余金が発生した場合は、原則として割戻金が契約者に還元されます。

 確認しよう！

Q1 郵政民営化前に加入した簡易生命保険契約は、民営化後も保険金などの支払いの政府保証が、契約が消滅するまで継続される。

Q2 JA共済の契約対象者は、JA組合員のみである。

Q3 全労済、都道府県民共済、CO-OP共済の監督官庁は、いずれも厚生労働省である。

A1 ○ （⇒p.131）　**A2** × （⇒p.132）　**A3** ○ （⇒p.132）

 プラスα 個人年金保険の有期年金・確定年金・終身年金の主な違いは、「有期年金は、一定の年金受取期間内で、被保険者が生存している場合に限り年金が支払わ

9 個人年金保険の種類

ココが ポイント

有期年金、確定年金、終身年金の基本的な仕組みと違いを理解しましょう。終身年金については、保証期間の考え方も重要です。運用の状況によって年金額が変動する変額年金保険についても、基本的な仕組みがよく問われます。

1 定額年金保険 頻出

1. 有期年金保険 暗記

　10年・15年など、あらかじめ定めた年金受取期間内で、被保険者が**生存**している期間のみ年金が支払われ、死亡した時点で年金支払は終了します。保証期間付有期年金保険では、保証期間内に死亡した場合は、保証期間のうち残存期間の年金またはその時点の年金現価相当額の死亡一時金が、遺族に支払われます。

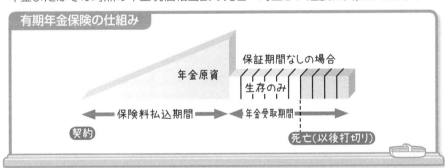

有期年金保険の仕組み

年金原資　保証期間なしの場合　生存のみ

保険料払込期間　年金受取期間

契約　死亡（以後打切り）

原則として、被保険者が死亡した時点で、年金の支払いは終了します。

れ」、「確定年金は、被保険者の生死に関係なく、一定の年金受取期間の年金が支払われ」、「終身年金は、被保険者の生存中に限り、一生涯年金が支われる」ことである。

２．確定年金保険　📖暗記

　年金受取期間と保証期間が同一の保証期間付有期年金保険の一種であり、被保険者の生死にかかわらず、一定期間（10年・15年など）年金が支払われます。年金受取期間中に死亡した場合は、残存期間の年金またはその時点の年金現価相当額の死亡一時金が遺族に支払われます。原則として、年金受取総額が払込保険料総額を下回ることはありません。年金支払開始前に死亡した場合は、死亡時の年金原資相当額(保険料払込相当額)が死亡給付金として支払われます。

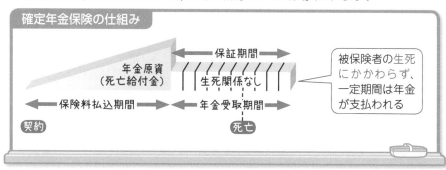

３．終身年金保険　📖暗記

　被保険者が生存している限り、一生涯年金が支払われ、死亡した時点でその後の年金支払は終了します。なお、年金開始後10年、15年など定められた保証期間中は被保険者の生死にかかわらず年金が支払われ、その後も生存している限り一生涯年金が支払われる保証期間付終身年金保険が主流です。

　契約年齢・保険期間・年金金額等の契約内容が同一の場合であれば、男性よりも女性のほうが支払保険料は高くなります（女性のほうが長生きであるため）。

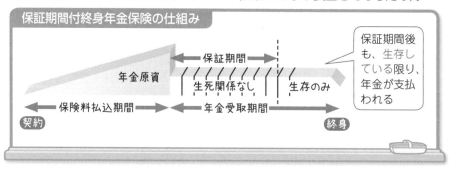

 年金額が一定である定額個人年金保険において、被保険者が年金受取開始前に死亡した場合は、既に払い込んだ保険料に相当する所定の死亡給付金が支

4．夫婦年金保険

夫婦のいずれかが生存している限り、年金が支払われる終身年金の一種です。受け取る年金額については、夫婦が2人とも生存しているときと、1人が生存しているときとで、金額が変わらないタイプが一般的です。

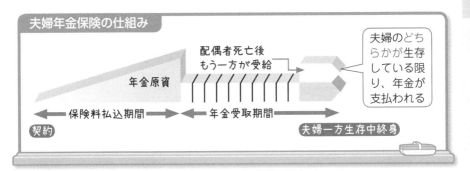

夫婦年金保険の仕組み

配偶者死亡後
もう一方が受給

年金原資

夫婦のどちらかが生存している限り、年金が支払われる

保険料払込期間　　年金受取期間

契約　　　　　　　　　　　　夫婦一方生存中終身

2 ┃ 投資型年金

1．外貨建て個人年金保険

円を外貨（アメリカドルなど）に換えて、海外の国債などで保険会社が運用する個人年金保険です。将来受け取る**外貨建て**の年金額は確定していますが、将来受け取る**円建て**の年金額は確定していません（為替リスクあり）。

円換算支払特約（保険料支払と保険金の受け取りを円通貨で行うことを約束する特約）がありますが、為替リスクを回避するわけではありません。

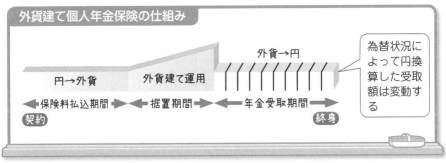

外貨建て個人年金保険の仕組み

外貨→円

円→外貨　　外貨建て運用

為替状況によって円換算した受取額は変動する

保険料払込期間　据置期間　年金受取期間

契約　　　　　　　　　　　　　　　終身

このほか、外貨建て生命保険には、終身保険や養老保険などがあります。

払われる。また、所定の高度障害状態になった場合には、以後の保険料の払込みが免除される特約が付帯されているものもある。

2. 変額年金保険 📖暗記

運用実績によって受け取る年金額や、解約返戻金の額が変動する年金保険です。受取年金額は原則として最低保証がありません。なお、年金受取開始前に死亡した場合は、一般的に払込保険料を最低保証とする**死亡給付金**が支払われます。運用期間中の解約には、最低保証はありません。払い込まれた保険料は年金支払開始までの間、**特別勘定**で運用されます。

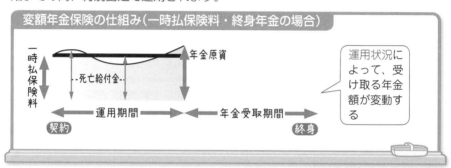

変額年金保険の仕組み（一時払保険料・終身年金の場合）

変額年金保険には、死亡給付金の死亡保障額が運用次第でステップアップし、その後、運用実績に関係なく、一度上がった死亡給付金の最低保証額が下がらないラチェットタイプと、運用実績に関係なく、死亡給付金の死亡保障額が一定割合ずつ増加していくロールアップタイプがあります。

【参考】：据置期間のイメージ

個人年金保険の中には、保険料払込みが終了してから、年金受取開始までに据置期間があるタイプがあります。据置期間中も年金原資は資産運用されているため、据置期間が長いほうが、将来受け取る年金額は多くなります。

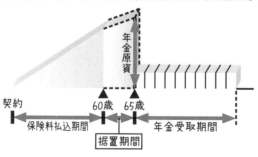

医療保険の入院給付金などは、入院途中でも請求することができる。なお、医療保険の支払い対象となる手術は、治療を目的として約款で定められたも

10 第三分野の保険と特約

頻出度 A 学習日 ／

ココが
ポイント

医療保障には、生命保険と損害保険の垣根をこえて、さまざまな保険があります。どのような場合に保険金や給付金が支払われるのかを、整理して覚えましょう。**先進医療・特定疾病保障**・がん保障・リビング・ニーズ特約は頻出項目です。

1 第三分野の保険

　生命保険と損害保険のどちらともいいきれない保険を、第三分野の保険といいます。主に、人の病気やケガ・介護などのリスクに備える保険です。

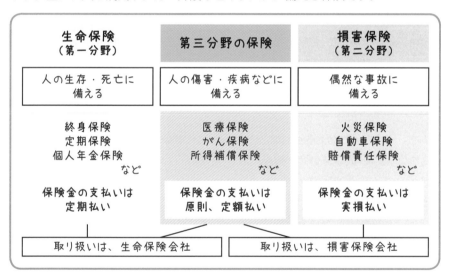

2 主な保険と特約

1. 医療保険と関連特約

　病気やケガに備える医療保障を準備するものとして、独立タイプの**医療保険**と主契約に付加するタイプの**医療特約**があります。

ので、美容整形や正常分娩にともなう手術は対象とならない。また、人間ドックの検査で入院した場合も、異常が発見されなければ給付金の対象外となる。

第2章 10 第三分野の保険と特約

①医療保険 📖暗記

病気やケガで、**入院**や所定の**手術**を受けた際に、給付金が支払われる保険です。

【医療保険の内容】

支給要件	・8日型（従来）…病気の場合は8日以上、ケガ5日以上入院した場合に1日目から支払われるタイプ ・1泊2日型（主流）…2日以上入院した場合に、初日から支払われるタイプ ・日帰り型（主流）…日帰り入院から支払われるタイプ　など
保障期間	・終身保険タイプ ・定期保険（更新型※）タイプ ※ 更新時に健康状態の告知・医師の診査不要だが、更新時の年齢などで保険料は再計算されるので高くなる ※ 保険期間中に入院給付金を受け取った場合でも、契約を更新できる
入院給付金の支払い限度日数	1入院あたりの入院給付金の支払日数と通算支払日数には上限あり（60日、120日など） ※ ただし、退院の翌日から180日以内に同じ病気で再入院した場合、最初の入院日数と合算されて、1入院あたりの支払日数制限の適用を受ける
給付金 手術	入院給付金日額の10倍・20倍・40倍が一般的 ※ ただし、一律同額支払いや、入院で受ける手術は20倍・通院で受ける手術は10倍など多様化している

なお、人間ドックの受診で異常が認められ、医師の指示によるその治療を目的とした入院は、入院給付金の**対象**となります。

また、通常の医療保険と比べて保険会社への告知項目が少ない**限定告知型**の医療保険があります。一定の告知項目に該当しなければ医師の診査なしで申し込めるため、持病や手術歴があっても加入しやすいですが、保険料は**割高**です。

> 死亡保険金の金額は、従来は入院給付金日額の100倍が一般的でしたが、近年はなくしたり少なくしたりしています。

 所得補償保険（就業不能保険）は、病気やケガによって就業不能状態になった場合、その間の収入を毎月一定額補償する保険である（入院の有無不問、医

②主な医療特約　📖暗記

主な医療特約には、次のようなものがあります。

災害入院特約	不慮の事故で180日以内に、一定日数以上入院した場合、入院給付金が支払われる
疾病入院特約	病気で継続して入院した場合、入院給付金が支払われる。病気やケガで所定の手術をした場合、手術給付金が支払われるものもある
長期入院特約	病気や不慮の事故で、長期継続入院（通常125日以上）した場合に給付金が支払われる
短期入院特約	病気や不慮の事故で継続して2日以上入院した場合、1日目から4日目までの入院給付金が支払われる
生活習慣病（成人病）入院特約	がん、心疾患、脳血管疾患、高血圧性疾患、糖尿病などで継続入院5日以上の場合、5日目より入院給付金が支払われるタイプが多い
女性疾病入院特約	女性特有あるいは発生率の高い病気（子宮や乳房の病気、甲状腺の障害など）で継続入院5日以上の場合、5日目より入院給付金が支払われるタイプが多い
通院特約	災害・疾病入院給付金の支払い対象となる入院をして、退院日の翌日から120日以内に、その治療目的で通院した場合に給付金が支払われる
先進医療特約　📝頻出	療養を受けた時点において、厚生労働大臣が承認する先進医療に該当する治療を、所定の医療機関で受けた時に、その技術料相当額の給付金が支払われる（契約後に新しく認められた先進医療も対象）
災害割増特約	不慮の事故で180日以内に死亡あるいは高度障害になった場合、または所定の感染症で死亡あるいは高度障害になった場合、主契約の死亡あるいは高度障害保険金に上乗せして、災害死亡あるいは高度障害保険金が支払われる
傷害特約	不慮の事故で180日以内に死亡した場合、または所定の感染症で死亡した場合、主契約の死亡保険金に上乗せして災害死亡保険金が支払われる。同様に所定の障害になった場合、障害の程度に応じて障害給付金が支払われる

災害割増特約、傷害特約の保険料は
生命保険料控除の対象外です。
＊2012年1月1日以後の契約

師治療要）。医療費用保険は、病気やケガによって入院し、実際にかかった費用のうち、公的医療保険の対象外の費用や自己負担分を一定範囲内で補償する保険である。

第2章
10
第三分野の保険と特約

2．保険料の払込免除特約

所定の疾病や要介護状態になった場合、以後の保険料が免除される特約です。

3．生前給付保険と関連特約

①特定疾病（三大疾病）保障と特約 📖暗記

がん、急性心筋梗塞、脳卒中によって、所定の状態と診断された場合、生前に死亡保険金と同額の保険金が支払われます。特定疾病保険金が支払われることなく死亡あるいは高度障害になった場合、原因に関係なく死亡あるいは高度障害保険金が支払われます。特定疾病保険金、高度障害保険金が支払われると保険契約は消滅し、その後死亡しても死亡保険金は支払われません。

また、被保険者が特定疾病保険金を請求できない特別な事情がある場合、指定代理請求人が請求できる指定代理請求人制度があります。

②リビング・ニーズ特約

原因に関係なく、余命が6カ月以内と診断された場合、生前に死亡保険金の範囲内（3,000万円上限）で前払請求できる特約です。この特約を付加するための保険料は不要ですが、保険金額から6カ月分の保険料と利息相当分を差し引いた金額が支払われます。

保険金が前払いされた場合、その部分に対応する保険料分だけ以降の保険料が少なくなります。特定疾病保障保険と同じく、指定代理請求人制度があります。

4．がん保険と関連特約 📖暗記

①がん保険

保障対象をがんに限定した保険です。診断給付金・入院給付金・手術給付金・通院給付金・死亡給付金などが支払われます。入院給付金は初日から支払日数に上限なく支払われ、手術給付金の支払回数も無制限です。通常、契約から3カ月（90日間）の免責期間があります。従来まで対象外だった上皮内がんを保障する保険や、実損てん補型のがん保険もあります。

②がん入院特約

がんを直接の原因として所定の支払事由に該当した場合、入院給付金・手術給付金などが支払われます。

 指定代理請求人制度とは、被保険者に代わり配偶者や3親等内の親族などの指定代理請求人が生前給付金を請求できる特約。指定代理請求人は契約者が

5．介護保障保険と関連特約

①介護保障保険　📖暗記

　寝たきりの認知症等により、所定の要介護状態が一定期間（通常180日間）継続した場合、介護一時金や介護年金・介護費用保険金などが支払われる保険です。加入・給付の要件は、公的介護保険の要介護認定に連動するタイプと、保険会社独自の基準にもとづくタイプがあります。

保障の対象は公的介護保険の対象年齢に限定されていません。

②介護特約

　介護のみを保障するタイプと、1つの特約で介護と死亡を保障するタイプ（保険金額（年金額）が同額でいずれか一方のみ支給）があります。

6．傷害保険の類似商品

①所得補償保険（就業不能保険）　📝頻出

　国内外・日常生活・仕事中・旅行中を問わず、病気やケガで就業不能になった場合、その間の所得を補償する保険です。不動産収入や年金・配当金のみで生計をたてている場合は補償の対象外です。保険料は被保険者の年齢によって異なりますが、保険金は在宅治療など入院有無を問われず支払われます。なお保険期間中無事故の場合は、通常、保険料の20％の無事故戻しがあります（保険期間1年の場合）。

②医療費用保険

　公的医療保険制度を利用して入院した費用のうち、公的医療制度で支払われない部分を実損てん補します（治療費用、入院諸費用、先進医療費用など）。

③介護費用保険

　被保険者が寝たきりまたは認知症により一定の要介護状態になった場合に、介護に要した費用などをてん補します。医療費用、介護施設費用、介護諸費用、臨時費用は、原則としてセットで加入します。健康状態についての告知を必要とし、保険期間は終身で、被保険者の死亡と同時に終了します。

被保険者の同意を得て指定する。特約の保険料はなく、指定代理請求人の変更もできる。リビング・ニーズ特約・特定疾病保障・がん保険で利用されている。

11 生命保険と税金① 個人契約

生命保険の税金は頻出項目です。**生命保険料控除**では、**対象の範囲と控除金額の最高額**を覚えましょう。また、契約形態によって課税される税金(所得税、贈与税、相続税)の違いを整理しておくと良いでしょう。非課税となる保険金・給付金も重要です。

1 | 保険料と税金

1. 生命保険料控除

1年間(1月1日から12月31日)に支払った生命保険の保険料に応じて一定金額を所得から控除し、所得税・住民税を軽減させることができます。これを**生命保険料控除**といいます。

2012年1月1日**以降**の契約から、一般生命保険料控除・個人年金保険料控除・介護医療保険料控除の3つに分類されました。

2. 対象となる保険料

控除の対象となる保険料額は、1年間に支払った**正味払込保険料**(配当金を受け取った場合は、配当金の金額を差し引いた金額)の合計額です。

一時払いの場合は、支払い保険料全額を支払った**年**の1回限り控除の対象となり、**前納**の場合は、当該年分の支払い保険料総額が毎年控除の対象となります。なお、以下の点も覚えておきましょう。

・少額短期保険業者の扱う保険の保険料は**対象外**
・保険期間が5年未満の貯蓄保険・住宅ローンの借入れの際に加入した団体信用生命保険・財形貯蓄保険も**対象外**
・自動振替貸付を利用して保険料を充当した場合、その年の生命保険料に含まれ、生命保険料控除の対象になる
・外貨建て保険の保険料も対象

> 生命保険料控除は支払う税金を減らすことができる制度です。

2011年以前の契約(旧契約)と2012年以降の契約(新契約)の双方の保険契約で保険料控除を受ける場合、旧契約の保険料は従前の計算式によって計算

3. 生命保険料控除額

2011年12月31日以前に締結した契約と、2012年1月1日以降に締結した契約では、控除額が異なります。

【生命保険料控除額（個人年金保険料控除額）】 頻出 計算

■2011年12月31日以前に締結した保険契約について（一般の生命保険料控除、個人年金保険料控除）

	年間正味払込保険料		控除額
所得税		25,000円以下	その金額
	25,000円超	50,000円以下	支払金額×1/2＋12,500円
	50,000円超	100,000円以下	支払金額×1/4＋25,000円
	100,000円超		50,000円
住民税		15,000円以下	その金額
	15,000円超	40,000円以下	支払金額×1/2＋7,500円
	40,000円超	70,000円以下	支払金額×1/4＋17,500円
	70,000円超		35,000円

■2012年1月1日以降に締結した保険契約について（一般の生命保険料控除、個人年金保険料控除、介護医療保険料控除）

	年間正味払込保険料		控除額
所得税		20,000円以下	その金額
	20,000円超	40,000円以下	支払金額×1/2＋10,000円
	40,000円超	80,000円以下	支払金額×1/4＋20,000円
	80,000円超		40,000円
住民税		12,000円以下	その金額
	12,000円超	32,000円以下	支払金額×1/2＋6,000円
	32,000円超	56,000円以下	支払金額×1/4＋14,000円
	56,000円超		28,000円

2011年以前に締結した契約を、2012年以降に更新等をした場合、更新後は、2012年以降の控除制度が適用されます（契約の更新のほか、転換、特約の付加も含む）。

2012年以降の契約については、所得税の控除額がそれぞれ最高40,000円、住民税の控除額がそれぞれ最高28,000円になりました。

また3つの控除を合わせて、所得税が最高12万円、個人住民税が最高7万円となっています。

し、新契約の保険料は2012年以降の計算式によって計算し、それぞれの金額を合計した金額となるが、控除額の上限は4万円となる（所得税）。

4. 控除が受けられる保険契約

　2012年以降の契約から、生命保険料控除は、一般生命保険料控除・個人年金保険料控除・介護医療保険料控除の3つに分類されています。なお、保険金等の受取人が契約者またはその配偶者、一定の親族である保険契約でなければ、生命保険料控除は適用されません。

1 一般の生命保険料控除

　生命保険会社と契約した生命保険契約全般が対象です。

2 個人年金保険料控除　頻出　暗記

　以下の条件を満たし、個人年金保険料税制適格特約を付加した個人年金保険契約が対象です。

> ①年金受取人が契約者またはその配偶者のいずれかであること
> ②被保険者＝年金受取人であること
> ③保険料払込期間が10年以上であること（一時払いは対象外）
> ④確定年金・有期年金であれば、年金受取開始時の被保険者年齢が60歳以上で、かつ年金受取期間が10年以上であること

　前記①～④を満たさない契約で、一般生命保険料控除の適用要件を満たしている場合や特約保険料部分は、一般生命保険料控除の対象となります※。

※ 一時払いの個人年金と変額個人年金保険は、個人年金保険料控除の対象外で、1一般の生命保険料控除の対象

> 個人年金保険料の税制適格特約は、中途付加できます（ただし要件あり）。

3 介護医療保険料控除

　2012年1月1日以降に締結した介護（費用）保険または医療（費用）保険、所得補償に対する保険料については、一般の生命保険料控除とは別枠で、介護医療保険料控除が適用されます。

　なお、身体の傷害のみに起因して保険金が支払われる傷害特約と災害割増特約などの保険料は、2012年以降、生命保険料控除の対象外になりました。

※ 特定（三大）疾病保険定期保険は、1一般の生命保険料控除の対象

死亡保険金を年金形式で受け取る場合（収入保障保険など）、受給権が相続税の課税対象となり、毎年受け取る年金は雑所得として所得税・住民税の課税

2 | 保険金などと税金

1. 死亡保険金にかかる税金　頻出　暗記

死亡保険金は、契約形態によって、**相続税**、**所得税**、**贈与税**いずれかの課税対象となります。

【死亡保険金にかかる税金】

契約者	被保険者	保険金受取人	課　税
A	A	B（Aの相続人）	相続税
		B（Aの相続人以外）	相続税（遺贈）
A	B	A	所得税（一時所得）・住民税
A	B	C	贈与税

相続税には非課税枠があります。

1 相続税の場合

保険契約者＝被保険者で、保険金受取人が異なる場合は、受取保険金から、**非課税限度額**を差し引いた金額が、相続税の課税対象です。なお、受取人が相続人以外の場合、非課税枠は適用されません。

> **非課税限度額＝500万円×法定相続人の数**

保険金支払事由の発生していない生命保険契約を相続する場合、「生命保険契約に関する権利」は**相続財産**となります。この場合、相続税評価額は、相続開始時における**解約返戻金**の額となります。

2 所得税の場合

保険契約者＝保険金受取人が同じ場合は、一時所得として、所得税・住民税の課税対象です。

> **一時所得＝（死亡保険金－正味払込保険料総額）－特別控除額（最高50万円）**
>
> ＊総所得金額に算入するのは、一時所得の2分の1

対象となる。ただし、相続税の課税対象となった場合、課税対象となった部分については、所得税の課税対象とはならない。

3 贈与税の場合

保険契約者と被保険者および保険金受取人が異なる場合は、贈与税の対象です。

> 贈与税課税対象額＝死亡保険金－基礎控除（110万円）

2．満期保険金・解約返戻金にかかる税金 暗記

満期保険金や解約返戻金にかかる課税は、契約者と保険金受取人が同じ場合には**一時所得**（所得税・住民税）、異なる場合には**贈与税**の対象となります。

ただし、契約者＝受取人で保険期間5年以下の一時払養老保険など金融類似商品^{※1}の満期保険差益は、**20.315%^{※2}源泉分離課税**の対象となります。

※1 金融類似商品とは、①保険期間が5年以下（5年以下で解約する場合も含む）、②災害死亡保険金が満期保険金の5倍未満、③普通死亡保険金が満期保険金と同額以下、④一時払いまたはこれに準ずる保険料の払い方をしていることのすべてに該当する契約をいう
※2 所得税15%・復興特別所得税0.315%・住民税5%

【満期保険金・解約返戻金にかかる税金】

契約者	被保険者	受取人	課　税
A	誰でも可	A	所得税（一時所得）・住民税
A	誰でも可	B	贈与税

3．給付金と税金

入院給付金・手術給付金・通院給付金、特定疾病保険金、高度障害保険金、三大疾病保険金、介護保険金などの生前給付金、リビング・ニーズ特約給付金などの給付金は、原則として**非課税**です。医療費控除を受ける場合には医療費の額からその給付金を差し引いて申告する必要があります。

> 被保険者やその配偶者、直系血族が受取人の場合に非課税になります。

4．配当金と税金

配当金は、保険料を事後清算する性質のもので、税金はかかりません。生命保険料控除の対象となる正味保険料は「支払保険料－配当金」となります。

プラスα 毎年受け取る個人年金の雑所得の金額は、①その年に支払いを受ける年金額（配当金を含む）－②必要経費で計算される。その際の必要経費は「受取年金の額×

5. 個人年金保険にかかる税金 📝頻出

　契約者＝受取人の場合、毎年受け取る年金は、**雑所得**として所得税・住民税が
かかります。個人年金保険の受取年金額は、**公的年金等控除の対象外**です。なお、
契約者と年金受取人が異なる場合は、年金受取開始時に贈与税の対象となります。

【個人年金保険にかかる税金】

契約者	被保険者	受取人	課　税
A	A	A	ⅰ）毎年受け取る年金　所得税（雑所得）・住民税 ⅱ）年金を一括で受け取る　所得税（一時所得※）・住民税
A	B	B	ⅰ）年金受取開始時／年金受給権に対して贈与税 ⅱ）毎年受け取る年金　所得税（雑所得）・住民税

※ 保証期間部分の年金を一括で受け取った場合は、将来受け取る雑所得をまとめて受け取るだけな
　ので雑所得になり、保証期間経過後に被保険者が生存しているときは、年金受け取りが再開する

①所得税の場合

> 雑所得の金額＝その年に受け取る年金額（配当金含む）－必要経費

②贈与税の場合

> 贈与税課税対象額＝年金受給権の額
> 　　　　　×（年金受取人以外が負担した保険料の総額÷正味払込保険料総額）

　なお、相続が発生したのが年金受給の前か後かにより、課税対象が異なります。

● 年金受給前に相続が発生した場合

　年金受給開始前に、被保険者が死亡した場合の死亡給付金は、一般の死亡保
険金と同様、相続税・所得税・贈与税のいずれかの課税対象になります（145、
146ページ）。

● 年金受給後に相続が発生した場合

　年金受給を開始した個人年金保険契約を相続する場合は、年金受給権の評価額
が相続税の対象となります。

〈給付事由が発生している年金受給権の評価〉
次の①～③のうちいずれか多い金額
①解約返戻金相当額
②年金に代えて一時金の給付を受けることができる場合は一時金相当額
③予定利率等をもとに算出した金額

〈払込保険料総額÷年金受取総額（または年金受取総額の見込み額）〉」で計算される。こ
の雑所得の金額が25万円以上の場合、雑所得の10.21％が所得税として源泉徴収される。

12 生命保険と税金② 法人契約

法人契約の生命保険は、保険の種類によって支払保険料の経理処理方法が異なります。保険の貯蓄性の有無、保険金の受取人など、整理して覚えましょう。とくに、支払保険料の2分の1が損金算入、2分の1が資産計上される**養老保険**は、重要項目です。

1 | 法人契約の経理処理

1．保険料の経理処理

　法人が支払う保険料は、原則として定期保険・医療保険など貯蓄性のない保険は損金に算入し、養老保険や終身保険など貯蓄性のある保険は**資産**に計上します。ただし、保険金の受取人が法人の場合と、役員・従業員の場合、役員・従業員の遺族の場合など、契約の形態によって経理処理が異なります。

　節税対策を見直すため、長期平準定期保険・逓増定期保険などの個別ルールが廃止され、契約日が2019年7月8日以降は、解約返戻率にもとづいた経理処理の仕訳に変更されました。

①定期保険（2019年7月8日以降に契約）

　法人を契約者とし、被保険者を役員・従業員とする定期保険の経理処理は原則、次のとおりです。

契約者	被保険者	保険金受取人	経理処理
法　人	役員・従業員	法　人	損金算入
		役員・従業員の遺族	損金算入

　ただし、法人を契約者とし、被保険者を役員・従業員とする保険期間3年以上の定期保険(長期平準定期保険・逓増定期保険など)・医療保険・がん保険のなかで、最高解約返戻率が50%を超えるものは、次の経理処理となります。

定期保険特約付終身保険などの保険料の経理処理は、定期保険部分と終身保険部分に分けて行う。終身保険部分の保険料は、被保険者が役員・従業員で

最高解約返戻率が50%を超える場合の経理処理

区分 (最高解約返戻率)	経理処理		
50%超 70%以下	保険期間の前半4割 Ⓐ	保険期間3/4経過後 Ⓑ	
	40%　資産計上 60%　損金算入	資産計上額を取り崩して全額損金算入	
70%超 85%以下	保険期間の前半4割 Ⓐ	保険期間3/4経過後 Ⓑ	
	60%　資産計上 40%　損金算入	資産計上額を取り崩して全額損金算入	
85%超	当初10年間 Ⓐ	11年目以降 Ⓐ	最高解約返戻率期間の 最終日を経過後 Ⓑ
	保険料×最高解約 返戻率×90% 資産計上 (残額、損金算入)	保険料×最高解約 返戻率×70% 資産計上 (残額、損金算入)	資産計上額を取り崩して 全額損金算入

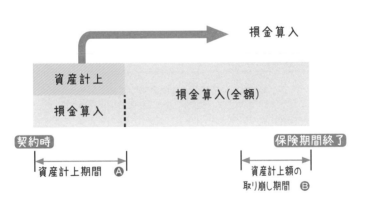

＊ ⒶⒷ以外の期間は、原則支払保険料は全額損金算入
＊ Ⓑは、支払保険料を全額損金算入するとともに、前半で資産計上していた額を取り崩し期間で按分して損金の額に算入するイメージ

2019年7月7日以前に契約した長期平準定期保険など、一定要件を満たした定期保険の保険料は、引き続き、従来の経理処理が適用されています。

死亡保険金受取人が法人の場合、資産計上となる。また、特約保険料の経理処理は、医療保険・がん保険の経理処理と同様の取扱いとなる。

② 医療保険・がん保険（満期返戻金の**ない**もの）

被保険者が役員・従業員、給付金受取人が法人である解約返戻金のない医療保険の支払保険料は、**損金**に算入します。その他、次のとおりです。

給付金受取人	経理処理
法　人	損金算入
役員・従業員など	損金算入

> 第三分野の保険は、定期保険の経理処理と一緒です。

③ 終身保険　頻出

被保険者が役員・従業員、死亡保険金受取人が法人である終身保険の支払保険料は、**資産**に計上します。その他、次のとおりです。

保険金受取人	経理処理
法　人[※1]	資産計上[※2]
役員・従業員などの遺族	損金算入

※1 法人が死亡保険金を受け取った場合や、保険金受取人が法人である終身保険を中途解約して受け取った解約返戻金は、資産計上していた保険料積立金との差額を雑収入、または雑損失として計上する
※2 特定（三大）疾病保障終身保険も同様に取り扱う

④ 養老保険　頻出

被保険者が役員・従業員、死亡保険金受取人および満期保険金受取人が法人である養老保険の支払保険料は、**資産**に計上します。その他、次のとおりです。

満期保険金受取人	死亡保険金受取人	経理処理
法　人	法　人	資産計上
役員・従業員	役員・従業員の遺族	損金算入
法　人	役員・従業員の遺族	〔2分の1〕資産計上 〔2分の1〕損金算入[※]

＊ 被保険者を従業員全員とした場合（普遍的加入）、福利厚生費となる
※ ハーフタックスプラン（福利厚生プラン）と呼ぶ

プラスα 法人契約の終身保険で、法人が受け取った解約返戻金は、それまで資産計上してきた保険料積立金との差額を、雑収入または雑損失として仕訳する。具

⑤個人年金保険

被保険者が役員・従業員の法人契約の保険料の経理処理は、次のとおりです。

死亡保険金受取人	年金受取人	経理処理
役員・従業員の遺族	法　人	〔10分の9〕　資産計上 〔10分の1〕　損金算入
法　人	法　人	資産計上
役員・従業員の遺族	役員・従業員	損金算入

2. 保険金の経理処理 頻出

①死亡保険金・満期保険金

法人契約の経理処理は、受取人の契約形態によって異なります。

受取人	経理処理
法　人	雑収入として益金に算入 課税対象額＝受取保険金(＋積立配当金)－資産計上額
従業員などまたは 従業員などの遺族	経理処理不要。ただし、資産計上している場合は雑損として損金算入処理が必要 ＊みなし相続財産として生命保険の非課税枠が使える

　従業員等の遺族に支払う死亡退職金、弔慰金(死亡退職時に法人から従業員等の遺族に支払われる見舞金)は、法人契約の保険金を利用して準備することができます。会社が従業員等に死亡退職金・弔慰金として支払う場合、社会通念上妥当な額であれば損金算入できますが、弔慰金は法人税法では規定されていません。しかし判例上、下記死亡理由による相続税が、非課税になる限度額まで認められていることから、一般的にこの金額まで損金算入可能としています。

業務上の事由による死亡	最終報酬月額×36カ月(3年分)
業務上以外の事由による死亡	最終報酬月額×6カ月

体的には「保険料積立金＜解約返戻金」の場合は雑収入、「保険料積立金＞解約返戻金」の場合は雑損失となる。

②解約返戻金 暗記

　資産計上されている保険料・配当金を取り崩し、解約返戻金との差額を雑収入として益金（または雑損失として損金）に算入します。解約返戻金がない場合、資産計上されている保険料、配当金を取り崩して雑損失として処理します。法人が受け取った場合の経理処理は次のようになります。

> 課税対象額＝解約返戻金（＋積立配当金）－資産計上額

③入院・手術などの給付金

受取人	経理処理
法　人	雑収入として益金に算入※
従業員など	経理処理不要。ただし、資産計上している場合は雑損として損金算入処理が必要

※ 被保険者に見舞金として支給した場合、社会通念上妥当な金額であれば福利厚生費として損金算入できるが、その金額を超える場合には給与となる

④配当金の経理処理

　原則は、雑収入としてその年の事業年度の益金に算入しますが、全額が資産計上されている養老保険などの場合は、資産計上額から取り崩すことができます。

3. 保険契約の変更

　法人が契約し従業員等にかけていた生命保険を、受取人を従業員等本人やその遺族に名義変更し、退職金の一部として保険証券を個人に渡すことができます。その場合、名義変更時の解約返戻金相当額と他の退職金等の合計額が、退職所得額となります。

確認しよう！

Q1 法人が支払う保険料は、原則として定期保険など貯蓄性のない保険については、資産に算入する。

A1 ×（⇒p.148）

「自分の老後の生活資金を準備するために生命保険に加入したい」という相談に対して、定期保険は、掛け捨てで貯蓄性がないので老後の生活資金を準備

13 生命保険によるリスク管理

頻出度 **B**　学習日／

**ココが
ポイント**

ライフスタイルが多様化するなか、個人の価値観などにより備えたいリスクは異なります。また一生の中でも、そのリスクの種類や大きさも変化します。**それぞれのニーズにあった保険の選択**が、個人（家庭）でも法人でも求められます。

1 家庭のリスク管理（生命保険）

個人を取り巻くリスクに備える生命保険にはさまざまなものがあります。ライフプランは人それぞれですから、保険は柔軟に設計・選択することが大切です。

	リスクの一例	保険例
独身時期	・親・兄弟などの生計を担っている人以外は、原則、大きな死亡保障は不要 ・病気やケガで入院した場合に備えたい	医療保険 など
	・老後資金の自助努力を今から開始したい	個人年金保険　など
家族形成期	・教育費や住宅費などが重なる時期、保険料を抑えた設計が必要 ・死亡保障の最低必要額は、通常、末子が誕生した時が最大となる ・共働きで妻の収入への依存度が高い場合には、妻の死亡保障も検討する	グループ保険（勤務先） 共済 逓減定期保険 （逓減）定期付終身保険 低解約返戻型終身保険 など
	・自分が死亡したあと、子どもが成人するまでの生活資金を準備したい	収入保障保険 など
	・子どもの教育資金を準備したい	学資保険　など
家族成熟期	・子どもの成長にともない必要保証額は減少。一方、生活習慣病の罹患率が年齢とともに高まる	逓減定期保険 特定疾病保障付医療保険 がん保険　など
	・老後資金の準備にも目を向ける	個人年金保険　など
家族独立期	・子どもが独立したら、自分の老後資金も視野に入れる ・自分が死亡した場合の相続税の納税資金対策や、万が一の葬儀代などにも活用したい	終身保険 など
	・介護の備えも検討したい	介護保険

には不向きである。一般的に、老後の生活資金を準備するためには、貯蓄性の高い終身保険や個人年金保険等が適している。

2 | 法人のリスク管理（生命保険）

１．経営者のリスク

　中小企業の場合、経営者＝会社というケースが多いです。経営者に万一のことがあった場合に、会社の事業が円滑に継承されるための**資金準備**や、また無事に勇退を迎えた場合の退職金の準備や**相続対策**などに、生命保険が活用できます。

２．役員のリスク

　役員に万一のことがあった場合の**遺族保障**や、生存退職の際の退職慰労金確保のためなどに、生命保険が活用できます。

３．従業員のリスク（福利厚生）

　従業員に対する福利厚生の一環として、社員に万一のことがあった場合の遺族保障や、**退職金確保**のためなどに、生命保険が活用できます。

3 | 法人契約の保険

　特に法人向け保険という保険商品があるわけではありません。個人向けの生命保険商品を、法人で契約し活用します。

１．経営者・役員向け

①**終身保険**

　予測できない死亡などには、満期のない終身保険が適しています。また勇退時点の**解約返戻金**相当額を、退職金の一部として活用することもできます。

②**養老保険**

　保険の満期時期を、**定年時期**に合わせた死亡保障と退職金準備に活用できます。

③**定期保険**

　一定期間の保障の準備に活用できます。貯蓄性はありませんがコストを抑えることができます。

保険料が福利厚生費と認められないケース：養老保険や医療保険などは従業員全員が加入した場合には福利厚生費として認められるが、役員や特定の従

①長期平準定期保険

　保険期間が長いため、終身保険に近い死亡保障が得られます。解約返戻率が高くなるため、役員などの退職慰労金の準備としても活用できます。ただし、定期保険のため解約返戻金は保険期間満了時には0（ゼロ）になります。

②逓増定期保険　📝頻出

　毎年、死亡保険金が増加する定期保険で、会社の成長期における資金準備などに活用できます。また中途解約した場合に支払われる解約返戻金を、役員などの退職慰労金の準備にも活用できます。

２．従業員向け

①総合福祉団体定期保険　📖暗記

　役員・従業員などの死亡退職金や弔慰金を準備する全員加入が原則の１年更新の定期保険です。万一のことがあった場合の保険なので、無事に定年退職した場合には保険金の支払いはありません。保険の加入時には、従業員等本人の健康に関する告知と同意が必要（医師診査なし）です。

契約者	被保険者	保険金受取人	保険料の経理処理
法人	従業員・役員	被保険者の遺族または法人	全額 損金算入

　なお、特約をつけることで、従業員等死亡にともなう企業の経済的な損失補償も準備できます。

ヒューマンバリュー特約	従業員等の死亡・高度障害による法人の経済的損失に備える。死亡保険金等の受取りは、法人が対象
災害総合保障特約	従業員等の不慮の事故で傷害を受けた場合の治療費や入院給付金が支払われる。給付金の受取りは、法人または従業員・役員が対象

特約の保険受取人は、法人（企業）です。

業員など特定の使用人のみを被保険者とした場合には福利厚生費とはされず、保険料は被保険者への給与とみなされる。

②養老保険 ✏️頻出

　従業員などの**福利厚生**を目的として加入した場合、従業員などの生存(定年)退職金と死亡退職金を同時に準備することができます。契約形態によって、法人は支払った保険料の**2分の1を福利厚生費として損金に算入できるハーフタックスプラン(福利厚生プラン)**と呼ばれる税制上のメリットが設けられています(150ページ)。

③団体就業不能保障保険 📖暗記

　役員・従業員が就業不能状態となった場合に、休業補償に充てることができる1年更新の定期保険です。保険料は法人が負担し、被保険者が就業不能になったときに保険金が支払われます。

④医療保障保険(団体型)

　役員・従業員などのケガや死亡に備え、公的社会保険制度の補完を目的とした法人(団体)を保険契約者とする保険期間1年の団体保険です。治療給付金・入院給付金および死亡保険金があります。

4　職域(法人)の個人向け商品

①団体定期保険(Bグループ保険)

　従業員の死亡や高度障害の保障を目的とし、法人が契約者となり従業員が任意で加入します(原則、告知のみで診査なしで加入可能)。保険料は従業員が負担(給与などから天引き)しますが、個人で加入するよりも**割安**になっています。1年更新の定期保険なので、毎年保険金額を見直すことができます。

②財形保険

　従業員の財産形成を支援するための保険です。保険料は、利用する従業員が負担(給与などから天引き)し、勤務先である法人を通じて保険会社へ払い込まれます。

①勤労者財産形成貯蓄積立保険

　使途制限なく途中引き出しも自由ですが、運用益は源泉分離課税の対象になります。

②財形年金積立保険

　老後に受け取る年金の資金づくりを目的にした保険です。払込保険料累計額385万円まで(かつ、財形住宅貯蓄積立保険と合算550万円まで)は、積立・据置・年金受取期間を通じて、運用益は非課税です。

プラスα　ハーフタックスプランは、役員・従業員が死亡しなければ満期保険金を法人が受け取るので、保険料に資産性がある。役員・従業員が死亡した場合は、保険

契約時の年齢が55歳未満で5年以上の保険料払込期間が必要で、年金支払は原則60歳以降5年以上20年以内です。

③財形住宅貯蓄積立保険

住宅取得や増改築等の資金づくりを目的にした保険です。払込保険料累計額550万円まで（財形年金積立保険と合算550万円まで）、運用益は**非課税**です。ただし、住宅取得等以外の目的で引き出したときは、払出時の運用益は源泉分離課税の対象となります。

確認しよう！

Q1 「自分の老後の生活資金を準備するために生命保険に加入したい」という相談に対して収入保障保険を提案した。

Q2 「自分の将来の葬儀代を保険商品で準備したい」という相談に対して定期保険を提案した。

Q3 「自分が死亡した後の子どもが成人するまでの生活資金を準備するために生命保険に加入したい」という相談に対して、収入保障保険を提案した。

Q4 「自分の相続における相続税の納税資金を準備したい」という相談に対して、終身保険を提案した。

Q5 「従業員の死亡時の弔慰金や死亡退職金と、定年退職時に支給する生存退職金の原資を準備したい」という顧客に対して、養老保険の活用をアドバイスした。

Q6 「休業補償規程に基づき、従業員に支給する休業の補償に係わる給付金の原資を準備したい」という顧客に対して、団体就業不能補償保険の活用をアドバイスした。

Q7 「従業員の自助努力による財産形成を支援したい」という顧客に対して、勤労者財産形成貯蓄積立保険の活用をアドバイスした。

A1 ✕ （⇒p.153）　　**A2** ✕ （⇒p.153）　　**A3** 〇 （⇒p.153）

A4 〇 （⇒p.153）　　**A5** 〇 （⇒p.156）　　**A6** 〇 （⇒p.156）

A7 〇 （⇒p.156）

金は役員・従業員の遺族に支払われ法人には支払われないので保険料には資産性がなく、損金に算入する。半分ずつ経理処理が異なるので、ハーフタックスプランという。

14 損害保険の基礎

生命保険で学んだ**リスクコントロール**を損害保険にあてはめる問題、損害保険の拠り所となる原則や法則に関する問題もよくみられます。また、損害保険特有の**実損てん補**という考え方も頻出問題です。損害保険に関する基本の用語を確認しながらマスターしましょう。

1 損害保険とは

1. 損害保険の仕組み

生命保険が「人の生死」の補償なのに対し、損害保険は、「偶然な事故や災害の危険」に対する、万一の経済的な負担を軽減・安定させる制度です。

【損害保険の基本用語】

〔再調達〕価額	事故によって失われた保険の目的と同等のものを新たに購入するのに必要な金額。新価ともいう
時価額	現時点での評価額。再調達価額から消耗分を控除した金額
保険価額	被る可能性のある損害の最高見積額。原則は時価額
保険金額	契約で設定する金額で、保険会社が支払う限度額となる
保険金	損害に対して保険会社が支払う金銭のこと
〔一部〕保険	保険金額が保険価額（保険の対象となる物の価格）に満たない場合のこと
〔超過〕保険	保険金額が保険価額（保険の対象となる物の価格）を超えている場合のこと
実損てん補	実際の損害額全額を保険金として支払うこと（保険金額限度）
比例てん補	損害が生じたとき、保険金額が保険の対象物の価格に不足している場合にその不足する割合に応じて保険金を削減して支払うこと
免責	一定額以下の小損害について自己負担するものとして設定する金額
重過失	通常、当然なすべき注意を著しく逸した行為
〔告知〕義務	保険契約の際に保険会社が告知を求めたものについて、告知をしなければならないこと
〔通知〕義務	契約期間の中途で契約条件を変更しなければならないような事実が生じたとき、保険会社や代理店に連絡しなければならない義務

プラスα　損害保険は、物の損害に備える「物保険」、人の傷害に備える「人保険」、第三者に対する賠償責任に備える「賠償責任保険」、損害にともなう費用などに備

損害保険には、自動車保険、火災保険、傷害保険、賠償責任保険などがあり、生命保険の定額払いに対し、損害保険は実損払いが特徴です。

2．保険料の仕組み

損害保険の保険料は、保険事故の際に保険金の支払いに充てられる**純保険料**と、損害保険会社の経費・利益、代理店への手数料に充てる**付加保険料**に分けられます。損害保険料も原則として、**収支相等の原則**、**大数の法則**（113ページ）をもとに計算されています。また、これらに加えて、**給付・反対給付均等の原則**や、**利得禁止の原則**といった考え方もあるのでチェックしましょう。

①給付・反対給付均等の原則

損害保険では、それぞれの危険度に応じて公平に保険料を設定します。

②利得禁止の原則（損害てん補）

保険で得してはいけないという原則で、
損害額以上の保険金は支払われないことに
なっています。

給付・反対給付均等の原則や利得禁止の原則は、損害保険特有の考え方です。

確認しよう！

Q1 再調達価額とは、保険事故によって失われた保険の目的と同等のものを新たに購入するのに必要な金額のことである。

Q2 保険金額を限度として、実際の損害額全額を保険金として支払うことを、比例てん補という。

Q3 損害保険の保険料は、保険事故の際に保険金の支払いに充てられる付加保険料と、損害保険会社の経費・利益、代理店への手数料に充てる純保険料とに分けられる。

Q4 損害保険では、保険で得をしてはいけないという利得禁止の原則により、損害額以上の保険金は支払われないことになっている。

A1 ○（⇒p.158）　　**A2** ×（⇒p.158）　　**A3** ×（⇒p.159）

A4 ○（⇒p.159）

える「その他の保険」の４つに大別される。これらを組み合わせることによりさまざまなリスクに対応している。

15 損害保険商品① 火災保険・自動車保険

ココが ポイント

火災保険では、とくに、**住宅火災保険**と**住宅総合保険の補償範囲**の違いが頻出です。自動車保険（任意保険）の保険金支払いの対象数は多くありますが重要項目です。また、地震保険と自動車損害賠償責任保険の**補償限度額**は、金額をしっかりと覚えましょう。

1 火災保険

火災保険とは、建物や家財などの財産が、**火災や落雷・破裂・爆発・風災・ひょう災・雪災**などの自然災害による直接損害と、その復旧のための費用（間接損害）を補償する保険です。

直接損害には損害保険金が、間接損害には費用保険金が支払われます。

ただし、地震・噴火・津波に起因する損害は、火災保険の対象外なので、地震保険を付帯する必要があります。

消防活動による水漏れも保障されます。

1. 保険種類 頻出 暗記

主な火災保険の種類は、以下のとおりです。

保険種類	対象	特徴
〔住宅火災〕保険	住宅・家財	火災、落雷、破裂・爆発、風・ひょう・雪災による損害を補償。盗難、水漏れ、水災などによる損害は対象外
普通火災保険	店舗・工場など	補償内容は住宅火災保険とほぼ同じ
〔住宅総合〕保険	住宅・家財	住宅火災保険で補償される損害のほかに、盗難、水漏れ、一定の水災、建物外部からの物体の落下・衝突、騒じょうなどによる損害も補償対象
店舗総合保険	店舗・併用住宅など	補償内容は住宅総合保険とほぼ同じ
団地保険	団地・マンション	住宅総合保険とほぼ同じ補償のほか、賠償責任補償や修理費用などの特約が付いている
長期総合保険	住宅・家財	補償内容は住宅総合保険とほぼ同じ積立型の火災保険。3年、5年、10年の保険期間がある

プラスα 火災により住宅用建物が全焼し保険金額の全額が支払われた場合、その時点で火災保険契約は終了する。しかし、保険金支払額が保険金額に満たない場

2．失火責任法（火災事故における不法行為責任の特別法）

　失火責任法では、軽過失による火災で隣家に損害をあたえたとしても、失火者は隣家に対して損害賠償責任を**負わなくてもよい**ことが定められています。ただし、以下の場合は損害賠償責任が生じます。

・**故意または重大な過失**の場合は、不法行為責任（民法709条）により、加害者が被害者に対して損害賠償責任が生じる。

・借家人が**借家（賃貸住宅）**を焼失させた場合は、家主に対して債務不履行責任※による損害賠償責任が生じる。

※ 契約によって約束した義務（借家を元の状態で返還する）が果たせない場合に負う責任。これに対応できるのは、借家人賠償責任担保特約です。

3．火災保険の契約　📝頻出　計算

　火災保険は、建物と家財を別々に契約します（2022年10月から、長期契約は最長5年に）。

一般的な火災保険の建物と家財の代表例

〈一戸建て（自己所有）物件の場合〉

	対象となるもの
建　物	門・塀・垣、同じ敷地内の車庫や蔵、浴槽・ガス台・流し台、付属のエアコン、畳・ふすまなどの建具　など
家　財	建物内の家具や衣類などの生活用動産 1個または1組が30万円を超える貴金属・美術品・骨董品（明記物件） 原動機付自転車（総排気量125cc以下）など

＊ ペット・動物・植物・自動車・預貯金・有価証券・現金・印紙・切手等や、建物外に持ち出した家財等は補償の対象外

＊ 補償の対象は「急激かつ偶然な外来の事故によるもの」なので、経年劣化によるものは補償の対象外

＊ 隣家の火災などによる消防活動によって、自宅建物が損傷した場合は補償対象

　火災保険では、契約時に設定する保険金額は、時価額（保険価額）が基本ですが、価格協定保険特約を付加することにより、**再調達価額**（新価）での契約が可能です。再調達価額とは、同等のものを新たに建築または購入するのに必要な金額です。建物は再調達価額、家財は**再調達価額**または時価額で保険が設定できます。

合（または保険金額の80％相当額以下の場合）には、元の保険金額に復元して火災保険契約は継続される。これを保険金額自動復元方式という。

4．火災保険の保険料

火災保険の保険料は、建物の構造と所在地域および保障の内容で異なります。建物の構造には、次のような住宅物件（専用住宅）と一般物件（店舗兼用住宅）で分かれています。

【建物の構造の種類】

保険料イメージ	住宅物件（専用住宅）	一般物件（店舗併用住宅）	住宅物件の場合の具体例
安い ↑ ↓ 高い	M構造	－	コンクリート造の共同住宅など
	T構造	1級	コンクリート造の戸建住宅（耐火建築物）など
		2級	鉄骨造の戸建住宅（準耐火建築物）など
	H構造	3級	木造の共同住宅、戸建住宅など

5．保険金の支払い 📖暗記

火災保険では、契約時の保険金額が保険価額（住宅の時価額）の**80％以上**であるかどうかで、保険金の支払額の算出方法は異なります。

【保険金支払額の算出方法】

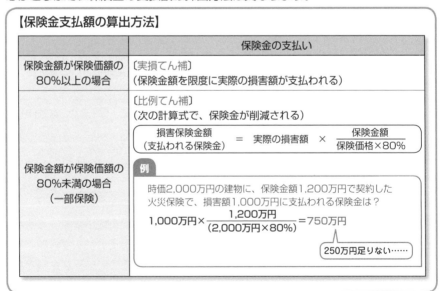

	保険金の支払い
保険金額が保険価額の80％以上の場合	〔実損てん補〕（保険金額を限度に実際の損害額が支払われる）
保険金額が保険価額の80％未満の場合（一部保険）	〔比例てん補〕（次の計算式で、保険金が削減される） $$\text{損害保険金額（支払われる保険金）} = \text{実際の損害額} \times \frac{\text{保険金額}}{\text{保険価格} \times 80\%}$$ **例** 時価2,000万円の建物に、保険金額1,200万円で契約した火災保険で、損害額1,000万円に支払われる保険金は？ $$1,000万円 \times \frac{1,200万円}{(2,000万円 \times 80\%)} = 750万円$$ （250万円足りない……）

プラスα　地震保険では、地震等が発生した日の翌日から10日経過後に生じた損害は、保険金支払いの（補償の）対象外となる。その他、故意もしくは重大な過失ま

6. 地震保険 ✏️頻出 📖暗記

　火災保険では補償されない、地震、噴火、津波によって生じた火災などの損害を補償する保険です。

①契約方法

　地震保険単独での契約はできず、火災保険に付帯して契約します。また、火災保険の保険期間の途中で付帯することもできます。保険料は、建物の構造、所在地により異なりますが、同一条件なら保険会社が異なっても保険料は同一です。割引制度には「建築年割引」「耐震等級割引」「免震建築物割引」「耐震診断割引」の4種類があり、10%～50%の割引が適用されます（重複は不可）。

②補償対象

　地震保険の対象となるのは、住居用建物（専用住宅および店舗併用住宅）および家財です。地震・噴火・津波を原因とする損害が補償の対象となります。

＊自動車、通貨、有価証券、1個または1組30万円を超える貴金属などは、補償対象外

③保険金額

　主契約保険金額の30～50%の範囲内で設定しますが、建物で5,000万円、家財で1,000万円の上限があります。

④保険金の支払い

　2017年1月以降の契約は、損害の程度の区分が3区分（全損・半損・一部損）から4区分（全損・大半損・小半損・一部損）となりました。全損の場合は保険金額の100%、大半損60%、小半損30%、一部損の場合は5%で、いずれも時価が限度で支払われます。なお、2016年12月までの契約については、3区分の損害区分になります。

　地震が発生した日の翌日から10日経過後に生じた損害は、支払い対象外です。

2 自動車保険

　自動車保険には、強制加入の自動車損害賠償責任保険（自賠責保険）と任意保険があります。自賠責保険には損害に応じて支払われる保険金に上限があるため、自賠責保険ではカバーできない部分を任意保険で補います。

たは法令違反による損害、地震等の際の紛失や、盗難、戦争・内乱などによる損害も、地震保険の補償の対象外となる。

第2章 15 損害保険商品①

1. 自動車損害賠償責任保険（自賠責保険） 📝頻出 📖暗記

　自賠責保険は、自動車損害賠償保障法（自賠法）によって加入が義務付けられた自動車保険で、人身事故の被害者救済を目的とした強制保険です。自賠責保険の保険料は、どの損害保険会社で加入しても同一です。

①補償範囲

　人身事故のみ対象です（加害者以外の損害を補償。被害者からも保険金が請求できる）。

②加入対象範囲

　自動車、自動二輪車および原動機付自転車です。

③その他

　保険金の支払限度額は、被害者1名につき、

　以下のようになります。

　ⅰ　死亡3,000万円

　ⅱ　後遺障害75万〜4,000万円（程度による）

　ⅲ　傷害は死亡・後遺障害別枠で120万円

損害賠償金額がⅱの金額を超えた場合に、その超えた金額が任意保険から支払われることになります。

2. 自動車保険（任意保険）

　加入が義務づけられた自賠責保険のほかに、任意加入の自動車保険があります。任意保険は次の7種類があり、自由に保険を組み合わせることができます。

【任意保険の種類】 📝頻出

対人賠償保険※1	自動車事故で他人※2を死傷させ、法律上の損害賠償責任を負った場合に、自賠責保険を上回る部分の金額が支払われる
対物賠償保険※1	自動車事故で他人※2の財物に損害を与え、法律上の損害賠償責任を負った場合に保険金（被害者の過失割合に応じて減額）が支払われる。事故により建物・車が使用できない場合の休業または営業損失も補償
自損事故保険	自賠責保険で対象とならない場合に適用され、単独事故などのとき、運転者の被害に対して定額で支払われる
無保険車傷害保険	被害事故で、加害者側が十分な保険に加入していないなど、賠償資力が十分でない場合に、代わりに賠償金として支払われる
人身傷害（補償）保険	本人と同乗者が自動車事故により死傷した場合に、本人の過失の有無にかかわらず（示談の結果を待たずに）保険金額の範囲内で損害額が支払われる

自動車保険のノンフリート等級別料率制度の「ノーカウント事故」とは、自動車保険を使って保険金を受け取っても、事故件数とは数えず、翌年の契約の

搭乗者傷害保険	自動車事故で、自動車に搭乗中の人が死傷した場合に、死亡保険金や入院・通院保険金が定額で支払われる
車両保険	自分の車の盗難・衝突・火災・台風・洪水などの偶然な事故による車両の損害額を補償。単独事故も対象。（地震・噴火・津波は対象外）車両に定着している付属品の損害も対象

※1 支払われる保険金額は、被害者の過失割合に応じて減額される
※2 運転者本人、配偶者、親、子が被害者の場合、補償の対象外（兄弟姉妹は対象）

　自動車保険には、上記以外にも**リスク細分型**自動車保険という、運転者の年齢、運転歴、車の使用目的などによって、保険料に格差をつけた保険もあります。

　また、保険料の割引制度には、次のようなものもあります。

①ノンフリート等級別料率制度

　車の事故等の発生状況に応じて、保険料が割引・割増される制度です。主に1等級～20等級に区分し、等級数が大きいほど割引が大きくなります。新規加入時は、通常6等級からスタートし、1年間無事故ならば1等級上がり、事故を起こして自動車保険を使った場合には、原則、3等級ダウンします。

②運転者限定制度

　被保険者の家族などに限定する制度（配偶者は同居・別居を問わず対象）です。

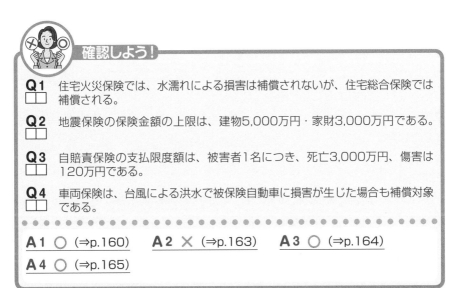

確認しよう！

Q1 住宅火災保険では、水漏れによる損害は補償されないが、住宅総合保険では補償される。

Q2 地震保険の保険金額の上限は、建物5,000万円・家財3,000万円である。

Q3 自賠責保険の支払限度額は、被害者1名につき、死亡3,000万円、傷害は120万円である。

Q4 車両保険は、台風による洪水で被保険自動車に損害が生じた場合も補償対象である。

A1 ◯（⇒p.160）　　**A2** ✕（⇒p.163）　　**A3** ◯（⇒p.164）

A4 ◯（⇒p.165）

等級が下がらない事故を指します。例えば、人身傷害・搭乗者傷害・個人賠償特約のみを使った場合などがノーカウント事故になります。

16 損害保険商品② 傷害保険・賠償責任保険

 頻出度 **A**

 学習日 ／

 ココが ポイント

傷害保険と**賠償責任保険**の補償対象範囲を整理しましょう。傷害保険は、急激かつ偶然な外来の事故によって被った傷害に対しての保険ですが、旅行傷害保険のように細菌性食中毒を補償する保険もあります。

1 傷害保険

傷害保険は、急激かつ偶然な外来の事故によって、身体に被った傷害に対して保険金が支払われます。傷害保険の保険金は、健康保険・労災保険の給付金、生命保険金・賠償金の受領とは関係なく支払われます。

1．保険種類

①普通傷害保険 🖉頻出

①補償範囲

国内外を問わず、家庭内、業務中、通勤途上、旅行中、スポーツ中など、日常生活におけるあらゆる傷害を補償します。以下のケースでは対象外となるため注意が必要です。

- ●細菌性食中毒、熱中症、心臓発作、自殺
- ●山岳登はん、スカイダイビングなどの危険な運動をしている間に生じた傷害（割増保険料を追加することで補償される）
- ●無免許・酒酔い・麻薬などを使用しての自動車（二輪・原付を含む）運転中に生じた傷害
- ●地震、噴火、津波による傷害

②保険料

被保険者の職業・職種の危険度によって保険料が異なります。したがって、保険期間の途中で被保険者が職業または職種を変更したとき、その旨を保険会社に通知しなければなりません（通知義務）。年齢や性別にかかわらず、保険料は同一です。

 プラスα

国内旅行傷害保険では地震・噴火・津波による傷害は対象外であるが、海外旅行傷害保険では国外での地震・噴火・津波による傷害も特約なしで補償さ

②交通事故傷害保険　頻出

国内外における交通事故および建物や交通乗用具の搭乗中、および交通乗用具の火災によるケガ、改札口の内側、道路通行中の事故などを補償します。被保険者の職業・職務による差はありません。なお、交通乗用具には、エレベーター、エスカレーター等も含みます。

③家族傷害保険・ファミリー交通傷害保険　頻出　暗記

1つの保険証券で、家族全員を普通傷害保険などの対象にできます。被保険者の範囲は、本人、配偶者、本人または配偶者と生計を一にする同居の親族および別居の未婚の子が対象です(保険契約締結後に生まれた子も被保険者になります)。

④国内旅行傷害保険　頻出

国内旅行行程中(住居を出発してから帰宅するまで)に被った傷害が対象で、普通傷害保険では認められていない細菌性食中毒も対象です。賠償責任、携行品損害、救援者費用などの特約を追加できます。

⑤海外旅行傷害保険　頻出

海外旅行行程中(住居を出発してから帰宅するまで)に被った傷害を補償します。特約で疾病(死亡・治療)費用、賠償責任、携行品損害、救援者費用、旅行のキャンセル費用などを担保することができます。

⑥年金払積立傷害保険

傷害による死亡や後遺障害を補償するとともに、保険期間の途中から年金が給付されます。年金払いの給付金は確定型と保証期間付有期型の2種類で終身型はありません。医師の診査や告知は不要です。年金払積立傷害保険の保険料は個人年金保険料控除の対象となりません。

暗記

	地震・噴火・津波	細菌性食中毒
普通傷害保険	×※	×※
国内旅行傷害保険	×※	○
海外旅行傷害保険	○	○

※ 特約で対象にすることはできる保険もある

補償対象の違いをおさえておきましょう！

れる。また、海外旅行傷害保険では、ケガで治療を受けた際、実際に支出した費用が傷害治療費用保険として保険金を限度として支払われる。

167

2 | 賠償責任保険

　賠償責任保険とは、日常生活の中の偶然な事故によって、法律上の賠償責任を負ったときのために備える保険です。個人向け賠償責任保険と、企業向け賠償責任保険があります。

1. 個人向け賠償責任保険

①個人賠償責任保険　頻出

①補償内容

ⅰ　個人が居住する住宅の管理および日常生活において生じた偶然な事故により、他人の身体・財物に損害を与え、法律上の損害賠償責任を負うことによって被る損害を補償する。補償対象は、本人、配偶者、生計を一にする同居親族、別居の未婚の子。

> 例）子どもが自転車で通学中に、歩行者にケガをさせた。
> 例）近所の子どもに飼い犬が噛みつき、ケガをさせた。
> 例）子どもが買い物中に店舗の陳列商品を壊した。

ⅱ　応急手当などの緊急措置費用や訴訟費用も補償の対象となる

②免責事項　暗記

ⅰ　同居親族への賠償責任

ⅱ　他人からの借り物・預かり物を損壊した場合の賠償責任

ⅲ　職務の遂行に起因する賠償責任

ⅳ　車両（自動車やオートバイなど）運転により生じた賠償責任

> 1つの契約で家族全員が補償されます。

ⅴ　暴行・殴打・泥酔に起因する賠償責任

②レジャー・スポーツ保険

①補償内容

ⅰ　ゴルフやスキーなど、レジャー・スポーツにおいて生じた偶然な事故により、他人の身体・財物に損害を与え、法律上の損害賠償責任を負うことによって被る損害を補償する

ⅱ　自分自身が負ったケガや用品に対する損害を補償する

プラスα　製造物責任（PL）法は、製品の欠陥によって人の生命、身体または財産に損害を被ったことを証明した場合に、被害者は製造業者などに対して損害賠償

2．企業向け賠償責任保険 📝頻出 📖暗記

企業活動には、任務遂行中の事故、製造・販売した商品の欠陥、現場の管理責任などさまざまな責任がともないます。

	保険種類	内　容
賠償責任保険	〔生産物〕賠償責任保険（PL保険）	製造・販売した商品などが他人に引き渡されたあと、または仕事を行い終了したあと、その商品などの欠陥や仕事の結果にともなって生じた偶然な事故 ＊リコールにかかる費用は対象外 ＊販売した食品による食中毒の発生への備えとして適切 例）旅館の食事で食中毒が出た 例）エアコンから出火してケガを負わせた
	〔施設所有〕（管理）者賠償責任保険	工場・店舗などの施設の使用・管理、またはその施設における仕事の遂行にともなって生じた偶然な事故 例）店内の陳列商品が崩れて来客にケガを負わせた 例）店舗内で作業する従業員が誤って客にケガを負わせた
	〔請負業者〕賠償責任保険	建築工事・土木工事の請負による仕事の遂行、または遂行のための施設の使用・管理にともなって生じた偶然な事故
	受託者賠償責任保険	他人から受託した財物を管理中の、火災・災難・取扱い上の不注意による損壊
その他	労働災害総合保険	労働者が政府労災保険の対象となる業務上の損害を被り、事業主が使用者として法律上の損害賠償責任を負担したときなどに保険金が支払われる ＊政府労災保険（労働者災害補償保険）の上乗せ保険として活用できる
	利益保険	火災等が起きたとき、喪失利益や収益減少防止費用などを補償する
	店舗休業保険	店舗や製造業の作業場が、火災・爆発等の災害による営業休止や阻害された場合の利益の減少等の休業損失を補償
	機械保険	操作ミスなどの事故で、不測かつ突発的な事故により、機械や機械設備または装置に生じた修繕費を補償 ＊火災事故は対象外

を求めることができる法律である。このルールに対応するため、企業は、損害賠償による損害を補償できる生産物賠償責任保険（PL保険）を活用している。

17 損害保険と税金

損害保険の種類によって、**保険料控除の対象**となるかどうかが異なります。とくに、個人が支払う地震保険料控除は、よく問われます。保険金の受取りに対する課税については、**個人、個人事業主、法人契約の違い**を整理して覚えるのがポイントです。

1 保険料と税金

1. 個人が支払う損害保険料 頻出

1年間(1月1日〜12月31日)に支払った地震保険に係る保険料のみが、地震保険料控除の対象になります。地震保険料控除の対象には、本人または本人と生計を一にする**配偶者**その他の親族の所有する自宅建物や家財を含みます。

地震保険料控除(経過措置の損害保険料控除を合わせて)の控除額は、所得税で最高50,000円、住民税で最高25,000円です。

一時払い・前納払いの地震保険料は、支払保険料総額のうち、当該年分の支払保険料相当額が**毎年**控除対象となります。

店舗併用住宅の場合、地震保険料控除の対象は、床面積のうち**住居**部分に係る保険料のみです。

【地震保険料控除】 頻出 暗記

所得税	地震保険料の全額(最高50,000円)
住民税	地震保険料 $\times \dfrac{1}{2}$(最高25,000円)

●経過措置の損害保険契約

2006年度の改正で、従来の損害保険料控除は廃止されました。ただし一定の条件を満たす**長期損害保険契約**(保険期間10年以上で満期保険金があるなど)は、経過措置として地震保険料控除の対象となります。

法人が支払った損害保険料のうち、損金として処理されるのはその事業年度に対応する保険料のみで、翌事業年度以降分の保険料については、前払保険料として

2．個人事業主が支払う損害保険料

個人事業主が業務に関連して支払った保険料は、原則として全額必要経費になりますが、自宅部分にかかる保険料や事業主本人の傷害・所得補償保険などの保険料は、必要経費になりません。

3．法人が支払う損害保険料

法人が支払った保険料は、原則として損金算入されます。

ただし、満期返戻金がある長期契約の保険や、積立型保険（積立傷害保険など）の場合は、積立部分の保険料を保険期間満了まで資産計上し、その他の部分は保険経過年数に応じて、損金算入します。

2 | 満期保険金と税金

1．個人契約の満期返戻金・配当金

「契約者＝満期返戻金受取人」の満期返戻金は一時所得となり、他の所得と合算して総合課税の対象となります。ただし、以下の要件に該当する契約の満期返戻金の差益は、20.315％源泉分離課税の対象となります。

①保険料が一時払いまたは一時払いに準ずるもの

②保険期間が5年以下（5年以内で解約する場合を含む）

③補償倍率（満期返戻金に対する保険金額の倍率）が5倍未満のもの

年金払積立傷害保険の給付金（年金）は、個人年金保険の年金と同じ雑所得扱いとなります。

＊ 2013年1月1日以降〜2037年12月31日までに受け取った保険金に対する所得税には、2.1％の復興特別所得税が加算される

2．個人事業主の満期返戻金・配当金

個人の契約と同様に、一時所得または源泉分離課税となります。ただし、既に事業所得の必要経費に算入した部分の保険料については、一時所得の計算上、控除できません。

資産計上される。役員・従業員が契約者であるが、法人が保険料を負担している契約の場合の保険料は、役員報酬・給与となり、役員・従業員に所得税・住民税が課税される。

3．法人契約の満期返戻金・配当金

法人契約では、満期返戻金と配当金は全額益金に算入し、それまで資産計上していた積立保険料部分を損金に算入します。よって、益金と損金の差額が課税対象となります。

3 | 保険金などと税金

1．個人契約の保険金 📝頻出

個人が受け取る保険金は、損失の補てんを目的とするため、原則、非課税です。ただし、自動車保険・傷害保険（家族傷害含む）の死亡保険金、積立型保険の満期保険金と解約返戻金、年金として受け取る場合の給付金は、生命保険と同じ扱いで課税されます。

保険金の種類	保険種目	課税関係
建物・動産・車両にかかわる保険金	火災保険 車両保険	〔非課税〕
身体の傷害にかかわる入院保険金など	傷害保険 所得補償保険 自動車保険（搭乗者傷害・自損事故・人身傷害）	〔非課税〕
賠償金 （損害賠償金）	個人賠償責任保険 自動車保険（対人・対物賠償保険）	〔非課税〕
死亡保険金	自動車保険（搭乗者傷害・自損事故・人身傷害） 傷害保険	保険料負担者により異なる ①死亡者本人：相続税 ②保険金受取人：所得税（一時所得） ③第三者：贈与税
	自動車保険 （無保険車傷害・人身傷害※）	〔非課税〕
年金（毎年受け取る給付金）	年金払積立傷害保険など	所得税（雑所得）

※ 損害賠償の性質を有する部分

法人が建物の破損などに対して受け取った保険金は、その建物の帳簿価額を上回る場合、差額が益金となるが、圧縮記帳が可能である。商品などの棚卸資産につ

2．個人事業主・法人契約の保険金

　法人が受け取る保険金は、原則として**益金**に、損害額は**損金**に算入します。

　また、火災保険や車両保険などから受け取った保険金で、同じ用途の新しい資産を購入し、保険金と帳簿価額に差益が出た場合は、**圧縮記帳**※が認められています。

※ 一度に課税されないように、課税を繰り延べできる制度

1 火災保険　📝頻出　📖暗記

　火災保険で、建物などの資産に損害が出て保険金を受け取った場合は、保険金は**益金**算入され、損害額は**損金**算入されます。

	個人事業主	法　人
建物・什器 （じゅうき）	非課税 保険金額を上回る損失分は必要経費	益金（損金） 圧縮記帳可能
棚卸資産 （商品など）	事業収入 損失分は必要経費	益金（損金） 圧縮記帳不可
店舗休業保険 利益保険	事業収入	益金

2 自動車保険　📝頻出

　法人が受け取った車両保険の保険金は、**益金**算入され、修理した場合は修理費が**損金**算入されます。また、法人所有の自動車が事故で全損し、受け取った保険金で、同一事業年度内に代替車両を取得した場合は、**圧縮記帳**が認められています。

	個人事業主	法　人
車両保険	原則として事業収入	原則として益金 圧縮記帳可能
対人・対物賠償保険	非課税	経理処理なし
搭乗者傷害保険 人身傷害補償保険	個人契約と同様	経理処理なし

いては圧縮記帳は認められていない。個人事業主が建物などの固定資産に対して受け取った保険金は、原則非課税となるため、圧縮記帳は認められていない。

③ **傷害保険**

　法人が受け取った保険金は、**益金**算入しますが、役員・従業員等に退職金・見舞金として支給した金額は、損金算入されます。

　なお、傷害保険の死亡保険金受取人が被保険者の遺族である場合、法人は死亡保険金に対して経理処理は**不要**です。また、傷害保険の入院給付金等の受取人が被保険者本人である場合も、経理処理は**不要**です。

保険金	個人事業主	法　人
傷害保険金 保険金受取人＝契約者	〔非課税〕	益金 見舞費用は損金
死亡保険金 保険金受取人＝契約者	事業所得 使用人に支払う死亡退職金等は必要経費	益金 死亡退職金等で支払った金額は損金算入

　満期返戻金がある長期契約の保険や積立保険（積立傷害保険など）の場合は、積立部分の保険料を保険期間満了まで**資産**計上し、その他の部分は保険経過年数に応じて**損金**算入します。満期返戻金と契約配当金は**益金**に算入します。

④ **賠償責任保険**

　法人が受け取った損害賠償金は**益金**算入し、損害額は損金算入されます。

	個人事業主	法　人
身体傷害	非課税	益金、 損害額は損金
棚卸資産 （商品など）	事業所得 保険金額を上回る損失分は必要経費	益金、 損害額は損金
事業用資産 （店舗・什器など）	非課税 保険金額を上回る損失分は必要経費	益金、 損害額は損金

確認しよう！

Q1 3年契約の地震保険の保険料を一括払いした場合、その全額を支払った年に地震保険料控除の対象にできる。

- -

A1 ✕ （⇒p.170）

プラスα　契約者（保険料負担）が法人の損害保険契約の経理処理では、業務中のケガに備え、従業員を被保険者とする普通傷害保険の月払保険料を必要経費として損金算入で

18 損害保険によるリスク管理

頻出度 **A** ／ 学習日 ／

ココが
ポイント

損害保険は、「**資産(財産)、人、利益・費用、賠償責任、自動車**」に分類することができます。備えたいリスクの種類に応じて提案することが大切です。

1 家庭のリスク管理

個人を取り巻くリスクに備える損害保険の主な商品は、以下のように分類できます。

対象		リスクの種類	保険例
資産	住宅(建物)家財その他の財産	火災・落雷・爆発・破裂風災・雪災　など	住宅火災保険住宅総合保険団地保険長期総合保険　など
		地震・噴火・津波	地震保険(火災保険に付帯)
人	本人・家族	日常生活中のケガ・交通事故	普通傷害保険家族傷害保険交通事故傷害保険ファミリー交通傷害保険国内旅行傷害保険海外旅行傷害保険年金積立傷害保険　など
利益・費用	収入	病気やケガによる収入減や費用の軽減	所得補償保険医療費用保険介護費用保険　など
賠償責任	他人(第三者)	日常生活での賠償事故	個人賠償責任保険レジャー・スポーツ保険など
自動車	他人(第三者)自動車	自動車による賠償事故	自賠責保険自動車保険(任意)　など

きる。業務中の事故で従業員が死亡し、普通傷害保険の死亡保険金を従業員の遺族が保険会社から直接受け取った場合は、法人は死亡保険金に対し経理処理をする必要はない。

右側余白：第２章　18　損害保険によるリスク管理

2 | 法人のリスク管理

法人を取り巻くリスクに備える損害保険の主な商品は、以下のように分類できます。

対象		リスクの種類	保険例
資産	建物 設備 備品 商品 など	火災・爆発・盗難・破損 風水害 など	普通火災保険 店舗総合保険 機械保険※1 など
人	役員・ 従業員	労災事故・交通事故などの 傷害事故	労働災害総合保険 普通傷害保険 （危険補償特約※2） など
利益・ 費用	利益	営業利益の損失 相手方の債務不履行による損 失 など	（火災）利益保険 店舗休業保険 費用・利益保険 など
賠償 責任	第三者	施設や営業活動の管理不備に よる賠償事故 など	生産物賠償責任保険（PL保険） 施設賠償責任保険 請負賠償責任保険 など
自動車	第三者 自動車	自動車事故による賠償事故	自賠責保険 自動車保険（任意） など

※1 火災による損害は、補償対象外
※2 危険補償特約とは、普通傷害保険の補償対象を、就業中や通勤中のケガに限定する特約

備えたいリスクに対応する保険を選ぶのがポイントです。

確認しよう！

Q1 設備工事業を営む事業者が、役員・従業員の業務中のケガによるリスクに備えて普通傷害保険を契約した。

Q2 飲食店を営む事業者が、食中毒による休業により売上が減少するリスクに備えて店舗休業保険を契約した。

A1 ○ （⇒p.176）　　**A2** ○ （⇒p.176）

プラス α　車両保険に「地震・噴火・津波危険車両全損時一時金特約」を付帯することで、それらによる車両の損失リスクに備えることができる。

学習日　／

一問一答 最終チェック

第2章の学習が終わりました。ここで、この章のおさらいをしましょう。問題の
すぐ下にある解答を赤シートでかくして、問題にチャレンジしてください。間
違ったときは、必ず参照ページに戻って確認し、実力アップをめざしましょう！

□□□ **問1** 国内で営業を行っていても、外国に本社のある生命保険会社は生命保険
契約者保護機構に加入する必要はない。

解答1 ✕ 設問は間違い。**本社が外国にあっても、国内で営業を行う場合は加入す
る必要があります。**⇒p.109

□□□ **問2** 損害保険契約者保護機構により、個人契約の火災保険は保険会社が破綻
後3カ月以内であれば90％補償される。

解答2 ✕ 設問は間違い。破綻後3カ月以内であれば、100％補償されます。⇒p.110

□□□ **問3** 責任準備金とは、保険会社が将来の死亡保険金や満期保険金の支払いの
ために保険料の中から積み立てているものである。

解答3 ○ 設問のとおり。責任準備金は、一般的には保険料の合計額よりも少なく
なります。⇒p.110

□□□ **問4** 準有配当保険とは、費差益からの配当が支払われる。

解答4 ✕ 設問は間違い。準有配当保険では利差益のみから配当が払われます。なお、
有配当保険は、死差益、利差益、費差益の3利源から生じた剰余金から
配当が行われます。⇒p.115

□□□ **問5** 一時的に保険料の払込みが困難になった際、その時点の保険金の範囲内
で自動振替貸付を受けられるが、所定の利息を支払う必要がある。

解答5 ✕ 設問は間違い。自動振替貸付は、解約返戻金の範囲内となります。⇒p.119

□□□ **問6** 収入保障保険は、保険期間内に被保険者が死亡した場合、年金形式で保
険金が支払われるタイプの保険である。

解答6 ○ 設問のとおり。年金形式のほか、一時金で受け取ることもできます。⇒
p.124、125

□□□ **問7** 定期保険特約付終身保険（更新型）の定期保険特約は、通常は年齢にかか
わらず自動更新することができる。

解答7 ✕ 設問は間違い。通常、定期保険特約の更新は、主契約の払込期間満了ま
でです。主契約の払込期間が終身の場合は、80歳まで自動更新できるケー
スが一般的です。⇒p.126

□□□ **問8** 所得補償保険では、国内外を問わず、傷害で就業不能となった場合のみその所得を補償する。

解答8 ✕ 設問は間違い。病気も補償範囲となっています。⇒p.138

□□□ **問9** がん保険の入院給付金は、一般的には初日から支払われ、支払日数に限度はないが、一定の免責期間が設けられている。

解答9 ◯ 設問のとおり。一定の免責期間は、3カ月または90日間が一般的です。⇒p.140

□□□ **問10** 保険金の支払事由が発生していない生命保険契約を相続する場合の、生命保険契約に関する権利の評価は、払込保険料相当額である。

解答10 ✕ 設問は間違い。解約返戻金の額となります。⇒p.145

□□□ **問11** 法人契約の養老保険で、被保険者＝従業員全員、満期保険金受取人＝法人、死亡保険金受取人＝従業員の遺族の場合、保険料は全額資産計上となる。

解答11 ✕ 設問は間違い。この場合の経理処理は、1/2損金算入、1/2資産計上となります。⇒p.150

□□□ **問12** 地震保険の保険金額は、主契約の保険金額を超えないように定めるが、建物で5,000万円、家財で1,000万円が上限である。

解答12 ✕ 設問は間違い。主契約の保険金額の、30～50％の範囲内で定めます。⇒p.163

□□□ **問13** 人身傷害補償保険では、自動車事故で本人が死亡や傷害の被害を被った場合、過失の有無にかかわらず、損害額が支払われる。

解答13 ◯ 設問のとおり。過失の有無にかかわらず、示談の結果を待たずに支払われます。⇒p.164

□□□ **問14** 普通傷害保険では、細菌性食中毒や熱中症、心臓発作は補償の対象外であるが、無免許・酒酔いでの自動車運転中の傷害は対象となる。

解答14 ✕ 設問は間違い。無免許・酒酔い・麻薬等を使用した自動車運転中の傷害は、対象外です。⇒p.166

□□□ **問15** 法人が役員・従業員を被保険者とする傷害保険の保険金を受け取った場合は、益金に算入する。

解答15 ◯ 設問のとおり。死亡保険金、傷害保険金を問わず、益金に算入します。受け取った保険金を役員・従業員（またはその遺族）に見舞費用として支給した場合は、原則として損金算入します。⇒p.174

第3章

金融資産運用

1 経済の基礎知識

経済の基礎知識は、この章を学ぶうえで基本となる部分ですので、はじめにしっかりと理解しておきましょう。**国内総生産**、**経済成長率**、**景気動向指数**など、主要な経済指標の用語や概念についてよく問われます。

1 我が国の主要な経済指標

1. 国内総生産（GDP）

国内総生産は、国内で一定期間内に生産された財やサービスの付加価値の合計で、内閣府が各四半期ごとに公表しています。我が国のGDPのうち民間最終消費支出（個人消費）が約6割と、もっとも大きな割合を占めています。

1つの国の中の経済を、生産面・支出面・分配面（所得面）からみると、どの面もGDPの金額としては一致するはずです。これを**三面等価の原則**といいます。

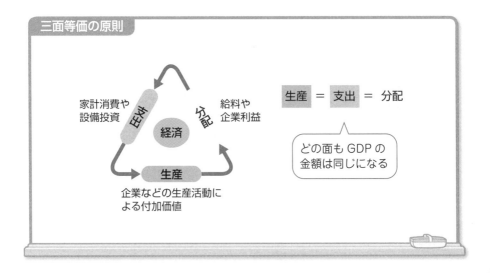

三面等価の原則

家計消費や設備投資　支出　分配　給料や企業利益

経済

生産

企業などの生産活動による付加価値

生産 ＝ 支出 ＝ 分配

どの面もGDPの金額は同じになる

プラスα 従来、景気動向指数はDIを中心とした公表形態であったが、近年、景気変動の大きさや量感を把握することがより重要になっていることから、2008

2．経済成長率

　経済の成長率は、一般的に、前年度や前年同期で比較してGDPがどの程度変動したかというGDP成長率で表されます。GDP成長率には、物価変動を考慮した「実質GDP成長率」と、物価変動を考慮しない「名目GDP成長率」がありますが、通常は「実質GDP成長率」で判断します。

> 物価が下落していた期間においては、名目経済成長率がマイナスでも実質経済成長率がプラスになることもあります。

3．景気動向指数

　景気動向指数は、生産、雇用などさまざまな経済活動での重要かつ景気に敏感に反応する指標の動きを統合して、景気の現状把握や将来予測をするための指標で、内閣府が毎月公表しています。景気動向指数には、CI（コンポジット・インデックス）とDI（ディフュージョン・インデックス）があります。CIは、景気変動の大きさやテンポ（量感）を測定することを主な目的とし、DIは、景気拡張の動きの各経済部門への波及度合いを測定することを主な目的としています（景気の転換点の判定にはヒストリカルDIを用いている）。

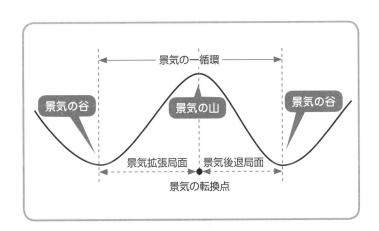

年4月分から、CIを中心とした公表形態に変更されている。しかし、DIも重要な指標であることから、参考指標として引き続き公表されている。

景気動向指数には、先行指数、一致指数、遅行指数の3つがあります。

●先行系列　景気に先行して動きます。

```
1. 最終需要財在庫率指数(逆)※     7. 日経商品指数(42種)
2. 鉱工業用生産財在庫率指数(逆)※  8. マネーストック(M2)(前年同月比)
3. 新規求人数(除学卒)           9. 東証株価指数
4. 実質機械受注(製造業)        10. 投資環境指数(製造業)
5. 新設住宅着工床面積          11. 中小企業売上げ見通しDI
6. 消費者態度指数
```

※　逆サイクルのこと。指数の上昇、下降が景気の動きと反対になる

●一致系列　景気と一緒に動きます。

```
1. 生産指数(鉱工業)             6. 商業販売額(小売業)(前年同月比)
2. 鉱工業用生産財出荷指数        7. 商業販売額(卸売業)(前年同月比)
3. 耐久消費財出荷指数           8. 営業利益(全産業)
4. 労働投入量指数(調査産業計)    9. 有効求人倍率(除学卒)
5. 投資財出荷指数(除輸送機械)   10. 輸出数量指数
```

●遅行系列　景気から遅れて動きます。

```
1. 第3次産業活動指数(対事業所サービス業)
2. 常用雇用指数(調査産業計)(前年同月比)
3. 実質法人企業設備投資(全産業)
4. 家計消費支出(勤労者世帯、名目)(前年同月比)
5. 法人税収入
6. 完全失業率(逆)
7. きまって支給する給与(製造業、名目)
8. 消費者物価指数(生鮮食品を除く総合)(前年同月比)
9. 最終需要財在庫指数
```

通常、企業物価指数というと、国内企業物価指数・輸出物価指数・輸入物価
指数のうち国内企業物価指数を指すが、景気に敏感に反応するため、消費者

4．日銀短観（全国企業短期経済観測調査）

　日本銀行は、企業経営者を対象に、自社の業況や経済環境の現状・先行きの見通しについて**アンケート調査**を行い、年に4回公表しています（調査の実施は3・6・9・12月、公表は4・7・10・12月）。

　さまざまなアンケート調査の中でも、業況判断DIは、調査対象企業に業況を尋ねるもので注目されています。「良い」「さほど良くない」「悪い」の中から選んでもらい、次の算式で集計します。

> 業況判断DI（％）＝「良い」回答企業の割合－「悪い」回答企業の割合

5．物価指数

　物価の動きをみる指標として、次の2つがあります。

企業物価指数	・企業間の取引における価格の動き ・日本銀行が毎月、調査して公表
消費者物価指数	・個人の家計が購入する財やサービスの価格の動き ・総務省が毎月、調査して公表

景気動向の判断では消費者物価指数をみます。

6．マネーストック統計

　マネーストック（旧マネーサプライ）統計とは、金融部門から経済全体に供給されている**通貨の総量**を示したものです。**日本銀行**が毎月、調査・公表しています。金融機関と中央政府を除く、個人や法人、地方公共団体などの通貨保有主体が保有する通貨量の残高を集計したものです。

確認しよう！

Q1 企業物価指数は、総務省が毎月、調査して公表している。

･･

A1 ✕（⇒p.183）

物価指数に比べて短期的な変動が大きくなる特徴がある。消費者物価指数は、中長期の物価動向の見通しや金融政策の判断材料に用いられることが多い。

2 金融の基礎知識

ココが ポイント

金融の基礎知識も、この章の基本となる部分ですので、しっかりと押さえておきましょう。マーケット（市場）が変動する原因となる**金利の上昇・下降**が、**景気**、**物価**、**株価**とどのように関連するのか、そのメカニズムも理解することが重要です。

1 | 金融市場・金融政策の基礎知識

1. 金融市場

　金融市場は、金融商品の満期までの期間が1年未満の**短期金融市場**と、1年以上の**長期金融市場**があります。短期金融市場は、**金融機関のみが参加するインターバンク市場**と、一般企業も参加する**オープン**市場に分かれており、短期金融市場の代表的な金利はコール市場の「無担保コール翌日物レート」、長期金融市場の金利の代表は「新発10年物長期国債利回り」です。

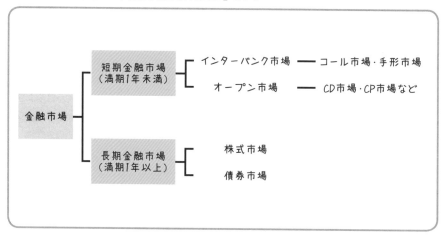

2. 金融政策

　日本銀行が行う代表的な金融政策は、物価安定や経済成長、国際間の貿易収支の均衡を保てるように、**預金（支払）準備率操作**や**公開市場操作**を行います。

プラスα 金融政策の基本方針は、日本銀行政策委員会の「金融政策決定会合」で決定される。また、米国の金融政策においては、米連邦公開市場委員会（FOMC）

預金準備率操作	日本銀行は、市中の金融機関に預金の一定割合を準備金として預け入れることを義務付けているが、その割合を調整することで、貸出しの資金量を調整することができる。
公開市場操作	日本銀行が、短期金融市場を通じて通貨量を調整する。 売りオペ：日本銀行保有の債券を民間銀行に売り、通貨を市場から吸収する。市場から通貨が減少することで金融が引き締められ、金利が上昇 買いオペ：民間銀行保有の債券を日本銀行が買い、市場の通貨量を増加させる。市場に通貨が出まわることで金融が緩和され、金利が低下

2 市場の変動要因 📖暗記

　マーケット（市場）の変動要因の１つである金利と、景気や物価・株価の関係は、お金の需要と供給のバランス関係から判断していく必要があります。

金利上昇・金利下降のメカニズム

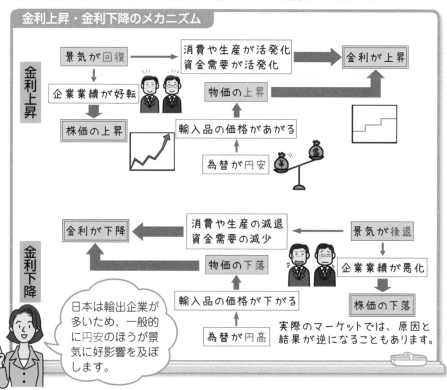

金利上昇
- 景気が回復 → 消費や生産が活発化 資金需要が活発化 → 金利が上昇
- 企業業績が好転
- 株価の上昇
- 物価の上昇
- 輸入品の価格があがる
- 為替が円安

金利下降
- 金利が下降 ← 消費や生産の減退 資金需要の減少 ← 景気が後退
- 物価の下落
- 企業業績が悪化
- 輸入品の価格が下がる
- 株価の下落
- 為替が円高

日本は輸出企業が多いため、一般的に円安のほうが景気に好影響を及ぼします。

実際のマーケットでは、原因と結果が逆になることもあります。

がフェデラル・ファンド（FF）レートの誘導目標を変更することなどにより金融調整が行われている。

3 貯蓄型金融商品

貯蓄型の金融商品には、民間銀行が取り扱う預金と、ゆうちょ銀行や農協などが取り扱う貯金があります。**単利**や**複利**の違い、**利回り**の計算方法、**固定金利型**と**変動金利型**の金融商品など、それぞれの仕組みを知っておくと、預貯金の特徴が理解しやすくなります。

1 | 金利と利回り計算

利息の付き方には**単利**と**複利**があります。同じ金利水準では、単利より複利、1年複利よりは半年複利のほうが元利合計が大きくなります。

1．単利

単利は当初の元本に対して利息計算されます。

> **単利** 満期時元利合計＝元本×（1＋年利率×預入期間）

2．複利

複利は利息を元本に足して再投資します。

> **複利** 満期時元利合計＝元本×（1＋年利率）$^{n(※)}$

※ 1年複利の場合 　 n＝年数
　 半年複利の場合 　 n＝年数×2 　 　 年利率÷2
　 1カ月複利の場合 　 n＝年数×12 　 年利率÷12

複利は期間ごとの利息も元本に含め、新しい元本として利息の計算をします。

預貯金の利子は、利子所得として源泉分離課税される。利子が付くごとに受け取る利払い型の商品は、利子を受け取るたびに課税されるが、満期時一括

例

元本50万円で年利率２％で運用した場合、5年後はいくらになるか（税金は考慮しない）。

●単利の場合

500,000円×（１＋0.02×５）＝550,000円

●複利（１年）の場合

500,000円×（１＋0.02）^{5}＝552,040円

年平均利回りは、一定期間で得られる利息が、１年あたりではいくらになるかを計算し、それを当初の預入元本で割ったものです。

$$年平均利回り（\%）＝\frac{一定期間の利息合計÷預入年数}{元本}×100$$

３．固定金利と変動金利

金利には、預入れから満期まで金利が変わらない**固定金利**と、満期までの間に利率の見直しがある**変動金利**があります。

固定金利と変動金利

●固定金利型金融商品＝当初取決めの適用利率が満期まで一定。
　　　　　　　　　　　金利低下局面で有利

●変動金利型金融商品＝金利水準に応じて預入期間中適用利率を見直す。
　　　　　　　　　　　金利上昇局面で有利

支払型の商品は、満期時に一括で課税される。他の条件が同じであれば、満期時一括課税型の商品のほうが元利合計の受取額は多くなる。

1．民間銀行で扱う金融商品

	特　徴
普通預金	変動金利、1円以上1円単位、半年ごと利払い、いつでも出し入れ可
総合口座	普通預金に定期預金等がセットされ、普通預金の残高が不足した場合、定期預金等を担保に自動融資が受けられる
貯蓄預金	一定の基準残高（10万円等）以上であれば、普通預金を上回る金利適用となるが、公共料金等の引落としには利用できない。変動金利
スーパー定期	固定金利、1カ月以上10年以内、預入3年以上は単利に加えて半年複利型（利用は個人のみ）も選択可
大口定期	固定金利、1,000万円以上1円単位、単利型のみ
期日指定定期預金	据置1年後は1カ月以上前の通知でペナルティなしで解約可。据置期間経過後は、最長預入期日までの任意の日を満期日として指定することができる 1円以上1円単位、1年複利、固定金利
変動金利定期預金	変動金利、1年以上3年以内とする銀行が多い。預入3年以上は単利に加えて半年複利型（利用は個人のみ）も選択可

2．ゆうちょ銀行で扱う金融商品

	特　徴
通常貯金	変動金利、1円以上1円単位、半年ごと利払い、いつでも出し入れ可
通常貯蓄貯金	一定の基準残高（10万円）以上であれば、通常貯金を上回る金利適用となるが、公共料金等の引落としには利用できない。変動金利
定期貯金	固定金利、1,000円以上1,000円単位の預入れ、1カ月以上5年以下、預入3年未満は単利、3年以上は半年複利
定額貯金	固定金利、半年複利（預入時に遡って半年ごとに高い金利適用）、6カ月以上10年以内（自由満期）

＊ 利用者1人あたりの貯蓄限度額は、通常貯金と定期性貯金それぞれ1,300万円（合計2,600万円）

ゆうちょ銀行に預け入れた貯金について、一定の条件を満たすものについては預金保険制度（P.231）によって、合算して元本1,000万円までとその利息

3. 信託銀行で扱う金融商品・サービス

	特　徴
金銭信託	変動金利、5,000円以上1円単位、据置方式は1年以上で満期日自由、積立方式は2年間据置必要、解約はいつでも可（解約手数料が必要）
遺言信託	遺言書作成の相談から保管、執行までの手続きをサポートするサービス。原則、公正証書遺言のみ保管を受け付けている（遺言者は自身が死亡した際に信託銀行へ連絡する死亡通知人を指定する必要がある。また、遺言の撤回や変更もできる）

日本国内に本店を置く金融機関は預金保険制度（231ページ）への加入が義務付けられています。

 確認しよう！

Q1 スーパー定期預金は、預入期間3年以上の場合、単利型と半年複利型があるが、半年複利型を利用することができるのは法人のみである。

Q2 大口定期預金は、1,000万円以上の金額を預け入れることができる変動金利型の預金である。

Q3 期日指定定期預金は、据置期間経過後から最長預入期日までの任意の日を満期日として指定することができる。

A1 ✕ （⇒p.188）　**A2** ✕ （⇒p.188）　**A3** ◯ （⇒p.188）

が保護される。また、振替口座（無利息・要求払い・決済可）には預入限度額はなく、全額が保護対象となる。

4 債券① 債券の概要

ココが
ポイント

債券の基本的な仕組みや特徴を理解するために、**額面金額**や**表面利率**、**償還期限**などの用語の意味を正確に理解しましょう。債券市場の種類や、新発債と既発債で取引にどのような違いがあるかも確認しましょう。

1 債券の仕組み

債券は、発行体である国・地方公共団体・企業などが投資家から資金を借りるために発行する有価証券で、あらかじめ決められた**償還期限**（満期日）を迎えると額面金額が投資家に戻ってきます。**償還前**に、市場で時価売却することもできます。

つまり、投資家は債券投資を行うことによって、**直接金融**として金融機関を経由せずに、さまざまなリスクを負うことになります。

2 債券の種類

債券を分類する場合、発行体・利払い方法・募集方法によって分けられます。

1．発行体による分類

国　債	政府（国）が発行する債券
地方債	都道府県、市町村などの地方公共団体が発行する債券
社　債	事業会社（民間企業）が発行する債券
金融債	金融機関が発行する債券

国債・地方債などを「公共債」、社債や金融債を「民間債」といいます。

プラスα

既発債の売買で、受渡し日がその債券の利払い日と違う場合、買い手は前回の利払い日の翌日から、売買の受渡し日までの日数に対する利息相当分を経

２．利払い方法による分類

利付債	毎年一定時期(1年ごと・半年ごと)に利子の支払いがある債券
割引債	利子の代わりに額面より低額で発行、額面金額で償還される債券

３．新発債と既発債

新発債	新しく発行される債券
既発債	すでに発行され、市場で取引されている債券

４．募集方法による分類

公募債	広く公に募集される債券
縁故(私募)債	特定の投資家のみを対象に募集される債券

3 債券発行にかかわる基本用語

債券を発行する際にかかわる主な用語として、次のようなものがあります。

１．額面金額

債券の購入単位のことで、償還金額(満期日に償還される金額)を表します。

２．表面利率(クーポンレート)

額面金額に対する1年あたりに支払われる利息の割合です。発行時に決められ、一部を除いて固定金利です。

債券の利息のことをクーポンともいいます。

過利息として支払う必要がある。また、店頭取引の既発債は証券会社等との相対取引のため、同じ銘柄でも証券会社等によって売買価格が異なることがある。

3．発行価格

　債券が新規発行されるときの価格で、必ずしも額面どおり発行されるわけではありません。額面（100円）あたりの価格で表します。

- ●オーバーパー発行⇒発行価格＞額面（100円）
- ●パー発行　　　　⇒発行価格＝額面（100円）
- ●アンダーパー発行⇒発行価格＜額面（100円）

償還時には、オーバーパー発行の場合は償還差損が、アンダーパー発行の場合は償還差益が発生します。

4．償還期限

　債券記載の額面金額が、投資家に償還される期限（期日）です。

---

4 ┃ 債券の市場

　債券は発行後、時価に基づいて売買できる市場が開かれています。次の３種類に分類できます。

取引所市場	証券取引所に上場された債券の取扱いが行われている市場
店頭市場	証券取引所を介さず、金融機関と投資家が直接に相対で取引を行う市場で、債券取引の中心的な市場
業者間市場	証券会社や銀行などの金融機関同士で債券取引する市場

---

5 ┃ 個人向け国債

　個人向け国債とは、個人に限定して発行される国債で、中途換金時には国が買取りを保証している債券です。

先物やオプション、スワップなどのデリバティブ（金融派生商品）を組み込んだ仕組債のひとつである他社株転換条項付債券（EB債）は、対象となる株式

	個人向け国債変動10	個人向け国債固定5	個人向け国債固定3
償還期限	10年	5年	3年
金利の種類	変動金利(半年毎)	固定金利	固定金利
金利の決まり方	基準金利×0.66	基準金利−0.05%	基準金利−0.03%
金利の下限	0.05%		
利払い	半年毎(年2回)		
購入単位	最低1万円から1万円単位(額面100円につき100円)		
償還金額	額面100円につき100円(中途換金時も同じ)		
発行月	毎月(年12回)		
中途換金	発行から1年経過後であれば中途換金可能		
中途換金時の調整額	直前2回分の各利子(税引前)相当額×0.79685		
中途換金時の換金金額	額面金額+経過利子相当額−中途換金調整額		

6 転換社債型新株予約権付社債（転換社債）

　転換社債は、発行時に定められた転換価格で発行会社の株式に転換できる債券のことで、**債券としての安全性**と**株式としての収益性**を兼ね備えています。CB(コンバーチブル・ボンド)ともいわれます。

　転換価格は、転換社債を株式に転換する場合、1株について社債の額面金額がいくら必要かを示しています。

確認しよう！

Q1 個人向け国債は、基準金利がどれほど低下しても、0.05%（年率）の金利が下限とされている。

A1 ○ （⇒p.193）

の判定日における株価によって、額面金額で償還されるか、株式で償還されるかが決まる。

5 債券② 利回りとリスク

頻出度 A 学習日 ／

ココが
ポイント

債券の利回り計算は、頻出問題です。**応募者利回り**、**最終利回り**、**所有期間利回り**、**直接利回り**の4つの利回りの違いを理解するとともに、それぞれの利回りの計算ができることが重要です。また、金利と債券価格の関係も、押さえておきましょう。

1 債券と利回り計算 📝頻出 🧮計算

　債券の利回り計算では、所有期間の違いにより、応募者利回り、最終利回り、所有期間利回り、直接利回りに分けられます。

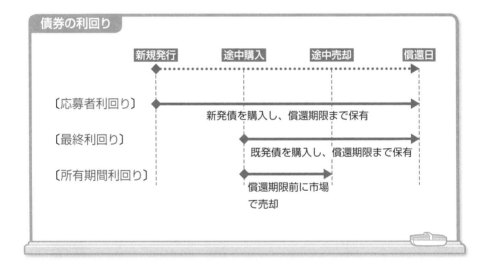

債券の利回り

| | 新規発行 | 途中購入 | 途中売却 | 償還日 |

〔応募者利回り〕　新発債を購入し、償還期限まで保有

〔最終利回り〕　既発債を購入し、償還期限まで保有

〔所有期間利回り〕　償還期限前に市場で売却

利回りとは、支払った投資額に対して、1年あたりの収益がどのくらいの割合になるかを表したものです。

プラスα　残存期間などの他の条件が同じであれば、表面利率（クーポンレート）の高い債券は、低い債券よりも金利の変動に対する価格変動の幅が小さくなる。ま

1．応募者利回り

新発債を購入し、償還期限まで保有した場合の利回りです。

$$応募者利回り(\%) = \frac{表面利率 + \dfrac{額面(100円) - 発行価格}{償還年限}}{発行価格} \times 100$$

2．最終利回り

既発債を購入し、償還期限まで保有した場合の利回りです。

$$最終利回り(\%) = \frac{表面利率 + \dfrac{額面(100円) - 購入価格}{残存期間}}{購入価格} \times 100$$

3．所有期間利回り

償還期限前に市場で売却した場合の利回りです。

$$所有期間利回り(\%) = \frac{表面利率 + \dfrac{売却価格 - 購入価格}{所有期間}}{購入価格} \times 100$$

4．直接利回り

購入金額に対して、年間どれだけの利息が得られるかをみる利回りです。

$$直接利回り(\%) = \frac{表面利率}{購入価格} \times 100$$

た、表面利率(クーポンレート)など他の条件が同じであれば、償還までの期間が短い債券は、長い債券に比べて金利の変動に対する価格変動の幅は小さくなる。

債券投資のリスクとして、金利変動リスク、信用リスク、流動性リスク、カントリーリスク、途中償還リスク、為替変動リスクなどがあります。

１．金利変動リスク

債券発行(購入)時の金利に比べて、途中売却しようとしたときの金利が上昇していれば債券価格は下落し、逆に金利が低下していれば債券価格は上昇します。債券投資では、金利と債券価格は常に反比例の関係にあります。

２．信用リスク

信用リスクは、「デフォルトリスク」とも呼ばれ、債券の発行元の破綻により、元本の全部または一部が戻らなくなるリスクです。債券発行元の信用リスクを測る基準として、格付けなどの基準を使う場合が一般的です。格付けは第三者である格付け機関が公正中立な立場で判定して公表しています。

一般的に、その他の条件が同じ場合、格付けの低い債券のほうが高い債券より利回りが高くなります。

Ｓ＆Ｐ(スタンダード・アンド・プアーズ)社の格付け一例

投資適格債	▲ ＡＡＡ(トリプルエー)	：確実性は最高ランク
	ＡＡ(ダブルエー)	：確実性はきわめて高い
	Ａ(シングルエー)	：確実性は高い
	ＢＢＢ(トリプルビー)	：現在十分な確実性だが、将来は…
投機的債券	ＢＢ(ダブルビー)	：将来確実性は不安定

BB以下の債券は、ジャンク債、ハイイールドボンドとも呼ばれます。

縦軸に債券の利回り、横軸に残存期間をとる利回り曲線をイールドカーブという。残存期間が長くなるほど利回りが高くなる(右上がり)順イールドと、

３．流動性リスク

保有している債券が、市場などの影響により売買できなかったり、すぐに現金化できないリスクを指しています。

４．カントリーリスク

債券を発行している国が抱えている、政治的・経済的・社会的なリスクを示しています。内政の情勢や対外債務、外貨準備高などを勘案して、総合的な判断を行うことが大切です。

５．途中償還リスク

償還期限より前に途中償還された場合、当初の**予定利回り**を割り込むなど、想定した利息が得られなくなるリスクのことです。

６．為替変動リスク

外国の通貨で利息や**償還金**が支払われる債券（外貨建て債券）では、それぞれの受取時点における為替相場の水準によって、円での受取額が変わってきます。為替レートが**円安**に変動した場合は、円での受取額が増え**為替差益**を得ることができます（円換算の投資利回りは上昇）。逆に**円高**に変動した場合は、為替差損が発生し円での受取額が減り（円換算の投資利回りは低下）、場合によっては**元本割**れとなることもあります。

 確認しよう！

Q1 債券（個人向け国債を除く）は、一般的に、市場金利が上昇すると債券価格は下落し、市場金利が低下すると債券価格は上昇する。

Q2 債券の発行体の財務状況の悪化などにより、その発行する債券の利子や償還金の支払いが債務不履行（デフォルト）となるリスクを、途中償還リスクという。

A1 ○（⇒p.196）　　**A2** ×（⇒p.196、197）

残存期間が長くなるほど利回りが低くなる（右下がり）逆イールドの曲線があり、通常は順イールドだが、急激な金融引締め時に逆イールドとなる傾向がある。

6 株式① 株式の概要

ココが
ポイント

株式には債券と違って満期期限がありません。そのかわり、いつでも**証券取引所を経由**して**時価で売買**することができます。ここでは、株式の仕組みや株式市場とその取引など、株式の基礎的要素について理解していきましょう。

1 株式の仕組み

株式会社は、投資家が出資した資金を利用して事業活動を行い、企業価値を上げて投資家に還元します。株式とは、投資家が出資した持分を表した有価証券です。株価は経済環境や為替動向・企業業績などによって変動するため、値上がり益を期待することもできますが、値下がりして損失を被る可能性もあります。株式は代表的な価格変動リスクのある金融商品です。

【一般的な株価の変動要因】

企業業績の回復期待	株式の価値が高くなると考えられる	株価上昇↑
企業業績の後退不安	株式の価値が低くなると考えられる	株価下落↓

株式市場への資金流入	需給が好転	株価上昇↑
株式市場から資金流出	需給が悪化	株価下落↓

金利低下	資金調達コスト(金利負担)の低下 預貯金・債券などから株式への資金シフト	株価上昇↑
金利上昇	資金調達コスト(金利負担)の上昇 株式から預貯金・債券などへの資金シフト	株価下落↓

また為替は、円安になると輸出している企業にとって株価**上昇要因**(輸入企業には**下落要因**)となり、円高は輸入している企業にとって株価**上昇要因**(輸出企業には下落要因)となります。

プラス
α

標準的な普通株と比べ、配当などの分配で優先的な取り扱いを受ける優先株は、自己資本を強化するために発行される場合があり、配当などの分配で劣

１．株主の権利

企業の株主になると、次の３つの**権利**をもつことになります。

①経営参加権	持ち株数に応じて、株主総会に参加し議決権を行使できる権利
②利益配当請求権	利益の還元である配当金を受けられる権利
③残余財産分配請求権	解散のときに、余った財産の分配を受けられる権利

２．株主の経済的利益

株主には、次に掲げる３つの**経済的な利益**が発生します。

①配当金	企業活動の結果、利益が出れば配当金が得られる
②売買益	株式を売買したときに、利益が出れば売買益が得られる
③株主優待	企業が株主に対して、物やサービスの提供を行う

配当金は、はじめから確定しているものではなく、必ず得られるとは限りません。

2 株式の市場

　日本の証券取引所には、東京証券取引所のほか、名古屋証券取引所、札幌証券取引所、福岡証券取引所があります。東京証券取引所には、「**プライム市場**」「**スタンダード市場**」「**グロース市場**」の３つの市場があります。

後的な取り扱いを受ける劣後株は、既存の株主に不利益を与えないよう発起人や経営者などに対して発行される。

3 | 株式の取引

株式の取引にはさまざまなルールがあります。次の点に留意しましょう。

1．取引単位

株式の取引単位は、通常「1単元100株」で、単元の整数倍で取引が行われます。一般に1単元に1**議決権**が付与されます。

1単元に満たない株式を**単元未満株**といい、議決権の行使など一部の権利が認められていません。一般的には、発行企業に買取請求して資金化しますが、ネット証券の中には単元未満株の売買ができるところもあります。

2．株式累積投資（るいとう）

単元未満の株数でも、株式累積投資（るいとう）を行えば、毎月**一定金額**の投資で、**定期的**に株式を購入することができます。証券会社指定の銘柄から選択できます。

3．株式ミニ投資（ミニ株）

通常の1単元の取引単位の**10分の1**で株式取引ができるもので、証券会社指定の銘柄から選択できます。

4．注文の方法

株式を注文する場合、値段を指定する**指値注文**と、指定せずに注文を出す**成行注文**があります。この2つの注文では、**指値より成行が優先**します。

指値注文の中でも、売るときは値段の低いほうが、買うときは値段の高いほうが優先します。これを**価格優先の原則**といいます。

さらに、同じ価格で注文が出された場合は、先に出された注文が優先します。これを**時間優先の原則**といいます。

「制度信用取引」は、証券取引所の規定のルールのもとに行うもので、取引をしてから決済までの期限が6カ月以内となっている。「一般信用取引」では、

5．売買代金

株式を買ったり売ったりする場合には、委託手数料がかかります。

> 購入代金＝約定代金＋（委託手数料＋消費税）
> 売却代金＝約定代金－（委託手数料＋消費税）

6．株式の受渡し

原則として普通取引では、約定日（売買の成立日）を含めて**3営業日目**に受渡しが行われます（国内取引所に上場している外国株式も同様）。

7．信用取引

証券会社が顧客に信用を供与して行う取引を指し、制度信用取引と一般信用取引があります。顧客が**証券会社**に一定の委託保証金（現金や株式などの有価証券）を預けたうえで、買付代金や売付株券を借入れて行う取引で、自己資金の何倍もの売買取引が可能になります（レバレッジ効果）。

委託保証金の額は30万円以上で、かつ、委託保証率は約定代金の30％以上と定められています。一定の維持率（委託保証金維持率）を下回ると、**追加保証金**（追証）を差し入れなければなりません。

また、信用取引では現物株式を所有していなくても、「売り」から取引を開始することができます。

確認しよう！

Q1 国内の証券取引所に上場している外国株式を売買した場合の受渡日は、国内株式と異なり約定日から起算して2営業日目である。

Q2 信用取引では、現物株式を所有していなくても、その株式の「売り」から取引を開始することができる。

A1 ✕（⇒p.201）　　**A2** ○（⇒p.201）

投資家と証券会社の間で条件を決めて行うため、決済の期限も証券会社と投資家の間で決める。なお、制度信用取引と一般使用取引の建株の変更はできない。

7 株式② 株式の指標

**ココが
ポイント**

株式には市場全体の動きをみる指標や個別の銘柄の状況をみる指標があります。それぞれ代表的な指標を押さえておきましょう。とくに**個別の株式**を**比較・評価する投資指標**は計算できるようにしておくことが重要です。

1 株式の相場指標 📖暗記

日々、個々の株価は変動しています。その状況の中で、相場全体を捉えて株式市場の値動きをみるために、次のような相場指標があります。

1．日経平均株価（日経225）

東京証券取引所プライム市場上場銘柄のうち、主要な225銘柄を選び、これらの株価を平均したものです。**権利落ち**（株式分割などの権利を取得できなくなった状態）や**銘柄入替**があっても連続性を失わないように工夫された、**修正平均株価**です。

一般的に、値がさ株（株価の高い株式）等の影響を受けやすくなっています。

2．東証株価指数（TOPIX）
トピックス

東京証券取引所東京株価指数採用銘柄（東証市場再編に伴い、東証一部全銘柄より変更）の時価総額を、**加重平均**した指数です。1968年1月4日時点を100として、現在の**時価総額**を表しています。一般的に、時価総額の大きい大型株の影響を受けやすくなっています。

**プラス
α**

プライム市場のコンセプトは、「多くの機関投資家の投資対象になりうる規模の時価総額（流動性）を持ち、より高いガバナンス水準を備え、投資家との

3．JPX日経インデックス400

　東京証券取引所のプライム市場、スタンダード市場、グロース市場に上場している銘柄の中から選定した400銘柄を対象とした時価総額指数です。資本の効率的活用や投資者を意識した経営観点など、**グローバルな投資基準**に求められる諸条件を満たした「投資家にとって投資魅力の高い会社」で構成され、2013年8月30日時点を10,000として創設されました。

4．単純平均株価

　上場している銘柄の1株あたりの株価を合計して、**銘柄数**で割って平均を算出します。市場全体の株価平均を表しますが、増資や株式分割による株価の修正分まで反映していないため、過去からの連続性がありません。

5．売買高（出来高）

　売買高（出来高）は、売買が成立した株数を表し、売りと買いが同数で成立した場合、売買の合計ではなく、売り買いを一対として売買高（出来高）を数えます。

6．売買代金

　売買が成立したときの価格（約定価格）に、売買高（出来高）を掛けて算出したもので、金額ベースで売買の成立を表しています。

7．時価総額

　上場している各銘柄の終値に、各発行済株式数を掛けて算出したもので、その市場での財産的な価値を表しています。

8．アメリカの主な株価指標

NYダウ工業株30種平均	アメリカを代表する30銘柄を対象とした修正平均株価
S&P500種株価指数	アメリカの主要な500銘柄を対象とした時価総額指数
ナスダック総合指数	ナスダック市場に上場している全銘柄を対象とした時価総額指数

建設的な対話を中心に据えて持続的な成長と中長期的な企業価値の向上にコミットする企業向けの市場」とされている。

第3章

7

株式②

株式の投資指標 📝 頻出 ➕➖✖➗ 計算

株式投資を行うには、その株式の置かれている市場全体の理解にとどまらず、個別株式の判断材料として、銘柄ごとに評価できる指標が大切になってきます。次に掲げる5つの指標は、株式投資での代表的な投資指標といえます。

1. PER（株価収益率）[Price Earning Ratio]

株価が1株あたりの純利益の何倍になっているのかをみる尺度で、企業の収益力に着目しています。一般的に、同業他社や過去の数値との比較で、PERが低いと株価は**割安**、高いと**割高**と判断されます。

$$PER（倍）= \frac{株価}{1株あたり純利益}$$

2. PBR（株価純資産倍率）[Price Book-value Ratio]

株価が1株あたりの純資産の何倍まで買われているかをみる尺度で、企業の純資産価値（簿価）に着目しています。一般的に、同業他社や過去の数値との比較で、PBRが低いと株価は**割安**、高いと**割高**と判断されます。

$$PBR（倍）= \frac{株価}{1株あたり純資産}$$

3. ROE（自己資本利益率）[Return On Equity]

自己資本を使ってどのくらいの利益を上げたのかをみる尺度で、一般的に、ROEが高いほどその企業の収益性が高く、投資価値が高いといえます。

$$ROE（\%）= \frac{当期純利益}{自己資本} \times 100$$

プラスα 1株あたりの純利益（EPS）は「1株あたりの当期純利益＝当期純利益÷発行済株式総数」、1株あたり純資産（BPS）は「1株あたりの純資産＝純資産÷発行

4. 配当利回り

投資金額に対する配当金の割合で、1株あたりの配当金を株価で割って求めます。

$$配当利回り（\%）= \frac{1株あたり配当金}{株価} \times 100$$

5. 配当性向

利益のうち、どのくらいを配当に振り向けたかをみる投資尺度です。この値が高いほど、株主への利益還元率が高いと考えられます。業績が好調なときは**低く**、不況時に**高く**なる傾向にあります。

$$配当性向（\%）= \frac{配当金総額}{当期純利益} \times 100$$

$\dfrac{1株あたり配当金}{1株あたり純利益} \times 100$におきかえることもできます。

確認しよう！

Q1 日経平均株価は、東京証券取引所プライム市場に上場している全銘柄を対象
□□ とした時価総額指数である。

Q2 売買高（出来高）は、売買が成立した株数を表し、売りと買いを一対として数
□□ える。

Q3 ナスダック総合指数は、米国のナスダック市場に上場している米国株式の
□□ 30銘柄を対象として算出した指数である。

Q4 PER（株価収益率）は、「株価÷1株あたり純利益」で計算され、この値が高
□□ いと株価は割高と考えられる。

・・

A1 ✕ （⇒p.202）　　**A2** ◯ （⇒p.203）　　**A3** ✕ （⇒p.203）

A4 ◯ （⇒p.204）

済株式総数」で計算できる。 ROE（自己資本利益率）を計算する際の自己資本は、通
常「期首・期末の平均値」を使用する。

8 投資信託① 概要と費用

ココが
ポイント

投資信託には**契約型**と**会社型**があります。ここでは主に契約型投資信託の仕組みを理解しましょう。**受益者**、**委託者**、**受託者**の関係がポイントとなります。投資信託にかかる費用（コスト）も重要になります。

1 投資信託の仕組みと特徴

1. 契約型投資信託

契約型投資信託は、**委託者**（下図①）である投資信託委託会社が、**販売窓口**となる証券会社や銀行等の**販売会社**（下図②）を通じて、**受益者**である投資家（下図③）から資金を集め、株式や債券の市場に投資します（投資信託委託会社が投資家に直接販売する場合もある）。

委託者は**受託者**である信託銀行（下図④）と信託契約を結び、運用の指図を行います。集められた資金は**分別管理**された信託財産として、**受託者**が管理します。

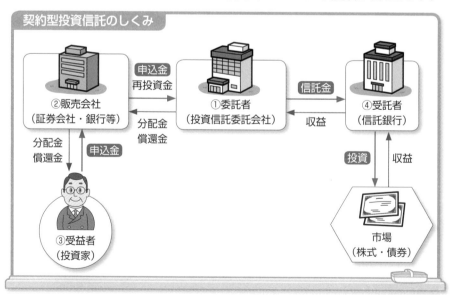

契約型投資信託のしくみ

プラスα

契約型投資信託の委託者は運用指図のほか、約款の作成、目論見書・運用報告書の作成・交付、収益分配金や償還金の支払い、基準価額の計算等を行う。受

2．会社型投資信託

会社型投資信託は、有価証券や不動産などの資産への投資を目的とする**会社（投資法人）**を設立し、投資家はその会社の発行する**投資証券（投資口）**を取得することによって、運用益を配当として受け取る投資信託です。

3．投資信託のディスクロージャー

投資家が公平な投資判断を行ううえで、その投資信託の基礎的な情報を開示することがディスクロージャーであり、代表的な資料に**目論見書**と**運用報告書**があります。いずれも**投資信託委託会社**に作成が義務付けられています。

①目論見書

投資家がファンドを購入すると同時に交付が必要な「投資信託説明書（**交付目論見書**）」と、投資家から請求があれば直ちに交付しなければならない「投資信託説明書（**請求目論見書**）」があります。

②運用報告書

運用の経過や今後の運用方針、組み入れた有価証券の明細など、投資情報として必要な内容を投資家に開示する文書です。作成の義務付けられた投資信託委託会社が、原則決算日を迎えるたびに作成します。

③トータルリターン制度

販売会社は投資家に対し、年1回以上トータルリターン（総合的な損益状況）を通知することが義務付けられています（2014年12月以降に取得した株式投資信託、外国投資信託が対象）。

4．投資信託の価額　📖暗記

①基準価額

1口あたりの**信託財産時価**を指し、ファンド購入時点の**時価**に相当します。

②解約価額

投資家が**信託財産**の解約を請求するときの**約定**価格です。解約時にペナルティコストである**信託財産留保額**を差し引く場合があります。

③買取価額

投資家が**金融機関**に買取を請求し、換金するときの約定価格です（解約請求時（解約価額）と同じ）。

託者は信託財産を受託者名義で保管しているが、受託者である信託銀行が破綻しても信託銀行の固有の財産とは分別管理をされているため、投資信託の信託財産は保護される。

2 投資信託にかかる費用（コスト）

投資信託は、運用や販売にプロフェッショナルな機関が携わるために、いくつかの段階で費用（コスト）が発生します。主なものは、次の3つです。

1. 購入時（販売・申込）手数料

投資家がファンドの購入にあたって、販売会社に支払う手数料を指します。通常は、購入金額の1〜3％程度に消費税を加算したうえで、申込金額から差し引いて徴収します。同一のファンドでも、販売会社によって手数料の異なる場合があります。ファンドによっては、**無手数料（ノーロード）**タイプもあります。

2. 運用管理費用（信託報酬）

ファンドの管理・運用に対する費用として、運用期間中ずっと徴収されるコストです。販売会社・投資信託委託会社・信託銀行で取り決めた割合に応じて、信託財産から日々徴収されますが、表示は年換算の％で示します。

運用成果にかかわらず発生し、一般的に、**公社債投資信託**より**株式投資信託**のほうが、**パッシブ型**より**アクティブ型**のほうが高めに設定されています。

3. 信託財産留保額

ファンドを解約または購入する場合、そのファンドを持ち続けている投資家との不公平を解消するために設けられたコストです。解約代金を捻出するために必要な有価証券の売買コストを、関係のないファンドの受益者に負担させることは不利益を被ることである、といった観点から設定されました。このコストはファンドの中に戻されて、**基準価額・収益分配金**に反映されます。

信託財産留保額の設定をしていないファンドもあります。

信託財産留保額は手数料ではないので、消費税がかかりません。

交付目論見書にはファンドの基本的な情報が記載されており、投資信託説明書とよばれることもある。主に、ファンドの目的・特色、投資リスク、運用

9 投資信託② 分類

頻出度　A　　学習日

**ココが
ポイント**

投資信託にはさまざまな種類がありますが、投資対象による分類や運用スタイルによる分類は頻出項目です。運用スタイルのうち、**パッシブ**と**アクティブ**、**バリュー**と**グロース**など対になるものはセットで、特徴と違いを理解しましょう。

第3章
9
投資信託②

1 投資信託の分類

投資信託の分類法として、募集方法による分類、投資対象による分類、追加設定による分類、運用スタイルによる分類などがあります。

1．募集方法による分類

①公募投資信託

不特定かつ多数（50名以上）の投資家に対して、申込みの募集を行う投資信託です。一般的に、投資信託といえば公募投信を指します。

②私募投資信託

特定でかつ少数（50名未満の個人または適格機関投資家のみ）の投資家に対して、申込みの募集を行う投資信託です。

2．投資対象による分類

①公社債投資信託

株式を一切組み入れないで、国債・地方債・社債などを中心に運用を行っていきます。代表的なものに、MRF・MMF・中期国債ファンド・**長期公社債**投信があります。

②株式投資信託

運用対象に、**株式を組み入れることのできる**投資信託です。株式だけでなく、債券も組み入れて運用できます。業種別や投資テーマ別、中小型株中心のものや海外の一地域に絞り込んだものなど、多岐にわたる種類があります。

実績や、手続・手数料等が記されている。請求目論見書には、ファンドの沿革や経理状況などの詳しい追加的な情報が記載されている。

３．追加設定による分類

①単位型投資信託

　あらかじめ信託期間の定め(満期)があり、運用が始まってからは**追加購入(設定)**ができません。一般的には、ファンドを設定する募集開始から一定期間は、解約ができない**クローズド期間**があります。

②追加型投資信託

　運用が始まったあと、いつでも時価で追加購入でき、いつでも売却できます。いつでも換金できる投資信託を、**オープンエンド型**と呼んでいます。

４．運用スタイルによる分類　頻出

①パッシブ運用

　目標とする**ベンチマーク**(運用の目標となる指標)の値動きに連動することをめざす運用手法です。たとえば、日本株式を投資対象とするファンドでは、日経平均株価(日経225)や東証株価指数(TOPIX)に連動することを目標とする**インデックスファンド**(インデックス運用)は、パッシブ運用の代表的なものです。いわば、「平均点狙い」の運用といえます。

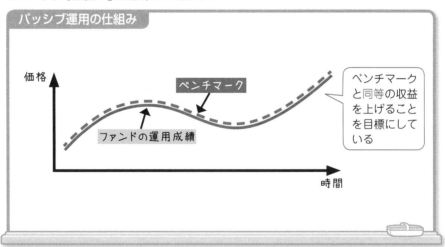

②アクティブ運用

　ファンドマネージャー(運用指図責任者)が、独自の運用方針を決め、組み入れる銘柄に工夫を凝らし、設定したベンチマーク以上の運用成績をめざそうとす

投資家がベビーファンドと呼ばれるファンドへ投資することで、ベビーファンドが投資先とするマザーファンドからの証券市場への投資が可能になる運

る運用です。しかし、運用成果に応じた実績分配を基本としていますので、必ずしもベンチマーク以上の成績になるとは限りません。

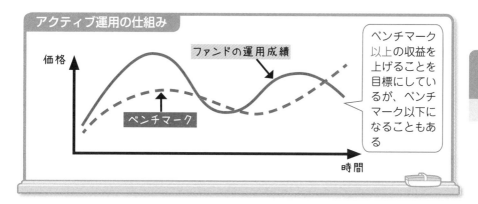

アクティブ運用の仕組み

価格

ファンドの運用成績

ベンチマーク

時間

ベンチマーク以上の収益を上げることを目標にしているが、ベンチマーク以下になることもある

アクティブ運用の中の特徴的な運用方法

①バリュー(割安株)投資

　企業の現在の業績や利益水準からみて、株価が割安な状態に置かれている銘柄に投資する手法です。PERやPBRが同業他社と比べて低かったり、配当利回りが高かったりする銘柄を選んで投資しています。

②グロース(成長株)投資

　企業の成長性に着目し、将来の売上高や市場平均以上の利益水準が期待できる銘柄に投資する手法です。PERやPBRが同業他社と比べて高かったり、配当利回りが低かったりする銘柄になる傾向が高いです。

③トップダウン・アプローチ

　経済・社会・政治などを取り巻く環境の分析から、業種別や国・地域別の組入れ比率を決め、その比率の中で組入れ銘柄を選んで投資する手法です。

④ボトムアップ・アプローチ

　個別企業の訪問リサーチや企業別IR(業績等の公表)などで、投資魅力のある銘柄を選び出し、ポートフォリオを構築していく投資手法です。

用方式を、ファミリーファンド方式という。メリットは、ベビーファンドの運用資産が少額の場合でも、運用の効率化が図れることである。

5．上場投資信託（ETF）　頻出

　上場投資信託（ETF）は、**特定の相場指標**に連動するように設定された投資信託で、証券取引所に上場されているものです。日経平均株価（日経225）や東証株価指数（TOPIX）などの代表的な株価指数に連動するものが中心になっていますが、日本株のほか外国株やREIT（不動産投資信託）、商品などの指標に連動するものもあります。

　一般の投資信託とは異なり、次のような特徴があります。

> ① 立会時間中であればいつでも時価で売買できる
> ② 指値・成行注文ができる
> ③ 信用取引が可能
> ④ 購入時や売却時に委託手数料がかかる
> ⑤ 相対的に信託報酬が低い

6．不動産投資信託（REIT）

　投資家から集めた資金を土地や賃貸ビル、マンションなどの不動産に投資して、その不動産から発生する賃貸料などを利潤として還元していく投資信託です。不動産投資信託（REIT）には、会社型（投資法人）と契約型（投資信託）の２つがあります。

　会社型（投資法人）とは、投資を目的とする法人を設立し、投資家から集めた資金を**投資信託委託業者**に委託して運用する不動産投資信託で、上場不動産投資信託（J-REIT）は**会社型**です。

　また、一般の投資信託とは異なり、次のような特徴があります。

> ① 立会時間中であればいつでも時価で売買できる
> ② 指値・成行注文ができる
> ③ 信用取引が可能
> ④ 購入時や売却時に委託手数料がかかる

プラスα　ラップ口座とは、資産運用に関するさまざまなサービスを提供し、個別売買ごとではなく、預り資産の残高に応じた手数料体系をとっている口座である。

ETFやJ-REITは、売買時には委託手数料が発生するなど、上場株式の取扱いと同等の条件が適用されています。

7．その他の特徴的な投資信託

　投資信託の中には、これまでに説明した分類に収まらないいくつかの特徴をもったタイプもあります。次に掲げる代表的な投資信託をみていきましょう。

①ライフサイクル型ファンド

　1つのファンドで複数の投資対象（国内外の株・債券）を設定し、運用のニーズに合わせて**資産配分割合を調整できる**タイプのファンドで、**固定アロケーション型**と**ターゲット・イヤー型**があります。

固定アロケーション型	組入れ比率の違う複数のファンドを設定し、安定型・安定成長型・積極型などのタイプに分けて、投資家が自らのライフプランに従ってタイプの違うファンドを選べるようになっている
ターゲット・イヤー型	一定の年次をターゲットに、資産配分比率を自動的に安定志向へ変化させる仕組みをもったファンド。固定アロケーション型のようにファンドの乗換えが不要

②ファンド・オブ・ファンズ

　複数の投資信託への投資を目的とする投資信託で、投資信託を買う投資信託といえます。個別の有価証券への投資はできません。

③ブル型ファンド・ベア型ファンド

　それぞれ相場の上昇・下落により利益が出るように設定されたファンドです。

ブル型ファンド	相場が上昇したときに利益がでるように設定されたファンド。一般的に上昇率を上回る（数倍など）利益がでるように設定されている
ベア型ファンド	相場が下落したときに利益がでるように設定されたファンド。一般的に下落率を上回る（1倍から数倍など）の利益がでるように設定されている

　富裕層向けのコンサルティングラップと、複数の投資信託を顧客のニーズによって組み合わせるミューチュアルラップがある。

④レバレッジ型・インバース型のETF（上場投資信託）

原指数の日々の変動率を使って算出された指標に連動するETFです。

レバレッジ型	対象となる指数の日々の変動率に一定の正の倍数（○倍など）を乗じて算出された指標に連動するETF（ブル型）
インバース型	対象となる指数の日々の変動率に一定の負の倍数（マイナス○倍など）を乗じて算出される指標に連動するETF（ベア型）

⑤通貨選択型投資信託

　株式や債券などの投資対象資産に加えて、為替取引の対象となる**通貨**も選択することができるよう設計された投資信託です。投資対象資産における通貨とは異なる通貨を選択して、投資することができます。取引対象通貨が円以外の場合には、**為替リスク**が発生します。

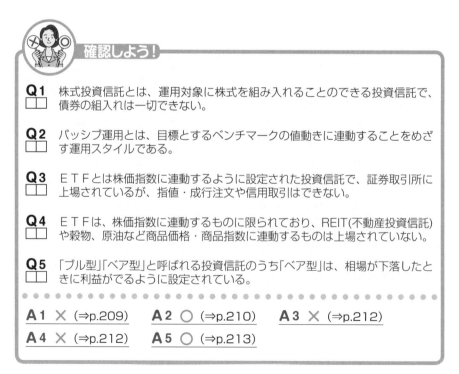

確認しよう！

Q1 株式投資信託とは、運用対象に株式を組み入れることのできる投資信託で、債券の組入れは一切できない。

Q2 パッシブ運用とは、目標とするベンチマークの値動きに連動することをめざす運用スタイルである。

Q3 ＥＴＦとは株価指数に連動するように設定された投資信託で、証券取引所に上場されているが、指値・成行注文や信用取引はできない。

Q4 ＥＴＦは、株価指数に連動するものに限られており、REIT(不動産投資信託)や穀物、原油など商品価格・商品指数に連動するものは上場されていない。

Q5 「ブル型」「ベア型」と呼ばれる投資信託のうち「ベア型」は、相場が下落したときに利益がでるように設定されている。

A1 ✕ （⇒p.209）　　**A2** ◯ （⇒p.210）　　**A3** ✕ （⇒p.212）

A4 ✕ （⇒p.212）　　**A5** ◯ （⇒p.213）

プラスα レバレッジ型・インバース型の上場投資信託(ETF)が連動対象としている指標は、日々の変動率の○倍（マイナス○倍）となるように算出されている。そ

10 外貨建て商品

ココが ポイント

外貨建ての金融商品を利用する場合は、**外国為替**という海外の通貨と自国通貨の間で決済を行う仕組みを使って取引しています。円を外貨に換えるとき、逆に外貨を円に換えるときの**為替レート**の基本的な仕組みや、外貨建て金融商品の特徴を理解しましょう。

第3章 10 外貨建て商品

1 通貨の交換レート

円を使って直接外貨建て商品を買うことはできません。そこで円を、購入したい国の通貨に交換したり、逆に外貨でもっている商品を円に換えたりするために、その日時点の為替レートで通貨交換を行う必要があります。その時点の交換レートで、次の２つが重要になります。

> TTS(対顧客電信売相場)＝円を外貨に換えるときの為替レート

> TTB(対顧客電信買相場)＝外貨を円に換えるときの為替レート

銀行間で取引される相場の中心値をもとに仲値(TTM)が決定され、これに為替手数料を加えたものがTTS、TTBとなります。為替手数料は、通貨や金融機関によっても異なります。

外貨建て商品を購入する場合、購入時と比べて**円安**になると為替差益、円高になると為替差損が生じます。

2 一般的な為替レート変動要因

為替レートが変動する主な要因には、次のようなものがあります。

のため、２営業日以上離れた日との比較においては、複利効果によって変動率の倍数の値とズレが生じ、拡大していく場合がある。

【為替レートが変動する主な要因】

通貨が売られる要因（円安）	通貨が買われる要因（円高）
景気悪化	景気拡大
貿易赤字拡大	貿易黒字拡大
金利低下	金利上昇
政局の混乱	政局安定
財政赤字拡大	財政安定

為替相場は、1つの要因だけで決定されるということはなく、このほかにも複数の要因が絡み合って変動していきます。

3 　外貨預金

　円を米ドル・ユーロ・豪ドルなどの外国通貨に換えて行う預金を指し、国内では主に、普通預金・定期預金が利用されています。

外貨普通預金	通常、1通貨単位から預入可。変動金利。マル優（利子非課税制度）利用不可。元本部分の為替差益は雑所得として総合課税
外貨定期預金	固定金利。マル優利用不可。元本部分の為替差益は雑所得として総合課税。ただし、預入時に為替予約をした場合、元本部分の為替差益は、利息と合わせて20.315%源泉分離課税される

＊ 復興特別所得税を含む

為替手数料が片道1円の場合、TTS（円を外貨に換える時のレート）は仲値＋1円、TTB（外貨を円に換える時のレート）は仲値－1円となり、TTSと

4 | 外貨建てMMF

　海外の高格付債やCPを中心に運用される、外国投資信託の1種です。預入単位は10通貨単位からの金融機関が多く、外貨定期預金と比べて少額から始められます。実績分配で、**日々収益分配が行われ、月末には1カ月分まとめて再投資**されます。いつでもペナルティなしで解約できます。

5 | 外国債券

　債券の**発行元**か**通貨**、または**発行場所**のいずれかが海外である債券を外国債券といいます。以下のような種類があります。

ショーグン債	海外の発行主体が日本国内で外貨建てで発行する債券
サムライ債	海外の発行主体が日本国内で円建てで発行する債券
デュアルカレンシー債	払込みと利払いの通貨が同じで償還が異なる通貨の債券
リバースデュアルカレンシー債	払込みと償還が同じ通貨、利払いが異なる通貨の債券

6 | 外国株式

　外国籍の企業が発行している株式を外国株式といいます。証券会社において外国株式の取引を行う際には、**外国証券取引**口座を開設する必要があります。取引の方法には次の3つがあります。

国内委託取引	国内の取引所に上場されている外国株式を売買
国内店頭取引	証券会社と相対で売買。海外市場の株価を基準とする
外国取引	証券会社の取り次ぎで海外の取引所で売買

　TTBは2円の差があるため、購入時と売却時の仲値に変動がない場合でも損失が発生する。為替差損以上の運用収益があればプラスとなる。

7 外貨建て保険

外貨建て保険には、外貨建て**終身保険**や外貨建て**個人年金保険**などがあります。為替レートの変動によっては、死亡保険金（死亡給付金）や年金などを**円貨**で受取る際に、払込保険料相当額を**下回る**こともあります。外貨建て保険も円建ての保険と同様に、要件を満たせば**生命保険料控除**や**死亡保険金**の非課税金額の対象となります。

8 外国為替証拠金（FX）取引

一定の**証拠金**を担保に、その担保の何倍もの為替売買を行うことができる取引です。このような少ない資金で大きな額の取引ができることを「てこ」の原理になぞらえて**レバレッジ効果**と呼んでいます。投じた金額の何倍もの利益が期待できるかわりに、何倍もの損失が出ることもあり、**証拠金倍率**が高いほどハイリスクになります。**証拠金倍率**には規制が設けられており、現在は25倍を上限に取引が行われています。

確認しよう！

Q1 外貨建て金融商品の取引にかかる為替手数料は、どの金融機関も同じであり、通貨の種類ごとに一律で決められている。

Q2 外貨建て金融商品を購入する場合、購入時と比べて為替レートが円安に変動することは、円換算の投資利回りの上昇要因となる。

Q3 米ドル建て保険の死亡給付金や年金を円貨で受け取る場合、米ドルと円の為替レートの変動によっては、死亡給付金額や年金総額が当初の払込保険料相当額を下回ることがある。

A1 ✕ （⇒p.215）　　**A2** ○ （⇒p.215）　　**A3** ○ （⇒p.218）

プラスα　外貨建て保険の円換算払込特約とは、保険料の払い込みや保険金等の受け取りの際に、外貨を円に換算して取り扱うことができるようにする特約である。

11 金融派生商品・その他の金融商品

ココが ポイント

金融派生商品は、取引にともなうリスク回避手段として、派生的に生まれた手法の総称です。**デリバティブ**とも呼ばれ、最新の金融技術を使った金融取引の現場には欠かせないものとなりました。ここでは、主な3つの取引での概要を押さえておきましょう。

1 先物取引（フューチャーズ）

取引対象商品（原資産）を、将来の一定期日または一定期間内に、あらかじめ取り決めした条件で決済して売買することです。取り決め期日前でも、取引所取引で反対売買（売る契約では買い戻し、買う契約では転売）することによって差金決済（現金・現物の受渡しをしないで、反対売買の差金のみで決済すること）ができます。現物取引の代替として先物取引を利用するのは、将来の価格変動によるリスクを回避する目的があります。

【先物取引の基本的な投資戦略】

ヘッジ取引	現物と正反対の取引を先物市場で行い、現物の損失を先物の利益で相殺する取引 売りヘッジ：将来の価格下落リスクを回避または軽減 買いヘッジ：将来の価格上昇リスクを回避または軽減
投機取引 （スペキュレーション取引）	期日前に反対売買を行って、差金決済することで利益を確定する取引
裁定取引 （アービトラージ取引）	現物市場と、先物市場の市場間や時間差などで生じた価格差（歪み）を利用して、利益を得る取引

先物取引の種類

日経平均株価先物取引　　TOPIX先物取引

長期国債先物取引

この特約により為替レートの影響がなくなるわけではなく、為替変動リスクを回避することはできない。

第3章 11 金融派生商品

2 | オプション取引

　取引対象商品を、将来の一定期日または一定期間内に、あらかじめ取り決めした価格（権利行使価格）で**買う権利**、または**売る権利**を売買する取引を指します。つまり、原資産よりは少額な権利料を売買することで、オプション取引を行っています。

> 買う権利＝コール・オプション
> 売る権利＝プット・オプション

> オプション取引には取引所取引と店頭取引があります。

　オプションの買い手は、権利獲得のためにオプションの売り手に対して**オプション料（プレミアム）**を支払いますが、このプレミアムを放棄すればいつでも取引から撤退できます。すなわち、オプションの買い手はオプション料を払うことで、権利を行使することはできますが、取引に応じる義務はありません。

　逆に、**オプションの売り手はオプション料を受け取れば権利行使に応じる義務**を負うことになります。

　コール・オプション、プット・オプションのいずれも、他の条件が同じであれば、満期までの期間が長いほどプレミアム（オプション料）は**高くなります**。

	利　益	損　失
コール・オプションの買い	無限大	プレミアムに限定
コール・オプションの売り	プレミアムに限定	無限大
プット・オプションの買い	極大の可能性あり	プレミアムに限定
プット・オプションの売り	プレミアムに限定	極大の可能性あり

プラスα　純金積立は毎月一定額を積み立てていくため（ドル・コスト平均法）、平均購入単価を引き下げる効果がある。金そのものに価値があるため、株式などと

オプション取引の種類

| 日経平均株価オプション取引 | TOPIXオプション取引 |

| 長期国債先物オプション取引 |

3 スワップ取引

スワップは交換の意味で使われますが、現在価値が同じキャッシュフローを交換する取引を指します。代表的な取引に、次の2つがあります。

金利スワップ	あらかじめ決められた契約に従って、一定期間金利を交換する取引で、元本部分の交換はせず、金利部分のみ交換する。たとえば、変動金利と固定金利の支払いや、受取りを交換する取引
通貨スワップ	たとえば、米ドルと日本円のように、異なる通貨建て債務を交換する取引。ただし、金利スワップと違い、元本部分の交換が行われる

4 その他の金融商品

その他の金融商品には、次のようなものがあります。

	特　徴
金地金	金の現物取引「ゴールド・バー」「金の延べ棒」1kg、500g、100g単位など、「有事の金」として国際的な取引が可能
金　貨	「投資用金貨」＝主に投資用として鋳造 「収集用金貨」＝国王の即位やオリンピック開催などを記念して鋳造
純金積立	毎月一定金額を口座から引き落とし、その月の平均価格で購入
抵当証券	不動産を担保に抵当権を設定し、一般投資家に販売する有価証券
仕組預金	オプション取引などのデリバティブ取引を組み込んだ預金で、リスクを伴う分、通常の預貯金よりも高い金利が付与される。一般に満期日などの条件は金融機関の判断による

異なり破綻して価値がゼロとなるリスクはないが、金の国際価格はトロイオンス単位の米ドル建てで取引されているため、為替変動リスクはある。

12 ポートフォリオ

ココが ポイント

ポートフォリオは、運用のリスクを低減させるため、**複数の投資対象に分散**して投資することを指します。ポートフォリオを構築するうえで、分散投資の種類やリスク・リターンに関連する用語が難解ですので、じっくり理解していきましょう。

1 | リスクとリターン

運用におけるリターンは、投資元本に対しての見返りを指し、プラス・マイナスどちらもあり得ます。リスクは、投資した結果が予測できないため、**不確実性**ともいわれ、**リターン**のブレを表します。ブレ幅が大きい場合をリスクが高い、ブレ幅が小さい場合をリスクが低いといいます。リスクの尺度として使われるのが、**分散**や**標準偏差**です。

1．分散・標準偏差

標準偏差は、分散の正の平方根で求められます。分散は、**実現予想収益率**と期待収益率の差を2乗し、**生起確率**（実現しそうな確率）で加重平均した数値で、この値が大きいとリスクは高く、小さいとリスクが低いといえます。

2．期待収益率

将来にわたる収益率の期待値を指しています。求め方としては、生起確率を決め、予想収益率を加重平均することで測ります。ポートフォリオ全体の期待収益率は、（各資産の**収益率×組入れ比率**）の合計で求められます。

【ポートフォリオの期待収益率の計算例】

	資産の組入れ比率	各資産の期待収益率
資産①	30%	1%
資産②	40%	4%
資産③	30%	2%

上記の例の場合、（1%×0.3）+（4%×0.4）+（2%×0.3）=2.5%となります。

プラスα リスクを負った投資で、どれだけ効率よくリターンを得られたかを測る指標としてシャープレシオがある。一定期間に得た収益から無リスクで得られた

3．相関係数

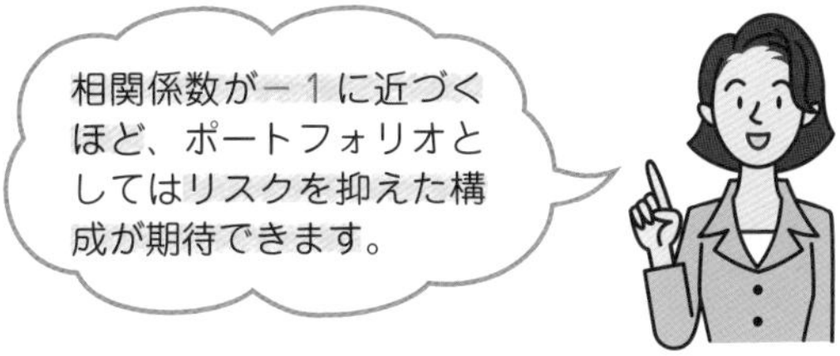

　２つの資産の間で、値動き等の相関関係の強さを表しており、－１から１までの数値で表示しています。

相関係数が－１に近づくほど、ポートフォリオとしてはリスクを抑えた構成が期待できます。

【相関関係の強さ】

相関係数＝－１	負の完全相関。まったく逆の方向へ値動きをする
相関係数＝０	無相関。値動きにまったく連動性がない
相関係数＝１	正の完全相関。まったく同じ方向へ値動きをする

2　分散投資

　投資資金を複数の投資対象に分けて運用すれば、ある１つの運用成績が悪いときでも、他の運用成績が補う役割を期待できるとして、資産全体では運用の悪化を軽減する方法です。分散投資の種類には、次の５つがあげられます。

1．銘柄分散

　株式や債券などを１銘柄ではなく、複数の銘柄に分散投資すれば、互いの値動きの違いでリスクを低減することが期待できます。しかし、同じ市場でいくら多くの銘柄に分散投資しても、消し去ることのできないリスクもあり、市場全体を覆うリスクをシステマティック・リスクといいます。

システマティック・リスク	市場（全体の）リスク	多くの銘柄に分散投資しても低減できない
非システマティック・リスク	投資対象の個別要因で発生するリスク	多くの銘柄に分散投資することで低減可能

2．資産分散

　銘柄の分散ではなく、国内株式市場や海外債券市場といった資産クラスを分けた投資を指します。この資産分散では、システマティック・リスクも分散できます。

収益を差し引いて、標準偏差で割って求める。この数値が高いほど、投資効率が高いと評価される。

右側縦書き：第3章　12　ポートフォリオ

3．通貨（地域）分散

　複数の通貨に分けた投資では、その地域の経済・社会事情によって、1国への投資よりもリスク低減が期待できます。国が違えば経済発展にも当然、差異が生じるからです。

4．セクター分散

　同じ資産クラス内の投資でも、異なる業界や種別への投資ではリスクを低減させる効果が期待できます。

　たとえば、電力業界は燃料などの輸入によって株価に影響を受けますが、同じ国内株式市場にある輸出の割合の高い電機産業などは、為替市場の影響で電力業界とは違う値動きになる可能性が高いといえます。そのため、同一業種内の銘柄ではなく、別の業種との銘柄の組み合わせが、リスク軽減につながります。

5．時間分散

　一時に集中投資すると、高値で購入し、その後価格が下がってしまうというリスクがありますが、購入のタイミングを分散することで、そのようなリスクを低減させることができます。代表的な手法に**ドル・コスト平均法**があります。この手法は、値動きのある有価証券等に毎月一定金額を投資することで、平均購入単価を抑える効果が期待できます。

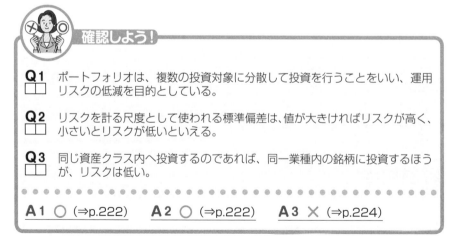

確認しよう！

Q1 ポートフォリオは、複数の投資対象に分散して投資を行うことをいい、運用リスクの低減を目的としている。

Q2 リスクを計る尺度として使われる標準偏差は、値が大きければリスクが高く、小さいとリスクが低いといえる。

Q3 同じ資産クラス内へ投資するのであれば、同一業種内の銘柄に投資するほうが、リスクは低い。

A1 ○ （⇒p.222）　　**A2** ○ （⇒p.222）　　**A3** × （⇒p.224）

プラスα　2016年1月以降は、公社債や公社債投資信託について上場株式等と同様の税制に統一され、特定口座（226ページ）での管理が可能となった。その譲渡

13 金融商品の税金

 　預金や株式、投資信託の課税関係を理解するうえで、金融商品の収益から徴収される税金が**利子所得**なのか**配当所得**なのか分類していく必要があります。そのうえで、国税である所得税に何%、地方税に何%の配分になるかを理解していきましょう。

第3章

13

金融商品の税金

1 ｜ 預貯金など

　預貯金の利息や貸付信託、金銭信託(ヒット含む)の収益分配金、抵当証券の利息などは、原則として**20.315%**源泉分離課税です。一般的な金融商品の税率は、20.315%（所得税15.315%、住民税5%）の場合が多くなります。

　外貨預金の為替差益は、**雑所得**として総合課税となります（預入時に為替先物予約をした場合、満期時に生じた為替差益は、源泉分離課税の対象となります）。

＊ 復興特別所得税を含む

2 ｜ 債券の税金 🖊頻出

　2016年1月から債券にかかる税制が変更となり、上場株式等と同様の取扱いになりました(金融所得課税の一体化)。

	所得区分	税　率
利子分配金	源泉徴収後申告不要または申告分離課税を選択	20.315%（所得税15.315%・住民税5%）
売却益	譲渡所得として申告分離課税	
償還差益		

＊ 上場株式等の損益通算が可能。また、譲渡損は確定申告を行うことにより、翌年以降3年間繰越可能
＊ 特定口座で管理することが可能

＊ 復興特別所得税を含む

損益が特定口座での計算対象となり、源泉徴収ありを選択した場合、特定口座内で源泉徴収や損益通算を行う。

3 | 株式の税金 📝頻出

1．株式の配当金の税金

上場株式等の配当金の税金については、受取時に源泉徴収され、申告不要とすることができます。ただし、**配当控除**を受ける際には確定申告が必要です。また、**申告分離課税**を選択することも可能で、この場合、上場株式等の譲渡損失と通算することができます。

2．売却益に対する税金

株式の売却益は、株式等の譲渡所得として、申告分離課税となります。

年間の株式等の譲渡損益は通算でき、譲渡損が出た場合は、確定申告を行うことで翌年以降3年間の繰越控除ができます（譲渡損失の繰越控除）。

3．税　率

税率は、次のようになります。

	所得税	住民税
株式の譲渡益の適用税率	15.315%	5％

＊ 復興特別所得税を含む

4．特定口座

特定口座とは、株式等の売却益や申告納税に関する事務的な負担を軽くするための制度で、1証券会社に1口座設けることができます。

特定口座で源泉徴収あり	「年間取引報告書」を証券会社が作成。 源泉徴収はされる。確定申告は不要
特定口座で源泉徴収なし	「年間取引報告書」を証券会社が作成。 源泉徴収はされない。確定申告が必要

外貨建てMMF（217ページ）は、2015年までは為替差益を含む譲渡益が非課税だったが、税制改正による金融所得課税の一体化の施行により、2016

4 | 株式投資信託の税金

1. 株式投資信託の収益分配金の税金

収益分配金は、個別元本によって、普通分配金と元本払戻金（特別分配金）に分けられ、普通分配金は課税されますが元本払戻金（特別分配金）は非課税です。

普通分配金と元本払戻金（特別分配金）のイメージ

（個別元本12,000円、決算時の基準価額12,500円で1,000円の分配があった場合）

```
            普通分配金
            500円課税
                        }  分配金1,000円
            元本払戻金
            500円非課税

個別元本      決算後の       分配落ち後の
12,000円     個別元本        基準価額
             11,500円        11,500円

            決算時の基準価額
              12,500円
```

分配金1,000円のうち、500円は元本の払戻しにあたる元本払戻金となり、非課税です。

---

2. 売却益、解約益、償還差益に対する税金

買取請求をして売却益、解約益、償還差益が出た場合、譲渡所得として、申告分離課税となります。また、株式等の譲渡損益との通算ができ、確定申告を行うことで、繰越控除の適用を受けることができます。

3. 税　率

税率は、次のようになります。

	所得税	住民税
売却益、解約益、償還差益の適用税率	15.315%	5%

＊ 復興特別所得税を含む

年1月以降は上場株式等や株式投信と同様に、為替差益を含む譲渡益に対して20.315%の申告分離課税の対象となった。

NISAとは、株式や株式投資信託などの一定の金融商品について、配当所得や譲渡所得が非課税になる制度です。

1．NISAの概要

NISAの概要は次のとおりです。

【2024年以降　NISA（つみたて投資枠と成長投資枠）】 改正

	つみたて投資枠	併用可	成長投資枠
年間投資枠	120万円（積立投資）		240万円
非課税保有期間	無期限化		
非課税保有限度額	1,800万円[※1]（うち成長投資枠1,200万円）		
口座開設期間	恒久化		
投資対象商品	要件を満たした投資信託等 （つみたてNISA対象商品と同様）		上場株式・投資信託[※2]等
対象年齢	18歳以上		

※1 翌年以降に枠の再利用が可能
※2 信託期間20年未満、高レバレッジ型・毎月分配型など除く

【2023年まで　つみたてNISAと一般NISA】

	つみたてNISA	選択制	一般NISA
年間投資枠	40万円（積立投資）		120万円
非課税保有期間	最長20年間[※]		最長5年間[※]
口座開設期間	2023年まで		2023年まで
投資対象商品	要件を満たした投資信託等		上場株式・投資信託等
対象年齢	18歳以上		18歳以上

※ 途中売却可。ただし、売却した枠の再利用不可
＊ 0歳〜17歳を対象とするジュニアNISA（年間投資枠：80万円）は2023年で廃止されたが、18歳になるまで非課税で保有できる

 2024年からのNISAでは、年間の投資枠（つみたて投資枠120万円・成長投資枠240万円）は決まっているが、非課税保有限度額の1,800万円では売却

2．NISAの特徴と留意点

NISAには次のような特徴があります。

①**特定口座・一般口座で保有しているものをNISAに移管できない**

証券会社などの口座（特定口座、一般口座）で保有している上場株式や株式投資信託等をNISA口座に移すことはできません。

②**未使用枠の翌年以降の繰越不可**

その年の非課税枠を上限額まで使い切らなかった場合、その年の未使用分を翌年以降へ繰り越して使用することはできません。

③**損益通算できない**

NISA口座で売却することにより生じた損失は、同じNISA口座や特定口座・一般口座で保有する他の上場株式等の配当金等や譲渡益と通算できません。また、確定申告で翌年以降に損失を繰り越すこともできません。

④**配当金を非課税で受け取るには株式数比例配分方式を選択**

NISA口座で購入した上場株式の配当金やETF、REITの分配金の受け取りを非課税扱いとするには、「証券会社の取引口座で受け取る（株式数比例配分方式）」を選択する必要があります。

> 2024年以降、つみたて投資枠
> と成長投資枠は併用できます

●**2023年までに投資したNISAはどうなるの？**

2023年末までに一般NISA・つみたてNISAで投資した商品は、2024年からのNISA口座とは別枠で非課税措置が適用されます。また、2024年以降のNISA口座へロールオーバー（非課税期間終了後、一定の手続きのもと、翌年の非課税枠に移管して利用）することはできません（つみたてNISAにはもともとロールオーバーの仕組みはありません）。

した分の枠を翌年以降に再利用できる。1,800万円の枠の管理は簿価ベース（投資したときの価格）で管理される。

6 | 障害者等の非課税貯蓄制度

　非課税貯蓄制度には、「マル優（少額貯蓄非課税制度）」と「特別マル優（少額公債利子非課税制度）」の2つがあります。この制度は、身体障害者手帳の交付を受けている人や障害年金を受けている人、遺族年金や寡婦年金を受けている妻など、一定の要件を満たす人が対象となります。

　マル優は、1人あたり**元本350万円**までの利子等が非課税扱いとなります。

　特別マル優は、1人あたり**額面金額350万円**まで利子非課税扱いです。対象となるのは利付国債と公募地方債ですので、これらを保有している場合は、先に**特別マル優**の枠から利用したほうが有利になります。

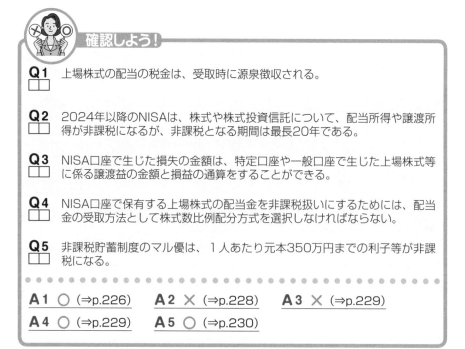

確認しよう！

Q1 上場株式の配当の税金は、受取時に源泉徴収される。

Q2 2024年以降のNISAは、株式や株式投資信託について、配当所得や譲渡所得が非課税になるが、非課税となる期間は最長20年である。

Q3 NISA口座で生じた損失の金額は、特定口座や一般口座で生じた上場株式等に係る譲渡益の金額と損益の通算をすることができる。

Q4 NISA口座で保有する上場株式の配当金を非課税扱いにするためには、配当金の受取方法として株式数比例配分方式を選択しなければならない。

Q5 非課税貯蓄制度のマル優は、1人あたり元本350万円までの利子等が非課税になる。

- -

A1 ○（⇒p.226）　　**A2** ×（⇒p.228）　　**A3** ×（⇒p.229）

A4 ○（⇒p.229）　　**A5** ○（⇒p.230）

プラスα 国内に本店のある金融機関の海外支店や、外国銀行の在日支店、政府系金融機関は預金保険制度の対象外。農業協同組合、漁業協同組合、水産加工業協

14 セーフティネットと関連法規

 頻出度 **C**

 学習日 ／

 ココが ポイント

金融商品の取扱いや運用に関して、情報量が限られ弱い立場にある消費者を守る必要があることから、さまざまな**消費者保護のための法律**ができています。ここでは、とくに立場の弱い消費者にとって重要な法律について、みていきましょう。

1 セーフティネット

1. 預金保険制度

　預金保険制度とは、個人や法人が預金を預け入れている金融機関が破綻した場合に、一定範囲内の預金を保護して、信用秩序を維持していく制度です。日本国内に本店を置く金融機関は、**預金保険制度に加入が義務付けられています**。保護対象範囲は次のとおりです。

保護対象範囲

> 預金者1人あたり1金融機関につき元本1,000万円までとその利息

＊ただし、決済用預金（無利息、要求払い、決済可）は全額保護対象

預金保険制度の対象となる金融商品	普通預金・定期預金・当座預金・別段預金・通知預金 貯蓄預金・定期積金・元本補てん契約のある金銭信託 金融債（保護預かり専用商品）　など
預金保険制度の対象とならない金融商品	外貨預金・譲渡性預金（CD） 元本補てん契約のない金銭信託 金融債（保護預かり以外・募集債）・抵当証券　など

確定拠出年金に係る預金も保護対象です。

同組合、農林中央金庫などは、農水産業協同組合貯金保険制度に加入しており、預金保険制度とほぼ同様の保障がある。

第3章

14

セーフティネットと関連法規

２．日本投資者保護基金

　一般顧客が証券会社に預け入れた金銭や有価証券等は証券会社の固有の資産とは、**分別管理**がなされています。ただ、この分別管理が不十分であった場合に、証券会社が破綻して一般顧客が預け入れた金銭や有価証券の返還が困難になることも考えられます。投資者保護基金は、証券会社の破綻の場合でも、一般顧客の資産を確実に返還できるように設けられた基金です。

　なお、補償対象となるのは、国内、海外で発行された株式や債券、投資信託、外貨建てMMFなど証券会社に預けられた資産です。

> １人あたりの補償限度額は1,000万円

2 | 関連法規

１．消費者契約法

　事業者と消費者との間の、あまりにも大きな情報量や交渉力の格差を考慮して、消費者の利益を擁護することを目的に制定されました。消費者契約法の効果としては、**契約の取消**しと**契約の条件の無効**の２つがあります。

①契約の取消し

　事業者が消費者に対して、重要な事項を誤認させたり、困惑させたりしたときは、消費者はその契約を**取り消す**ことができます。適用となる範囲は、**個人**である消費者と法人・個人の事業者との間で締結される、消費者契約全般となります。

②契約の条件の無効

　消費者の利益を不当に害する一定の条項があれば、該当する一部の条項、または契約すべてを**無効**とすることができます。

２．金融サービス提供法

　金融機関などの金融商品販売業者は、顧客に対して、金融商品の販売時にその説明責任を負いますが、**重要事項**の説明義務違反で顧客が損害を被った場合、業者は**損害賠償責任**を負うことになります。この場合の損害額は、**元本欠損額**（払

金融商品の販売で、消費者契約法と金融サービス提供法の両方の規定を適用することができる場合には、どちらかが優先されるということはなく、金

い込んだ額より、受け取った額が少ない場合の差額)と推定されます。顧客保護の観点から、顧客は金融商品販売業者の説明義務違反だけを立証すれば良いとされました。さらに、販売業者には、勧誘方針の策定と公表が義務付けられました。

3. 金融商品取引法

有価証券の発行や金融商品等の取引を公正にし、有価証券の流通を円滑にするなどの目的で制定されました。従来の証券取引法と比べて、業者の範囲を広げ、次の4種類に分類しています。

> ●第一種金融商品取引業　●第二種金融商品取引業
> ●投資助言・代理業　　　●投資運用業

金融商品取引法での主な規制のポイントは、次の4つになります。

①適合性の原則

業者は、顧客の知識、経験、財産の状況および契約の締結目的に照らして、**投資者保護**の観点から、不適切な勧誘を行ってはなりません。

②広告の規制

業者は、取引内容の広告を行う場合、リスクや手数料の明示、顧客にとって不利益な事項の開示などに留意して、わかりやすい**大きな文字**で明記する必要があります。

③契約締結前書面の事前交付義務

業者は、契約締結しようとするときは、事前に商号・氏名・住所・登録番号などを明示した書面を、顧客に交付しなければなりません。

④特定投資家制度

投資家を次の2種類に分類します。**特定投資家**には規制の一部除外が認められています。

> ●**特定投資家**(機関投資家、国、日本銀行など)
> ●**一般投資家**(アマチュア、個人など)

4. 犯罪収益移転防止法(犯罪による収益の移転防止に関する法律)

マネー・ロンダリング(犯罪や脱税などで違法に得た資金を、金融機関の口座

融サービス提供法と消費者契約法の双方を併用して、適用することができる。なお、金融サービス提供法の適用される商品に、商品先物取引(国内)は含まれない。

を転々とさせることで**資金洗浄**すること)やテロ資金供与などに利用されるのを防ぐことを目的とした法律です。金融機関等の**取引時確認**、取引記録等の保存、疑わしい取引の届出の義務などが定められています。

＜取引時確認が必要となる場面＞

● 取引を開始するとき

（預貯金口座の開設、証券会社の取引口座を開設、保険契約の締結時など）

● 200万円を超える大口の現金取引を行うとき

● 10万円を超える現金を振り込むとき

代理人を通じて取引をする場合には、顧客および代理人双方の本人確認が義務付けられています。

5．金融ＡＤＲ制度（金融分野における裁判外紛争解決制度）

金融商品・サービスに係るトラブルを利用者の保護や利便性の向上のため、裁判よりも費用や時間をかけず解決を図るために創設されました。

金融ＡＤＲ機関は業態ごとに設立されており、金融機関と利用者とのトラブル（紛争）を、**弁護士**などの中立・公正な専門家（紛争解決委員）が和解案を提示するなどして、**裁判以外の方法**で解決を図る制度です。金融ＡＤＲ機関には、全国銀行協会、証券・金融商品あっせん相談センター、生命保険協会、日本損害保険協会などがあります。

 確認しよう！

Q1 国内銀行に預け入れられている外貨預金は、元本1,000万円までとその利息が預金保険制度による保護の対象となる。

Q2 金融商品販売業者が説明義務違反を行ったことにより顧客に損害が生じた場合の損害額は、元本欠損額と推定される。

A1 ×（⇒p.231）　**A2** ○（⇒p.232）

 プラスα 犯罪収益移転防止法において、取引記録はその取引が行われた日から7年が経過するまで保存しなければならないとされている。

一問一答 最終チェック

学習日

第3章の学習が終わりました。ここで、この章のおさらいをしましょう。問題のすぐ下にある解答を赤シートでかくして、問題にチャレンジしてください。間違ったときは、必ず参照ページに戻って確認し、実力アップをめざしましょう！

□□□ **問1** CIは、景気に敏感な指標の量的な動きを合成した指数で、主に景気変動の大きさやテンポ(量感)を測定するために算出されている。

解答1 ○ 設問のとおり。これに対してDIは、主として景気の転換点を判定するために用いられます。⇒p.181

□□□ **問2** 日本銀行の買いオペとは民間銀行が保有する債券を日本銀行が買い取ることをいい、その結果、市場の通貨量が増え、金利が上昇する。

解答2 × 設問は間違い。買いオペで市場の通貨流通量が増えると金利は低下します。⇒p.185

□□□ **問3** ゆうちょ銀行の定期貯金の利息は、預入期間が3年以上は単利に加えて半年複利も選択できる。

解答3 × 設問は間違い。定期貯金の利息は、3年未満は単利、3年以上は半年複利で計算します。⇒p.188

□□□ **問4** 個人向け国債(変動10年)は、原則として発行日から1年経過すればいつでも換金できる。

解答4 ○ 設問のとおり。中途換金の際は、「直前2回分の各利子相当額×0.79685」の金額が差し引かれます。⇒p.193

□□□ **問5** 表面利率1.5%の新発5年物国債を、発行価格101円で購入した場合の応募者利回りは、1.287%(小数点以下第4位四捨五入)である。

解答5 ○ 設問のとおり。 $\dfrac{1.5+\dfrac{100-101}{5}}{101}\times 100\ =\ 1.287\%$ ⇒p.195

□□□ **問6** 利付債の利回りと価格の関係は、価格が上昇すると利回りも上昇し、価格が下落すると利回りも低下する。

解答6 × 設問は間違い。価格が上昇すると利回りは低下し、価格が下落すると利回りは上昇します。⇒p.196

□□□ **問7** S&P500種株価指数は、ロンドン証券取引所に上場している代表的な銘柄のうち、時価総額上位500銘柄を対象として算出される。

解答7 × 設問は間違い。S&P500種株価指数は、アメリカの主要な500銘柄を対象とした時価総額指数です。⇒p.203

□□□ **問8** 配当性向とは、利益に対してどれくらいの配当が行われているかを表し、「1株あたり配当金÷株価×100」で計算できる。

解答8 ✕ 設問は間違い。配当性向の計算式は、1株あたり配当金÷1株あたり純利益×100 です。⇒p.205

□□□ **問9** 信託報酬とは、ファンドを解約したり、購入したりする場合に投資家間の不公正を解消するために設けられたコストである。

解答9 ✕ 設問は間違い。信託報酬は、ファンドの運用・管理に対する報酬です。設問の内容は、信託財産留保額です。⇒p.208

□□□ **問10** バリュー投資では、一般的にPERやPBRが相対的に低い銘柄が選定される傾向にある。

解答10 ◯ 設問のとおり。バリュー投資は、企業の現在の業績や利益水準からみて、株価が割安となっている銘柄に投資するため、PERやPBRの低い銘柄でポートフォリオが組まれる傾向があります。⇒p.211

□□□ **問11** 経済環境のマクロ的分析から、投資する国や地域、業種などの投資比率を決め、その中で銘柄を選んで投資する方法をトップダウン・アプローチという。

解答11 ◯ 設問のとおり。なお、個別企業の分析から投資銘柄を積み上げていく方法を、ボトムアップ・アプローチといいます。⇒p.211

□□□ **問12** 払込みと償還が同じ通貨で、利払いの通貨が異なるタイプの債券をリバースデュアルカレンシー債という。

解答12 ◯ 設問のとおり。払込みと利払いの通貨が同じで償還が異なる通貨の債券を、デュアルカレンシー債といいます。⇒p.217

□□□ **問13** 「相関係数＝－1」となる2つの資産はまったく同じ方向に値動きをする。

解答13 ✕ 設問は間違い。「相関係数＝－1」はまったく逆に値動きをします。「相関係数＝1」はまったく同じ値動きで、「相関係数＝0」は値動きに連動性がありません。⇒p.223

□□□ **問14** 債券の売却益は、株式等の譲渡所得として申告分離課税となる。

解答14 ◯ 設問のとおり。2015年までは、債券の売却益は、転換社債等を除いて非課税でしたが、2016年以降は株式等と同様に申告分離課税となりました。⇒p.225

□□□ **問15** NISA（少額投資非課税制度）口座を開設し、1年間の取引で未使用枠が残った場合、その年の未使用枠分を翌年に繰り越して使うことができる。

解答15 ✕ 設問は間違い。NISA口座では、年間の非課税枠のうち未使用の分を翌年に繰り越すことはできません。⇒p.229

第4章

タックス
プランニング

1 我が国の税制

頻出度 学習日
B ／

税制の基本的な知識が問われます。**国税**と**地方税**、**直接税**と**間接税**などの分類方法などを理解し、どのような税金の種類があるか確認しましょう。また、「**申告納税方式**」「**賦課課税方式**」「**超過累進税率**」「**比例税率**」などの用語も覚えましょう。

1 税金の種類

　税金は、いくつかの種類に分けられます。どこに納めるのか、どのように、誰が納めるのかなどによって、以下のように分類することができます。主な税金の種類とその分類を、確認しておきましょう。

1．国税と地方税

　　　国に納める　　→　国税
　　　地方に納める　→　地方税 ｛ 道府県税（都民税含む）
　　　　　　　　　　　　　　　　市町村税（特別区民税含む）

2．直接税と間接税

　　　税金を負担する人と実際に納める人が同じ　→　直接税
　　　税金を負担する人と実際に納める人が違う　→　間接税

【主な税金の種類】

国　税		地方税	
直接税	間接税	直接税	間接税
所得税、法人税 相続税、贈与税 など	消費税、たばこ税 酒税、印紙税 など	道府県民税 市町村民税 不動産取得税 固定資産税 など	地方消費税 道府県たばこ税 市町村たばこ税 など

プラスα　税金を納める方法には、申告納税方式により計算された税金を納付する方法と、賦課課税方式によって決まった税金を納付する方法以外に、給与や金融

３．税額の決まり方

　納税する者が、所得や納める税額を自分で計算して申告する方式を「**申告納税方式**」、国や地方公共団体が納める税額を決定し、書面などで納税者に通知する方式を「**賦課課税方式**」といいます。

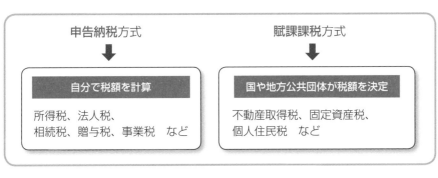

４．税率の種類

　税率を適用する方法には、所得が多くなるにつれて税率が高くなる「**累進税率**」と、所得の金額が多いか少ないかにかかわらず同じ税率を適用する「**比例税率**」があります。

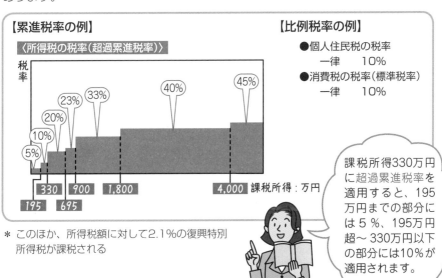

* このほか、所得税額に対して2.1％の復興特別
　所得税が課税される

2 所得税の仕組み

ココが ポイント

ここでは、基本的な所得税の特徴を押さえることがポイントです。**所得税の4つの特徴**や、**非課税となる所得の種類**などを覚えましょう。所得税の計算の流れを、おおまかにつかみ、詳細については244ページ以降で確認します。

1 所得税の基礎

1. 所得とは

所得税は、原則、個人が1年間（1月1日〜12月31日）に得た「所得」に対して課税されます。この「所得」とは、各個人が得た収入総額から必要経費を差し引いた、いわゆる「儲け（利益）」のことを指しています。

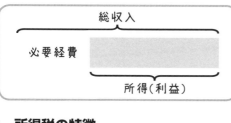

会社員なら月々の給料や賞与から給与所得控除を引いた金額、事業経営者なら事業によって得た利益などです。

2. 所得税の特徴

所得税には、以下のような特徴があります。

個人単位で課税	世帯単位などではなく、所得を得た個人ごとに課税
実質的な所得者への課税	名義がどうなっているかということにかかわらず、実質的にその所得を得た人に課税
暦年単位で課税	1月1日から12月31日までの1暦年の間に得られた所得に応じて課税
負担できる能力に応じて課税	各個人のさまざまな事情により、税金を負担する能力も異なる。負担できる能力（＝担税力）に応じて課税

プラスα 所得税は、その1年間に収入すべきことが確定した金額で計算することが原則となる。つまり、収入が発生することが確定していれば、まだ受け取っていないとして

3．納税義務者と課税される所得の範囲

　所得税の納税義務者は、居住者と非居住者に分けられ、それぞれの課税範囲が異なります。居住者はさらに、非永住者以外と非永住者に分けられます。

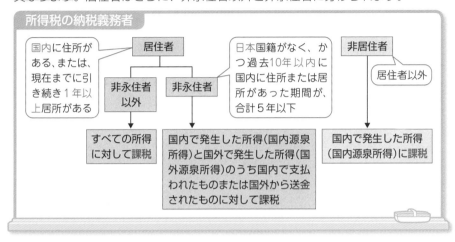

4．所得税が非課税となるもの　📖暗記

　個人が得た所得の中でも、社会政策や担税力を考慮したり、二重に税金がかかることを防ぐなどの目的で、所得税が課税されないものもあります。

- ●障害者などが預け入れた預貯金などで、一定の金額までの利息
- ●出張および転勤の旅費で、通常必要なもの　●通勤手当（月額15万円まで）
- ●生活用動産を譲渡して得た所得
- ●公的年金のうち、障害・遺族給付
- ●雇用保険から支給される失業給付、高年齢雇用継続基本給付金
- ●健康保険の傷病手当金、出産育児一時金、出産手当金
- ●宝くじの当せん金　●慰謝料　●損害賠償金　　　　　　　　　　など

5．総合課税と分離課税

　所得税は、その収入の性質などによって10種類に分類し、それぞれ必要経費などを差し引いて所得を計算したあと、総合課税または分離課税となります。

- ●総合課税　→　各所得を合計して超過累進税率を適用して課税
- ●分離課税　→　個別の所得でそれぞれの税率を適用して課税

も、収入が確定した日に計上する必要がある。収入を計上する時期の例としては、商品を販売した場合は商品を引き渡した日、役務の請負の場合は役務の請負が完了した日となる。

所得税の計算をする際の全体の流れは、以下のとおりです。まずは、計算の流れをおおまかにつかんでおきましょう。

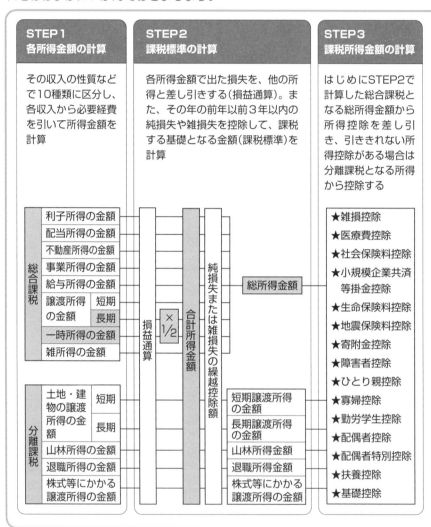

STEP1 各所得金額の計算

その収入の性質などで10種類に区分し、各収入から必要経費を引いて所得金額を計算

STEP2 課税標準の計算

各所得金額で出た損失を、他の所得と差し引きする（損益通算）。また、その年の前年以前3年以内の純損失や雑損失を控除して、課税する基礎となる金額（課税標準）を計算

STEP3 課税所得金額の計算

はじめにSTEP2で計算した総合課税となる総所得金額から所得控除を差し引き、引ききれない所得控除がある場合は分離課税となる所得から控除する

課税標準を出す際に控除する「純損失の繰越控除」とは、損益通算しても引ききれない損失を翌年以降3年間について控除できるというもの。また、「雑

最終段階で、税額控除や源泉徴収税額の調整を行います。

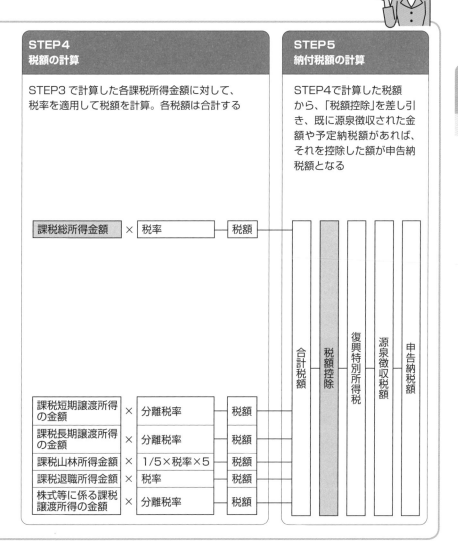

STEP4 税額の計算	STEP5 納付税額の計算
STEP3で計算した各課税所得金額に対して、税率を適用して税額を計算。各税額は合計する	STEP4で計算した税額から、「税額控除」を差し引き、既に源泉徴収された金額や予定納税額があれば、それを控除した額が申告納税額となる

課税総所得金額 × 税率 → 税額

課税短期譲渡所得の金額 × 分離税率 → 税額
課税長期譲渡所得の金額 × 分離税率 → 税額
課税山林所得金額 × 1/5×税率×5 → 税額
課税退職所得金額 × 税率 → 税額
株式等に係る課税譲渡所得の金額 × 分離税率 → 税額

合計税額　税額控除　復興特別所得税　源泉徴収税額　申告納税額

損失の繰越控除」とは、雑損控除（261ページ）の額がその年の所得から引ききれない場合に、翌年以降3年間繰り越して控除できるというもの。

3 10種類の所得①

 10種類の所得の区分と、それぞれの所得の範囲を確認しましょう。**利子所得**と**配当所得**、**事業所得**と**不動産所得**については所得の範囲を混同しないように整理しましょう。また、**給与所得**では、給与所得控除額の速算表での控除額の計算も重要です。

1 | 利子所得

1. 利子所得の範囲

利子所得の範囲は、以下のとおりです。

投資信託でも株式投資信託の収益分配は、「配当所得」になります。

利子所得となるもの	他の所得となるもの
・公社債(国債、地方債、社債等)の利子 ・預貯金(銀行等の預貯金)の利子 ・合同運用信託(金銭信託、貸付信託等)の収益分配 ・公社債投資信託(MMF、MRF等)の収益分配	・割引債の償還差益 ⇒ 2016年以後に発行のものは譲渡所得 ・友人、知人等への貸付金に対する利子 ⇒ 雑所得 ・株式投資信託の収益分配 ⇒ 配当所得

2. 利子所得の計算方法

利子所得には必要経費は認められないため、利子や収益分配等の収入金額が、そのまま利子所得となります。

$$利子所得の金額＝収入金額$$

3. 課税方法

国内で支払われる利子等については、受け取る際に、所得税15.315％（下記プラスα参照）と住民税5％（合計20.315％）が源泉徴収（源泉分離課税）されて、課税関係は終了します。源泉分離課税の対象とならない利子所得は総合課税となります。

2013年〜2037年については、各年の基準所得税額に対して2.1％の復興特別所得税が徴収される。そのため、源泉徴収される税率は、利子所得につい

2016年以後、居住者等が支払いを受ける特定公社債等の利子等については、申告分離課税、または申告不要を選択できます。

2 配当所得

1. 配当所得の範囲

配当所得の範囲は、以下のとおりです。

> 法人から受け取る利益の配当、法人から受け取る剰余金の分配、証券投資信託（公社債投資信託以外）の収益分配　など

2. 配当所得の計算方法

配当所得は、収入金額から株式等取得のための借入金の利子を差し引いて求めます。

> 配当所得の金額＝収入金額－株式などを取得するための借入金の利子

3. 課税方法　頻出

配当等が支払われる際には、一定の所得税等が源泉徴収（277ページ）されますが、原則として総合課税となり、**確定申告**をすることで精算されます。ただし、一定の配当等については、**申告不要制度**や**申告分離課税**が選択できます。

なお、申告する上場株式等の配当については、その全額について総合課税を選択するか、申告分離課税を選択するかを統一しなければなりません。

【課税の方法】　頻出

申告不要	上場株式等（大口株主を除く）は、金額にかかわらず申告不要を選択できる。源泉徴収で完了。配当控除の適用は受けられない
申告分離課税	税率　所得税15.315％（下記プラスα参照）、住民税5％。配当控除の適用は受けられない。上場株式等の譲渡損失との損益通算が可能
総合課税	他の所得と合算して税額を計算。配当控除の適用が受けられる。上場株式等の譲渡損失との損益通算はできない

＊ 少額投資非課税制度については228ページ参照

ては20.315％（所得税15.315％、住民税5％）、上場株式の配当についても、2014年より利子所得と同じ、20.315％（所得税15.315％、住民税5％）となっている。

3 | 事業所得

1．事業所得の範囲

　事業所得とは、製造業、卸売業、小売業、サービス業、農業、漁業、その他の事業で、継続的に対価を得て行う事業から得た所得です。

2．事業所得の計算方法

　その年中に確定した**総収入金額**から、その収入を得るためにかかった**必要経費**を差し引いて求めます。

> 事業所得の金額＝総収入金額－必要経費

必要経費となるもの	必要経費とならないもの
・売上原価、製造原価、給与・賃金 ・地代・家賃、減価償却費 ・事業用資産や業務に対して支払う固定資産税、自動車税 ・事業税、印紙税、消費税 ・業務の遂行上、直接必要と認められる交際費	・個人事業主が支払った所得税・住民税、加算税、延滞税等 ・生計を一にする配偶者や親族に支払う給料 ・生計を一にする配偶者や親族に支払う地代家賃

事業専従者控除もチェックしましょう。280、281ページをみてくださいね。

3．減価償却 頻出

　建物や機械装置等の減価償却の方法には、毎年均等額の償却費を計算する**定額法**と、毎年一定の割合で逓減するように償却費を計算する**定率法**があります。
　減価償却資産の種類ごとに減価償却の方法を選ぶことができますが、~~税務署への届出がない場合は、原則として~~**定額法**となります。また、1998年4月1日以降に取得した建物、2016年4月1日以後に取得した建物附属設備および構築物は、**定額法**のみとなります。

①減価償却の方法

●2007年4月1日以降に取得した資産
　帳簿価額が1円（備忘価額）になるまで償却

プラスα　事業所得の計算の際、売上原価は小売業の場合「期首商品棚卸高＋当期商品仕入高－期末商品棚卸高」、製造業の場合「期首製品棚卸高＋当期製品製造原価－期末製

定額法	定率法
償却費＝取得価額×定額法の償却率	償却費＝未償却残高×定率法の償却率※

※ 2012年4月1日以後に取得した資産については、定額法の償却率×2

年の途中に取得して事業の用に供した場合の減価償却費は、月割りで計算します。

②少額資産を取得した場合

少額資産を取得した場合は、次のようになります。

少額減価償却資産	取得価額が10万円未満、使用可能期間が1年未満の資産については、業務の用に供した年に取得価額の全額を必要経費に算入することができる
一括償却資産	取得価額が20万円未満の減価償却資産について、事業年度ごとの取得価額の合計額を3分の1ずつ償却する3年一括償却を選択することができる

＊ 上記の制度について、主要な事業として行われる場合を除き、貸付の用に供したものは除外

4．課税方法

事業所得は、他の所得と合算し総合課税となります。

4　不動産所得

1．不動産所得の範囲　📖暗記

不動産所得とは、不動産（土地・建物等）の貸付け、不動産の上に存する権利（借地権、借家権、地上権等）の貸付け、船舶または航空機の貸付けによる所得です。

不動産所得となるもの	それ以外の所得となるもの
・アパートの賃貸収入 ・建物を賃貸する場合の権利金、礼金、更新料、敷金や保証金のうち返還を要しないもの　等 ・月極駐車場	・食事を提供する下宿（事業所得） ・家賃・敷金を預け入れた預金の利息（利子所得） ・時間極駐車場（事業所得または雑所得） ・土地を賃貸する場合の権利金の額が時価の50%を超える場合（譲渡所得）

品棚卸高」で計算する。棚卸資産の評価方法はいくつかに区分された原価法と低価法があるが、税務署長へ届け出がなかった場合は、最終仕入原価法による原価法によって評価する。

2．不動産所得の計算 計算

不動産所得の金額は、その年に受け取るべき家賃等の総収入金額からその収入を得るためにかかった必要経費を差し引いて求めます。

> 不動産所得の金額＝総収入金額－必要経費

必要経費となるもの	必要経費とならないもの
・賃貸している土地・建物の固定資産税、修繕費、火災保険料、立退料 ・土地・建物を取得するための借入金の利子 ・減価償却費 ・賃貸用不動産の取得に伴う登録免許税、不動産取得税 ・建物取壊しの際の資産損失の額は、事業的規模の場合は全額必要経費、それ以外は損失控除前の不動産所得の金額まで	・所得税、住民税、延滞税、相続税 ・業務に関係のない固定資産税、自動車税、不動産取得税 ・土地・建物を取得する際に支払った仲介手数料（取得価格に含める）

3．課税方法

不動産所得は、他の所得と合算し、総合課税となります。

5 給与所得

1．給与所得の範囲

給与所得とは、給料、賃金、賞与、またはこれらの性質を有する給与にかかる所得です。この中には、会社から無利子で金銭の貸付けを受けた等の経済的利益や、現物支給の給与等も含みます。

2．給与所得の計算方法 計算

その年中に受けた給与収入金額から、給与所得控除額を差し引いて求めます。

[1]計算式

> 給与所得の金額＝総収入金額－給与所得控除額

プラスα 不動産所得を算出する際、生計を一にする配偶者や親族がアパート管理に専従している場合、事業的規模で貸付けが行われている場合に限り、事業専従

②給与所得控除額

給与所得控除額の速算表

(A)給与等の収入金額		給与所得控除額
	180万円以下	(A)×40%−100,000円 550,000円に満たない場合は550,000円
180万円超	360万円以下	(A)×30%＋　　80,000円
360万円超	660万円以下	(A)×20%＋　440,000円
660万円超	850万円以下	(A)×10%＋1,100,000円
850万円超		1,950,000円(上限)

③所得金額調整控除

　一定の給与所得者の総所得金額を計算する場合、一定の金額が給与所得の金額から控除されます。

対象者	控除額
その年の給与等の収入金額が850万円超で次のいずれかに該当する者 ・本人が特別障害者 ・23歳未満の扶養親族を有する ・特別障害者である同一生計配偶者または 　扶養親族を有する	(給与等の収入金額※−　850万円)×10% ※　1,000万円超の場合は1,000万円
給与所得控除後の給与等の金額と公的年金等に係る雑所得の金額の合計額が10万円を超える給与所得者	給与所得控除後の給与等の金額※＋ 公的年金等に係る雑所得の金額※−10万円 ※　10万円超の場合は10万円

④特定支出

　一定の特定支出の金額が、その年中の給与所得控除額の2分の1の金額を超える場合には、その超える部分の額(一定の支出は65万円限度)を給与所得控除額に加算することができます。

3. 課税方法

　給与所得は、他の所得と合算し総合課税となります。ただし、給与が支払われるつど、所得税が源泉徴収され、年末に過不足を精算する手続き(年末調整)を会社が行います。そのため、1年間の所得が給与所得のみの場合、一定の場合(276ページ)を除き確定申告をする必要はありません。

者控除(青色申告者の場合、青色事業専従者給与)を受けることができる。貸付けが事業的規模かどうかの目安として、建物の貸付けについては、5棟10室基準がある。

4 10種類の所得②

 頻出度 **A** 学習日 ／

ココが
ポイント

譲渡所得はいくつかの区分に分かれます。それぞれの課税区分と所得の計算方法を整理して理解しましょう。また、**一時所得、雑所得、退職所得**でも、所得の計算方法は重要です。とくに退職所得の計算は頻出問題です。退職所得控除額の計算式は必ず覚えましょう。

1 | 譲渡所得

1．譲渡所得の範囲

譲渡所得とは、資産の譲渡による所得です。

譲渡所得となるもの	それ以外の所得となるもの
・土地・建物・借地権・機械・車両・備品・ゴルフ会員権・著作権等の譲渡 ・30万円を超える宝石・貴金属・書画・骨董等の譲渡	・商品・製品等の棚卸資産の譲渡 ⇒ 事業所得 ・山林の譲渡 ⇒ 山林所得 ・営利を目的として継続的に行われる資産の譲渡 ⇒ 事業所得または雑所得

2．譲渡所得の区分

譲渡所得は、譲渡する資産の保有期間や、資産の種類によって、以下のような区分に分けられ、それぞれ所得金額の計算や課税方法が異なります。

①資産の種類と保有期間による区分

資産の種類	保有期間	課税区分
土地・建物・株式以外	短期譲渡（取得の日から譲渡した日までの期間が5年以下）	総合課税
	長期譲渡（取得の日から譲渡した日までの期間が5年超）	
株式等	－	申告分離課税
土地・建物等	短期譲渡（取得の日から譲渡した日の属する年の1月1日までの期間が5年以下）	申告分離課税
	長期譲渡（取得の日から譲渡した日の属する年の1月1日までの期間が5年超）	

プラス
α

株式等の譲渡収入より差し引く負債利子とは、譲渡した株式等を取得するために必要となった負債に関しての利子である。その年に支払う利子のうち、

②取得日と譲渡日

　取得日と譲渡日は、原則として**資産の引渡し**があった日となりますが、譲渡契約の効力が発生した日（契約日）とすることもできます。

3．譲渡所得の計算方法

①所得の計算

譲渡所得は、譲渡した資産の種類によって、以下のように計算方法が異なります。

資産の種類	計算方法
土地・建物・株式以外の一般の資産の譲渡	総収入金額−（取得費＋譲渡費用）−特別控除額（最高50万円） ＊土地、建物、株式等以外の譲渡で、同じ年に短期譲渡と長期譲渡がある場合は、まず短期譲渡所得から50万円の特別控除額を差し引き、引ききれない額を長期譲渡所得より控除する
株式等の譲渡	総収入金額−（取得費＋譲渡費用＋負債利子）
土地・建物等の譲渡	総収入金額−（取得費＋譲渡費用）−特別控除額

居住用不動産を譲渡した場合は、一定条件を満たすと3,000万円の特別控除があります。

②取得費と譲渡費用

取得費	その資産の購入価額＋その後の改良費（建物は減価償却費相当額を控除した額）。実際の取得費が譲渡価格の5％より少ないときは、「譲渡収入金額×5％」を概算取得費として計算することも可能
譲渡費用	資産を譲渡するために必要な仲介手数料、印紙代、測量費、立退料、取壊費用　など

4．課税方法

①土地・建物・株式以外の一般の資産の譲渡

　長期譲渡は所得金額の**2分の1**を、短期譲渡は所得金額そのものを他の所得と合算して総合課税となります。

②株式等の譲渡

　譲渡所得の金額に対して20.315％（所得税15.315％、住民税5％）の税率で申告分離課税となります。

＊ 復興特別所得税を含む

NISA（少額投資非課税制度）については228ページを参照してください。

NISA（少額投資非課税制度）については228ページを参照してください。

所有期間に対応する金額が対象となる。譲渡した年以外の負債利子は配当所得を計算する際に、配当収入から差し引く。

③土地・建物等の譲渡

　短期譲渡は39.63％（所得税30.63％、住民税９％）、長期譲渡は20.315％
（所得税15.315％、住民税５％）の税率で申告分離課税となります。

＊復興特別所得税を含む

2 一時所得

1．一時所得の範囲

　一時所得は、利子所得、配当所得、事業所得、不動産所得、給与所得、退職所
得、山林所得、譲渡所得のいずれにも該当しない所得のうち、営利を目的としな
い一時的な所得です。

> ●クイズの賞金　●福引の当せん金　●競馬の馬券や競輪の車券の払戻金
> ●生命保険、損害保険の満期金　●拾得物の報労金

2．一時所得の計算方法　頻出

　一時所得の金額は、次のように求められます。

> 一時所得の金額＝総収入金額 － 収入を得るために支出した金額 － 特別控除額（最高50万円）

3．課税方法

　一時所得は、他の所得と合算され、総合課税となります。

他の所得と合算する金額は、一時所得の金額の２分の１の金額です。

3 雑所得

1．雑所得の範囲

　雑所得は、他の９種類の所得のいずれにも該当しない所得です。雑所得は、①
公的年金等、②公的年金等以外の２つに区分されます。

プラスα　雑所得のうち、原稿料、講演料、印税等は支払金額の10.21％が、公的年金
等は、年金額から一定額を控除した残高について5.105％が源泉徴収されて

①公的年金等	②公的年金等以外
・国民年金、厚生年金、共済年金から受け取る老齢給付 ・確定給付企業年金、確定拠出年金から年金で受け取る老齢給付	・生命保険契約等に基づく個人年金 ・原稿料、講演料、著作権使用料等

2．雑所得の計算方法

①公的年金等の雑所得の計算

$$雑所得の金額＝公的年金等の収入金額－公的年金等控除額$$

【公的年金等控除額】

年齢	公的年金等の収入金額（A）	公的年金等に係る雑所得以外の合計所得金額		
		1,000万円以下	1,000万円超 2,000万円以下	2,000万円超
65歳未満	130万円未満	60万円	50万円	40万円
	130万円以上 410万円未満	(A)×25％＋27.5万円	(A)×25％＋17.5万円	(A)×25％＋7.5万円
	410万円以上 770万円未満	(A)×15％＋68.5万円	(A)×15％＋58.5万円	(A)×15％＋48.5万円
	770万円以上 1,000万円未満	(A)×5％＋145.5万円	(A)×5％＋135.5万円	(A)×5％＋125.5万円
	1,000万円以上	195.5万円	185.5万円	175.5万円
65歳以上	330万円未満	110万円	100万円	90万円
	330万円以上 410万円未満	(A)×25％＋27.5万円	(A)×25％＋17.5万円	(A)×25％＋7.5万円
	410万円以上 770万円未満	(A)×15％＋68.5万円	(A)×15％＋58.5万円	(A)×15％＋48.5万円
	770万円以上 1,000万円未満	(A)×5％＋145.5万円	(A)×5％＋135.5万円	(A)×5％＋125.5万円
	1,000万円以上	195.5万円	185.5万円	175.5万円

②公的年金等以外の雑所得

$$雑所得の金額＝公的年金等以外の収入金額－必要経費$$

3．課税方法

　雑所得は、原則、他の所得と合算して総合課税となりますが、特定のもので申告分離課税となる所得もあります。

いる。また、個人年金保険等の雑所得が一定額を超えた場合も源泉徴収される。実際にはその他の所得と合算して総合課税となるため、確定申告で税額を精算する。

4 | 退職所得

1. 退職所得の範囲

　退職所得は、退職手当、一時恩給、その他退職によって一時に受け取る給与の性質をもつものです。企業年金（確定給付企業年金、確定拠出年金等）を、年金ではなく、一時金で受け取った場合も含まれます。

2. 退職所得の計算方法　頻出

　退職所得は、総収入金額から勤続年数に応じた退職所得控除額を差し引いた金額を2分の1にした金額です。なお、勤続年数5年以下の短期退職手当等は、その収入金額から退職所得控除額を差し引いた残額のうち300万円を超える部分は2分の1とはされません。

> 退職所得の金額＝（総収入金額－退職所得控除額）×1／2

＊ 勤続年数5年以下の役員等については退職金の額から退職所得控除額を差し引いた額が、退職所得の額となる

【退職所得控除額】　暗記

勤続年数※	退職所得控除額
20年以下	40万円×勤続年数（最低80万円）
20年超	800万円＋70万円×（勤続年数－20年）

※ 1年未満の端数がある場合は1年に切り上げて計算
＊ 障害者になったことによる退職の場合は100万円加算

例

●前提条件
　退職一時金　2,300万円
　勤続年数　　38年3カ月
●退職所得控除
　800万円＋70万円×（39年－20年）＝2,130万円
●退職所得　（2,300万円－2,130万円）×$\frac{1}{2}$＝85万円

退職所得控除と退職所得の計算は、必ずできるようにしましょう。

プラスα　死亡後3年以内に支給が確定した退職金を相続人が取得した場合、一定の金額は非課税となるが、その金額は「法定相続人の数×500万円」で計算される。

3．課税方法

他の所得とは切り離して総合課税と同じ税率で**分離課税**されます。

一般的に退職所得は、支給の際に所得税と住民税が源泉徴収されて課税関係は終了しますが、「退職所得の受給に関する申告書」を提出していない場合は、一律20.42%の所得税が源泉徴収されるため、確定申告を行う必要があります。

＊復興特別所得税を含む

5　山林所得

1．山林所得の範囲

山林所得は、山林の伐採または譲渡による所得です。ただし、その山林の保有期間によって、事業所得または雑所得となる場合もあります。

保有期間5年超　⇒　山林所得

保有期間5年以下　⇒　事業所得または雑所得

2．山林所得の計算方法

山林所得の金額は、以下のように求めます。

> 山林所得の金額＝総収入金額－必要経費－特別控除額（最高50万円）

3．課税方法

他の所得とは区分して分離課税されます。

課税山林所得の金額の5分の1に総合課税の超過累進税率を適用して税額を計算したあと、その税額を5倍して年間の税額を計算します（5分5乗方式）。

確認しよう！

Q1 土地・建物等を譲渡した場合、取得の日から譲渡した日までの期間が5年超の場合、長期譲渡となる。

A1 ✕（⇒p.250）

死亡後3年を超えて支給が確定した場合は、相続税ではなく、死亡退職金を受け取った人に、一時所得として所得税が課税される。

5 損益通算

頻出度 A ／ 学習日 ／

ココが
ポイント

損益通算できる損失は4つの所得から生じる損失に限られます。また、損益通算の対象となる所得の損失の中でも、例外的に損益通算できない損失もあります。**不動産所得**における土地等の取得に要した**負債利子の取扱い**は重要ポイントです。

1 損益通算の仕組み

　各所得を計算し、赤字が出た場合に他の所得の黒字と差し引きして計算することを損益通算といいます。

1．損益通算できる損失とできない損失 📝頻出

　損益通算できる損失とできない損失は、以下のように区分されます。

損益通算できる損失	損益通算できない損失	損失が生じない所得
不動産所得の損失	配当所得の損失	利子所得
事業所得の損失	一時所得の損失	退職所得
山林所得の損失	雑所得の損失	給与所得
譲渡所得の損失		

> 生活用の動産の譲渡など、非課税所得の計算上生じた損失も損益通算できません。

2．譲渡所得の例外 📝頻出

　以下のものは損益通算できません。

●土地・建物等の譲渡損失
（一定の要件を満たす居住用財産の譲渡損失は、損益通算可能）

●**生活に通常必要でない資産の譲渡**にかかる損失
（主として趣味、娯楽、保養または鑑賞の目的で所有する動産・不動産（ゴルフ会員権など）、生活の用に供する動産で、1個または1組の価額が30万円を超える貴金属、書画、骨とうなど）

●株式等の譲渡損失（申告分離課税とした配当所得、公社債等の利子等との損益通算は可）

●上場株式と非上場株式の譲渡損益

プラス
α

損益通算をする際の、一時所得と総合長期譲渡所得は、それぞれ特別控除を差し引いたあとの金額で2分の1にする前の金額が損益通算の対象となる。

3．不動産所得の留意点

　不動産所得の損益通算は、物件ごとの損失ではなくその納税者の不動産所得全体で損失が生じた場合となります。なお、不動産所得の計算上生じた次のような損失は、損益通算できません。

●別荘などの通常生活に必要ない資産を貸し付けた場合の損失

●不動産所得の損失のうち、土地等の取得に要した負債利子

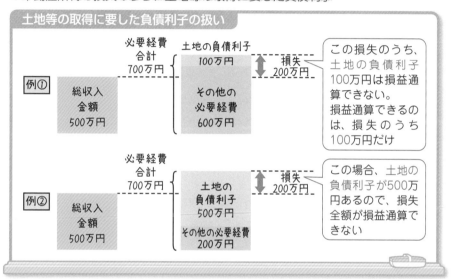

第4章 5 損益通算

例

2024年の所得が以下の場合、損益通算後の総所得金額はいくらになるか。

　給与所得　　　710万円

　不動産所得　▲100万円（このうち土地の取得に要した負債利子　40万円）

　一時所得　　▲50万円

　不動産所得の損失のうち、損益通算できる金額

　⇒　100万円－40万円＝60万円

　一時所得の損失は損益通算できない

　よって損益通算後の総所得金額は　給与所得710万円－60万円＝650万円

損益通算を行ったあと、残った黒字の所得があれば2分の1とした金額を他の所得と合算して総合課税する。

2 | 損益通算の順序

損益通算する損失は、一定の順序に従って、他の所得と通算します。

第1次通算

　経常所得グループ内、譲渡・一時所得グループ内でそれぞれ通算する。

経常所得グループ		譲渡・一時所得グループ
利子所得、　配当所得、不動産所得、事業所得、給与所得、　雑所得		譲渡所得、一時所得

退職・山林所得グループ
退職所得、山林所得

第2次通算

　第1次通算で引ききれなかった経常所得グループと、譲渡・一時所得グループの間で通算する。

第3次通算

　第2次通算で引ききれなかった赤字と、退職・山林所得グループで通算する。山林所得の損失は、経常所得グループ、譲渡・一時所得グループの所得、退職所得の金額の順に通算する。

3 | 損失の繰越控除

　損益通算をしても引ききれない損失がある場合は、一定の要件を満たした場合に、翌年以降3年間※損失を繰り越すことができます。

1．純損失の繰越控除

　青色申告を選択していた年に生じた損失で、損益通算をしても引ききれない損失の金額は、青色申告書を申告期限内に提出していること、翌年以後も引き続き確定申告をすることを要件にして、翌年以降3年間※にわたり、純損失の全額を繰り越すことができます。白色申告者の場合は、変動所得の損失と被災事業用資産の損失のみ、繰越控除できます。

 不動産所得の損失を損益通算する場合、土地等の取得に要した負債利子は損益通算の対象とならないが、借入金と手持ちの現金で土地と建物を同時に取

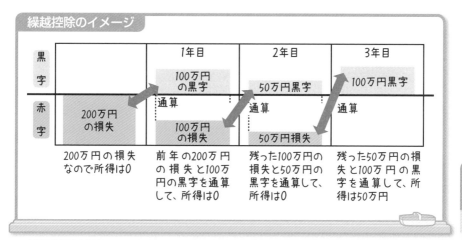

※ 以下の場合は5年
　①保有する事業用資産等のうち、特定非常災害に指定された災害により生じた損失の割合が10%以上である場合は、青色申告者についてはその年に発生した純損失の総額。白色申告者については被災事業用資産の損失の金額と変動所得に係る損失の金額の合計額
　②特定被災事業用資産の損失の割合が10%未満の場合は、特定被災事業用資産の損失による金額

2. 雑損失の繰越控除

　所得金額から雑損控除を引いても引ききれない場合、青色申告、白色申告を問わず確定申告書を期限内に提出し、翌年以降も引き続き確定申告をするという要件を満たした場合、翌年以降**3年間**※にわたり、損失を繰り越すことができます。
※ 特定非常災害による損失は5年

3. 居住用財産の譲渡損失の繰越控除

　譲渡した年の1月1日において所有期間が5年を超える一定の居住用財産を譲渡して損失が生じた場合、一定の要件を満たすと他の所得と損益通算でき、さらに引ききれない損失については、翌年以降**3年間**にわたり損失を繰り越すことができます（352ページ）。

> 居住用財産の譲渡損失の繰越控除は青色申告、白色申告のどちらでも適用が受けられます。

得した場合は、借入金はまず建物の取得のために充てられたとして計算する。そのあと、土地の取得に充てたものとして、土地等の取得に要した負債利子を計算する。

第4章

5

損益通算

6 所得控除① 物的控除

ココが
ポイント

所得控除のうち、特定の支出などに対して配慮される控除を、**物的控除**といいます。中でも**医療費控除**や**生命保険料控除**、**地震保険料控除**などの出題頻度が高くなります。とくに医療費控除の対象となるもの、ならないもの、計算方法についても確認しましょう。

1 所得控除の種類

所得税では、所得金額から所得控除を差し引いた金額を課税所得として、税率を乗じて税額が求められます。

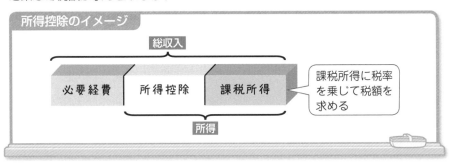

所得控除のイメージ

【所得控除の種類】

人的控除 （最低生活費の維持や通常より担税力が弱いと考えられる人への考慮）	物的控除 （特定の支出に対する配慮や、社会政策上の配慮）
配偶者控除、配偶者特別控除、 扶養控除、障害者控除、ひとり親控除、 寡婦控除、勤労学生控除、基礎控除	雑損控除、医療費控除、社会保険料控除、 小規模企業共済等掛金控除、 生命保険料控除、地震保険料控除、 寄附金控除

扶養控除、配偶者控除等の人的控除については、原則、**12月末**時点の状況で判断されます。ただし、対象の親族等が年の途中で死亡した場合は、**死亡時**の現況によって判断されます。

プラス
α
災害減免法とは、住宅や家財等が災害によって損害を受けた場合の救済措置。減免となる原因は災害のみで、合計所得金額1,000万円以下の場合に受けら

2 | 雑損控除

　災害、盗難、横領によって住宅・家財等の資産に損失を受けた場合、一定額が控除できます。その年に引ききれなかった金額は、**3年間**※繰り越すことができます。

※ 特定非常災害による損失は5年

> 雑損控除と災害減免法(下記プラスα参照)は、どちらか一方のみしか受けることはできません。

1. 対象となる資産

　納税者や納税者と生計を一にする親族(総所得金額等48万円以下)が有する資産が対象となります。ただし、生活に通常必要でない資産(別荘、ゴルフ会員権など)や事業用の資産、1組または1個の価額が**30万円を超える**書画、骨董、貴金属等は対象となりません。

2. 控除額

　次の金額のうち、多いほうの金額が控除されます。

> 差引損失額※1−総所得金額等の合計額×10%

> 差引損失額※1のうち災害関連支出の金額※2−5万円

※1 差引損失額＝損害金額＋災害関連支出の金額−保険金などにより補てんされる金額
※2 災害関連支出の金額とは、災害により滅失した住宅、家財などを取壊しまたは除去するために支出した金額等

3 | 医療費控除

　納税者が、自己や**納税者と生計を一にする親族**のために、1年間(その年の1月1日〜12月31日)に一定の医療費を支払った場合に控除されます。実際に治療を受けた年と支払いを行った年が異なる場合、**実際の支払いを行った年に控除**を受けます。医療費控除の対象となる、生計を一にする親族には、所得要件はありません。

れる。損害額から保険金等を差し引いた金額が時価の2分の1以上となった場合に、所得税の減免が受けられる。

1. 対象となる医療費

対象	対象外
診療費、治療費、妊婦の定期検診	健康診断費用(健康診断等の結果、重大な疾病が発見され、引き続きその疾病の治療をした場合に限り対象)、美容整形のための費用
通院にかかる電車・バス代	タクシー代(やむを得ない場合は対象)、自家用車のガソリン代、駐車場料金
通常必要な入院の部屋代、食事代	差額ベッド代(特別な理由がある場合は対象)
医薬品の購入費	ビタミン剤、健康ドリンク、医師の処方以外の漢方薬

2. 控除額

控除額＝(医療費−給付金等で補てんされる金額※1)−10万円※2
※1 健康保険から給付される出産育児一時金、高額療養費、生命保険の入院給付金等
※2 総所得金額が200万円未満の場合には、総所得金額×5%相当額

例

● 前提条件

1年間に支払った医療費総額 　50万円

受け取った生命保険の給付金 　10万円

総所得金額 　350万円

● 医療費控除の額

(50万円 − 10万円) − 10万円 ＝ 30万円

医療費控除の上限額は、200万円です。

3. セルフメディケーション税制

2017年1月1日から2026年12月31日までに支出した一定の税制対象医薬品の購入金額のうち、年間で12,000円を超える部分の金額(88,000円を限度)を総所得金額等から控除することができます。

これは従来の医療費控除と併用することはできません。

プラスα 確定拠出年金の掛金のうち従業員本人が拠出している部分や団体信用生命保険の保険料、少額短期保険業者が取り扱う保険などの保険料は生命保険料控

4　社会保険料控除

社会保険料を支払った場合に控除されます。

1．対象となる社会保険料

　納税者または納税者と生計を一にする親族の社会保険料（健康保険、介護保険、国民健康保険、厚生年金、国民年金、雇用保険等）が対象となります。

2．控除額

　支払った社会保険料**全額**が控除されます。

5　小規模企業共済等掛金控除

小規模企業共済等の掛金を支払った場合に控除されます。

1．対象となる掛金

　小規模企業共済の掛金と、確定拠出年金の加入者掛金が対象となります。

2．控除額

　支払った掛金**全額**が控除されます。

6　生命保険料控除

一定の生命保険や、個人年金保険の保険料を支払った場合に控除されます。

1．一般の生命保険料控除

　保険金の受取人が、納税者本人や配偶者、その他の親族とする契約についてのみ対象となります。

2．個人年金保険料控除

　年金の受取人が保険料等の支払者または配偶者で、掛金の払込期間が10年以

除の対象外である。また、医療保険、介護保険、所得補償保険は損害保険会社で契約した商品であっても生命保険料控除の対象となる。

上、年金の支払いが受取人の年齢60歳以降で、年金の受取期間が10年以上である定期年金または終身年金が対象となります。

3．介護医療保険料控除

　2012年1月1日以降に締結した介護保険または医療保険の支払保険料について、一般の生命保険料控除とは別枠で介護医療保険料控除が適用されます。

【控除額】2011年12月31日以前に締結した保険契約

年間の支払保険料の合計		控除額
	25,000円以下	支払金額
25,000円超	50,000円以下	支払金額÷2＋12,500円
50,000円超	100,000円以下	支払金額÷4＋25,000円
100,000円超		50,000円

生命保険料と個人年金保険料について、控除額はそれぞれ最高50,000円まで。生命保険料控除額は合わせて最高100,000円まで

【控除額】2012年1月1日以降に締結した保険契約

年間の支払保険料の合計		控除額
	20,000円以下	支払金額
20,000円超	40,000円以下	支払金額÷2＋10,000円
40,000円超	80,000円以下	支払金額÷4＋20,000円
80,000円超		40,000円

一般の生命保険料と個人年金保険料、介護医療保険料について、控除額はそれぞれ最高40,000円まで。生命保険料控除額は合わせて最高120,000円まで

7 ｜ 地震保険料控除

　納税者または納税者と生計を一にする親族の有する居住用家屋・生活用動産に対しての保険を目的とする地震保険契約の保険料等を支払った場合は、支払った保険料の全額（最高50,000円）が所得金額から控除されます。

　地震保険は、住宅火災保険もしくは住宅総合保険に付帯して契約しますが、地震保険料控除の対象となるのは地震保険料部分のみです。火災保険料部分は、対象となりません。

同居している場合は、明らかに別生計であるという場合を除いて、生計一とみなされる。ただし、同居が条件というわけではないため、勤務、修学、療養等

8 | 寄附金控除

2,000円を超える特定寄附金を支払った場合に、控除されます。

1．対象となる寄附金

- 国または地方公共団体への寄附
- 財務大臣が指定した公益法人等への寄附
- 政治資金規正法等の規定に該当する政党などへの寄附
- NPO法人への寄附のうち、一定の要件を満たすもの　　　　　　　　など

2．控除額

寄附金控除額＝〔特定寄附金として支出した金額〕または〔総所得金額等の合計額×40%〕のうちいずれか低い金額）－2,000円

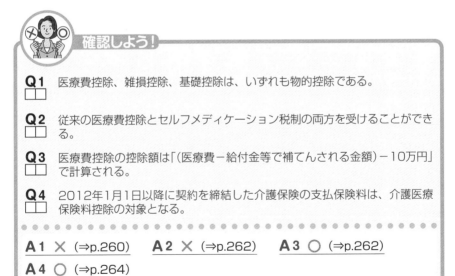

確認しよう！

Q1 医療費控除、雑損控除、基礎控除は、いずれも物的控除である。

Q2 従来の医療費控除とセルフメディケーション税制の両方を受けることができる。

Q3 医療費控除の控除額は「（医療費－給付金等で補てんされる金額）－10万円」で計算される。

Q4 2012年1月1日以降に契約を締結した介護保険の支払保険料は、介護医療保険料控除の対象となる。

A1 ✕ （⇒p.260）　　　**A2** ✕ （⇒p.262）　　　**A3** 〇 （⇒p.262）

A4 〇 （⇒p.264）

の都合上別居している場合でも、休暇時には同居している場合や、常に生活費、学資金、医療費等を送金している場合には、「生計を一にする」ものとして取り扱われる。

頻出度 **A** 　学習日 ／

7 所得控除② 人的控除

ココが
ポイント

所得控除のうち、最低生活費の維持や担税力(税を負担できる能力)の弱い人へ配慮される控除を、**人的控除**といいます。中でも**扶養控除**、**配偶者控除**、**配偶者特別控除**は多くの方にかかわる控除で、出題頻度も高くなります。対象となる要件や金額も覚えましょう。

1 障害者控除

納税者本人や控除対象配偶者および扶養親族(扶養控除の適用がない16歳未満の扶養親族も含む)の中に障害者がいる場合に控除されます。控除額は、障害者1人につき27万円(特別障害者の場合40万円、同居特別障害者の場合75万円)となります。

2 ひとり親控除・寡婦控除

納税者本人が寡婦またはひとり親の条件に該当する場合に控除されます。

【ひとり親控除】

こんな場合に(すべてを満たす場合)	控除額
・現に婚姻をしていない、または配偶者の生死があきらかでない一定の人 ・本人の合計所得金額が500万円以下 ・生計を一にする子(総所得金額が48万円以下で、他の人の同一生計配偶者や扶養親族になっていない)がある	35万円

【寡婦控除】

こんな場合に	控除額
上記のひとり親に該当せず、以下の①②のいずれかを満たす人 ①夫と離婚した後、婚姻をしておらず扶養親族がいる人で合計所得金額が500万円以下 ②夫と死別した後、婚姻をしていない、または夫の生死があきらかでない一定の人で合計所得金額が500万円以下	27万円

いずれも事実上の婚姻関係と同様と認められる
一定の人がいる場合は対象とはなりません。

プラスα 事業専従者として、給与の支払いを受けている者や、事業専従者控除の適用を受けている者は、配偶者控除、配偶者特別控除、扶養控除を受けられない。

3 勤労学生控除

　納税者本人が、大学・高等専門学校・高等学校・専修学校・各種学校の生徒等で次の条件を満たす場合、勤労学生として控除が受けられます。

1．収入の条件

　次の条件をいずれも満たす場合に適用されます。
- ●合計所得金額が75万円以下
- ●合計所得金額のうち、自己の勤労によらない所得が10万円以下

2．控除額

27万円

4 扶養控除

　納税者と生計を一にし、合計所得金額が**48万円以下**の親族がいる場合に控除されます。

【控除額】　頻出

扶養親族	16歳〜19歳未満 23歳〜70歳未満	（38万円）
特定扶養親族	19歳〜23歳未満	（63万円）
老人扶養親族（70歳以上）		48万円
同居老親等（直系尊属である老人扶養親族）		58万円

0歳〜15歳の扶養親族には適用されません。

また、他の納税者の扶養親族とされている者は、別の納税者の扶養親族として扶養控除の適用を受けることはできない。

5 配偶者控除

　納税者と生計を一にし、合計所得金額が**48万円以下**の配偶者がいる場合に控除されます。配偶者とは、戸籍上の配偶者を指します。ただし、納税者本人の合計所得金額が**1,000万円超**の場合は、適用されません。

【控除額】 📝頻出

納税者本人の合計所得金額	控除対象配偶者	老人控除対象配偶者
900万円以下	38万円	48万円
900万円超　950万円以下	26万円	32万円
950万円超1,000万円以下	13万円	16万円

6 配偶者特別控除

　納税者と生計を一にし、合計所得金額が、**48万円超133万円以下**の配偶者がいる場合に控除されます。配偶者特別控除が受けられる納税者は、合計所得金額**1,000万円以下**の者に限られます。

【配偶者特別控除額】

配偶者の合計所得金額		納税者本人の合計所得金額		
		900万円以下	900万円超 950万円以下	950万円超 1,000万円以下
48万円超	95万円以下	38万円	26万円	13万円
95万円超	100万円以下	36万円	24万円	12万円
100万円超	105万円以下	31万円	21万円	11万円
105万円超	110万円以下	26万円	18万円	9万円
110万円超	115万円以下	21万円	14万円	7万円
115万円超	120万円以下	16万円	11万円	6万円
120万円超	125万円以下	11万円	8万円	4万円
125万円超	130万円以下	6万円	4万円	2万円
130万円超	133万円以下	3万円	2万円	1万円

配偶者特別控除は、段階的に金額が小さくなります。

プラスα　配偶者控除、配偶者特別控除の対象となる配偶者とは、民法の規定による配偶者であり、内縁関係の場合は対象外である。配偶者が年の途中で死亡した

【配偶者控除と配偶者特別控除の関係】

控除額
38万円

| 配偶者控除 | 配偶者特別控除 |

0万円

48万円　95万円　　　　　　　　　　　133万円　配偶者の
　　　　　　　　　　　　　　　　　　　　　　　　　合計所得金額

配偶者控除と配偶者特別控除は同時に
適用されることはありません。

7 基礎控除

合計所得金額が2,500万円以下の納税者の所得より、以下の額が控除されます。

合計所得金額		控除額
2,400万円以下		（48万円）
2,400万円超	2,450万円以下	32万円
2,450万円超	2,500万円以下	16万円
2,500万円超		0万円

 確認しよう！

Q1 16歳〜19歳未満の扶養親族が対象となる扶養控除の金額は63万円である。

Q2 合計所得金額が900万円以下の納税者に、合計所得金額48万円以下の配偶者がいる場合には38万円の配偶者控除が適用される。

Q3 合計所得金額2,400万円以下の納税者の場合、38万円の基礎控除が適用される。

A1 ✕ （⇒p.267）　　**A2** ◯ （⇒p.268）　　**A3** ✕ （⇒p.269）

場合は、死亡した日に控除対象配偶者であれば対象となる。なお、老人控除対象配
偶者とは、控除対象配偶者に該当する70歳以上の人である。

8 税額の計算

 ココが ポイント　**総合課税**と**分離課税**の、それぞれの税率と税額の算出方法を理解しましょう。税額控除では、**配当控除**と**住宅借入金等特別控除**がどのような場合に適用されるのかを確認しましょう。

1 所得税率

　総合課税となる所得を合計した金額を総所得金額といい、総所得金額から所得控除を差し引いた金額を課税総所得金額といいます。この課税総所得金額に超過累進税率を適用して税額を求めます。分離課税となる所得についてはそれぞれの所得ごとに次ページの税率を適用して税額を求めます。このとき総所得金額から引ききれない所得控除額がある場合は、分離課税される所得から差し引きます。

1．総合課税の税率

　総合課税となる課税総所得金額に対しては、次の**超過累進税率**が適用されます。

【所得税の速算表】 計算

課税総所得金額		税　率	控除額
	195万円以下	5%	0万円
195万円超	330万円以下	10%	97,500円
330万円超	695万円以下	20%	427,500円
695万円超	900万円以下	23%	636,000円
900万円超	1,800万円以下	33%	1,536,000円
1,800万円超	4,000万円以下	40%	2,796,000円
4,000万円超		45%	4,796,000円

　課税総所得金額が300万円の場合、
　300万円×10％－97,500円＝202,500円と計算します。
　確定申告の際は、202,500円と復興特別所得税をあわせて
　申告・納付します。

 プラスα　上場株式等以外の株式（上場株式のうち大口株主や非上場の株式）から受け取る配当については、原則総合課税となり、配当控除の適用を受けられる。少額配

2．分離課税の税率

分離課税となる所得の税額は、次の表のように算出します。

【分離課税となる所得の税額】

課税短期譲渡所得	×30.63%（他に住民税9%）
課税長期譲渡所得	×15.315%（他に住民税5%）
上場株式等にかかる課税譲渡所得	×15.315%（他に住民税5%）
課税山林所得	×1/5×超過累進税率×5
課税退職所得	×超過累進税率
課税配当所得	×15.315%（他に住民税5%）

＊ 復興特別所得税を含む

2 ｜ 税額控除とは

所得税では、二重に税金が課税されることを避けるためや、政策的な配慮によって、算出された税額より一定額を控除することを認めており、これを税額控除といいます。

税額から直接控除されるため、税額控除の金額がそのまま税額の軽減額です。

3 ｜ 配当控除

配当所得がある場合、確定申告（総合課税）をすることで一定の金額の税額控除を受けることができます。

1．配当控除の計算式　計算

①課税総所得金額が1,000万円以下の場合

配当所得金額×10%

②課税総所得金額が1,000万円超の場合

①配当所得の金額が（課税総所得金額－1,000万円）より少ない場合

配当所得金額×5%

当（1銘柄1回について「10万円×配当計算期間の月数（最高12カ月）÷12」で計算した金額以下である場合）については、所得税については申告不要とすることができる。

②配当所得の金額が、（課税総所得金額－1,000万円）より多い場合

A（課税総所得金額－1,000万円）×5%

B　{配当所得－（課税総所得金額－1,000万円）}×10%

> 控除額＝A＋B

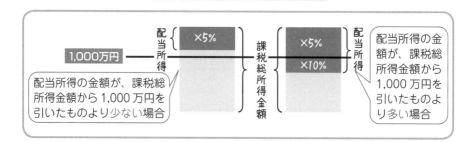

公募株式投資信託の収益分配については、上記計算のうち10%を5%、5%を2.5%と読み替えて計算します。

2．配当控除が受けられない場合　📖暗記

以下の場合は、配当控除の対象外です。

- ●**外国法人**から受け取る配当
- ●上場株式等の配当等でも**申告不要**、**申告分離課税**を選択した場合
- ●REIT（会社型不動産投資信託）等から受け取る収益分配金

4　住宅借入金等特別控除　📝頻出

自己の居住する家屋を、住宅ローンを借り入れて購入または増改築した場合に、一定の条件を満たすと、住宅借入金等特別控除を受けることができます。一定の条件は、次ページの表のとおりになります。

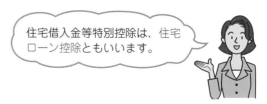

住宅借入金等特別控除は、住宅ローン控除ともいいます。

プラスα　住宅借入金等特別控除の適用期間中に転勤等でその住宅に住まなくなったあと、再びその住宅に居住し控除期間が残っている場合、残期間について同

1．適用要件

<table>
<tr><td rowspan="3">住宅の要件</td><td>新築住宅</td><td>・床面積50m²以上（一定要件※を満たす場合40m²）
・床面積の2分の1以上が自己の居住用</td></tr>
<tr><td>既存住宅</td><td>・上記新築住宅の条件を満たすこと
・新耐震基準に適合していること</td></tr>
<tr><td>増改築等</td><td>・自己の所有家屋にかかる増改築であること
・工事費用100万円超で、総額の2分の1以上が居住用の増改築等の費用であること
・工事後の家屋の床面積が50m²以上かつ2分の1以上が自己の居住用であること</td></tr>
<tr><td colspan="2">住宅ローンの要件</td><td>・金融機関や勤務先等からの借入れで償還期間10年以上
・住宅の取得等（新築、取得、増改築等）をするためのもので、その住宅の取得等に直接必要な借入金等であること
・住宅の新築や取得とともに取得するその住宅の敷地のための借入金等も対象となる</td></tr>
<tr><td colspan="2">その他</td><td>・取得日から6カ月以内に入居し、控除を受ける年の12月31日まで引き続き居住していること
・居住した年とその前後の2年ずつの5年間と新築住宅に居住した年から3年目に従前の住宅を譲渡した場合に、居住用財産の譲渡の特例、居住用財産の買換え・交換の特例、等の特例を適用されていないこと
・その年の合計所得金額2,000万円以下の場合に適用
・所定の書類を添付して確定申告をすること（年末調整が受けられる場合は、2年目以降は年末調整により実施）
・住宅ローンを繰上げ返済したことにより、住宅ローンの償還期間が10年未満となった場合は、それ以降、住宅借入金等特別控除の適用はない</td></tr>
</table>

※ 2024年12月31日以前に建築確認を受けたもので新築または建築後使用されたことのないもの。その年分に係る合計所得金額が1,000万円以下

給与所得者で年末調整が受けられる場合、2年目以降は年末調整で受けられます。

控除の適用を受けられる。また、一度もこの控除を受けることなく転勤した場合も、再び居住した年以後、一定の要件のもとに同控除が受けられる。

2．住宅借入金等特別控除が受けられない場合

以下の場合は、住宅借入金等特別控除の適用は受けられません。

> ●親族からの借入、勤務先からの借入で**基準金利未満の借入**
> ●配偶者や生計を一とする親族等から取得した場合
> ●適用を受けようとする年の**12月31日**まで居住していない場合
> ＊ ただし、単身赴任で家族がその住宅に居住している場合は、単身赴任中も適用を受けることができる（単身赴任が終わったあとその者が再び居住することとなる場合に限る）
> ●適用を受けようとする年の合計所得金額が**2,000万円**を超える年分

3．控除額 🔄改正

年末の住宅ローン残高に対して、一定率の金額が控除されます。

【認定住宅】

	居住年	借入限度額	控除率	控除期間
認定住宅	2024年	4,500万円 （子育て特例対象の個人は5,000万円）	0.7%	13年
	2025年	4,500万円		
ZEH※水準 省エネ住宅	2024年	3,500万円 （子育て特例対象の個人は4,500万円）		
	2025年	3,500万円		
省エネ基準 適合住宅	2024年	3,000万円 （子育て特例対象の個人は4,000万円）		
	2025年	3,000万円		

※ ZEH（ゼッチ）は、「Net Zero Energy House」の略
＊ 中古住宅の場合は、年末ローン残高の限度額は3,000万円、控除期間は10年となる
＊ 子育て特例対象の個人とは、夫婦のいずれかが40歳未満の者、または19歳未満の扶養親族がある者

【一般住宅】

2023年までに建築確認を受けた新築住宅と中古住宅については以下のとおり

居住年	年末ローン残高の限度額	控除率	控除期間
2024年・2025年	2,000万円	0.7%	10年

 原則として、住宅借入金等特別控除の対象となる借入金は、建物の取得等のための借入金や、建物とその敷地を取得するために一体で借りたものである

5 　認定住宅新築等特別税額控除

　認定長期優良住宅、認定低炭素住宅、特定エネルギー消費性能向上住宅を取得または新築した場合、一定の要件のもとで標準的な性能強化費用相当額の10%を控除することができます。その年に控除できない部分は翌年に繰り越すことも可能です。住宅借入金等特別控除の要件も満たす場合には、いずれかを選択します。

6 　住宅改修にかかわる特別控除

　一定の改修工事（耐震、バリアフリー、三世代同居、省エネ、耐久性向上）を行った場合に、一定の要件のもとに、一定の額を所得税額から控除できます。控除額は、必須の対象工事のそれぞれの標準的な費用の額（限度額あり）に対して10%、その他の工事に対しては標準的な費用の額（必須工事とあわせて1,000万円まで）の5%です。住宅借入金等特別控除の要件を同時に満たす場合は、いずれかを選択します。

　また、対象の工事が拡充され、子育て特例対象の個人が一定の子育て対応改修工事をして、2024年4月1日〜2024年12月31日までの間に居住の用に供した場合も対象となります。※ 🔄改正

※ 予算上限に達した時点で終了

> 2024年分の所得税と2024年度分の個人住民税からは、定額減税（本人分 所得税3万円、住民税1万円）が行われます。

確認しよう！

Q1　適用を受けようとする年の合計所得金額が2,000万円を超える場合、住宅借入金等特別控除の適用は受けられない。

A1　○　（⇒p.274）

ため、土地の取得のみでは対象外であるが、住宅の新築の日前2年以内にその敷地を取得した時など一定の場合は対象となる。

第4章 8 税額の計算

9 所得税の申告と納付

給与所得者について、どのような場合に確定申告が必要になるのかを整理しましょう。また、**青色申告**ができる者の範囲と青色申告を選択した場合の特典は、重要ポイントです。特典が受けられる要件や金額も、しっかりと押さえましょう。

1 | 確定申告

　その年1年間の所得と所得税額、または損失の金額を計算して、翌年**2月16日**(還付申告の場合は1月1日より可)から**3月15日**の間に申告し納税することを、確定申告といいます。確定申告は、原則として納税者自身が計算し、納税をします。

1. 確定申告の原則

　その年1年間の総所得金額と、分離課税される所得金額の合計額が、所得控除の額の合計額を超え、納付するべき税額がある人は、確定申告が必要です。

2. 給与所得者の確定申告 📖暗記

　給与所得者は、次のような場合は、確定申告が必要です。

確定申告が必要な場合	確定申告をすると税金が戻る場合
・2つ以上の会社から給与を受けており、年末調整を受けていない給与等と給与所得以外の所得の合計が20万円を超える ・給与収入の金額が2,000万円を超える ・給与所得、退職所得以外の所得が20万円を超える	・雑損控除、医療費控除、寄附金控除の適用を受ける場合 ・住宅借入金等特別控除の適用を受ける最初の年(2年目以降は年末調整で受けられる)

公的年金等の収入金額が400万円以下の者で、それ以外の所得金額が20万円以下の場合は、確定申告書の提出は不要です。

確定申告をしなければならない者が死亡した場合は、相続人が代わって確定申告を行う。これを準確定申告という。その年の1月1日から死亡の日まで

3．所得税の納付

所得税は、次のように納付します。

原　則	所得が生じた年の翌年3月15日までに納付。期限までに納めない場合は延滞税がかかる
口座振替納付	口座振替日は申告書の提出期限の約1カ月後。延滞税・利子税はなし
延　納	申告期限までに2分の1以上を納付した場合、残額は5月31日まで延納することができる。利子税は負担

4．修正申告と更正の請求

　確定申告後に申告納付した額が過少であったり、還付税額が過大であったりしたことがわかった場合、**修正申告**により訂正することができます。また、申告納付した額が過大であったり、損失額が過少であった場合は、申告期限から**5年**以内にそれらの金額を訂正するための**更正の請求**ができます。

2 ｜ 源泉徴収制度

　給与等の支払者が、一定の税額を所得から天引きして国に納めることを、源泉徴収制度といいます。源泉徴収の対象となる所得は、以下のとおりです。

所得の種類	税　率
預貯金の利子、公社債の利子（利子所得）	15.315%（他に住民税5%）
一定の上場株式等の配当金（配当所得）	15.315%（他に住民税5%）
給料、賃金、賞与（給与所得）	源泉徴収税額表より
退職金（退職所得）	「退職所得の受給に関する申告書」の提出 あり ⇒ 超過累進税率 なし ⇒ 20.42%
公的年金等（雑所得）	「扶養控除申告書」の提出 あり ⇒ 一定の控除額を控除後 5.105% なし ⇒ 一定の控除額を控除後 10.21%
報酬・料金等（事業所得　雑所得）	10.21%（100万円超の部分は20.42%）

＊ 復興特別所得税を含む

の所得について、相続の開始があったことを知った日の翌日から4カ月以内に行わなければならない。

3 給与所得者の源泉徴収と年末調整

　給与所得者の所得税は、給与等の支払いの際に源泉徴収税額表により求めた税額を、会社が源泉徴収します。源泉徴収税額と実際の税額の過不足の調整は、その年の12月に、会社が代わって税額の過不足を調整する年末調整を行います。

源泉徴収票の見方

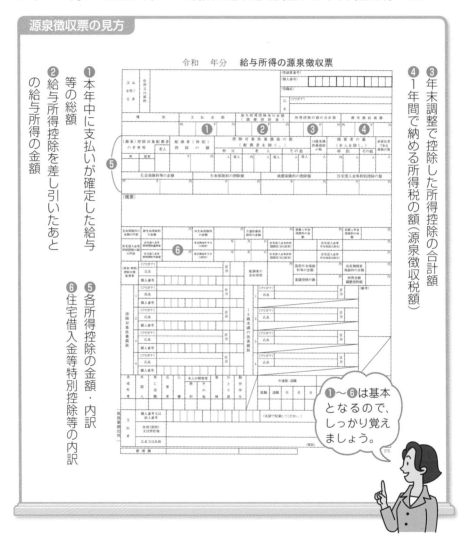

❶ 本年中に支払いが確定した給与等の総額

❷ 給与所得控除を差し引いたあとの給与所得の金額

❺ 各所得控除の金額・内訳

❻ 住宅借入金等特別控除等の内訳

❸ 年末調整で控除した所得控除の合計額

❹ 1年間で納める所得税の額（源泉徴収税額）

❶～❻は基本となるので、しっかり覚えましょう。

プラスα　前年の所得税が15万円以上の場合に、前年分の所得税の金額をもとにして、その3分の2相当額を2回に分けてあらかじめ納める制度を、予定納税とい

4 | 青色申告

青色申告とは、納税者の記帳習慣の確立を目的として、一定の帳簿を備えて正しい申告をする場合に、各種の特典を受けることができるとした制度です。

１．青色申告ができる者

不動産所得、事業所得、山林所得がある人で、日々の取引を記帳し、その帳簿を保存している場合に青色申告をすることができます。

２．青色申告の承認

青色申告をする場合には、**所轄税務署長**に青色申告承認申請書を提出する必要があります。

【提出期限】

既に業務を行っている		その年の3月15日
新たに業務を開始する	業務開始がその年の1月1日から1月15日まで	その年の3月15日
	業務開始がその年の1月16日以降	業務開始から2カ月以内

３．青色申告の特典

青色申告をすると、以下のような特典が受けられます。

①青色申告特別控除

青色申告をする者には、簿記の方法等によって、以下のような**特別控除**が認められています。

正規の簿記で記帳 （複式簿記により記帳し、貸借対照表、損益計算書を添付）	事業所得者または不動産所得者（事業的規模）	55※万円
	上記以外	10万円
上記以外		

> 不動産所得の事業的規模とは、5棟10室以上等です

＊　帳簿書類の保存期間は7年（一定の書類は5年）
※　e-Taxを利用するなど一定の条件を満たす場合は65万円となる

う。予定納税で1期（7月）、2期（11月）に納めたあと、確定申告で申告した税額から、前払いした予定納税額と源泉徴収税額を差し引いて、第3期分の税額が決まる。

279

②青色事業専従者給与

　所得税では原則として、生計を一にする親族へ給与や家賃等を支払った場合、必要経費として認められません。ただし、青色申告を選択した事業主は、所轄税務署長に届け出た場合、生計を一にする親族へ支払う給与を、青色事業専従者給与として必要経費とすることができます。

青色事業専従者給与の要件

給与等を支払う親族の要件	・生計を一にする配偶者、その他の親族（15歳以上） ・専ら事業に従事する
その他の要件	・給与の額が、その親族が働いた給与として相当な額であること ・「青色事業専従者給与に関する届出書」を、適用を受ける年の3月15日までに提出（その年の1月16日以降に新たに業務を開始したり、専従者となった場合は、その日から2カ月以内）

③純損失の繰越控除

　青色申告した場合、損益通算をしても引ききれない損失（純損失）を、**翌年以後3年間**※繰り越すことができます。

※ 特定非常災害に係る損失の繰越控除の場合5年（259ページ参照）

④前年も青色申告の場合

　純損失の繰戻しによる所得税の還付請求ができます。

⑤少額減価償却資産の特例

　青色申告した一定の人が、以下の一定の減価償却資産を取得した場合、取得価額全額をその年の事業所得、不動産所得、山林所得の計算上必要経費に算入することができます。

特例適用の要件

●2026年3月31日までの間に取得した場合

●取得価額30万円未満の減価償却資産を取得した場合

●その年分に少額減価償却資産の取得価額の合計が300万円を超える場合は、**300万円**が限度

貸付の用（主要な事業として行われるものは除く）に供したものは除外されます。

事業所得と不動産所得がある者が55万円の青色申告特別控除の適用を受ける場合、まず不動産所得の金額から控除し、引ききれない金額を事業所得の金額から

5 ｜ 白色申告者の事業専従者控除

　青色申告していない者（白色申告者）で、**事業**所得・**不動産**所得・**山林**所得の事業に専ら従事している配偶者等の生計を一にする親族がいる場合は、以下の金額までのうち、①か②のどちらか少ない金額を、必要経費とみなすことができます。

> **白色申告者の事業専従者控除**
>
> 以下の①か②のどちらか少ない金額まで
>
> ①配偶者の場合　　　86万円
>
> 　配偶者以外の場合　1人につき50万円
>
> ②この控除をする前の事業所得等の金額を「専従者の数＋1」の数で割った額

 確認しよう！

Q1 給与所得者でも給与所得・退職所得以外の所得が20万円を超える場合は確定申告が必要である。

Q2 所得税は原則として、その所得が生じた年の翌年3月15日までに納付する必要がある。期限までに納めない場合には延滞税がかかる。

Q3 確定申告後に申告納付した額が過大だった場合、金額を訂正するために行う更正の請求は、半年以内に行わなければならない。

Q4 給与所得者の所得税は、会社が源泉徴収している。

Q5 既に業務を行っている者が、青色申告をする場合は、その年の1月1日までに所轄税務署長に青色申告承認申請書を提出する必要がある。

Q6 損益通算をしても引ききれない損失がある場合、青色申告をしていると、翌年以後3年間繰り越せる。

- -

A1 ○（⇒p.276）　　**A2** ○（⇒p.277）　　**A3** ×（⇒p.277）

A4 ○（⇒p.278）　　**A5** ×（⇒p.279）　　**A6** ○（⇒p.280）

引く。不動産所得と事業所得の合計が55万円以下の場合は、その合計額が限度となる。ただし、どちらかの所得に損失がある場合は、その損失はないものとして合計額を計算する。

10 個人住民税と個人事業税

ココが
ポイント

住民税と**所得税**では、**所得控除の金額**や**納付方法**など、異なる点も多くあります。試験ではその部分が問われやすいので、押さえておきましょう。**個人事業税**では、３つに分かれている納税義務者とそれぞれの税率など、基本的な知識を身につけておきましょう。

1 個人住民税の課税方法

　道府県民税(都民税含む)と**市町村民税**(特別区民税含む)を合わせて一般的に住民税といい、その年の**1月1日**現在で日本国内に住所がある者に対して課税されます。各個人に均等に課税される均等割と、所得に対して課税される所得割があります。

　また、金融商品等の利子を受け取る場合や、株式の配当を受け取る際に課税される**利子**割や**配当**割もあります。

【均等割と所得割】

均等割	道府県民税(都民税含む)　年額1,000円 市町村民税(特別区民税含む)　年額3,000円
所得割	前年中の所得金額に対して計算される。一律10%

＊ 2024年度から個人住民税均等割とあわせて一人年額1,000円が森林環境税及び森林環境譲与税として課税される ★改正

2 個人住民税の所得金額の計算

　住民税の所得金額の計算は、所得税の計算方法とほぼ同じですが、次のように所得控除の金額が一部異なります。

プラス
α

住宅借入金等特別控除の控除額が所得税額から引ききれない場合、翌年度分の住民税から控除できる。控除額は、2022年〜2025年までの居住は所得

【主な所得控除の額】(所得税の控除と異なるもの)

生命保険料控除		最高70,000円	基礎控除	最高430,000円※
地震保険料控除		最高25,000円	障害者控除	260,000円 (特別300,000円) (同居特別 　530,000円)
扶養控除	一般	330,000円	寡婦控除 ひとり親控除	260,000円 300,000円
	19歳以上23歳未満	450,000円		
	70歳以上	380,000円		
配偶者控除		最高330,000円 (70歳以上は 最高380,000円)	勤労学生控除	260,000円
配偶者特別控除		最高330,000円	寄附金控除	税額控除

※ 前年の合計所得金額が2,400万円を超える場合はその所得金額に応じて控除額が逓減し、2,500万円を超える場合は基礎控除の適用はなしとなる

3 | 個人住民税の申告と納付方法

1. 申 告

住民税は、賦課課税方式(都道府県や区市町村が税額を確定させる)です。

2. 納 付

住民税の納付は、給与所得者か給与所得者以外かによって、異なります。

給与所得者(特別徴収)	6月から翌年5月までの12カ月間で分割し、毎月の給料から徴収される
給与所得者以外(普通徴収)	6月、8月、10月、翌年1月に分割し、納付する

4 | 個人事業税

　個人事業税は、個人の事業から生ずる所得(一定の事業所得、不動産所得)について課税される都道府県税で、扶養控除等の所得控除は認められて**いません**。事業税の税率は、事業の種類によって変わります。

税の課税所得金額等の5%(最高9.75万円)が限度となる。なお、個人住民税の住宅借入金等特別控除の適用を受けるにあたり、市区町村への申告は不要である。

1. 納税義務者と税率

事業の種類により、第1種から第3種に分けられています。

第1種事業	物品販売業、製造業等、不動産貸付業、営業に属するもの	5%
第2種事業	畜産業、水産業等、原始産業に属するもの	4%
第3種事業	医業、弁護士業等、自由業に属するもの	3%・5%

なお、不動産貸付業で10室未満の小規模である場合は、事業税は課税されません。

2. 所得の計算

課税される事業の所得は、以下のように計算されます。**青色申告特別控除**は適用されません。

$$課税標準 = \begin{matrix} 事業所得 \\ 不動産所得 \end{matrix} - 純損失の繰越控除額 - 事業主控除額(290万円)^{※}$$

※ 事業の期間が1年未満の場合は、事業主控除額(290万円)を月割りして適用する

3. 申告と納付

課税対象となる年の所得について、原則翌年の3月15日までに都道府県税事務所に申告書を提出しますが、所得税の確定申告をしている場合は改めて申告する必要はありません。納税者は、納税通知書に従って、8月と11月の年2回に分けて納付します。

確認しよう！

Q1 住民税の所得金額の計算は所得税と同じで、所得控除の金額もすべて同じである。

Q2 住民税は、賦課課税方式である。

A1 ✕ （⇒p.282、283）　　**A2** ◯ （⇒p.283）

住民税は前年の所得に対して課税する方式となっているが、退職所得にかかる住民税は原則として退職時に会社が特別徴収し納付するため現年所得課税

11 法人税

頻出度　学習日　A

ココが
ポイント

法人税の基本的な仕組みを理解し、損金に算入できるものとできないものをしっかりと押さえましょう。中でも**役員に対する給与**と**退職給与の取扱い**や、減価償却における、個人と法人の違いを理解しましょう。

1 法人税の概要

　法人税とは、会社等の法人が事業を行い、1事業年度の間に得た所得に対して課税される国税です。法人税法上の法人にはさまざまなものがあります。一律に同じ税率で課税されるのではなく、その種類によって課税されない所得があったり、低い税率が適用される場合もあります。

1．法人の種類と納税義務

【内国法人】

法人の種類	特　徴	納税義務
公共法人	公共性が著しく大きい。 地方公共団体、株式会社日本政策金融公庫　など	なし
公益法人等	原則として営利を目的としない。 学校法人、宗教法人、社会福祉法人　など	収益事業⇒あり 非収益事業⇒なし
普通法人	営利を目的とする法人。 株式会社、合名会社、協同組合　など	あり
協同組合等	共同事業を行う組織。 農業協同組合、信用金庫　など	あり
人格のない社団等	法人でない社団または財団で代表者等の定めがある。 PTA　など	収益事業⇒あり 非収益事業⇒なし

【外国法人】

普通法人	国内源泉所得に対してのみ課税対象となる
人格のない社団等	国内源泉所得のうち収益事業に係るものに対してのみ課税

となる。また、65歳末満の年金所得者については普通徴収となるが、65歳以上の年金所得者（年金年額18万円未満の者を除く）は、老齢年金より特別徴収される。

2. 法人税の基礎

事業年度	所得計算をする期間の単位、定款等に定めた会計期間（定めがない場合、税務署長に届け出た会計期間）事業年度は変更が可能。変更する場合は納税地の所轄税務署長に遅滞なく届け出る
申告書の提出	確定した決算に基づいて作成された申告書を以下の書類とともに、事業年度終了の日の翌日から原則2カ月以内に税務署長に提出（必要書類） ・貸借対照表・損益計算書・株主資本等変動計算書 ・勘定科目内訳明細書・事業概況書
納税地	内国法人　→　法人の本店または主たる事務所の所在地 外国法人　→　日本国内の支店等の所在地
納付期限	確定申告書の提出期限と同じ
修正申告 更正の請求	修正申告をする場合、延滞税や税務署の指導により行った場合は過少申告加算税が課される 更正の請求が可能な期間は、原則として申告書の提出期限から5年間（法人税の純損失等にかかわるものは9年または10年）以内

3. 法人税の課税所得 頻出

　企業の会計上の利益は、収益から費用を差し引いて求めます。これに対して、法人税の課税所得を求める際には、益金から損金を差し引いて求めます。この**益金と収益、損金と費用は必ずしも一致しません。**そのため、法人税の課税所得を求める際には、決算上の当期純利益を基本に、企業会計と法人税の異なる部分を調整する**申告調整**を行います。

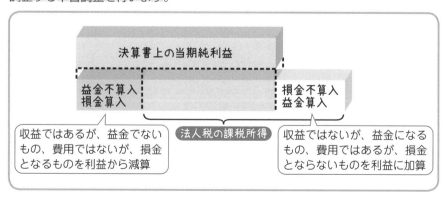

災害などやむを得ない事情で期限までに法人税の申告ができない場合は、所轄税務署長に申請して期限を延長することができる。また、法人税の中間申

4．税額の計算

　課税所得に税率を乗じて法人税額を計算します。その後、一定の税額控除額を減算し、特別税額を加算したうえで、納付税額を求めます。

【普通法人の税率】

法人の内容		2018年4月1日〜 2025年3月31日に 開始する事業年度	2025年4月1日〜に 開始する事業年度
中小法人以外の普通法人		23.2%	23.2%
資本金 1億円以下 の中小法人	所得金額のうち、 800万円以下の部分	15%	19%
	所得金額のうち、 800万円超の部分	23.2%	23.2%

資本金1億円以下の中小法人は、所得金額のうち800万円以下の部分は低い税率が適用されています。

5．益　金

　益金とは、資本等取引以外の取引での収益で、資産の販売、資産の譲渡、役務の提供等から得られたものをいいます。

①益金の計上時期

　資産を相手方に引き渡した日、役務の提供が完了した日を計上時期とします。

②受取配当等の益金不算入

　配当金は、法人税が課税されたあとの利益を分配しています。その配当金を受け取った法人に法人税を課税すると、二重に課税することになるため、受取配当金は**益金には算入しない**という調整をします。ただし、持ち株比率が3分の1以下の場合は、益金不算入割合が定められ、益金不算入額が制限されます。

6．損　金

　損金とは、資本等取引以外の取引から生じた費用で、**売上原価**、**販売費**および**一般管理費**等をいいます。

①損金の計上時期

　収益に対応する**売上原価**等は、その収益が計上された事業年度に損金として計上し、**販売費**、**一般管理費**等は、その事業年度に期間対応する費用を計上します。

告には前年度実績による予定申告と仮決算による中間申告があり、事業年度開始から6カ月経過した日から2カ月以内に行う必要がある。

第4章

11

法人税

② 損金算入・不算入項目

①交際費等 改正

　交際費、接待費、機密費その他の費用は、企業会計上では費用ですが、税務上では、原則**損金不算入**（2027年3月31日までに開始する事業年度については、資本金の額等が100億円を超える法人は除き、交際費等の額のうち、飲食のために支出する費用の50%を損金算入することができる）となります。ただし、1人あたり**10,000円**※以下の一定の飲食費は、損金不算入となる交際費から除きます。また、資本金1億円以下の法人についての交際費は、一定額まで損金算入することができます。

※ 2024年4月1日以後に支出する飲食費等について適用（2024年3月31日までは5,000円以下）

【資本金1億円以下の法人の損金不算入額】

年800万円までの部分	0円（全額損金算入）
年800万円超の部分	全　額

＊ 上記は2013年4月1日〜2027年3月31日までに開始する事業年度において適用
＊ 上記の特例にかえて、交際費等の額のうち、飲食のために支出する費用の50%を損金の額に算入することも可

【税務上の交際費となる例とならない例】

交際費となる	交際費とならない
得意先、仕入先、その他事業に関係するものに対しての接待、供応、慰安、慶弔、贈答等で支出した費用 得意先に対する販売奨励金として、旅行や観劇等の費用負担 正当な取引の対価として認められない情報提供料等	従業員の慰安旅行等 従業員への慶弔金等 カレンダー、手帳等の贈答 会議で出した弁当、茶菓など 得意先に対する試用品などの提供費用 販売奨励金としての得意先に対する金銭の交付 一般消費者を対象とする広告宣伝費

税務上の交際費とならないということは、損金に算入できるということです。

会社法上では、取締役・監査役・理事・監事・清算人・会計参与等が役員であるが、税法上ではこのような肩書でなくても職務内容からみて実質的に経営に参加

②役員の給与

役員に対する給与のうち、次の要件のいずれにも該当しないものや、**不相当に高額な部分**は損金の額には算入されません。

定期同額給与 　支給期間が1カ月以下の一定期間ごとで、支給額または税金、社会保険料控除後の手取り額が同額である	いずれにも該当しない場合、損金不算入
事前確定届出給与 　所定の時期に確定額を支給する旨を定め、所轄税務署長に届け出ているもの	
業績連動給与 　非同族会社または非同族会社の完全子会社が業務を執行する役員に対して支給する給与で、一定の要件を満たし、算定方法について透明性や適正性があるもの	

③役員の退職給与

役員が受け取る退職金のうち、業務に従事した期間、退職の事情、同種の事業で同規模の他の法人の状況等からみて相当であると認められる金額は、損金算入が認められます。不相当に高額かどうかの判断は、従事した期間や退職の状況、その法人と同業種同規模他社の支給状況などと比較し判断されます。

④寄附金

法人が支出した寄附金については、支出した相手先によって区分され、その支出内容によって、一定の部分は損金不算入となります。

指定寄附金等	国、地方公共団体に対する寄附金	全額損金算入
	財務大臣の指定した寄附金	
特定公益増進法人に対する寄附金	日本赤十字社、社会福祉法人、認定NPO法人等の定められた団体への寄附	一般の寄附金とは別枠で一定額まで損金算入
一般の寄附金		一定額まで損金算入

⑤租税公課

租税公課のうち、一定のものは損金算入することができます。

損金算入	法人事業税、固定資産税、都市計画税、印紙税、自動車税　など
損金不算入	法人税、法人住民税、外国法人税、延滞税、加算税、罰科金、過怠金　など

している者は役員とみなす。例として法人の使用人以外の者で経営に従事している顧問、相談役などはみなし役員とされる。そのみなし役員の給与は役員給与として扱う。

⑥減価償却

建物や車両、備品等の資産をその使用可能期間にわたって**費用化**することを、減価償却といいます。

【減価償却の法人と個人との違い】

法 人	個 人
選択しない場合 ⇒ 定率法	選択しない場合 ⇒ 定額法
任意償却（赤字で費用を増やしたくない場合などは減価償却しなくても良い）	強制償却

＊ 減価償却の方法については246ページを参照
＊ 中小企業者等の少額減価償却資産の取扱いの対象となる法人から、常時使用する従業員1,000人超（2020年4月1日以後に取得などする場合500人超）の法人は除外

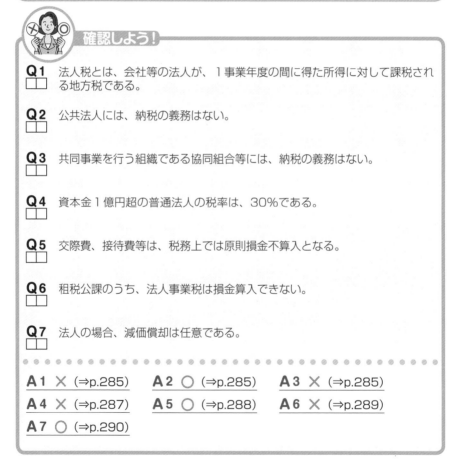

確認しよう！

Q1 法人税とは、会社等の法人が、1事業年度の間に得た所得に対して課税される地方税である。

Q2 公共法人には、納税の義務はない。

Q3 共同事業を行う組織である協同組合等には、納税の義務はない。

Q4 資本金1億円超の普通法人の税率は、30％である。

Q5 交際費、接待費等は、税務上では原則損金不算入となる。

Q6 租税公課のうち、法人事業税は損金算入できない。

Q7 法人の場合、減価償却は任意である。

A1 ✕ （⇒p.285）　　**A2** ◯ （⇒p.285）　　**A3** ✕ （⇒p.285）

A4 ✕ （⇒p.287）　　**A5** ◯ （⇒p.288）　　**A6** ✕ （⇒p.289）

A7 ◯ （⇒p.290）

プラスα 2008年4月1日以後締結した所有権移転外ファイナンスリース取引は、原則としてリース物件の引渡時にそのリース物件の売買があったものとみなし

12 法人税にかかわる周辺知識

ココが ポイント　法人事業税や法人住民税、会社と役員間の取引についての出題はそれほど多くありませんが、基本事項を押さえておきましょう。また、**法人成り**した場合に、**税率や役員の給与の扱い**など、どのようなメリットがあるのかを整理しておきましょう。

1　法人事業税

法人が行う事業に課税される法人事業税は、その法人の事業所等が所在する都道府県が課税する道府県税です。2019年10月1日以後に開始する事業年度より、特別法人事業税（国税）が創設されました。特別法人事業税は法人事業税とあわせて申告納付し、国が人口を基準として都道府県に譲与します。

1．法人事業税の概要

法人事業税は原則、法人税で計算した課税所得をもとに課税されますが、電気・ガス供給業等の法人については**収入金額**に対して課税されます。

また、資本金額1億円超の法人については、所得だけでなく資本金額や付加価値額に対しても課税する**外形標準課税**があります。

2．法人事業税の申告と納付

法人都道府県民税の申告書と同一の用紙で、事業年度終了日の翌日から**2カ月**以内に申告と納付を行います。

2　法人住民税

法人に対する都道府県民税と区市町村民税を、**法人住民税**といいます。

法人都道府県民税	均等割	資本金額に応じて課税	法人区市町村民税	均等割	資本金額と従業員数に応じて課税
	法人税割	法人税額を課税標準として課税 標準税率　1.0% 制限税率　2.0%		法人税割	法人税額を課税標準として課税 標準税率　6.0% 制限税率　8.4%

＊　法人住民税法人税割の一部を再配分する地方法人税は10.3%
＊　上記は2019年10月1日以後開始事業年度の税率

て、減価償却を行うこととなった。リース期間を償却期間として残存価額をゼロとする「リース期間定額法」によるものである。

3 | 会社、役員間の取引

　会社から役員や従業員に対して経済的利益を与えた場合等は、給与と同じ効果をもたらすため、給与として取り扱うことになります。

1．会社と役員・従業員の間の金銭の貸付け

1会社から役員・従業員への貸付け

　一定の適正利率が定められており、それを下回る低利で貸し付けた場合などは、通常利息との差額が経済的利益として給与の扱いとなります。

2役員・従業員から会社への貸付け

【無利息または低利で貸付け】

会　　社	実際に支払う利息を損金とする。原則として通常の利息との差額に課税関係は生じない
役員・従業員	実際に受取る利息が雑所得となる。無利息の場合、役員に所得税は課されない

【高利で貸付け】

会　　社	適正部分は支払利息として損金算入。高利部分は役員・従業員の給与
役員・従業員	適正部分は雑所得、高利部分は給与所得となる

2．会社と役員・従業員の間の建物の貸付け

1会社から役員・従業員への貸付け

　会社が所有または賃借している建物を社宅として役員や従業員に貸し付けた場合、適正賃料に満たない額の賃料しか受け取っていない場合は、その差額が経済的利益として給与の扱いとなります。

2役員・従業員から会社への貸付け

【無償または低額で貸付け】

会　　社	会社が実際に支払う家賃を損金とする。適正賃料との差額には原則として課税されない
役　　員	実際に受け取る家賃が不動産所得の収入となる

【高額で貸付け】

会　　社	適正賃料までは支払い家賃として損金算入 高額部分は、役員または従業員への給与となる
役　　員	適正賃料までは不動産所得の収入となる 高額部分は、給与所得となる

 役員で、部長や課長など法人の使用人としての地位があり、かつ、常時使用人としての職務に従事するものを使用人兼務役員という。使用人兼務役員に

3．役員から会社への土地の貸付け

役員所有の土地を会社に貸し付けた場合、この役員から会社に対して借地権の贈与があったとして贈与税が課税されるケースがあります。ただし、会社が役員に対して通常支払うべき権利金を支払った場合や、相当の地代を毎年支払っている場合は贈与とはみなされません。また、土地の無償返還に関する届出書を税務署に遅滞なく届け出ている場合も、借地権の贈与とはみなされません。

> 借地権とは、建物所有を目的とした土地の賃借権のことです。

4．会社と役員の間の土地建物等の譲渡

会社と役員の間で資産の譲渡があった場合、次のように取り扱われます。

①会社が役員へ譲渡

【低額もしくは無償で譲渡した場合】

会　社	時価で譲渡したものとし、時価と実際の対価との差額は役員給与
役　員	時価で取得したものとされ、時価と実際の対価との差額は給与所得

【高額で譲渡した場合】

会　社	時価との差額部分も売却益となる
役　員	時価で資産を取得したものとし、時価との差額は課税されない

②役員が会社へ譲渡

【低額で譲渡した場合】

会　社	時価で資産を取得したものとして、時価との差額は受贈益となる
役　員	譲渡対価が時価の2分の1以上の場合、正常取引とされ、対価の額が譲渡収入となる。時価の2分の1未満の場合、時価が譲渡収入となる

【高額で譲渡した場合】

会　社	時価で取得したものとして、時価との差額は役員給与となる
役　員	時価取引とされ、時価が譲渡収入となる。時価との差額は給与所得

支給する使用人分賞与については、他の使用人と同一時期に支給しかつ職務内容等に照らし相当であると認められる部分の金額について、損金算入できる。

4 | 法人成り（な）のメリット・デメリット

　個人で行っている事業を法人組織
へ移行して行うことを、法人成りと
いいます。

個人事業の所得が大きくなる
と、法人で行うほうが税務上
有利になることもあります。

1．法人成りのメリット

　法人成りのメリットは、税率が低くなる、繰越欠損金の繰越控除期間が長くな
るなど、次のようなことがあげられます。

税率の違い	所得税は超過累進税率で5〜45％[1]だが、法人税では比例税率となり2018年4月以後開始の事業年度では23.2％（中小法人で年間の所得が800万円以下の部分は15％）
役員の給与	役員が受け取る給与は、役員個人の所得で給与所得控除が適用できる。ただし、給与収入850万円超の場合、給与所得控除は195万円が限度
損失の繰越	法人の場合、青色欠損金の繰越控除が10年間[2]
減価償却	法人では原則定率法が適用され、減価償却費の計上は任意

※1 このほか、復興特別所得税も課税される
※2 2018年4月1日以後開始する事業年度において生じた欠損金の繰越の場合

2．法人成りのデメリット

　法人成りのデメリットは、法人設立のための登記手続きの負担、赤字でも法人
住民税の均等割の負担がある、交際費が原則損金とならないなどがあげられます。

5 | 法人の青色申告

　法定の帳簿書類を備えて、所轄税務署長に青色申告の承認の申請書を提出し、
承認を受けることで、青色申告をすることができます。

1．青色申告の承認

　青色申告の承認申請は、原則その事業年度開始の日の前日までに行います。ま
た、新設法人の場合は、設立した日から3カ月経過した日の前日か設立年度終了

本来発生している特定の利益について、一定の要件のもとに、その課税所得
が実現していないものとして、課税を繰り延べる制度を圧縮記帳という。保

の日の前日のいずれか早い日となります。

2. 青色申告の特典

青色申告の特典として、次のようなものがあります。

青色申告の特典

欠損金の繰越控除	当該事業年度の欠損金を翌期以降10年間※1にわたって、各事業年度の所得金額の計算上損金の額に算入できる。ただし、中小法人等以外の法人は各事業年度の所得の一定割合※2に相当する金額が限度
欠損金の繰戻還付	当該事業年度の所得が赤字となった場合、前年度分の黒字の所得と通算して、納めすぎとなった前年度分の法人税の還付を受けることができる（一定の中小法人等を除き現在停止中）
中小企業者等に対する少額減価償却資産の損金算入の特例	一定の中小企業者等が取得価額30万円未満の減価償却資産を令和8年3月31日までの間に取得して事業の用に供した場合、その額を損金に算入することができる。ただし、主要な事業として行われる場合を除き、貸付けの用に供したものは対象から除外

※1 2018年4月1日以後に開始する事業年度において生じた欠損金額について
※2 2018年4月1日以後に開始する事業年度は50％

確認しよう！

Q1 法人事業税は、その法人の事業所等が所在する都道府県が課税する道府県税である。

Q2 会社から役員へ金銭の貸付けが行われた場合、一定の適正利率以下の低利の場合は、通常利息との差額が給与として扱われる。

Q3 青色申告の承認申請は、原則、その事業年度の開始の日までに行う。

Q4 2018年4月1日以後に開始する事業年度において生じた青色欠損金額の繰越控除の期間は9年間である。

A1 ○（⇒p.291）　　**A2** ○（⇒p.292）　　**A3** ×（⇒p.294）

A4 ×（⇒p.295）

険金等で取得した固定資産、国庫補助金等により取得した固定資産、交換により取得した資産等に適用できる。

13 決算書の分析

> **ココが
> ポイント**　顧客のファイナンシャルプランニングを行う際に、企業の**経営状
> 態を分析する基礎知識**が必要になることもあります。企業の経営状
> 態などを知るには、企業が作成した**財務諸表**などを分析することが
> 必要です。基本的な財務諸表の分析手法を理解しておきましょう。

1 決算書の分析

1．財務諸表の分析

　財務諸表の分析には、収益性分析、安全性分析、生産性分析、成長性分析、損益分岐点分析などがあります。

①収益性分析

　企業の売上高に対する利益の**割合**や**資本回転率**などで投資効率を分析します。

【主な指標】

自己資本利益率(%)	税引後当期純利益を自己資本で割って求める。数値が高いほど良いとされる
売上高利益率(%)	売上総利益、営業利益、経常利益、当期純利益、といった利益を売上高で割って収益力を判断する。数値が高いほど良いとされる
総資本回転率(%)	売上高を総資本で割って求める。総資本の運用効率を示す
自己資本回転率(%)	売上高を自己資本で割って求める。自己資本の運用効率を示す
総資本利益率	当期純利益を総資本で割って求める。事業に投下された資産が、どれだけ効率的に利益を生み出しているかを示す
売上債権回転率	売上高を売上債権で割って求める。売上高に対して売上債権が1年間に何回転しているかを表している。回転率が高いと売上から債権回収までの期間が短いということになる

> 売上高総利益率はいわゆる粗利益率で、
> 売上総利益を売上高で割って求めます。

　収益性分析のうち、売上高総利益率は売上高に占める総利益の割合で、この指標が高い場合、その企業がもつ商品や製品の収益率が高いといえる。売上高営

②安全性分析

　貸借対照表の資産・負債・資本を比較して、経営の安全性や支払い能力などを分析します。

【主な指標】

流動比率(%)	流動資産を流動負債で割って求める。短期的な支払い能力を判断する指標。流動比率が高いほど良いとされる
自己資本比率(%)	自己資本を総資本で割って求める。資本全体に対してどの程度自己資本で賄われているかを示す。数値は高いほど良いとされる

③生産性分析

　人や資産をどれだけ効率的に利用して企業の成長につなげているかを分析します。

【主な指標】

労働生産性(%)	付加価値額を従業員数で割って求める。従業員一人あたりでどれだけの付加価値を生み出しているか。数値が高いほど生産性が高い
労働分配率(%)	人件費を付加価値額で割って求める。付加価値に対する人件費の割合で、適正な水準に保つ必要がある

④成長性分析

　売上高や利益の増減率で分析します。

【主な指標】

売上高増減率(%)	売上高増加額を前期の売上高で割って求める。数値は高いほど良いが、数年間での比較も必要
経常利益増減率(%)	経常利益増加額を前期の経常利益で割って求める。数値は高いほど良い。実質成長率ともいわれる

⑤損益分岐点分析

　費用と売上高と利益の関係を把握でき、目標の利益を得るためにどのくらいの生産や売上が必要かなどが分析できます。費用を**変動費**と**固定費**に分けて行います。

業利益率は企業の本来の営業活動による収益力を表す。売上高経常利益率は、財務活動などの本来の営業活動以外の損益も加えて通常の企業の活動による収益率を表している。

第4章

13

決算書の分析

売上高から変動費を引いたものを限界利益といい、限界利益率が高い会社ほどよいとされます。

2．連結財務諸表

　連結財務諸表には、連結貸借対照表・連結損益計算書・連結株主資本等変動計算書・連結キャッシュフロー計算書・連結付属明細表があります。親会社と子会社の財務諸表を合算することで、グループでの財務状況を表しています。上場会社等には、金融商品取引法等の規定により、作成が**義務付**けられています。

 確認しよう！

Q1 自己資本利益率は当期純利益を総資本で割って求める指標で、数字が高いほどよいとされる。

Q2 売上債権回転率が高いということは、売上から債権回収までの期間が短いということである。

Q3 売上高総利益率は、商品や製品の収益率を分析することができる指標で、売上総利益を売上高で割って求める。

Q4 流動比率は、短期的な支払い能力を判断する指標で、流動比率が低いほどよいとされる。

A1 ✕ （⇒p.296）　　**A2** ○ （⇒p.296）　　**A3** ○ （⇒p.296）
A4 ✕ （⇒p.297）

 土地の譲渡や貸付け等は、基本的に消費税の非課税取引となるが、①居住用賃貸建物の譲渡、②事務所用建物の賃貸、③駐車場・球技場等の施設として

14 消費税

ココが ポイント

消費税の課税対象となる**課税取引**とならない**非課税取引**、消費税を納税しなければいけない**課税事業者**と納税の義務のない**免税事業者**についてしっかり整理しておきましょう。原則課税と簡易課税の違い、それぞれの計算方法等も重要ポイントです。

1　消費税の課税取引

　国内において事業者が事業として対価を得て、資産の譲渡、資産の貸付けおよび役務の提供を行う場合や外国貨物の輸入をする場合に、消費税の課税対象となります。これらにあたらない国外取引、寄付や贈与、株式の配当などは、消費税の課税の対象とならない**不課税取引**です。また、社会政策的な配慮から課税することが適当でない場合や、課税対象としてなじまないものは、**非課税取引**とされます。

主な非課税取引　📝 **頻出**

- ●土地の譲渡および貸付け（一時的な貸付けを除く）
- ●住宅の貸付け
- ●預貯金の利子、保険料、保証料　など
- ●郵便切手・商品券・プリペイドカード等の販売
- ●有価証券の譲渡
- ●社会保険等の法律に基づいて行われる役務の提供　など
- ●行政手数料

2　納税義務者

1．課税事業者と免税事業者

　消費税の納税義務者は、資産の譲渡や役務の提供を行った事業者です。ただし、基準期間における課税売上高が1,000万円以下の事業者は、免税事業者として対象期間の消費税の納税義務が免除されます（事業者免税点制度）。基準期間とは、個人事業者の場合は前々年、法人事業者の場合は前々事業年度を指します。

貸付けを行う場合は課税取引となる。その他、④土地の売買や賃貸にかかる仲介手数料等も消費税の課税取引となる。

第4章 14 消費税

ただし、課税期間の前年1月1日(法人の場合前事業年度開始の日)から6カ月間(特定期間という)の課税売上高が1,000万円を超えた場合、当該課税期間は課税事業者になります。なお、課税売上高に代えて、給与等の支払額の合計額により判定することもできます。

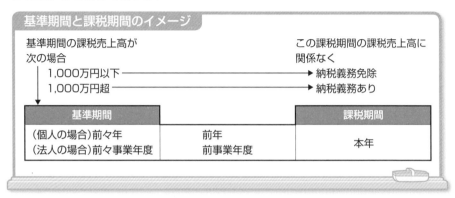

* 2023年10月より開始されたインボイス制度でインボイス発行事業者となった場合は、基準期間の課税売上高が1,000万円以下となった場合でも免税事業者とはならない

2．新規開業の場合

　新規に事業を開始する場合、事業開始1年目と2年目については納税義務があるかないかを判定する基準期間がありません。そのため、基本的には免税事業者となりますが、資本金が1,000万円以上の新設法人については、基準期間のない当初2年間についても免税事業者とはなりません。

　また、資本金が1,000万円以下であっても、基準期間相当期間の課税売上高が5億円超である法人等に株式の50%超を直接または間接に保有されているなど特定新規設立法人に該当する場合は、納税義務は免除されません。

3 | 消費税額の計算

　消費税の税額の計算方法には、原則課税と簡易課税の2つの制度があります。税率は消費税率7.8%、地方消費税率2.2%(消費税額×$\frac{22}{78}$)で、合わせて10%です。飲食品(酒類・外食は除く)や週に2回以上発行の新聞(定期購読契約に基づく)が対象の軽減税率は、消費税率6.24%、地方消費税率1.76%で、あわせて8%です。

免税事業者となる場合でも、「課税事業者選択届出書」を提出することで課税事業者となることもできるが、課税事業者を選択した場合、2年間は免税事

1．原則課税

　消費税の納付税額は、原則としてすべての課税対象取引について消費税部分を計算し、預かった消費税から支払った消費税を差し引いた差額となります。預かった消費税より、支払った消費税が多い場合には、差額が還付されます。

消費税額＝　課税売上にかかる消費税額　－　課税仕入れにかかる消費税額
　　　　　　（課税売上高×7.8％）　　　　　（課税仕入高×7.8％）

地方消費税額　＝　消費税額　×　$\dfrac{22}{78}$

　2023（令和5）年10月1日より、課税仕入れにかかる消費税額の控除の要件として、**インボイス**（適格請求書発行事業者が発行する適格請求書）の保存が必要となりました。インボイスを交付できるのはインボイス発行事業者に限られ、インボイス発行事業者になるためには**登録**を受ける必要があります。なお、**課税事業者**でなければ登録を受けることはできません。

　ただし、免税業者等からの課税仕入れについては、以下の額を仕入れ税額として控除できる経過措置が設けられています。

　2023（令和5）年10月1日から2026（令和8）年9月30日

　　⇒　仕入れ税額相当額の**80％**

　2026（令和8）年10月1日から2029（令和11）年9月30日

　　⇒　仕入れ税額相当額の**50％**

　また、免税事業者がインボイス発行事業者となったこと等により事業者免税点制度の適用を受けられない場合、2023（令和5）年10月1日から2026（令和8）年9月30日の属する課税期間について、納税額を売上税額の2割にする軽減措置が設けられています。

2．簡易課税

　基準期間における課税売上高が**5,000万円**以下の事業者が「簡易課税制度選択届出書」を提出した場合には、簡易な計算方法で納付税額を計算することが認められています。簡易課税制度では、6つの事業区分によって決められたみなし仕入率（90％〜40％）を使い、課税仕入れにかかる消費税を簡易計算します。

消費税額＝　課税売上にかかる消費税額　－　課税仕入れにかかる消費税額
　　　　　　（課税売上高×7.8％）　　　　（課税売上高×7.8％×みなし仕入率）

地方消費税額　＝　消費税額　×　$\dfrac{22}{78}$

業者へは戻れない。免税事業者へ戻る場合には、「課税事業者選択不適用届出書」を提出する必要がある。

第4章

14

消費税

4 消費税の申告と納付

1．確定申告

消費税の申告と納付の時期は、法人と個人で以下のとおりとなっています。

申告と納付の時期

法　人	事業年度終了後2カ月以内
個　人	翌年3月31日まで

2．中間申告

前課税期間に納めた消費税額（地方消費税を除く）が**48万円**を超える場合は、中間申告をする必要があります。中間申告の回数は前課税期間の年税額により、48万円超400万円以下の場合は1回、400万円超4,800万円以下の場合は3回、4,800万円超の場合は11回と決まっています。

なお、48万円以下でも、任意に中間申告(年1回)することができます。

 確認しよう！

Q1 土地や住宅の貸付けには消費税が課税されるが、土地の譲渡については消費税は非課税となる。

Q2 消費税の納税義務のある課税事業者とは、原則として基準期間における課税売上高が1,000万円超の事業者である。

Q3 事業開始1年目と2年目の法人は、すべて消費税の免税事業者となる。

Q4 法人の消費税の納付時期は、翌年の3月31日までである。

A1 ×（⇒p.299）　　**A2** ○（⇒p.299）　　**A3** ×（⇒p.300）

A4 ×（⇒p.302）

 消費税の中間申告の方法は、前課税期間実績によるものと、仮決算によるものがあり、いずれかを選択できる。

一問一答 最終チェック

第4章の学習が終わりました。ここで、この章のおさらいをしましょう。問題のすぐ下にある解答を赤シートでかくして、問題にチャレンジしてください。間違ったときは、必ず参照ページに戻って確認し、実力アップをめざしましょう！

□□□ **問1** 所得税の納税義務者は日本国内に住所を有する個人に限定されている。

解答1 ✕ 設問は間違い。国内に住所を有しない非居住者であっても国内で発生した所得に対しては課税されます。⇒p.241

□□□ **問2** 上場株式等の配当について申告分離課税を選択した場合、配当控除の適用が受けられる。

解答2 ✕ 設問は間違い。配当控除の適用は受けられません。上場株式等の譲渡損失との損益通算は可能です。⇒p.245

□□□ **問3** 取得価額が10万円未満または使用可能期間が1年未満の資産は、業務の用に供した年に取得価額全額を必要経費に算入することができる。

解答3 ○ 設問のとおり。取得価額10万円未満または使用可能期間が1年未満の資産は、減価償却の必要はありません。⇒p.247

□□□ **問4** 土地を賃貸する場合の権利金は、その額にかかわらず不動産所得とされる。

解答4 ✕ 設問は間違い。権利金の額がその土地の時価の50%を超える場合は、譲渡所得です。⇒p.247

□□□ **問5** 同じ年に総合課税される長期譲渡所得と短期譲渡所得がある場合、特別控除(50万円)は短期譲渡から優先して差し引く。

解答5 ○ 設問のとおり。短期譲渡から差し引き、残った額があれば長期譲渡から差し引きます。⇒p.251

□□□ **問6** 不動産所得で損失があり、その損失の額が土地等の取得に要した負債利子よりも小さい場合には、損益通算することができない。

解答6 ○ 設問のとおり。損失の額が、土地等の取得に要した負債利子よりも大きい場合は、土地等の取得に要した負債利子の額のみ損益通算できません。⇒p.257

□□□ **問7** 納税者である夫が生計を一にする妻の国民健康保険料を支払った場合、その全額を夫の社会保険料控除の対象とすることができる。

解答7 ○ 設問のとおり。社会保険料控除は納税者のみでなく、納税者と生計を一にする親族の社会保険料も対象とすることができます。⇒p.263

第4章

一問一答 最終チェック

□□□ **問8** 課税総所得金額等の金額が1,000万円以下で、上場株式等の配当金（総合課税）が10万円の場合、所得税の配当控除は1万円である。

解答8 ◯ 設問のとおり。課税総所得金額1,000万円以下の場合、配当控除は「配当所得金額×10%」で計算されます。⇒p.271

□□□ **問9** 住宅ローンの繰上げ返済を行った結果、償還期間が当初の借入日から10年未満となった場合、それ以降の住宅借入金等特別控除の適用を受けることはできない。

解答9 ◯ 設問のとおり。住宅借入金等特別控除の適用を受けるためには住宅ローンの償還期間が10年以上であることが条件であり、繰上げ返済により10年未満になった場合はそれ以降の適用はありません。⇒p.273

□□□ **問10** 給与所得者は、年末調整によって所得税額の精算が行われるため、通常は確定申告の必要はないが、給与収入の金額が1,500万円を超える場合は、確定申告が必要である。

解答10 ✕ 設問は間違い。給与収入の金額が、2,000万円を超える場合は、確定申告が必要です。⇒p.276

□□□ **問11** 所得税において、不動産所得のある人は、その不動産貸付の規模にかかわらず55万円の青色申告特別控除の適用を受けることができる。

解答11 ✕ 設問は間違い。不動産所得者で55万円の青色申告特別控除を受けるには、事業的規模で行っている必要があります。⇒p.279

□□□ **問12** 資本金1億円以下の法人は、交際費の全額を損金算入することができる。

解答12 ✕ 設問は間違い。交際費の額が一定額を超えた場合などは、損金不算入となる額があります。⇒p.288

□□□ **問13** 役員給与は定期同額給与であればその金額の妥当性にかかわらず全額を損金に算入することができる。

解答13 ✕ 設問は間違い。不相当に高額な部分は、損金の額に算入されません。⇒p.289

□□□ **問14** 法人税において、減価償却費は任意償却となるため、赤字で費用を増やしたくない場合などは、償却しなくても良い。

解答14 ◯ 設問のとおり。法人税（法人）は任意償却で、所得税（個人）の場合は強制償却です。⇒p.290

□□□ **問15** 基準期間における課税売上高が5,000万円以下の事業者は、簡易課税制度を選択することができる。

解答15 ◯ 設問のとおり。課税売上高が5,000万円以下の事業者は、「簡易課税制度選択届出書」を提出して、簡易な計算方法で納付税額を計算することができます。⇒p.301

第5章

不動産

1 不動産の価格

頻出度 **A** 学習日 /

ココが
ポイント

1つの土地には複数の価格があり、どれが本当の価格なのかわかりづらいといわれています。ここでは、**公的に発表される4つの土地の価格**と、その価格が決定される鑑定手法を学びましょう。

1 不動産の公的価格

　不動産とは、「土地およびその定着物（建物）」のことを指します。土地の価格には、公的機関が発表する以下の4つの代表的な価格があります。

【4つの公的地価】 📖 暗記

公的価格	所轄官庁	基準日	公表日	利用目的など
公示価格	国土交通省	毎年1月1日	3月下旬	土地取引の指標・収用の参考価格
基準地価格	都道府県	毎年7月1日	9月下旬	年の中央で公示価格を補完する役割を持ち重複する地点もある
相続税評価額（路線価）	国税庁	毎年1月1日	7月上旬	相続税・贈与税の課税標準。公示価格の8割程度の価格
固定資産税評価額	市町村	3年ごとの基準年の1月1日	3～4月	固定資産税や不動産取得税などの課税標準。公示価格の7割程度の価格

　上記の価格は一般に公開されていますが、**固定資産税評価額**だけは、所有者本人・借地人・借家人あるいは委任状をもった代理人しか閲覧することができません。市区町村の窓口で**固定資産課税台帳**を閲覧して確認できるほか、評価証明書の発行を受けることができます。

2 不動産の評価

　土地や建物の価格を評価することを鑑定評価といいます。鑑定評価では、原則として次ページの3つの手法を併用して評価しなければなりません。
　なお、不動産鑑定士以外の者が鑑定評価を行うことはできません。

プラス
α

鑑定評価で計算される価格には、正常価格のほか、取引が正常な市場で行われないときの限定価格、事情があって急いで取引したときの特定価格などが

1．鑑定評価の3つの方法　 頻出

①原価法

　今、評価対象不動産と同等のものを作ったらいくらになるかという**再調達原価**を求め、その再調達原価から経年したことによる**減価修正**をして、現在の評価額（積算価格）を求める方法です。既に造成が終わって完成している土地の再調達原価を求めることは困難なので、**既成市街地の土地の評価には不向き**です。

②取引事例比較法

　評価対象不動産の近隣・類似地域で、実際に取引された事例（取引事例）を収集し、その取引事例の特殊性に補正を加えて計算した価格と比較して、評価額（比準価格）を決定する方法です。

> 比準価格＝取引事例価格×事情補正×時点修正×地域要因補正×個別要因補正

③収益還元法

　評価対象不動産が、将来生み出すであろう**純収益**（NOI＝賃料や地代収入から**経費を差し引いた額**）の現在価値の総和を、還元利回りで還元して評価額（収益価格）を求める方法です。なお、賃貸用不動産ではない自用の不動産であっても、賃貸を想定することでこの方法を適用して鑑定評価することができます。

　収益還元法には、次の2種類があります。

①直接還元法

　一定期間内に対象不動産から得られる純収益を**還元利回り**で割り戻す方法です。

> **例**
>
> 年間純収益500万円　÷　還元利回り5%　＝　不動産の価格1億円

②DCF法（358ページ参照）

　保有期間中に対象不動産から得られる**純収益**の総和と、保有期間終了後に売却によって得られる価格（復帰価格）を現在価値に割り戻し、両方を合計して収益価格を求める方法です。DCF法には、NPV法（正味現在価値法）とIRR法（内部収益率法）の2つがあります。NPV法で正味現在価値が**実際の投資額**より高い場合、有利な投資と判断します。

ある。また、建物の公的価格は固定資産税評価額があるのみで、その価格は実際の売買価格や新築価格の5〜6割程度となっている。

2 不動産の取引

頻出度 **A** 　学習日 ／

**ココが
ポイント**

実際の不動産取引は、**民法**や**宅地建物取引業法**などの関連法規に従って行わなければなりません。ここでは、不動産売買に関する基本的な用語を理解したうえで、実際の売買契約書に定められる**手付金の扱い**、**危険負担**、**契約不適合責任**の3点について理解しましょう。

---

1 | 不動産の売買

　不動産の取引にあたっては、不動産に関する用語や権利関係などを十分理解しておく必要があります。

1．不動産の分類

　不動産には土地と建物があります。

土地	不動産登記法では土地の種類のことを地目といい、「田」「宅地」「公衆用道路」などがある。1つの土地は1筆と数え、土地の面積のことを地積という。実際の現地の状況と地目や地積は、一致しないこともある
建物	建物の分類を種類といい、「居宅」「工場」「店舗」などがある。1つの建物は1個と数える

2．不動産の権利

　不動産の権利には、所有権、借地権、借家権、抵当権があります。

所有権	不動産を所有し、自由に使用・収益・処分することができる権利
借地権	建物を建てる目的で他人の土地を使用・収益できる権利。借地権には、地上権(物権)と賃借権(債権)がある
借家権	建物を借り受けて使用・収益する権利
抵当権	借り手(債務者)が住宅ローンなどの借入金を返済できなくなったとき、金融機関(債権者)がその不動産を競売にかけて売却し、そこで得た代金から優先的に回収することができる権利。住宅ローンなどの借入金を利用したときは、金融機関(債権者)が担保として不動産に抵当権を設定する

**プラス
α**

借地権には、地上権(物権)と賃借権(債権)の2種類がある。地上権はその権利を譲渡したり転貸することは自由だが、賃借権は、地主の承諾が必要とな

【抵当権の効力】

●抵当権は口頭でも契約が成立するが、登記をしなければ第三者に対抗することができない。

●被担保債権（借金）が成立しなければ抵当権は成立せず、被担保債権が消滅すると抵当権も消滅する。ただし、抵当権設定登記は、抹消登記の申請をしなければ抹消されない。

●抵当権設定登記を抹消しなくても、不動産を売買することができる。ただし、買主は購入後にその抵当権が実行された場合、当該不動産を失うことがある。

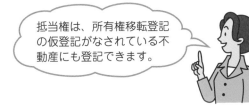

抵当権は、所有権移転登記の仮登記がなされている不動産にも登記できます。

3．不動産売買の注意点

不動産の売買は、通常、次のような流れで進められます。

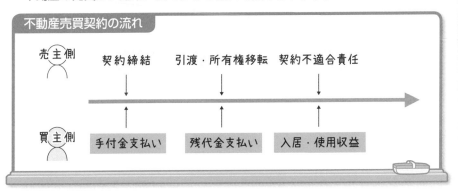

不動産売買契約の流れ

売主側　　契約締結　　引渡・所有権移転　　契約不適合責任

買主側　　手付金支払い　　残代金支払い　　入居・使用収益

不動産売買契約の流れに関する民法などの関係法令には、次のようなものがあります。

[1]手付金

売買契約締結と同時に、買主から売主に支払われる金銭を手付金といいます。手付金は、民法では解約手付とみなされています。解約手付とは、契約の相手方が契約の履行に着手する前であれば、買主は手付金を放棄して、売主はその倍額を現実に買主に提供することで、契約を解除することができることをいいます。

る。不動産の登記で土地所有者とその土地上の所有者が異なる場合は、借地権が設定されている可能性がある。

なお、宅地建物取引業者が売主の場合は、売買代金の20%を超える手付金を受け取ることはできません。また、宅地建物取引業者が売主の場合、下記の上限を超える手付金を受け取るときは、売主倒産などのときに返還できるよう手付金の**保全措置**をしなければなりません。

不動産の状態	手付金の上限額
対象不動産が未完成物件である場合	売買代金の5%かつ1,000万円以下
対象不動産が完成物件である場合	売買代金の10%かつ1,000万円以下

②危険負担

　危険負担とは、売買契約締結後、引き渡しまでの間に対象不動産が天災などで滅失してしまった場合の措置などをいいます。民法では危険負担は**売主**が負うものとされ、引き渡しの前に滅失や損傷があった場合、**買主**は代金の支払いを拒むことができます。また、契約の**履行**が不能であるときは、買主は直ちに契約を解除することができます。

③契約不適合責任

　契約不適合責任とは、対象不動産の種類、品質、数量に関して契約の内容に適合しないものがあったとき**誰が責任を負うか**ということです。民法では、種類、品質に関しての契約の内容に適合しないものが発生した場合、買主は売主に対して、①修補請求②代替物請求③不足分の引渡しによる追完請求のほか、代金減額請求や損害賠償請求、**契約を解除**することができるとしています。これらは、買主が契約の内容の不適合を知ったときから1年以内にその旨を売主に通知する必要があります。

売主の資格	責任対象部分	責任の期間と範囲
一般の取引	土地・建物	買主が種類または品質に関して契約不適合を知ったときから1年以内に売主に通知
分譲業者や建築会社などの請負人	新築住宅	引渡日から10年間。それ以上とすることも可能。「構造耐力上主要な部分」と「雨水の浸入を防止する部分」の瑕疵に限る（品確法）
宅地建物取引業者	土地・既存住宅	引渡日から2年以上それより短かったり、「責任を負わない」という特約は無効（宅地建物取引業法）

 未成年者が法定代理人（一般的には親）の同意を得ないで不動産の売買契約を締結した場合、その売買契約を取り消すことができるが、未成年者が自らを

　ただし、不適合が買主の責めに帰すべき事由によるものであるときは、買主は請求することができません。なお、特約によって「売主は契約不適合責任を一切負わない」とすることも可能です。

4 売主の行為能力

　未成年者が売買契約を締結する場合は、法定代理人の同意を得なければなりません。法定代理人は、同意を得ないで締結した契約を取り消すことができます。また、成年被後見人が締結した売買契約は、成年後見人が取り消すことができます。

5 共有物の売買

　不動産が複数人の共有の場合、それぞれの共有者は自己の持ち分を他の共有者の許可なく第三者に譲渡することができます。

6 不動産売買契約の実務

① 契約条件の決定

　不動産の売買契約は法律上口頭でも成立しますが、一般的には売買契約書を作成します。売買契約書に記載される手付金の額、契約締結日や引渡日・所有権移転登記申請日など諸条件は、売主・買主協議のうえ決定するもので決められた条件はありません。

② 公簿売買と実測売買

　不動産売買においては、公簿売買か実測売買かを、売主・買主で協議して決めます。

公簿売買	土地の登記記録の面積と実測した面積とが相違していても、その差による売買代金の増減を行わない売買
実測売買	売買契約締結後に実測した面積と登記記録の面積に差が生じた場合、その差に相当する売買代金をあらかじめ定めておいた単価で精算する売買

③ 契約違反による解除

　契約の相手方が契約に違反した場合、契約の履行を求める催告をしたうえで、相手方がそれに応じなければ契約を解除することができます。

④ 固定資産税等の精算

　不動産売買契約では、売主が支払っているその年度の固定資産税・都市計画税について、その不動産の引き渡しの日の前日までは売主、それ以降は買主の負担とし引き渡しの日に日割り精算することが一般的ですが、これは法律で定めるも

成年者であると信じさせるため詐術（運転免許証の誕生日を偽造するなど）を用いたときは取り消すことはできない。

のではありません。売主(納税義務者)は、年の途中で不動産を売却しても、その年度分の固定資産税の全額を納付しなければなりません。

4．不動産に関する民法

①相隣関係

①隣地の使用

　土地の所有者は、境界付近の建物建築などで隣地所有者等からの承諾を得ることなく、必要な範囲内で隣地を使用することができます。ただし、目的や日時などを通知する必要があります。

②越境した竹木の枝の切取り

　土地の所有者は、隣地の竹木の枝が境界線を越えるときは、一定要件の場合その枝を切り取ることができます。

②財産管理制度

　所有者不明の土地や建物について、利害関係人の請求によって裁判所が管理人を選任することができます。管理人は保存行為等を行うことができます。

③長期間経過後の遺産分割

　相続開始時から10年経過した後は、原則として法定相続分又は指定相続分を分割の基準とします。

確認しよう！

Q1　抵当権は、登記をしなければ第三者に対抗することはできない。

Q2　不動産が共有されている場合、各共有者は、自己が有している持ち分を第三者に譲渡するときには、他の共有者全員の同意を得なければならない。

Q3　土地の売買契約において、その土地の登記記録の面積と実測面積とが相違していても、その面積の差に基づく売買代金の増減精算は行わないという旨の特約は有効である。

A1 ○（⇒p.309）　　**A2** ✕（⇒p.311）　　**A3** ○（⇒p.311）

プラスα　登記を申請するための条件が完備していない場合でも、登記の順位を保全するために仮登記を申請することができる。仮登記は、その条件が完備したあ

第5章 ● 不動産

頻出度 A　学習日 ／

3 不動産登記

**ココが
ポイント**

　不動産の取引にあたっては、その不動産の真の所有者を確認することが重要です。所有者を調査する手段として、不動産の登記を確認することが必要になります。**登記の効力**や**申請方法**のほか、**登記簿の見方**や、登記簿以外に法務局に備えてある資料についても、理解しましょう。

1 ｜ 不動産登記

1．不動産登記とは

　不動産については、取引の安全を図るために法務局（登記所）に備え付けられた不動産登記簿に、その概要や権利が記載されています。これらは、一般に公示されています。

2．不動産登記簿

　不動産登記簿（317ページ）は、土地1筆ごと建物1個ごとに備えられていて、次のように構成されています。表示に関する登記は、登記原因が発生したときから1カ月以内に行う義務がありますが、権利部の登記には義務はありません。

登記の種類	記載箇所	登記の内容
表示に関する登記	表題部	不動産を物理的に特定する概要 （所在地・種類・面積・構造など）
権利に関する登記	［権利部甲区］	［所有権に関する事項］ （差押え・買戻し特約など）
	［権利部乙区］	［所有権以外の権利に関する事項］ （抵当権・賃借権・地上権など）

3．登記の効力

　不動産の登記には、次ページのような効力が関係します。

とに本登記をすることができ、その際の順位は仮登記の順位によるものとし、その本登記と相容れない登記は効力を失う。なお、仮登記には対抗力はない。

① 対抗力　頻出

　対抗力とは、第三者に自分の権利の正当性を主張できる力のことをいいます。不動産登記には対抗力が**あります**。登記のない者には対抗力はありません。

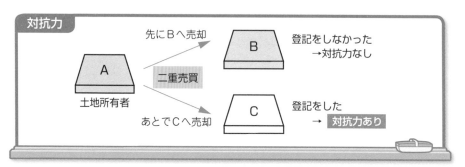

② 公信力

　登記簿に記載された事柄には、公信力がありません。つまり、登記簿に記載された所有者を信じてその所有者と取引しても、それが真の所有者ではなく、取引した者が被害を受けたとしても、取引した者は保護されないことがあるということです。登記簿は**申請**がなければ登記されないため、**真の所有者**と**登記上の所有者**が異なっていることがあります。不動産の調査は、登記簿の調査のほか、本人へのヒアリング・固定資産課税台帳の閲覧などを、慎重に行わなければなりません。

③ 登記の抹消

　権利に関する抹消の登記は、登記上の利害関係を有する第三者がある場合は、その第三者の承諾がある場合に限り申請することができます。

4. 不動産登記の申請方法

① 申請主義

　不動産登記は申請主義をとっているため、原則として、権利者が登記を**申請**しなければ登記されません。通常は、司法書士や土地家屋調査士に代行を依頼して行います。申請は、登記所に直接出頭して行うこともできますし、**インターネット**で申請することもできます。また、郵送でも申請することができます。

② 登記識別情報

　登記が完了すると、12桁の英数字が記載された「**登記識別情報**」が通知されます。これは「**登記済証（権利書）**」と呼ばれていたもので、権利者本人であることを証明する書類になります。

> プラスα　2022年9月から、不動産広告において交通利便性等の表示をする場合、販売戸数（区画数）が2以上の分譲物件においては、最も最寄り駅に近い住戸（区

③事前通知制度など

　登記申請にあたり、登記済証や登記識別情報を紛失などで提出できないときは、次のどちらかの方法で登記を申請することになります。

①事前通知制度

　登記の申請があったときに、登記官から本人に対して本人であることを確認する通知を送り、それを返信することで事前に本人確認をする制度です。

②資格者代理人による本人確認情報の提出

　司法書士や土地家屋調査士が直接本人と面談し、権利者本人であることを確認した旨を証明した書類を添付して申請します。

５．登記簿の閲覧方法等

　登記簿は手数料を払って誰でも閲覧でき、その写しの交付を受けることもできます。

　現在、登記所はコンピュータ化されており、冊子（ブック）状態で保管されていた登記簿を閲覧する代わりに、「登記事項要約書」（登記内容の要点を記載したもの）の交付を受けることができます。登記簿謄抄本（写し）の代わりには、「登記事項証明書」（登記内容のすべてを証明するもの）の交付を受けることで代用していますが、いずれもその効力に変わりはありません。

６．その他の資料の調査

①地図と公図

　登記所には、登記簿のほかにもさまざまな資料が備え付けられています。不動産登記法第14条に定める地図は、通称「14条地図（318ページ）」といい、土地の形状や位置を比較的正確に表示しています。現在整備中ですので、すべての土地に完備しているわけではありません。

　また、公図（旧土地台帳附属地図）は土地の位置関係はわかるものの、精度が低いために寸法などは正確ではありません。

②地積測量図

　土地の面積（地積）を測量した結果を表示した図面（318ページ）で、土地の形状や寸法・計算式が記載されています。土地を複数に分けたり（分筆）、複数の土地を合わせた（合筆）ときに作成するため、すべての土地に完備しているわけではありません。

画）の徒歩所要時間等に加えて、最も遠い住戸（区画）の所要時間等も表示することとなった。

③建物図面

建物の面積や形状、位置関係を測定するときに作成する図面です。建物新築時の「表示に関する登記」を行うときに利用します。すべての建物に完備されているわけではありません。

7. 区分所有建物の登記

区分所有建物とは、いわゆる**分譲マンション**などのことです。所有者全員で共有する1棟の建物部分と、複数の所有者がそれぞれ所有する**専有部分**（独立した部屋など）があり、登記簿謄本の表示方法も異なります。

① 1棟の建物の表示

区分所有建物の表題部には、まず**建物全体**について表示に関する登記がなされます。これを「1棟の建物の表示」といいます。

「鉄筋コンクリート造陸屋根10階建」のような**構造**の表示のほかに、建物の名称（第3○○マンションなど）や各階の**床面積**も記載されます。

その区分所有建物が建っている土地を使用する権利を**敷地利用権**といい、所有権、地上権、賃借権などがあります。敷地利用権のうち、区分所有建物と一体化され、分離処分できない権利のことを**敷地権**といいます。「敷地権の目的たる土地の表示」として、建物の登記簿の中に記載されます。

②専有部分に関する表示

次に、各所有者が所有する建物部分（**専有部分**）の表題登記、甲区、乙区と続きます。表題部には「家屋番号」（登記上の番号）や「建物の番号」（一般的には部屋番号が使われます）のほか、「鉄筋コンクリート造1階建」のように専有する部屋の構造や、「7階部分85.43m²」などと存在する階数と床面積が記載されます。

なお、ここで使われる床面積は、分譲時のパンフレットに記載される壁芯（壁の中心線）で計算した**専有面積**ではなく、壁の内側を測った「**内法面積**」で記載されます。そのため、必ず狭く表示されることになります。

③敷地権の表示

敷地権の目的たる土地は、区分所有者が共有（賃借権・地上権の場合は準共有）しているので、その敷地に対する各区分所有者の持分が、専有部分に関する表示の中に登記されています。

普通の建物との違いに注意しましょう。

プラスα　登記事項証明書で、権利部甲区の所有者に変更が生じた場合、順位番号順に記載された者が新所有者となり、従前の所有者の記載内容はそのまま残され

【土地の不動産登記簿（全部事項証明書）の見本】

表題部（土地の表示）		調整	余　白		不動産番号	1200003456789

地図番号	余　白	筆界特定	余　白	

所　在	東京都○○区○○一丁目	平成 18 年 10 月 5 日登記

①地番	②地目	③地積	㎡	原因及びその日付（登記の日付）
23番	畑	315		余　白
余　白	宅地	315	23	②③昭和 40 年 5 月 10 日地目変更〔昭和 40 年 5 月 11 日〕
23番1	余　白	170	39	①②23 番 1、23 番 2 に分筆〔平成 20 年 11 月 14 日〕

権利部（甲区）		（所有権に関する事項）	
順位番号	登記の目的	受付年月日・受付番号	権利者その他の事項
1	所有権移転	平成 22 年 1 月 15 日第 5678 号	原因　平成 22 年 1 月 15 日売買所有者　東京都△△区○○五丁目 8 番地 1　鈴木太郎

権利部（乙区）		（所有権以外の権利に関する事項）	
順位番号	登記の目的	受付年月日・受付番号	権利者その他の事項
1	抵当権設定	平成 22 年 1 月 15 日第 9876 号	原因　平成 22 年 1 月 15 日金銭消費貸借同日設定債権額　金 2,500 万円損害金　年 14.6%（年365 日割計算）債務者　東京都△△区○○五丁目 8 番地 1　鈴木太郎抵当権者　東京都○○区 ×× 町 1 番地 8　株式会社○○銀行
2	1 番抵当権抹消	平成 23 年 5 月 11 日第 102345 号	原因　平成 23 年 5 月 11 日解除
3	抵当権設定	平成 23 年 5 月 11 日第 10987 号	原因　平成 23 年 5 月 11 日金銭消費貸借同日設定債権額　金 2,400 万円損害金　年 14.6%（年365 日割計算）債務者　東京都△△区○○五丁目 8 番地 1　鈴木太郎抵当権者　東京都□□区 ×× 町 6 番地 41　株式会社□□銀行

これは登記記録に記録されている事項の全部を証明した書面である。
令和○○年○月○日　　○○法務局　　　　　　　登記官　伊　藤　次　郎　　印
※下線のあるものは抹消事項であることを示す。　　　整理番号　D12345（1／1）1／1

第5章

3

不動産登記

る。一方、権利部乙区に記載された内容に変更が生じた場合は、従前の記載内容にアンダーラインが引かれ、抹消されたことを示すことになる。

【14条地図(見本)】

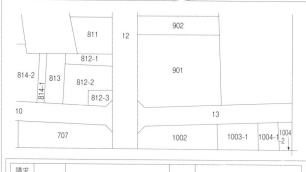

請求 部分	所 在	東京都○○区△△町一丁目				地番	901		
出力 縮尺	1/500	精度 区分	甲一	座 標 系 番 号 又 は記号		分類	地図(法第 14条第1 項)	種類	土地区画整 理所在図
作成年月日		平成○○年○月○日		備付年月日				補記	

これは地図に記録されている内容を証明した書面である。
　　　令和○○年○月○日　東京法務局　　　　　　　　登記官　○○○○　　㊞

【地積測量図(見本)】

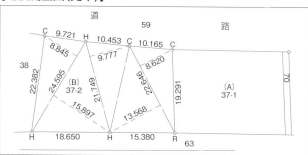

4 宅地建物取引業法

ココが
ポイント

宅地建物取引業者は、宅地建物取引業法の制限を受けます。**売買・交換の媒介**、**代理**、**貸借の媒介**で、それぞれ報酬額の制限を確認しましょう。また、媒介契約には3種類の契約方法がありますので、それぞれの特徴を理解しましょう。

1 宅地建物取引業法

1．宅地建物取引業者とは

以下のことを「業」として行う場合は、宅地建物取引業法の制限を受けます。
①宅地、建物を自ら売買、交換するもの
②宅地、建物の売買、交換、貸借の代理をするもの
③宅地、建物の売買、交換、貸借の媒介をするもの

2．報酬額の制限

①売買、交換の媒介をした場合

依頼者の一方から受け取ることができる報酬額の上限は、以下のとおりです。

売買・交換の代金額	率
200万円以下の部分	5.5%
200万円を超え400万円以下の部分	4.4%
400万円を超える部分	3.3%

＊ 消費税および地方消費税を含む

400万円超の場合には、「売買価格の3％＋6万円に消費税」で覚えます。

＊ 空き家等で売買金額が400万円以下の場合は、依頼者の同意を得て調査費用等を含めて上限18万円＋消費税額とすることができる

②売買・交換の代理をした場合

①で計算した金額の2倍以内となります。ただし、取引の双方から受領する金額が、合計してこの金額を超えてはいけません。

者が不動産の購入や売却の仲介を依頼された場合は、必ず媒介契約を結び、その書面を交付しなければならないとされている。

③貸借の媒介をした場合

賃料の１カ月分（税抜き）を上限とし、消費税を加算した金額となります。

3．媒介契約

宅地建物取引業者との不動産の売買や交換の契約には、次の３種類があります。
契約の有効期限は最長３カ月ですが、一般媒介契約には有効期限は**ありません**。

媒介契約の形態	複数業者への依頼	自己で発見した相手との取引	指定流通機構への登録義務	業務処理状況の報告義務
一般媒介契約	可	可	なし	なし
専任媒介契約	×	可	７日以内に登録	２週間に１回以上
専属専任媒介契約	×	×	５日以内に登録	１週間に１回以上

4．宅地建物取引士の業務

宅地建物取引士の主な業務には、次のものがあります。

重要事項説明書の説明	不動産売買契約の締結の前までに宅地建物取引業法第35条に基づいて契約の相手方に宅地建物取引士証を提示して、書面または電磁的方法により重要事項説明書の説明を行わなければならない。ただし相手方が宅地建物取引業者の場合は省略することができる
不動産に関する契約書	宅地建物取引士は不動産に関する契約書に記名しなければならない

5．建物状況調査等の説明義務

売買の対象となる不動産が既存の建物（中古住宅など）の場合には、次のことが義務づけられています。

媒介契約書の交付時	媒介依頼者に交付する媒介契約書に、建物状況調査（建物の診断）を実施する者のあっせんに関する事項を記載すること。売主または買主が建物状況調査を希望した場合、調査業者をあっせんするかしないか等を説明する
重要事項説明書の説明時	建物状況調査の実施の有無、その結果の概要、建物の建築・維持保全の状況に関する書類の保存状況を説明する
売買契約書に記載	売買等の契約の成立時に交付する書面に、建物の構造耐力上主要な部分等の状況について当事者の双方が確認した事項を記載する

宅地建物取引業者は、媒介契約成立時の書面の交付に代えて、依頼者の承諾を得られればインターネットを介したり、メール送信など電磁的方法で書面

5 不動産の法令上の制限① 都市計画法

 頻出度 **A**　 学習日 ／

 **ココが
ポイント**
不動産に関する法令のうち、日本の国土全体を制限している**都市計画法**について学びます。国土が無秩序に開発されることを制限し、都市機能を確保するために定められている法律です。国土がどのように分けられ規制されているかを、地域ごとに理解しましょう。

1 都市計画法

　都市計画法は、公共の福祉に寄与するために都市部の土地利用を制限し、健康で文化的な都市生活を実現し、都市機能を確保するための法律です。この法律では日本の国土を次のように分類しています。

　都市計画区域は、原則として都道府県が都市計画法に基づいて指定します。

 2以上の都府県にまたがる場合は、国土交通大臣が指定します。

データを提供したりすることで、これを交付したものとみなすことができる。

1. 市街化区域と市街化調整区域 頻出

　都市計画区域は、市街化区域と市街化調整区域に線引きされますが、どちらにも線引きされていない地域を「非線引き区域」といいます。

市街化区域	既に市街地を形成している区域、およびおおむね10年以内に優先的かつ計画的に市街化を図るべき区域
市街化調整区域	市街化を抑制するべき区域 （原則として建物は建てられない）

2. 用途地域

　市街化区域には、必ず**用途地域を定める**ことになっています。それぞれの用途地域には、建物の用途や規模などの制限が定められており、これに反する建物を建築することはできません。

住居系	第一種低層住居専用地域	低層住宅の良好な環境を保護する地域
	第二種低層住居専用地域	主に低層住宅の良好な環境を保護する地域
	第一種中高層住居専用地域	中高層住宅の良好な環境を保護する地域
	第二種中高層住居専用地域	主に中高層住宅の良好な環境を保護する地域
	第一種住居地域	住居の環境を保護する地域
	第二種住居地域	主に住居の環境を保護する地域
	準住居地域	国道や幹線道路と調和した住環境を保護する地域
	田園住居地域	農地や農業関連施設などと調和した住環境を保護する地域
商業系	近隣商業地域	近隣住宅の住民の生活に必要な日用品販売用店舗のための地域
	商業地域	主に商業などのための地域
工業系	準工業地域	主に環境悪化のおそれのない工業のための地域
	工業地域	主に工業のための地域
	工業専用地域	工業のための専用地域

3. 都市計画図

　各自治体に定められた都市計画の内容は、「都市計画図」に記載されていて、誰でも閲覧することができます。記載項目には、次ページのようなものがあります。

　開発行為では、公園や集会所、雨水の調整池などを設置するように自治体から求められることがある。これらの施設は、開発事業者が建設したうえで、

【都市計画図の主な記載項目】

①	市街化区域と市街化調整区域の区分
②	用途地域・補助的地域地区
③	都市施設(道路・公園・学校　など)
④	建蔽率・容積率
⑤	防火指定
⑥	土地区画整理事業
⑦	地区計画

将来できる道路や、学校の位置もわかります。

【都市計画図(見本)】

2 開発行為

　開発行為とは、建築物の建築などを目的として行う一定規模以上の土地の区画や形質の変更(造成工事などを指す)のことをいい、単に土地を分筆するだけの行為は該当しません。開発行為を行う者は、原則として、**都道府県知事の許可**を得なければなりません。

1．開発許可の条件

　開発許可を受ける者は、必ずしも土地の所有者である必要はありません。たと

開発行為の工事完了の公告があった翌日に、自治体など施設管理者へ移管されることになっている。

えば、土地の取得予定者である開発業者が、許可の申請を行うこともあります。ただし、その場合でも、開発区域内の土地所有者など、相当数の関係者の同意を得ておかなければなりません。

また次の規模以上の開発行為には、許可が必要です。

	小規模開発	農林漁業用建築物 農林漁業従事者の住宅
市街化区域	1,000m² 以上	1,000m² 以上
市街化調整区域	［規模にかかわらず、すべて必要］	
非線引き区域 準都市計画区域	3,000m² 以上	不　要
都市計画区域外	10,000m²（1ha）以上	

なお、土地区画整理事業の施行として行う開発行為は、都道府県知事の許可を必要としません。

２．開発行為の手続き

開発行為には、次のような手続きや制限があります。

①開発許可の承継

開発許可を受けた者は、その地位（開発行為を行う権利）を、相続や譲渡などによって第三者に承継することができます。

②開発行為中の売買

開発行為の工事期間中であっても、開発区域内の土地等の権利の売買などは可能です。

③開発区域内の建築制限

開発許可を受けた開発区域内の土地に建築物を建築する場合は、原則として開発行為の**工事完了の公告後**に建築確認を申請します。

確認しよう！

Q1 用途地域は市街化区域のほか、準都市計画区域内や非線引き区域についても
　　　定めることができる。

A1 〇　（⇒p.322）

プラスα　用途地域は、市街化区域に必ず定めることになっているが、必要があれば、準都市計画区域や非線引き区域にも定めることができる。住宅や共同住宅・

6 不動産の法令上の制限② 建築基準法

頻出度 **A** ／ 学習日 ／

ココが ポイント　不動産のうち、建物に関する制限は**建築基準法**に定められており、この制限を逸脱して建築することはできません。「**42条2項道路**」や「**建蔽率と容積率**」など、聞き慣れない用語が多数登場しますが、試験では出題頻度の高いところですので、必ず確認しておきましょう。

1 建築基準法

　建築基準法は、国民の生命や財産、健康の保護を図り、公共の福祉の増進を目的とするために、建築物の敷地や構造、設備、用途の最低基準を定めたものです。

1. 敷地と道路の関係

　建築基準法では、建築物の敷地は、原則として幅**4m以上**の道路に**2m以上**接していなければなりません。これを**接道義務**といいます。

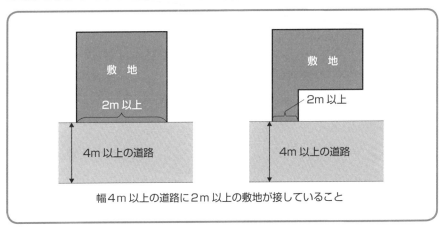

幅4m以上の道路に2m以上の敷地が接していること

2. 「42条2項」道路

　建築物の敷地が幅4m未満の道路に接している場合は、建築基準法第42条2項の指定を受けていれば、**道路の中心線から2mまで敷地側に後退（セットバックという）したところを、道路境界線とみなして建築**することができます。

老人ホームは、工業専用地域以外で建築することができる。診療所・保育所は、すべての用途地域で建築することができる。

この場合、セットバックした部分は道路として提供することになり、敷地面積に含めることはできません。

　また、敷地に接している4m未満の道路の反対側が河川敷や線路敷などで、セットバックすることが困難な場合は、反対側の敷地境界線から敷地側に4mまでセットバックしたところを道路境界線とみなすことになります。

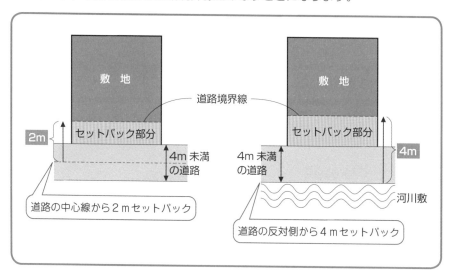

　なお、地方公共団体は、建築物の用途や規模の特殊性により必要があると認めるときは、条例によって敷地と道路との関係についての制限を付加することができます。

3．用途地域による建築制限

　建築基準法では、次ページの表のように、用途地域によって建築可能な建物の用途を定めています。

　万一、敷地が異なる用途地域にまたがっている場合は、**敷地の過半を占める用途地域**の制限を、敷地全体に適用することになっています。

診療所や保育所は、どの用途地域にも建築することができます。

敷地が防火地域、準防火地域・防火無指定地域にまたがっている場合は、より制限が厳しいほうの地域を適用する。用途地域がまたがっている場合の取

建築物の用途／用途地域	住宅・共同住宅	老人ホーム	診療所・保育所	病院・大学	カラオケボックス	ホテル・旅館	150m²以下の店舗
住居系 第一種低層住居専用地域	○	○	○	×	×	×	×
住居系 第二種低層住居専用地域	○	○	○	×	×	×	△
住居系 第一種中高層住居専用地域	○	○	○	○	×	×	△
住居系 第二種中高層住居専用地域	○	○	○	○	×	×	△
住居系 第一種住居地域	○	○	○	○	×	△	○
住居系 第二種住居地域	○	○	○	○	△	○	○
住居系 準住居地域	○	○	○	○	△	○	○
住居系 田園住居地域	○	○	○	×	×	×	○
商業系 近隣商業地域	○	○	○	○	○	○	○
商業系 商業地域	○	○	○	○	○	○	○
工業系 準工業地域	○	○	○	○	○	○	○
工業系 工業地域	○	○	○	×	△	×	○
工業系 工業専用地域	×	×	○	×	△	×	△

4．防火地域などの制限

　市街地における火災の危険を防ぐために定める地域として、必要に応じて**防火地域**または**準防火地域**を指定することができます。地域内の建物には構造や外壁の仕様等の制限が定められています。

2 ｜ 建蔽率

1．建蔽率とは 〔＋−×÷ 計算〕

　建蔽率とは、建築物の火災による類焼などを防止するために、敷地について一定の空地を確保するために考えられた数値で、建築物の敷地面積に対する建築面積の割合のことです。

　建蔽率の最高限度は、各自治体の都市計画で用途地域ごとに定められています。

扱いや、建蔽率・容積率がまたがっている場合の取扱いと異なっているので、それらと比較しながら理解すること。

これを指定建蔽率といいます。

$$建蔽率（\%）= \frac{建築面積（m^2）}{敷地面積（m^2）} \times 100$$

例

面積200m²の敷地に、建築面積100m²の建築物
を建てた場合

$$\frac{建築面積\ 100m^2}{敷地面積\ 200m^2} \times 100 = 建蔽率50\%$$

建築面積

敷地面積

2．建蔽率の緩和措置 [頻出]

以下の条件に該当する場合には、建蔽率の緩和措置があります。表の①と②の
両方の条件に該当する場合は、＋20％となります。

	敷地の条件	建築する建築物	緩和措置
①	防火地域	耐火建築物	＋10％
②	［特定行政庁が指定する角地］	—	＋10％
③	［指定建蔽率80％で防火地域］	［耐火建築物］	［制限なし（100％）］
④	準防火地域	耐火建築物、準耐火建築物等	＋10％

3．建蔽率が異なる地域にまたがっている場合の措置

敷地が、異なる指定建蔽率にまたがっている場合は、面積按分（加重平均）によっ
て建蔽率を計算することになります。

例

指定建蔽率が、60％と80％の異なる敷地の場合

5m — 60%
20m — 80%
— 30m —

$$\frac{30m \times 20m}{30m \times 25m} \times 80\% + \frac{30m \times 5m}{30m \times 25m} \times 60\%$$

$$= 64.0\% + 12.0\% = 76.0\%$$

商業地域、工業地域、工業専用地域、用途地域の指定のない地域においては、
通常、日影規制（日影による中高層建築物の高さの制限）は定められないが、

3 | 容積率

1．容積率とは ［＋−×÷］計算

　容積率とは、高層建築物の火災による災害などを防止するために、敷地に対して建築物の高さを一定内に制限するために考えられた数値で、建築物の敷地面積に対する延床面積の割合のことです。容積率の最高限度は、各自治体の都市計画で用途地域ごとに定められています。これを指定容積率といいます。

$$容積率（\%）＝\frac{延床面積（m^2）}{敷地面積（m^2）}×100$$

例

面積200m²の敷地に、延床面積400m²の
建築物を建てた場合

$$\frac{延床面積\ 400m^2}{敷地面積\ 200m^2}×100＝容積率200\%$$

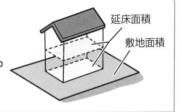

延床面積
敷地面積

2．容積率の前面道路による制限

　容積率には、敷地の前面道路の幅員が12m未満の場合に制限がかけられます。この場合は、次のような計算式によって算出した容積率と指定容積率の、**いずれか少ない数値**が適用されます。前面道路が2つ以上ある場合は、幅員が最大の道路を採用して計算します。

| 住居系の用途地域の場合　前面道路の幅員×4／10 |
| その他の用途地域の場合　前面道路の幅員×6／10 |

地方公共団体の条例で対象区域として指定することができる。複数の日影規制がある場合は、最も厳しい規制を適用する。

指定容積率が500%の商業地域内で、前面道路の幅員が8mの場合

$$8m×6／10=4.8 → 480\%<500\%$$

この結果480%が採用されます。

3. 容積率が異なる地域にまたがっている場合の措置

　敷地が、異なる容積率にまたがっている場合は、面積按分（加重平均）によって容積率を計算することになります。用途地域・建蔽率・容積率・防火地域がまたがっているときの扱いに注意しましょう。

4 建物の高さの制限

　都市計画や建築基準法には次のような建物の高さの制限があります。日影規制は商業地域、工業地域、工業専用地域以外の用途地域において、地方公共団体の条例で指定された場合に適用されます。

用途地域 ＼ 高さ制限	絶対高	［北側］斜線	隣地斜線	道路斜線	［日影］規制	高度地区
第一種低層住居専用地域 第二種低層住居専用地域 田園住居地域	10mまたは12m	○	—	○	条例で指定する	都市計画で定める
第一種中高層住居専用地域 第二種中高層住居専用地域	—	○	○	○		
第一種住居地域 第二種住居地域 準住居地域	—	—	○	○		
近隣商業地域 準工業地域	—	—	○	○		
商業地域 工業地域 工業専用地域	—	—	○	○	—	
用途地域の指定のない地域	—	—	○	○	条例で指定する	

借地権を登記する場合、地主の土地登記簿の権利部乙区に、賃借権や地上権を設定することになるが、通常、地主はこれを承諾しない。このため借地人

7 不動産の法令上の制限③ 借地借家法

 頻出度 B 学習日 ／

 ココが
ポイント

　不動産に関する各種法令のうち、**借地借家法**は、FPの相談実務でも頻繁に登場する法律です。とくに、普通借地権と定期借地権、普通借家権と定期借家権の違いと、それらの権利を保有していることを主張できる「**対抗要件**」について注意しましょう。

1 借地借家法（土地）

　建物の所有を目的として、他人の土地を借り受ける権利を借地権といいます。借地権は、**建物の登記をすることで第三者に対抗する要件（対抗力）が整います。

1．普通借地権

①存続期間

　借地借家法では、普通借地権の存続期間を**30年間**としています。これより長い存続期間で契約することは可能ですが、これより短い期間とすることはできません。万一、これより短い期間を定めた場合は、**30年間**の契約とみなされます。

　期間が満了しても契約を更新する場合は、1回目の更新が**20年間**、その後は**10年間**刻みで更新することになります。

②借地権の法定更新

①借地人からの更新請求

　借地の期間が満了しても、借地権者（借主）が契約の更新を請求し、かつ建物が存在する場合、**従来と同条件**で契約を更新したものとみなされます。これを**法定更新**といいます。ただし、借地権設定者（地主）が遅滞なく正当事由に基づいて異議を主張した場合は、法定更新は行われません。

【4つの正当事由】
- ●当事者双方が土地の使用を必要とする事情
- ●借地に関する従前の事情
- ●土地の使用状況
- ●立退料など財産上の給付の申し出

これらを柱にして、契約を終了させることが正当かどうか判断されます。

を保護するために、借地上の自分の建物を登記することで第三者に対する対抗要件を満たすこととした。

第5章
7
不動産の法令上の制限③

②建物再建築による法定更新

　借地上の建物が滅失した場合は、法律で定めた２つの処理方法があります。

ⅰ　借地権者が、残された期間を超えて存続できる建物を再建築し、地主が承諾したときは、承諾の日または再建築の日、いずれか早い日から20年間継続できる

ⅱ　借地権者が解約を申し出る

２．定期借地権

　普通借地権では、正当事由が認められれば借地権設定者（地主）に土地が返還されますが、確実ではありません。そこで、期限を限定して借地することで、確実に土地が返還される定期借地権が制定されています。以下の３種類があります。

種類／項目	一般定期借地権	建物譲渡特約付借地権	事業用借地権 更地返還型	事業用借地権 任意型
存続期間	[50年以上]	30年以上	10年以上30年未満	30年以上50年未満
利用目的	用途制限なし（分譲マンションや一戸建、商業施設、遊園地など）	用途制限なし	事業用に限る。居住用事業は不可（コンビニ・外食店・塾など）	事業用に限る。居住用事業は不可（大型店舗や耐用年数の長い建物）
契約方法	[書面あるいは電磁的記録による契約]	制限なし	[公正証書による]	[公正証書による]
内容	特約で契約の更新や建物買請求権の排除ができる	30年以上後に地主に建物を譲渡する	契約更新はなし。建物買取請求権はなし	普通借地権に契約更新や建物買取請求権の排除をつける
借地権終了時の処理方法	原則として建物解体後、更地で返還	建物は地主名義に。借地人が引き続き使用すれば借家契約が開始	建物解体後、更地で返還	原則として建物解体後、更地で返還

2 ｜ 借地借家法（建物）

　アパートや店舗、倉庫など、他人の建物を使用・収益する権利を借家権といい

プラスα　賃借人からの定期借家契約の解除は、居住用建物に限って面積の条件のほかに、賃借人が転勤・療養・親族の介護などのやむを得ない事情によって、建

ます。借家権は、賃借権の登記がなくても**建物の引渡し**を受けていることによって、第三者に対抗することができます。

1．普通借家権

①存続期間

普通借家権の存続期間は**1年以上**です。1年より短い定めをしたときは、期間の定めのない契約とみなされます。

②借家権の更新

借家権は**期間の満了**によって終了しますが、賃貸人（貸主）から正当事由に基づく更新の拒絶がない限り、法定更新されます。なお、期限の定めがない借家権の場合は、賃貸人は**6カ月以上前**までに、正当事由に基づく申し出をすることにより解約することができます。

③造作買取請求権

賃借人（借主）が賃貸人（貸主）の**同意**を得て、建物に備え付けたエアコンなどの造作がある場合、賃借人は賃貸人に時価で買い取ることを**請求**することができます。ただし、契約の特約によって、この定めを排除することもできます。

④原状回復

賃借人は、**借家契約が終了したとき**には、建物を原状に回復して賃貸人に返還することになっています。

原状回復の範囲については、特約がなければ、通常の使用方法をしていても生じた自然損耗（冷蔵庫裏側の汚れや日照による色落ちなど）は、賃借人の**義務の対象外**と考えます。

賃借人の故意または過失によって破損汚損した部分については、賃借人に**修繕**義務があります。

⑤賃料増減請求権

賃料が近隣相場と比べて不相当となった場合、賃貸借契約上の当事者が相手方に対して賃料の増額・減額を請求できる権利が認められています。一括賃貸借契約（サブリース契約）において賃料保証がされていても、賃料の減額請求をされることがあります。

物を利用できない場合に限って解除できる。この場合、賃借人の解除の申し出から1カ月後に契約が終了する。

2．定期借家権

　賃貸人は、正当事由をもって借家権の更新を**拒絶**することができますが、必ず建物が返還されるわけではありません。そこで**期限を限定**して借家し、期間満了後に、確実に建物が返還される定期借家権が制定されています。

　定期借家権の成立条件は、次のとおりで、住宅のほか店舗や事務所、工場など用途を問わず利用できます。

1 **存続期間**

　賃貸人と賃借人が合意した期間であれば、**1年未満**でも可能です。

2 **契約方法**

　書面あるいは電磁的記録で契約しなければなりません。また、賃貸人は契約書面とは**別の書面**を発行、あるいは電磁的方法で、「契約の更新がなく期間満了をもって終了する旨」を説明しなければなりません。この説明がない場合、「更新がない」という特約が無効になります。

> 書面での契約は、必ずしも公正証書による必要はありません。また、電磁的記録での契約、電磁的方法での情報提供の場合、依頼者の承諾が必要です。

3 **契約の終了時**

　存続期間1年以上の借家権では、賃貸人は賃借人に対して、**契約終了の6カ月から1年前まで**に契約が終了する旨の通知をしなければなりません。この期間に通知しなかった場合は、通知をした日から6カ月後に終了します。

4 **借家人（賃借人）からの解除**

　借家人からの解除は原則としてできませんが、床面積200m²未満の居住用建物に限って、一定条件があれば解除することができます。

5 **契約の改訂**

　定期借家権に関する法律制定後、賃貸人、賃借人双方が合意しても、居住用建物である場合は、普通借家契約を定期借家契約に変更することはできません。

6 **造作買取請求権**

　定期借家権においても、造作買取請求権を排除する**特約**も有効です。

7 **借賃増減請求権の排除**

　定期借家権では借賃増減請求権を排除する特約も有効です。

 区分所有者は、敷地利用権を専有部分として分離することはできない。また、共用部分に対する各区分所有者の共用持分は、各共有者が有する専有部分

8 不動産の法令上の制限④ 区分所有法・農地法

 頻出度 **B** 学習日 ／

 ココが ポイント

借地借家法と同様、区分所有法は相談実務でも頻繁に登場し、試験での出題も多くあります。区分所有建物の**3つの構成**や規約の効力、規約の設定・変更・廃止の**決議**に必要となる**区分所有者数**や**議決権**について覚えておきましょう。

1 建物の区分所有等に関する法律（区分所有法）

分譲マンションなど、1棟の建物が、構造上区分された複数の部分に独立して利用できる場合、その各部分の所有権を区分所有権といい、区分所有法の対象となります。区分所有権をもつ者を区分所有者といいます。

1. 区分所有建物の構成

区分所有建物は、次の3つの部分から構成されています。

専有部分		構造上機能上、独立した区分所有権の対象部分
共用部分	法定共用部分	専有部分以外で、玄関や階段・エレベーターなど、当然に区分所有者全員で所有している部分
	規約共用部分	管理人室や集会所など、専有部分の条件を満たしている部分で、規約により共用部分とした部分
［敷地利用権］		区分所有建物の敷地に関する権利

各区分所有者の共用部分の持分は、原則として**専有部分の床面積の割合**によって決められます。

なお、敷地利用権が所有権の共有などの権利であるときは、原則として、専有部分と敷地利用権とを分離して処分することができません（分離処分の禁止）。

ただし、規約に別段の定めがあるときは、その限りではありません。

の床面積の割合によるものとするなどの規定は、規約で別段の定めをすることができる。

2．管理組合

　多数の他人が所有している区分所有建物では、その運営や管理を円滑に行うために、区分所有法の定めによって管理組合を構成します。区分所有者は全員、**管理組合に参加**しなければなりません。専有部分の区分所有者が複数人の共有である場合は、議決権を行使するべき者1人を定めなければなりません。

　管理組合は、区分所有者および議決権の4分の3以上の決議で法人となることもできます。管理組合法人は、登記をすることで法人格を有します。

3．規約と決議

　区分所有法では、建物や敷地の管理使用方法などについて、規約を定めることができます。規約の設定や変更・廃止などは、区分所有者による決議によって決定します。なお、区分所有建物の管理者は、少なくとも1年に1回以上、集会を招集することになっています。集会の召集の通知は、規約に別段の定めをしない限り、開催日の少なくとも1週間前までに会議の目的たる事項を示して各区分所有者に発しなければなりません。

行為項目	決議に必要な区分所有者数および議決権
規約の設定・変更・廃止	4分の3以上
建物価格の2分の1を超える部分の復旧	4分の3以上
大規模滅失(建物価格の2分の1超)の復旧	4分の3以上
建替え	5分の4以上
集会の招集の請求	5分の1以上

4．規約の効力

　規約の効力が及ぶ範囲は、次のとおりです。
①区分所有者本人
②区分所有者の特定承継人(売買や贈与などで取得した者)
③区分所有者の包括(一般)承継人(相続で取得した者)
④専有部分の占有者(区分所有者の家族や賃借人など)

管理組合の決議は、区分所有者数の一定数以上および議決権の一定割合以上によってなされるので、通常の数の上での多数決とは異なる。議決権は、専

規約などの義務違反者については、行為の禁止や専有部分の使用禁止、区分所有権の競売請求などの措置をとることができます。

なお、専有部分の占有者については、建物や敷地および附属施設の**使用方法に限って**効力が及ぶものとし、管理費の支払義務などを負うことはありません。

2 | 農地法

1. 農地とは

農地とは登記上の地目に**かかわらず**、現況で「耕作の目的に供される土地」のことをいい、「農地」と「採草放牧地」が含まれます。

2. 手続き

農地について次に該当するときは、所定の手続きが必要になります。

条文	規制する内容	許可権者	市街化区域内の特例
3条許可	所有権の移転や権利の設定	〔農業委員会〕	―
4条許可	農地以外への転用	原則として知事	あらかじめ農業委員会に届出れば許可不要
5条許可	転用目的の所有権の移動や権利の設定	原則として知事	あらかじめ農業委員会に届出れば許可不要

確認しよう！

Q1 区分所有建物ならびにその敷地および附属施設の管理を行うための区分所有者の団体（管理組合）は、区分所有者全員で構成される。

Q2 区分所有者以外の専有部分の占有者は、建物またはその敷地および附属施設の使用に限って規約の効力が及ぶ。

A1 ○ （⇒p.336）　**A2** ○ （⇒p.337）

有面積の割合によるので、仮に区分所有者数が決議割合に達していたとしても、賛成者の合計面積が達していなければ議決されない。

9 不動産を取得するときの税金

**ココが
ポイント**

不動産を取得するときには各種の税金が課税されます。日本の**不動産税制**は、自己が居住する不動産＝住宅の取得については優遇されており、減税措置が用意されています。ここでは**不動産取得税**と**登録免許税**を中心に、**課税の原則**と**減税措置**について理解しましょう。

1 | 不動産取得税

1. 課税主体（誰が課税するのか）

不動産取得税は、都道府県が課税する地方税です。

2. 納税義務者（誰に課税するのか）

不動産を取得した者に課税されます。

3. 課税の対象

不動産の取得が、有償か無償か、登記があるかないか、原始取得（新築など最初に取得すること）か承継取得（売買などで所有権を移転するもの）かにかかわらず、課税されます。

ただし、相続や法人の合併・分割などによる不動産の取得には、課税されません。

4. 課税標準額

不動産取得税は、不動産の価格に対して課税されます。一般的には、固定資産課税台帳に記載された固定資産税評価額が課税標準額となります。

5. 税　率

税率は、原則4％です。

原則は4％ですが、特例もあります。詳しくは、次のページで解説します。

「長期優良住宅」とは「長期優良住宅の普及の促進に関する法律」に定められた品質等の優れた住宅のことをいい、国が定めた一定水準以上の品質や性能を

6．特例（減税措置） 頻出

不動産取得税には、次の4つの特例があります。

①住宅および住宅用地については、税率が**3%**となっています。

②宅地の課税標準額を、固定資産税評価額の**2分の1**としています。

③住宅の取得については、課税標準額から**1,200万円**（**長期優良住宅を取得した場合は、1,300万円**）を控除します（中古住宅は、築年数によって控除額が変わる）。

この特例を受ける住宅は、次の要件に該当しなければなりません。

項　目	要　件
築年数等	1982年1月1日以降に新築された住宅（340ページのプラスα）
用　途	居住用の建物に限る。新築であれば貸家も該当する
床面積	50m²（一戸建以外の貸家住宅は40m²）〜240m²以下

④住宅用地を取得した場合の特例

次の i または ii のいずれか多い額を、税額から控除します。

ⅰ　45,000円

ⅱ　1m²あたりの評価額×1／2×住宅の床面積の2倍（上限200m²）×3%

---

2 ┃ 登録免許税

不動産の登記の申請時には、登録免許税が必要になることがあります。

1．課税主体

登録免許税は、国が課税する国税です。

2．納税義務者

登記を受ける者に課税されます。

登録免許税は、相続や法人の合併等でも課税される点に注意しましょう。

備えた住宅であるため、各種税金や融資、容積率などの優遇措置を受けることができる。

3．課税の対象

各種登記に対して課税されますが、建物の表題登記は非課税です。

4．課税標準額と税率

登記の種類	課税標準額	税率（原則）
所有権保存登記（住宅新築時）	固定資産税評価額	0.4%
所有権移転登記（建物売買、贈与）	固定資産税評価額	2.0%
所有権移転登記（相続）	固定資産税評価額	0.4%
抵当権設定登記（借入時）	［債権額（借入額）］	0.4%

5．特例（減税措置） 頻出

登録免許税には、一定要件に該当する住宅を取得する場合に、次のような特例があります。

登記の種類	一般住宅	長期優良住宅	認定低炭素住宅
所有権保存登記	0.15%	0.1%	
所有権移転登記	0.3%	0.1%※	
抵当権設定登記	0.1%		

※ 一戸建ての長期優良住宅の場合は0.2%

この特例を受けるための住宅の要件は、次のとおりです。

項 目	要 件
築年数等	1982年1月1日以降に新築された住宅
用 途	自己の居住用の建物に限る
床面積	50m²以上（上限はなし）
その他	住宅を取得後1年以内の登記

個人が、宅地建物取引業者により一定の増改築等が行われた住宅用家屋を取得する場合の所有権移転登記の登録免許税の税率は、0.1％となります。

プラスα 不動産取得税や登録免許税が減税となる軽減措置は、1982年1月1日以降に新築されたことが登記上でわかる住宅が対象となるが、これは1981年6

3　印紙税

1．課税主体と納税義務者

　印紙税は、国が課税する**国税**で、課税文書（領収書や契約書など）の作成者に対して課税されます。1つの文書を複数人で作成したときは、全員が連帯して納税する義務を負います。

2．課税の対象と税率

　課税文書に記載された金額によって納税額が決められているため、税率は**ありません**。なお、不動産の売買契約書や建築の請負契約書については、減税措置があります。

3．納税方法

　印紙税は、課税文書に納税金額相当の収入印紙を貼付して、印紙に消印または署名することで納税します。万一、貼付を忘れたり消印をしなかったとしても、文書の効力について影響は**ありません**。

4　消費税（詳細は第4章のタックスプランニングを参照）

1．非課税

　不動産に関する次の取引は、消費税が非課税となります。
①居住用不動産（アパートなど）の賃貸料（家賃）
②土地の売買（借地権の設定や譲渡も含む）

例

計算

4,700万円（310万円税込み）という表示がある分譲マンションの、土地代金と建物代金は、それぞれいくらか。

消費税額310万円÷消費税率10％＝ 3,100万円 ……建物代金

4,700万円－3,100万円－310万円＝ 1,290万円 ……土地代金

月1日以降の建築基準法が適用された新耐震基準の住宅と認められるからである。
1981年以前の耐震基準は、旧耐震基準として区別される。

10 不動産を保有するときの税金

ココがポイント　不動産は保有しているだけでも税金が課税されます。とくに土地所有者や企業は、その支払いのために対策をしなければならないほどです。ここでは**固定資産税**と**都市計画税**の原則を理解したうえで、減税を受けるための要件を理解しましょう。

1 | 固定資産税

1. 課税主体と納税義務者

固定資産税は、市町村が課税する市町村税で、毎年1月1日時点で固定資産課税台帳に記載された土地や家屋、償却資産の所有者に課税されます。

2. 課税対象と課税標準額

土地や家屋、償却資産などの固定資産が課税対象となり、その課税標準額は、固定資産課税台帳に記載された固定資産税評価額となります。

3. 税　率

標準税率は、1.4%と定められています。

4. 新築住宅に対する特例（減税措置）　頻出

次の要件に該当する新築住宅は、一定期間、**固定資産税額が2分の1**となる減税が受けられます。

項　目	要　件
築年数	新築住宅に限る
用　途	居住用部分が床面積の2分の1以上の住宅
床面積	50m²（一戸建以外の貸家住宅は40m²）〜280m²以下
控除範囲	床面積のうち、120m²までの部分が減額される

プラスα　居住用超高層建築物（いわゆるタワーマンション）について、固定資産税の計算方法が見直され、2017年1月2日以降新築されたマンションに適用され

減税される期間は、それぞれ次のとおりです。

木造などの一般住宅	地上３階建以上の中高層耐火建築物
新築後３年間	新築後５年間

なお、住宅が長期優良住宅である場合は、それぞれ２年間延期されます。

5．住宅用地に対する特例（減税措置）　改正

アパートや住宅が建っている住宅用地については、居住を目的としていることから、その税負担を軽減する目的で次のような課税標準額の減額措置があります。

＊ 勧告を受けた管理不全空家等や特定空家等の敷地については住宅用地の特例が受けられない

減額される土地の範囲	用地名称	減額割合
住宅１戸につき200m²まで	小規模住宅用地	〔１／６〕
小規模住宅用地を超える部分	一般住宅用地	〔１／３〕
住宅の床面積の10倍を超える部分	―	減額なし

6．納税方法

固定資産税は、市町村から送付される納付書に従って、原則として４月、７月、12月、翌年２月の４回に分けて納付します。ただし、一括納付することも認められています（都市計画税も同様）。

2　都市計画税

1．課税主体と納税義務者

都市計画税は、都市計画事業や土地区画整理事業の費用に充てるために、市町村が課税する目的税である市町村税です。原則として市街化区域内の土地家屋の所有者に課税されます。

2．課税対象と課税標準額

原則として、市街化区域内の土地家屋が課税対象となり、その課税標準額は、

る。高層階ほど固定資産税が高くなり低層階では低くなる。都市計画税、不動産取得税についても同様の見直しが行われた。

固定資産税評価額となります。

3. 税　率

　制限税率が0.3%とされておりこの税率を超えることはできません。税率は、市町村の条例で定めることとなっています。

4. 住宅用地に対する特例（減税措置）🉐改正

　アパートや住宅が建っている住宅用地については、次のような課税標準額の減額措置があります。

＊ 勧告を受けた管理不全空家等や特定空家等の敷地については住宅用地の特例が受けられない

減額される土地の範囲	用地名称	減額割合
住宅１戸につき200m²まで	小規模住宅用地	〔1／3〕
小規模住宅用地を超える部分	一般住宅用地	〔2／3〕
住宅の床面積の10倍を超える部分	—	減額なし

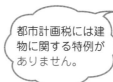

都市計画税には建物に関する特例がありません。

確認しよう！

Q1 固定資産税の課税対象に償却資産は含まれない。

Q2 一定の条件を満たしている新築住宅の場合、床面積のうち120m²までの部分を限度に、固定資産税額が3分の1に減額される特例措置がある。

Q3 住宅が建っている住宅用地については、1住戸につき200m²までの部分の固定資産税が6分の1に減額されるが、この特例は貸家であっても適用できる。

A1 ✕ （⇒p.342）　**A2** ✕ （⇒p.342）　**A3** 〇 （⇒p.343）

プラスα　譲渡所得金額を計算するときの取得費には、建物の減価償却費相当額が含まれる。たとえば2,000万円で購入した建物を2,000万円で譲渡すれば、譲渡

11 不動産の譲渡に関する税金

頻出度 | 学習日

ココが ポイント

不動産を譲渡した場合、その譲渡によって利益が出た場合には、**譲渡所得税**などが課税されます。ここでは**利益額の計算方法**や**適用される税率**について理解し、計算できるようにしましょう。また、課税の特例として、固定資産の交換の特例の要件についても学びます。

---

1 | 譲渡所得の計算

1. 課税譲渡所得

個人が不動産を譲渡して利益（課税譲渡所得）を得た場合は、その利益に対して課税されます。課税譲渡所得は、次の計算式で算出します。

> 課税譲渡所得＝収入金額－（取得費＋譲渡費用）－特別控除

各用語の定義は、次のとおりです。

収入金額	不動産を譲渡した金額（売却価格など）
取得費	その不動産を取得したときの経費で、購入価格・仲介手数料・印紙代・建物の減価償却費相当額・登録免許税など。取得費が不明な場合は、収入価格の5％を概算取得費として計算する
譲渡費用	その不動産の売却時に要した経費で、仲介手数料・印紙代・建物解体費・立退料など
特別控除	要件に該当すれば、特別に控除される場合がある

例

計算

2017年1月31日に3,500万円で土地を取得した際、仲介手数料100万円と印紙代など10万円の経費を払った。この土地を2023年1月10日に5,000万円で譲渡した場合の課税譲渡所得はいくらか。

5,000万円－（3,500万円＋110万円）＝1,390万円

益はゼロと考えられるが、購入金額から減価償却費相当額（たとえば300万円）を差し引くので、取得費は1,700万円となり300万円の譲渡益が出る。

２．所有期間による区分

　課税譲渡所得に課税される場合、その不動産を所有していた期間によって税率などが異なります。**所有期間5年**を超える場合を長期譲渡所得といい、**5年以内**の場合を短期譲渡所得といいます。

　所有期間5年の判断は、**譲渡した年の1月1日時点**で、所有期間が5年を超えているかどうかによります。

３．税　率

　課税譲渡所得に対する税率は、所有期間によって、次のように区分されます。短期譲渡所得の税率は、長期譲渡所得の税率と比べて、高くなっています。

短期譲渡所得		長期譲渡所得	
所得税	住民税	所得税	住民税
30.63%	9%	〔15.315%〕	〔5%〕

＊ 復興特別所得税を含む

４．特別控除ほか

　課税譲渡所得の計算上、次のもの等を特別控除として差し引くことができます。

収用による譲渡	5,000万円
居住用財産の譲渡	3,000万円
特定土地区画整理事業のための譲渡	2,000万円
特定住宅地造成事業のための譲渡	1,500万円

通常、不動産の売買では、手付金を支払って売買契約を締結し、その後に引渡しを受けることになる。この場合、所有期間の開始時期（取得日）と引渡時

2 固定資産の交換の特例

　土地と土地、建物と建物を交換するような場合、実質的には土地や建物を譲渡して買い換えることと同様の行為ですので、売却益があれば課税されます。しかし、一定の要件を満たせば固定資産の交換の特例が適用され、譲渡がなかったものとして、課税が繰り延べられます。

1．適用要件

- ●固定資産同士の交換であること
- ●同一種類(土地と土地など)の資産の交換であること
- ●所有期間1年以上で、交換のために取得した資産ではないこと
- ●資産の交換後に、交換前と同じ用途に使用すること
- ●譲渡した資産と取得した資産の差額が、どちらか高いほうの価格の20%以内であること(通常、価格差がある場合は、その差額を金銭で支払う。これを交換差金という)

2．課税の繰り延べ

　固定資産の交換の特例を利用した場合、今回の課税は繰り延べられますが、次回の譲渡のときに課税されることになります。このときの譲渡所得の計算では、取得費を引き継いで計算します(350ページプラスα)。

確認しよう！

Q1 課税譲渡所得の計算上、取得費は実際の取得費と概算取得費のどちらを採用してもかまわない。

Q2 2023年に不動産を譲渡した場合の長期譲渡所得の税率は、所得税20%である。

・・・・・・・・・・・・・・・・・・・・・・・・・・・・・・・・・・

A1 ○ (⇒p.345)　　**A2** × (⇒p.346)

期(譲渡日)の判断は、どちらを起点にするかで所有期間が異なってくる。期間の計算は、どちらをとって判断しても良いことになっている。

12 居住用財産に関する特例

 ココが ポイント 不動産を譲渡して利益が出た場合でも、居住用財産（自宅）を譲渡した場合には、各種の特例が設けられて優遇されています。**3,000万円の特別控除、軽減税率の特例、居住用財産の買換えの特例**の3つについて、適用要件を比較しながら理解しましょう。

1 居住用財産の譲渡の特例など

日本の不動産税制では、自分が住む目的で所有している住宅（居住用財産）について、「3,000万円の特別控除」「軽減税率の特例」「買換えの特例」の3つの特例が用意されており、**税負担**が軽減されています。

1．居住用財産の3,000万円の特別控除の特例

次の要件に該当する居住用財産を譲渡した場合は、課税譲渡所得金額から**3,000万円**が控除されます。

> 3,000万円の特別控除は、長期譲渡、短期譲渡の区別なく適用することができます。

①適用要件 **頻出**

①居住用財産の譲渡であること

②譲渡した相手方が、配偶者や直系血族や生計を一にしている親族・同族会社などの**特別な関係**でないこと

③**前年、前々年**に、この特例や「居住用財産の買換えの特例」「譲渡損失の繰越控除の特例」を受けていないこと（3年に1回なら適用できる）

④居住していない場合は、住まなくなってから**3年**を経過した日の属する年の12月31日までに譲渡すること

②居住用財産の共有名義

居住用財産の名義人が夫婦共有であるような場合は、**それぞれの持分**について、この特別控除を適用することができます。

 プラス α 居住用財産の3,000万円の特別控除を受ける場合、家屋の所有者が夫で、土地の所有者が妻であるような場合では、両者が生計を同一にしている親族

例

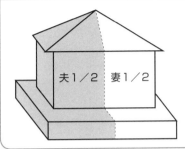

左のような居住用財産を売却して7,000万円の譲渡益があったときの課税譲渡所得金額はいくらか。

夫、妻ともに

7,000万円×1／2－3,000万円

＝ 500万円

③敷地のみの譲渡

居住用財産とは**居住するための住宅**をいいますが、次のような場合は、敷地のみの譲渡でも、居住用財産の譲渡とすることができます。

①住宅を取り壊した日から**1年以内**に譲渡契約を締結すること

②居住しなくなってから**3年**を経過した日の属する年の12月31日までに、譲渡すること

③住宅を取り壊してから譲渡契約締結の日までの間、敷地を貸し付けたり、そのほかの目的に使用しないこと

2．居住用財産の軽減税率の特例

1月1日現在で、**所有期間が10年を超える**居住用財産を譲渡した場合は、居住用財産の3,000万円の特別控除を差し引いた、残りの譲渡所得金額6,000万円までの部分について、低い税率が課税される特例があります。

6,000万円までの部分	所得税	〔10.21%〕
	住民税	〔4％〕
6,000万円を超える部分	所得税	15.315%
	住民税	5％

＊ 復興特別所得税を含む

①適用要件

この特例を受けるためには、3,000万円の特別控除と**同様の適用要件**を満たす必要があります。

で、同時に譲渡したのであれば、まず家屋の所有者である夫が特例を受ける。さらに、3,000万円に満たない部分が残れば、妻分から控除することができる。

第5章

12

居住用財産に関する特例

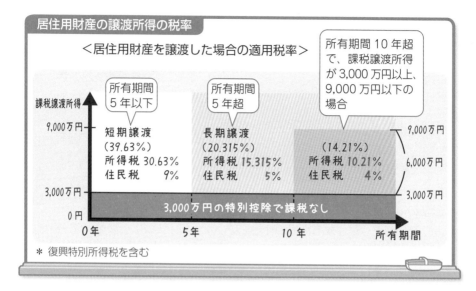

居住用財産の譲渡所得の税率

＜居住用財産を譲渡した場合の適用税率＞

所有期間10年超で、課税譲渡所得が3,000万円以上、9,000万円以下の場合

課税譲渡所得

所有期間5年以下

所有期間5年超

9,000万円

短期譲渡
（39.63％）
所得税 30.63％
住民税 9％

長期譲渡
（20.315％）
所得税 15.315％
住民税 5％

（14.21％）
所得税 10.21％
住民税 4％

9,000万円

6,000万円

3,000万円

3,000万円

3,000万円の特別控除で課税なし

0円

0年　　　　5年　　　　10年　　　　所有期間

＊ 復興特別所得税を含む

３．特定居住用財産の買換えの特例

①特例の効果

　居住用財産を譲渡して**一定の居住用財産**に買い換える場合、要件を満たせば、特定居住用財産の買換えの特例を受けられます。譲渡資産が買換資産を下回る場合（同額の場合を含む）、今回の譲渡はなかったものとして課税が繰り延べられます。譲渡資産が買換資産を上回る場合、**上回った部分についてのみ**課税されます。

譲渡資産　≦　買換資産
↓
譲渡がなかったものとされ、課税が繰り延べられる

譲渡資産　＞　買換資産
↓
差額部分に課税される

②譲渡資産の条件

①譲渡した年の1月1日現在で、所有期間が10年を超えていること

②**通算居住**期間が**10年**以上であること

③前年、前々年に「3,000万円の特別控除」「軽減税率の特例」を利用していない

④譲渡した相手方が、配偶者や直系血族・同族会社など特別な関係にないこと

⑤譲渡対価1億円以下

課税の繰り延べとは、今回は課税しないものの、次回の売却時に課税するということ。その際の譲渡所得金額の計算は、今回の譲渡資産の取得費（買っ

③買換資産の条件

①譲渡の**前年**から、譲渡の**翌年**12月31日までの**3年間**に取得すること

②取得日の翌年12月31日までに居住し、継続して**居住**する見込みであること

③建物の床面積は**50m²以上**で、土地の面積が**500m²以内**であること

④耐火建築物は築後**25年以内**または一定の耐震基準等に適合する住宅

⑤非耐火建築物は築後**25年以内**または取得期限までに一定の耐震基準等に適合する住宅

⑥2024年1月1日以後に建築確認を受ける住宅または建築確認を受けない住宅で登記簿上の建築日付が2024年7月1日以降のものは一定の省エネ基準を満たすもの

例

計算

　買換えの特例を利用して6,000万円で自宅を売却し、5,000万円の住宅に買い換えた場合の税額はいくらか。なお、譲渡資産の取得費は300万円、譲渡経費は300万円とする。

自宅を売却　買い換えた住宅

6,000万円－5,000万円＝1,000万円……課税対象差額

課税対象部分に相当する取得費と譲渡経費を差し引くことができます。

$$(\underset{取得費}{300万円}+\underset{譲渡経費}{300万円})\times\dfrac{\overset{課税対象差額}{1,000万円}}{6,000万円}=100万円……\boxed{経費}$$

$$(\underset{課税対象差額}{1,000万円}-\underset{経費}{100万円})\times20\%^{※}(所得税＋住民税)=\boxed{180万円}$$

※このときの税率は、軽減税率を利用できない

4．被相続人の居住用財産（空き家）に係る譲渡所得の特別控除の特例 **改正**

　一定の空き家を譲渡した場合は、譲渡所得金額から**3,000万円**が控除されます。ただし相続人が**3人以上**の場合は、控除額は1人当たり**2,000万円**となります。

①適用要件

①被相続人の居住用財産（1981年5月31日以前に建築された住宅に限る）で、

たときの経費）を引き継いで用いる。一方、所有期間の計算は、取得日を引き継がないため、買換資産の取得日で判断することになる。

被相続人以外に居住者がいなかったこと

②相続開始から譲渡までに**貸付けの用**または**居住の用**に供していないこと

③譲渡の年の**翌年の2月15日**までに、家屋を解体するか耐震基準に適合するように改修工事をすること

④相続があった日から**3年**経過した日が属する年の12月31日までの譲渡

⑤譲渡対価**1億円以下**

⑥市区町村から交付された**被相続人居住用家屋等確認書**の提出が必要

⑦「居住用財産の3,000万円の特別控除」との併用は不可

2 ｜ 居住用財産の譲渡損失の繰越控除

1. 繰越控除の仕組み

　所有期間が、譲渡した年の1月1日現在で**5年を超える居住用財産**を譲渡して損失が発生した場合は、その年と翌年以降3年間、その損失をほかの所得から控除でき控除額相当の所得税が還付されます。この控除には2つの種類があります。

計算 譲渡損失が2,000万円で、その他所得が毎年600万円として計算。

	2020年	2021年	2022年	2023年
所得金額	600万円	600万円	600万円	600万円
損失額	▲2,000万円	▲1,400万円	▲800万円	▲200万円
控除後の所得金額	0	0	0	400万円

2. 居住用財産の買換えなどによる譲渡損失の繰越控除

　買換えによる損失の繰越控除が利用できる要件は、次のとおりです。

①譲渡資産の要件

①譲渡した相手方が、配偶者や直系血族・同族会社などの特別な関係でないこと

②土地等の面積のうち、500m²以内だけが対象となる

②買換資産の要件

①居住用部分の床面積が50m²以上であること

②控除を受ける年の年末時点で、買換資産の取得のために借り入れた**住宅ローン**（返済期間10年以上）の残高があること

被相続人の居住用財産に係る譲渡所得の特例の適用を受けるためには、確定申告書に対象家屋の所在地を管轄する自治体から交付を受けた「被相続人居

③譲渡をした翌年の12月31日までに取得し、取得の翌年の年末まで居住していること

③その他の要件

①控除を受ける年の合計所得が3,000万円以下であること

②譲渡した年の前年、前々年に「3,000万円の特別控除」、「軽減税率の特例」、「買換えの特例」を受けていないこと

③以前３年以内に、「譲渡損失の繰越控除の特例」を受けていないこと

3．特定居住用財産の譲渡損失の繰越控除

　居住用財産を譲渡して買換えをしない場合は、特定居住用財産の譲渡損失の繰越控除特例の適用を受けることができます。

①譲渡資産の要件

①譲渡契約締結日の前日まで、譲渡資産を取得するために利用した住宅ローンの残高が残っていること

②その他の要件

①控除を受ける年の合計所得が3,000万円以下であること

②譲渡した年の前年、前々年に「3,000万円の特別控除」「軽減税率の特例」「買換えの特例」を受けていないこと

③以前３年以内に、「譲渡損失の繰越控除の特例」を受けていないこと

③損失金額の計算

　この特例を利用する場合の譲渡損失金額の計算は、次の①と②のいずれか少ないほうの金額となります。

①実際の譲渡損失の額（図中A）

②譲渡資産の住宅ローンの残高－譲渡した価格（図中B）

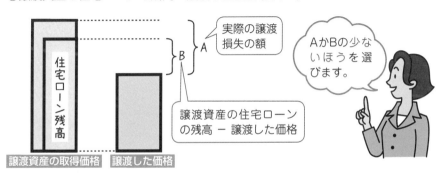

「住用家屋等確認書」を添付する必要がある。これは相続開始後、空き家であったことを証明する書類である。

13 不動産の有効活用と税金

 頻出度 **B**　 学習日 ／

 ココが ポイント　不動産を保有しているだけでは、固定資産税などのコストがかかり、資産価値が目減りすることになります。そこで不動産を有効活用し、収益を生み出すことが求められます。ここでは**有効活用の手法とその比較**、活用によって生じる**不動産所得にかかる税金**について学びます。

1 | 不動産の活用方法

1. 活用手法の種類

　土地活用では、事業規模が大きく経営リスクがあるため、市場調査や資金調達、企画運営面で専門家のノウハウを利用することが求められます。土地活用の代表的手法には、次のようなものがあります。

方　式	仕組み	借入金	特　徴
自己建設方式	土地・建物とも自分が所有し、計画から建設・管理運営まで、すべて自分の指示で行う	多くの場合必要	自分がすべての事業利益を享受できるが、リスクも負う。手間もかかる
事業受託方式	事業計画から建設・管理運営まで、開発業者（デベロッパー）のノウハウを活用して行う	必　要	開発業者がサブリース（一括借上）をすることが多いので、事業利益をすべて享受することができない
土地信託方式	信託銀行が土地建物の信託を受けて、企画から資金調達・建設・管理まで行う。運営実績により信託配当を受け取る	必要。信託銀行が調達	所有権は形式的に信託銀行へ移転し、信託報酬を支払う。期間終了後、所有権は戻される
等価交換方式	中高層耐火共同住宅の建設のための買換え特例を利用し、土地の一部または全部を開発業者に提供する代わりに、開発業者が建設した建物の一部を取得する	［不　要］	資金調達が不要なため、収益性が比較的高くなる。取得した建物の減価償却費は、少なくなる
定期借地権方式	一定期間、土地を借地人に賃貸して地代を受け取る。建物は借地人名義のため、メンテナンスが不要	［不　要］	低リスクだが収益性は高くない。相続税評価額の軽減効果は大きくない

 プラスα　土地活用の手法の1つである建設協力金差入方式は、建物を建設する際に、借主が一定額の建設協力金を土地所有者に支払うことで、借入額負担を軽減

2 不動産の賃貸に関する税金

不動産を有効活用して得られた所得は、不動産所得として課税されます。

1. 不動産所得とは

不動産所得となるものには、次のようなものがあります。

①家賃や地代・更新料・礼金・権利金など不動産の貸付けによって得られる収入。なお、借地権の設定にともなって受け取る権利金が、**時価の2分の1**を超えている場合は、不動産所得ではなく**譲渡所得**となる

②土地・建物に設置した看板の広告料

③月極駐車場の賃料（時間貸し駐車場は、事業所得または雑所得となる）

2. 不動産所得の計算　頻出

不動産所得は、収入から必要経費を差し引いて計算します。不動産所得の計算上、下表の不動産所得の欄に○印がある項目が、必要経費として認められます。実際には費用支出をしない減価償却費が含まれるので、収支計算（キャッシュフロー）の収入額と異なった金額となります。

	項　目		金　額	不動産所得	収　支
収入	賃料など		700		
	駐車場代		100		
支出	管理費		100	○	○
	公租公課（固定資産税など）		50	○	○
	火災保険料		20	○	○
	借入金	元金返済額	150	〔×〕	○
		利息返済額	100	○	○
	［減価償却費］	建物部分	270	○	×
		設備部分	530	○	×
合　計（単位：万円）				▲270	+380

不動産所得の計算では、減価償却費も経費に含まれるが、借入金の元金返済額は含まれない

キャッシュフローの計算では、減価償却費は含まれないが、借入金の返済額は含まれるため、不動産所得とは額が異なる

するとともに、収益性を高める方式。建設した土地所有者名義の建物を借主が借り上げるため、借家権が発生する。相続税評価上は建物は借家、土地は貸家建付地となる。

3．損益通算の特例

　不動産所得の計算が赤字となった場合、その年のほかの所得の黒字から差し引くことができます。これを**損益通算**といいます。

　前ページの事例の場合、仮にその年の給与所得が200万円あったとすると、

> 給与所得200万円　−　不動産所得の赤字270万円　＝0円

となり、この年の所得がなかったことになります。したがって、徴収された給与所得にかかる所得税が、全額還付されることになります。所得金額が多い場合に、所得税対策として不動産経営を行う理由がここにあります。

4．損益通算の例外

　不動産所得の赤字が、土地取得のための借入金の利息より多い場合は、その利息分のみ、損益通算できません。

　なお、土地と建物を同時に取得した場合に利用した借入金は、**建物代金**部分から優先して借り入れたものとして計算します。

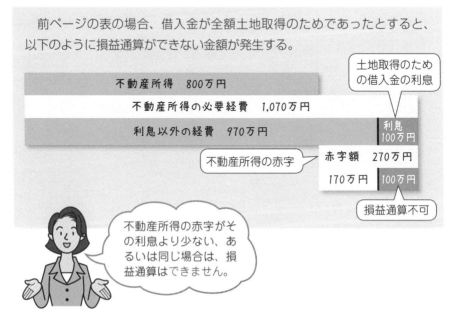

　前ページの表の場合、借入金が全額土地取得のためであったとすると、以下のように損益通算ができない金額が発生する。

不動産所得　800万円

不動産所得の必要経費　1,070万円

利息以外の経費　970万円

土地取得のための借入金の利息

利息 100万円

不動産所得の赤字　赤字額　270万円

170万円　100万円

損益通算不可

不動産所得の赤字がその利息より少ない、あるいは同じ場合は、損益通算はできません。

プラスα 不動産所得の計算上、敷金や保証金はいったんは預かるものの、契約終了時に返還するべきものである。したがって不動産所得には計上せず、契約終

14 不動産投資分析と証券化

頻出度 B ／ 学習日

ココが ポイント

不動産の有効活用を行った場合、それが効率的な投資かどうかを分析することが重要です。ここでは**不動産投資の単年度分析**と、**長期分析**の2つの手法を理解しましょう。また、投資効率を高めるために考え出された、**不動産の小口化**や**証券化**についても概要を理解しましょう。

1 | 不動産投資の分析

　有効活用した不動産の経営状態を分析する場合、大きく分けて2つの指標があります。1つは単年の事業年度内の分析で、もう1つは複数年にわたる分析です。ここでは、次のような賃貸マンション投資について分析します。

例

> 対象不動産：購入価格（経費含む）3,000万円、賃料収入300万円、
> 　　　　　　運営経費は60万円とする。
> 資金計画：自己資金1,000万円＋借入金2,000万円
> 　　　　　金利3%、30年返済、元利均等払いで、年間借入金返済額（ADS）
> 　　　　　は約100万円とする。

1. 単年度分析

☐表面利回り（単純利回り）

　表面利回りとは、総投資に対する利回りをいいます。

$$表面利回り = \frac{賃料収入}{購入価格} = \frac{300万円}{3,000万円} = 10.0\%$$

☐正味利回り（純利回り）

　正味利回りとは、総投資に対する純収益の利回りをいいます。

$$正味利回り = \frac{賃料収入 - 運営経費}{購入価格} = \frac{300万円 - 60万円}{3,000万円} = 8.0\%$$

了時まで預かり金としておく。ただし、**敷金や保証金を修繕費用などに充当したり、返還しなかった場合は、その金額を不動産所得に計上することになる。**

キャッシュ・オン・キャッシュ（投下資本収益率）

投下した自己資金に対する手取り収入の割合をいいます。

$$\text{キャッシュ・オン・キャッシュ} = \frac{\text{純収益－ADS}}{\text{自己資金}} = \frac{300万円－60万円－100万円}{1,000万円}$$
$$= 14.0\%$$

キャッシュ・オン・キャッシュで、借入金を2,500万円に増額した場合は、分母が500万円に対して、分子が300万円－60万円－126万円＝114万円となり、利回りは22.8%となります。このように借入金を併用することによって、自己資金が少ないほど投資利回りが高くなることを、**レバレッジ効果**（テコの原理）といい、借入金の金利が投資全体の利回りを下回っているときに、この効果が出ます。

2. 長期投資分析（DCF法）　📖暗記

DCF法とは、一定期間の投資によって、将来得られるであろう各年の**純収益**（NOI）と、投資終了後の不動産の**売却価格（復帰価格）**を、**期待する利回り**で割り戻した現在価値の合計金額（総和）によって投資判断する方法です。

（単位：万円）

投資期間	1年目	2年目	3年目	4年目	5年目	復帰価格
純収益(NOI)	100.00	100.00	100.00	100.00	100.00	1,700.00
3%で割り戻した現在価値	97.08	94.25	91.51	88.84	86.26	1,466.42

合計1,924.36万円

このケースでは、対象不動産を1,924.36万円で購入できれば、3%の利回りが期待できることを示しています。

DCF法には、次の2つの方法があります。　頻出

① **NPV法（正味現在価値法）**

上記のように期待する利回りを前提として、対象不動産の正味現在価値がいくらであるかという価格妥当性を求め、**投資額**と比較して判断する方法です。**投資**

不動産投資の分析に使用する用語として、OPEX＝運営経費、NOI＝純収益（収入－OPEX）、LTV＝物件価格に対する借入金額の割合（357ページの

額より正味現在価値が大きければ、投資額が割安で投資可となります。正味現在価値より投資額が大きければ、投資額が割高で投資不可となります。

②IRR法（内部収益率法）

対象不動産の価格を前提として投資した場合、どれだけの利回りが期待できるかという**期待利回り**を算出する方法です。内部収益率が大きいほど有利な投資であると判断します。

2 | 不動産の証券化など

1．現物不動産投資

ビルやマンションなどの実際の不動産に投資し、そこから得られる**賃料**などを収益として得ることを、現物不動産投資といいます。現物不動産投資は、所有権が明確で、実物を目にすることができるので安心ですが、金額が大きく、**売買**する場合の流動性が劣るほか、**税金**の負担が大きいという問題点もあります。

	投資金額	流動性	税負担
現物不動産投資	比較的高額	低い	大
小口化不動産投資	中	中	中
証券化不動産投資	比較的少額	高い	小

2．小口化不動産投資

小口化不動産投資では、対象不動産は分譲マンションのような**区分所有権**や、一棟の建物を投資家で共有するなどして**投資**金額を少額化しています。また、小口化不動産投資商品の販売は、不動産特定共同事業法によって規制され、投資家の保護を図っています。

一方、投資金額の大きさや税負担の問題は完全に解決されていません。

3．証券化不動産投資

「資産の流動化に関する法律」（改正SPC法）の成立で、**特定目的会社**（SPC）が不動産を取得することで、資産の流動化と投資効率のアップを図ることが可能になりました。投資家は、SPCが発行する優先出資証券（一種の株式）や社債など

事例の場合、3,000万円に対する2,000万円で66.6％）、ADS＝年間借入金返済額、DSCR＝借入金償還余裕率、BEP＝損益分岐点などがある。

を購入することで、間接的に不動産に投資するのと同じ効果を得ることができます。SPCの特徴は、次のとおりです。

①最低資本金**10万円**で設立可能
②**内閣総理大臣**に届出が必要
③資産の流動化と、その関連事業だけに限った業務を行うこと
④所得の**90%以上**を配当すれば、**法人税**が課税されない
⑤資産取得のために借入れをすることも可能

4．不動産投資信託

「投資信託及び投資法人に関する法律」(改正投資信託法)の成立で、投資の対象が不動産にまで拡大されました。これを受けて日本でも、不動産投資信託(J-REIT)がスタートしました。

投資家は、不動産を保有する投資法人が資産の運営や資産保管、一般事務をとり行う専門業者に委託するなどして、不動産を運用して得られた賃料や売却益から、分配金を受け取ります。分配金は**配当所得**となります。

不動産投資信託には、信託契約型(委託者指図型と委託者非指図型の2種類)と会社型(法人)の計3つの仕組みがありますが、日本では**会社型**がほとんどです。

不動産投資信託は上場しており、株式などと同様に証券取引所で取引されます。

確認しよう！

Q1 長期投資分析には、NPV法とIRR法の2種類があるが、投資の対象となる不動産の価格を前提に投資をした場合、どれだけの利回りが期待できるかという期待利回りを計算する方法は、NPV法である。

Q2 不動産投資の分析に使われる用語のDSCRとは、年間借入金返済額のことである。

A1 ✕ (⇒p.358、359)　　**A2** ✕ (⇒p.359)

プラスα 不動産投資信託は、換金性・流動性が高く、比較的安定的な分配金が得られるものの、元本は保証されない。

第5章●不動産

一問一答 最終チェック

第5章の学習が終わりました。ここで、この章のおさらいをしましょう。問題の
すぐ下にある解答を赤シートでかくして、問題にチャレンジしてください。間
違ったときは、必ず参照ページに戻って確認し、実力アップをめざしましょう！

□□□ **問1** 固定資産税評価額は、3年に1度の基準年の1月1日時点の地価を発表
するもので、公示価格のおおむね8割の価格となっている。

解答1 ✕ 設問は間違い。固定資産税評価額は、公示価格のおおむね7割となって
います。8割となっているのは、相続税評価額（路線価）です。⇒p.306

□□□ **問2** 不動産価格の鑑定手法のうち、収益還元法の直接還元法では、純収益を
還元利回りで割り戻して収益価格を算出する。

解答2 ◯ 設問のとおり。純収益÷還元利回りで計算されます。⇒p.307

□□□ **問3** 不動産売買契約において、買主は種類または品質に関する契約不適合を
発見したときから1年以内に通知したうえで、売主に追完請求などを請
求することができる。

解答3 ◯ 種類または品質に関する契約不適合による買主の請求は、発見したとき
から1年以内に通知しておけば、そのうえで追完請求や損害賠償請求、
契約解除ができます。⇒p.310、311

□□□ **問4** 新築住宅において、瑕疵担保責任の対象となるのは「構造耐力上主要な部
分」と「雨水の浸入を防止する部分」の瑕疵に限る。

解答4 ◯ 設問のとおり。責任期間は、引渡日から10年間です。⇒p.310

□□□ **問5** 不動産登記において、権利部乙区には抵当権、賃借権、地上権、差押え
など所有権以外の権利に関する事項が登記されている。

解答5 ✕ 設問は間違い。差押えや買戻し特約、仮処分などの所有権に関する事項は、
権利部甲区に登記されます。⇒p.313

□□□ **問6** 公図（旧土地台帳附属地図）は、登記所に備え付けられており、対象とす
る土地の位置関係等を確認する資料として有用である。

解答6 ◯ 公図は土地の位置関係等を確認するために有効です。なお、土地の寸法
は必ずしも正確ではありません。⇒p.315

□□□ **問7** 開発許可を受けた開発許可区域内の土地に建築物を建築する場合は、建
築基準法の建築確認は不要である。

解答7 ✕ 設問は間違い。原則として開発行為の工事完了の公告後に建築確認を申
請します。⇒p.324

第5章

一問一答　最終チェック

□□□ **問8** 前面道路の幅員が12m未満の場合の容積率は、その幅員に基づいて計算した容積率と指定容積率とのいずれか多いほうが適用される。

解答8 ✕ 設問は間違い。いずれか少ないほうが適用されます。⇒p.329

□□□ **問9** 借地借家法では、普通借地権の存続期間は、借地権設定者と借地権者の合意があっても、30年を超える期間を定めることはできない。

解答9 ✕ 設問は間違い。互いの合意があれば、30年を超える期間を定めることができますが、30年より短い期間を定めたときは30年の契約とみなされます。⇒p.331

□□□ **問10** 一般定期借地権は、契約期間は50年以上で、必ず公正証書によって契約をしなければならない。

解答10 ✕ 設問は間違い。一般定期借地権は、書面あるいは電磁的記録による契約が必要ですが、公正証書による契約の必要はありません。⇒p.332

□□□ **問11** 区分所有建物の建替えは、集会において区分所有者および議決権の両方の5分の4以上の賛成による決議がなければできない。

解答11 〇 設問のとおり。区分所有者は人数、議決権は各人の専有面積の割合、両方が5分の4以上にならなければなりません。⇒p.336

□□□ **問12** 固定資産税の納税義務者は、年の中途にその対象となる土地または家屋を売却した場合であっても、その年度分の固定資産税の全額を納付する義務がある。

解答12 〇 固定資産税は、毎年1月1日現在の固定資産の所有者にその年分を課税するもので、年の途中に売却した場合でも全額納税する必要があります。⇒p.342

□□□ **問13** 居住用財産を譲渡した場合の3,000万円の特別控除と、居住用財産を譲渡した場合の長期譲渡所得の課税の特例は、それぞれの要件を満たしていれば併用して適用を受けることができる。

解答13 〇 設問のとおり。ただし、両特例とも居住用財産の買換えの特例と併用することはできません。⇒p.348〜350

□□□ **問14** 「被相続人の居住用財産に係る譲渡所得の特別控除」を受けた場合、控除される金額は相続人の人数にかかわらず1人当たり3,000万円である。

解答14 ✕ 設問は間違い。控除額は原則3,000万円であるが、相続人が3人以上の場合は1人当たり2,000万円となる。⇒p.351

□□□ **問15** 不動産投資では、投資の収益率が借入金の金利を上回っている場合に「レバレッジ効果」が生じ、自己資金に対する収益率の上昇が期待できる。

解答15 〇 設問のとおり。借入金を利用することによって、自己資金が少ないほど投資利回りが高くなります。⇒p.358

第 **6** 章
相続・事業承継

1 贈与と税金①

**ココが
ポイント**

財産を無償で譲ることを、贈与といいます。ここでは贈与の意味を正しく理解するとともに、**贈与税の課税財産と非課税財産や贈与税の計算方法**について学びましょう。FPとしては、住宅取得や会社の事業承継の相談などで問い合わせが多い分野です。

1 | 贈与と法律

①贈与とは

当事者の一方が相手方へ、無償で財産を譲り渡す契約のことを贈与といいます。贈与が成立するには、次の要件が必要になります。

①贈与者（財産をあげる人）が、無償で財産を譲る意思を表明すること

②受贈者（財産をもらう人）がこれを承諾すること

書面によらない契約の場合は、実際に贈与が行われた時点で贈与の効力が発生し、その契約の履行前であれば解除することが可能です。

なお、贈与者は、贈与の目的である物または権利を、贈与の目的として特定したときの状態で引き渡しまたは移転することを約したものと推定します。

②贈与の種類

贈与の種類

単純贈与	贈与するたびに結ぶ贈与契約のこと（通常の贈与）
定期贈与	定期的に一定額の財産を贈与すること 例：「毎年100万円ずつ贈与しましょう」
負担付贈与	贈与とともに、受贈者に借金など一定の負担を負わせること 例：「家を贈与する代わりに住宅ローンを払ってほしい」 ＊受贈者がその負担の義務を履行しない場合、贈与者はその契約を解除できる。 また、贈与者はその負担の限度において、売主と同様に担保の責任を負う
死因贈与	贈与者が死亡することを条件として発生する贈与 例：「私が死んだら、あなたにこの家をあげましょう」

死因贈与は贈与者と受贈者の意思表示の合致によって成立します。

**プラス
α**
贈与契約には必ずしも契約書は必要ではなく、口約束でも成立する。契約書による贈与契約は取り消すことはできないが、契約書がない贈与は、既に贈

　贈与をうまく利用すれば、相続（親の死亡）のときの相続税を軽減させるために、親から子どもへ財産を移転することができます。しかし、多額の財産を生前に移転することで相続税逃れにならないように、贈与に対する税率は高くなっています。

贈与契約は、贈与者と受贈者の双方の意思の合意により、成立します。

2 　贈与税

　贈与によって一定額以上の財産を取得した場合は、贈与税が課税されます。

1．贈与税の課税主体と納税義務者

　贈与税は、国が課税する国税です。納税義務者は、贈与によって財産を取得した自然人（受贈者）です。

2．贈与税の課税財産

1本来の財産

　本来の財産とは、預貯金、株式などの有価証券、土地、建物、書画骨董品、貴金属などの財産で、金額に換算できるものすべてです。

2みなし贈与財産　頻出

　本来の財産ではありませんが、同じような経済効果がある財産を、**みなし贈与財産**といいます。

みなし贈与財産	
生命保険金など	保険料を負担していない者が満期により保険金を取得した場合、その保険金額
[低額譲渡]	実際の価格（時価）より著しく低い額で財産を譲渡（売買）した場合、時価と贈与した価格の差額
債務免除など	子の借金を親が肩代わりするなど、債務者（借入者）が無償で債務を免除されたり、第三者に弁済してもらった場合、その金額

与した部分を除いて取り消すことができる。なお、親の土地を子が無償で使用することは、使用貸借といって贈与にはならない。

3．贈与税の非課税財産

　次のような財産は、贈与税の非課税財産とされています。

①法人からの贈与で取得した財産（**一時所得・給与所得**として所得税の対象となる）

②個人から法人への財産の移転（法人税の対象）

③扶養義務者間で支払う**生活費**や**教育費**で、通常必要と認められるもの

④社会通念上相当と認められる香典、お祝い、中元・歳暮、見舞金など

⑤相続または遺贈で財産を取得した者が、**相続開始の年に被相続人から受けた贈**
　与財産（相続税の対象となる）

⑥離婚による財産分与

3 | 贈与税の計算

1．贈与税の対象となる期間

　贈与税は、**受贈者1人ごとに、毎年1月1日から12月31日までの期間中**に受
け取った財産を対象として、課税されます（暦年課税）。

2．基礎控除 　頻出　計算

　贈与税は、基礎控除を差し引いた残りの財産金額に対して課税されます。

【贈与税の計算式】

> （課税価格−基礎控除110万円）×税率−控除額＝贈与税額

基礎控除額が110万円ということ
は、1年間にもらった財産の合計額
が110万円以下であれば贈与税はか
からず、贈与税の申告も不要です。

離婚による財産分与により取得した財産の価額が、婚姻中の夫婦の協力に
よって得た財産の額等を考慮して社会通念上相当な範囲内であれば、原則、

3．税　率

贈与税の税率は、以下のとおりです。

基礎控除後の課税価格		税率（一般税率）・控除額	特例税率・控除額
	200万円以下	10%・—	10%・—
200万円超	300万円以下	15%・10万円	15%・10万円
300万円超	400万円以下	20%・25万円	
400万円超	600万円以下	30%・65万円	20%・30万円
600万円超	1,000万円以下	40%・125万円	30%・90万円
1,000万円超	1,500万円以下	45%・175万円	40%・190万円
1,500万円超	3,000万円以下	50%・250万円	45%・265万円
3,000万円超	4,500万円以下	55%・400万円	50%・415万円
4,500万円超			55%・640万円

＊ 贈与を受けた年の1月1日において18歳以上（2022年4月以降の贈与）の受贈者が直系尊属から受けた贈与については、特例税率が適用される

4．贈与税の申告など

　贈与税の申告は、贈与を受けた年の**翌年の2月1日から3月15日**までに、基礎控除額110万円を超える財産を贈与により取得した受贈者が自分の住所地の管轄税務署長に申告書を提出しなければなりません。

5．贈与税の納付

　贈与税は、申告書の提出期限までに、その金額を**金銭により一括納付**することが原則です。納付期限までに納付しなかった場合は延滞税がかかります。納付が困難な場合は、以下の要件を満たせば**5年以内の延納**も認められています。ただし、利子税がかかります。

①税額が10万円を超えていること

②金銭での一括納付が困難な事情があること

③原則として担保を提供すること

④申告期限までに延納申請書を提出し、税務署長の許可を得ること

　なお、贈与税に物納制度は設けられていません。

> 延納税額が100万円以下で、延納期間が3年以内であれば担保は不要です。

贈与税の課税対象とはならない。婚姻中の夫婦の協力によって得た財産の額、その他一切の事情を考慮してもなお過大とみられる金額は、贈与税の課税対象となる。

2 贈与と税金②

贈与税には一定の条件のもと、一定金額まで**非課税**となる特例があります。**配偶者**への贈与や、**直系尊属**からの住宅資金、教育資金、結婚・子育て資金の贈与について、非課税となる金額や特例が適用となる条件などを確認しておきましょう。

1 贈与税の配偶者控除 🖊頻出

次の要件を満たす場合、**基礎控除額110万円とは別に、さらに2,000万円まで**が、配偶者控除の特例として非課税となります。

①戸籍上の婚姻期間が20年以上の夫婦間の贈与

②国内にある居住用不動産、または居住用不動産を取得するための金銭の贈与

③翌年3月15日までに居住し、その後も継続して居住する見込みであること

④特例を適用した結果、贈与税額が0となったとしても贈与税の申告をすること

同一夫婦間では、一生に一度だけ適用されます。

2 直系尊属からの住宅取得等資金贈与の特例

2026年12月31日までを期限として、次の要件を満たす場合、**基礎控除額110万円とは別に、一定金額までが非課税となる特例があります。**この特例は、相続時精算課税制度との重複利用も可能です。

贈与者	直系尊属（父母、祖父母等）
受贈者	・贈与を受けた年の1月1日時点で18歳以上 ・その年の合計所得金額が2,000万円以下
住宅の要件	・家屋の床面積が50㎡※以上240㎡以下 ・床面積の2分の1以上が居住用であること ・中古住宅の場合は新耐震基準に適合していること
その他の要件	・贈与を受けた年の翌年3月15日までに居住すること（または、同日後遅滞なく居住することが確実と見込まれること） ・贈与税の申告をすること ・住宅取得に先行してその敷地となる土地等を取得する場合の資金も可

通常であれば贈与者の相続が開始した場合（死亡）には、相続開始前3〜7年以内（2027年以後、順次7年に延長）の贈与財産は相続財産に加算し、相続

非課税金額	耐震、省エネ、バリアフリー等住宅	1,000万円
	上記以外	500万円

※ 受贈者の合計所得金額が1,000万円以下である場合40㎡以上

3　教育資金の一括贈与に係る贈与税の非課税措置

2013年4月1日から2026年3月31日までの間に、教育資金として行う30歳未満の子や孫への一括贈与については、一定金額まで非課税となります。

1 概　要

贈与財産	教育資金に充てるための金銭等
贈与者	直系尊属（父母、祖父母）
受贈者	30歳未満（前年分の合計所得金額が1,000万円以下）
贈与手段	金銭等を金融機関に信託等する。金融機関からの払い出しの際は、教育費の支払いに充てたことを証明する書類を金融機関に提出
非課税限度額	1,500万円（学校等以外に支払われる場合は500万円が限度）
その他	受贈者が30歳に達したとき（30歳に達しても学校等に在学中等であるときは、それらに該当しなくなった年の12月31日か40歳に達する日のいずれか早い日）に引き出されていない残額がある場合は、そのときに贈与があったものとして、その残額が贈与税※の課税対象となる

※ 2023年4月以後の贈与については一般税率

2 贈与者が死亡したとき

教育資金管理契約の終了の日までの間に贈与者が死亡した場合※には、以下の管理残額は受贈者がその贈与者から相続または遺贈により取得したものとみなされます。

- ・2019年4月1日以後でその贈与者の死亡前3年以内にこの特例の適用を受けた額に対応する残額
- ・2021年4月1日以後にこの特例の適用を受けた場合、その残額（相続税の2割加算（394ページ）の対象）

※ 受贈者が以下の場合を除く
　①23歳未満　②学校等に在学している　③教育訓練給付金の支給対象となる教育訓練を受講
　ただし、2023年4月1日以後の贈与については、相続税の課税価格が5億円を超えるときは上記①〜③に該当していても当該残額が課税対象となる

税の計算の中に含める。しかし、贈与税の配偶者控除を利用して贈与を行った場合、その配偶者控除に相当する金額は生前贈与加算の対象にはならない。

4 結婚・子育て資金の一括贈与に係る贈与税の非課税措置

2015年4月1日から2025年3月31日までに、父母・祖父母から、子・孫に金銭等を金融機関等に信託した場合、一定金額を限度として非課税となります。

①概 要

贈与財産	結婚資金・子育て資金に充てる金銭等
贈与者	直系尊属(父母　祖父母)
受贈者	18歳以上50歳未満(前年分の合計所得金額が1,000万円以下)
贈与手段	金銭等を金融機関に信託等する 金融機関からの払い出しの際は、結婚資金・子育て資金の支払いに充てたことを証明する書類を金融機関に提出
非課税限度額	1,000万円(学校等以外に支払われる場合は300万円が限度)
その他	受贈者が50歳に達したときに、引き出されていない残額がある場合、その残額の贈与があったものとみなして贈与税※の課税対象となる

※ 2023年4月以後の贈与については一般税率

②贈与者が死亡した場合

贈与者が死亡した場合、死亡日の管理残額は贈与者から相続等により取得したこととされ、相続税の課税対象となります。このとき2021年4月1日以後の贈与については、相続税の2割加算の対象となります。

確認しよう!

Q1 受贈者の合計所得金額が2,000万円を超える場合、直系尊属からの住宅取得等資金贈与の特例を適用することができない。

Q2 直系尊属からの住宅取得等資金贈与の特例は相続時精算課税制度と重複利用することができる。

Q3 教育資金の一括贈与に係る贈与税の非課税措置は、父母・祖父母から50歳未満の子や孫に対しての贈与が対象である。

A1 ○ (⇒p.368)　**A2** ○ (⇒p.368)　**A3** × (⇒p.369)

プラスα 教育資金の一括贈与に係る贈与税の非課税措置は、学校等以外に直接支払われる金銭も対象となる。ただし、2019年7月以後に支払われる、塾や習い

3 贈与と税金③

ココが ポイント　相続時精算課税制度は、**贈与税と相続税**を**一体として取り扱う制度**で、高齢者から現役世代への**財産の移転を促進する**という目的で創設された制度です。適用となる要件や税額の計算などの問題の出題が多い分野です。

1 相続時精算課税制度

　贈与税では、次の要件を満たす場合、相続時精算課税制度を利用することができ、通常の贈与税とは別の計算で、贈与税額を算出することができます。この場合、同じ贈与者と受贈者の間で、贈与の回数を問わず累積合計**2,500万円**（2024年以後の贈与は毎年110万円の基礎控除後の累積合計）までが**非課税**となります。この制度は、金銭のほか、不動産、自動車、有価証券などにも利用することができます。

1．要件

①贈与者が60歳以上の父母・**祖父母**であること（2026年12月31日までの住宅取得等資金については年齢制限なし）。

②受贈者が18歳以上の子・孫※（代襲相続人・養子を含む）

　＊ 年齢は、贈与の年の1月1日時点で判断する

　※ 非上場株式等についての贈与税の納税猶予および免除の特例の適用を受ける場合は贈与者の子や孫以外の者でも適用可

③最初の贈与を受けた翌年の2月1日から3月15日までに、贈与税の申告書に「相続時精算課税制度選択届出書」を添付して申告すること

　この制度を利用した場合、その後、その者からの贈与については**暦年課税**の適用はできなくなります。なお、2024年1月1日以後の贈与の場合は毎年110万円の基礎控除後の累積贈与合計が2,500万円まで非課税となり、110万円までの贈与なら申告の必要はありません。

2．税額の計算

　相続時精算課税制度を利用したときの贈与税の計算方法は、次のとおりです。

①控除額2,500万円を超えた部分（2024年以後の贈与については、贈与額から年110万円の相続時精算課税制度における基礎控除を控除した金額が2,500

事の費用とそれに必要となる物品購入の金銭で、受贈者が23歳に達した日の翌日以後に支払われるものについては、教育訓練給付金の対象になるものに限られる。

第6章 3 贈与と税金③

万円を超えた部分)は、一律20%の税率で計算し、その時点で納税する。

②将来、受贈者に相続が発生したとき(贈与者が死亡したとき)に、この制度を利用して贈与されたすべての財産(2024年以後の贈与については、年110万円の相続時精算課税制度における基礎控除を差し引いた後の金額)と、相続開始時点の贈与者の財産を合算して相続税の計算をする。このとき既に納税した贈与税がある場合は、相続税額から控除することができる。控除しきれない部分があれば、還付を受けることができる。

【贈与税の特例の比較表】

名　称	相続時精算課税制度	住宅取得等資金贈与の特例
使用用途	制限なし 現金に限らず	住宅取得等資金に限る (一定の場合の土地取得も可)
贈与する人 (贈与者)	60歳以上の父母・祖父母それぞれから可(2026年12月31日までの住宅取得等資金の贈与に限り、年齢制限は撤廃される)	父母や祖父母など直系尊属から、それぞれ可
贈与される人 (受贈者)	18歳以上の子・孫※	18歳以上で年間所得2,000万円以下の子や孫など直系卑属
贈与税の申告	必要	必要
内　容	2,500万円(2024年以後の贈与については毎年110万円の基礎控除後の累積贈与額)までは非課税。超えた部分は20%の贈与税を支払い、贈与した人の相続時に贈与額を加えて相続税の計算をして精算する	2026年12月31日までの住宅取得資金の贈与について適用。非課税金額は住宅の内容によって異なる
その他	暦年課税と重複利用は不可。一度選択すると暦年課税には戻れない。贈与回数に制限はない	暦年課税や相続時精算課税制度との重複利用は可能

※ 非上場株式等についての贈与税の納税猶予および免除の特例の適用を受ける場合は贈与者の子や孫以外の者でも適用可

＊ 相続時精算課税制度を利用し、2024年1月1日以後の贈与の場合、毎年110万円以下の贈与について贈与税申告が不要

相続時精算課税制度を適用して贈与を受けた者が相続を放棄した場合でも、相続時精算課税制度を適用して贈与された財産は、相続財産に加算しなければなりません(2024年1月1日以後の贈与は毎年110万円の基礎控除後の部分)。

 相続時精算課税制度は、受贈者が贈与者ごとにそれぞれに選択することができるため、「父から2,500万円、母から2,500万円」というように適用するこ

4 相続とは

相続はすべての人に関係するものですが、その仕組みや手続きは複雑です。ここでは**相続の定義**や**法定相続人の範囲**などについて学ぶとともに、**相続の承認**や**放棄**についても学びます。類似した用語が出てきますので、一つ一つ区別して正確に理解するようにしましょう。

1 相続の意味

相続とは、人（自然人）の死亡によって、その人が所有していた財産（負債などマイナス財産も含む）を継承することです（ただし、被相続人に帰属する一身専属権は相続財産とはならない）。

死亡した人のことを被相続人といい、財産を継承することができる人のことを相続人といいます。

1．相続の開始

相続は、人の死亡によって開始します。死亡には、次の2つも含まれます。

1普通失踪

普通失踪は、人の行方がわからず生死が不明である場合、最後に生存が確認されてから7年以上経過した場合、家庭裁判所が利害関係者の請求によって死亡を宣告します。

2特別失踪

特別失踪は、船舶事故などの危難が去ったあとも1年以上生死が不明な場合に、家庭裁判所が利害関係者の請求によって死亡を宣告します。

なお、複数の関係者が1つの事故で死亡し、どちらが先に死亡したのか不明な場合は、同時に死亡したものとみなし、その間には相続関係が発生しないものとしています（同時死亡の推定）。

相続の開始場所は、被相続人の住所地とされています。

とができる。また「父からの贈与は相続時精算課税制度を適用、母からの贈与は選択しない」ということも可能。ただし、一度選択した後は、変更することはできない。

2. 相続人の範囲 頻出

民法では、相続人の範囲や優先順位を次のように定めています。

1 相続人の範囲と順位 暗記

[配偶者]	正式な婚姻関係にある配偶者は、常に相続人となる
第1順位	[子]
第2順位	子がいない場合は、直系尊属(父母や祖父母など)
第3順位	子も直系尊属もいない場合は、兄弟姉妹

なお、胎児は相続人として扱いますが、死産した場合は相続人ではなくなります。

2 相続人になれない者

次の者は相続人になることができません。

[欠格]	相続人が被相続人を殺害したり、詐欺や強迫で遺言を書かせたような場合は、当然に欠格となる
[廃除(はいじょ)]	相続人が被相続人を虐待したり、重大な侮辱を加えた場合や著しい非行があった場合、被相続人が家庭裁判所に請求して相続権を剥奪(はくだつ)する。被相続人が遺言で意思表示することも可能
[相続放棄]	相続を放棄した者

3 代襲相続

相続が開始したときに、相続人が既に死亡している場合は、その者の子に相続権が移ります。これを代襲相続(だいしゅう)といいます。さらに、代襲相続人も死亡している場合には、その子に再代襲・再々代襲していきます。

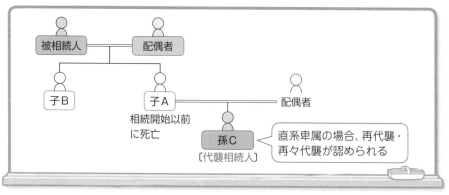

 子には実の子と養子があるが、相続上の権利はまったく同等の相続人として扱われる。普通養子は、実親と養親の両方の相続人になるが、特別養子(対

なお、直系卑属には再代襲・再々代襲がありますが、兄弟姉妹の場合は、その子までしか代襲相続は認められません。

3. 遺贈

遺贈とは、**遺言**によって財産を移転させることで、法律で定められた相続による財産の移転に優先します。遺言で財産を与える者を「**遺贈者**」といい、財産を受け取る者（相続人に限らない）を「**受遺者**」といいます。

> 遺贈による財産の移転は、相続税の対象です。

遺贈には、次の2種類があります。

①包括遺贈

財産の全部または**財産の割合**を示して、財産の移転を遺言することです。たとえば「私の全財産のうち、5分の1をAさんに譲る」というケースです。

包括受遺者が遺贈を放棄するときは、遺贈が開始したことを知ったときから**3カ月以内**に、家庭裁判所に申述しなければなりません。

②特定遺贈

特定の財産のみを指定して移転させるものです。たとえば「私の所有する○○市××町の土地をBさんに譲る」というケースです。受遺者は、遺言者の死亡後、いつでも特定遺贈を承認したり放棄することができます。

4. 死因贈与

死因贈与は、**人の死亡**によって効力が発生する契約のことです。たとえば「私が死んだら、Cさんに保有する○○株式会社の株を譲る」というものです。死因贈与も、相続税の対象となります。

象年齢は原則15歳未満）は、実親の戸籍から抜けて養親の戸籍に入るため、養親の相続人になることはできるが、実親の相続人にはなることはできない。

第6章 4 相続とは

2 │ 相続の承認と放棄

1．相続の承認

相続人は、相続の開始があったことを知った日から３カ月以内に、単純承認、限定承認、相続放棄のいずれかを選択しなければなりません。

①単純承認

単純承認とは、相続が無条件に相続人に継承されることをいいます。財産のうち、借入金などの負の財産も継承することになります。３カ月以内に意思表示をしなかった場合や、相続財産を処分してしまった場合、財産を隠したりした場合は、単純承認したものとみなされます。

②限定承認

限定承認とは、被相続人の財産のうち、相続人が継承するプラスの財産の範囲で、債務などマイナスの財産を負担することをいいます。

限定承認しようとする場合は、相続の開始があったことを知ったときから３カ月以内に家庭裁判所に相続人全員で申述しなければなりません。一度限定承認をしたあとには、これを撤回することはできません。

2．相続放棄 ✍頻出

相続財産のプラスかマイナスかにかかわらず、すべての財産を継承しないことを相続放棄といいます。相続放棄する場合は、相続の開始があったことを知ったときから３カ月以内に、家庭裁判所に申述しなければなりません。相続放棄があった場合は、その相続人には代襲相続が発生しません。一度相続放棄をしたあとには、これを撤回することはできません。なお、相続放棄は、１人の相続人単独でもできます。

相続開始前に相続放棄をすることはできません。

相続が開始したあとの手続きは、７日以内に死亡届を被相続人の住所地へ提出する。３カ月以内には、相続放棄・限定承認を家庭裁判所に申述する。被

3 ┃ 民法の基礎知識

1．親族・養子・婚姻・離婚の定義

親族・養子・婚姻・離婚の定義を確認しておきましょう。

親　族	6親等内の血族、配偶者、3親等内の姻族
養　子	養子縁組には普通養子縁組と特別養子縁組がある ・普通養子縁組：実親との親子関係は継続したまま、養親とも親子関係を持つ ・特別養子縁組：実親との親族関係は終了する
婚　姻	18歳以上で婚姻することができる 婚姻は、婚姻届を提出し、受理されることで成立するため、届出がない場合は法律上の夫婦とはならない（内縁関係）
離　婚	夫婦の話し合いによって離婚することを協議離婚という 話し合いで離婚できない場合、家庭裁判所へ離婚調停を申し立てることができ、これを調停離婚という 協議離婚の場合、未成年の子がいる場合には親権者が決まっていないと離婚できない 財産分与を請求できる期間は、離婚後2年以内である
扶養義務者	夫婦間、直系血族および兄弟姉妹は当然に互いに扶養する義務を有する 特段の事情がある場合、家庭裁判所の審判によって3親等内の親族間にも扶養義務が生じる

2．成年後見制度

成年後見制度とは、認知症などにより、**判断能力**が衰え、財産の管理や契約などが適切に行えなくなった人を**保護・支援**する仕組みです。

1法定後見制度

すでに判断能力が衰えている人に対して、本人、配偶者、四親等内の親族、検察官、市町村長などの申立権者からの審判の申立てにより、後見人・保佐人・補助人を選任する制度です。後見人・保佐人・補助人になれる人に資格は必要なく、複数人や、法人を選任することも可能です。ただし、**欠格事由**に該当する場合はなることができません。

相続人のその年の所得税の申告と納付（準確定申告）を相続開始後4カ月以内に行い、10カ月以内に相続税の申告と納付を行う。

	後　見	保　佐	補　助
対　　象	判断能力が欠けている人	判断能力が著しく不十分な人	判断能力が不十分な人
成年後見人等の同意が必要な行為取消しが可能な行為	日常生活に関する行為以外の契約等の法律行為をした場合に取り消すことが可能	借金、訴訟行為、相続の承認・放棄、新築、増改築などの行為	申立ての範囲内で家庭裁判所が審判で定める特定の法律行為
代理権の範囲	財産に関するすべての法律行為	申立ての範囲内で家庭裁判所が審判で定める特定の法律行為	

②任意後見制度

　十分な判断能力があるうちに、判断能力が不十分になった場合に備えて、**本人があらかじめ選んだ代理人**（任意後見人）を選任しておく制度です。任意後見契約は**公正証書**で行う必要があります。**欠格事由**に該当する場合を除き任意後見人になれる人に制限はありません。任意後見人は、家庭裁判所が選任する任意後見監督人の監督のもとで、任意後見契約で定めた事務について代理を行うことができます。

親族や知人、弁護士などのほか、FPも任意後見人になることができます。

③成年後見登記制度

　法定後見や任意後見契約の内容は、**登記所の登記ファイル**に登記されます。登記事項を証明する登記事項証明書が交付されますが、登記事項証明書を請求できるのは、本人や成年後見人などの一定の範囲の者に限定されています。

確認しよう！

Q1 相続放棄は、相続の開始があったことを知ったときから3カ月以内に家庭裁判所に相続人全員で申述しなければならない。

A1 ✕（⇒p.376）

プラスα　法定後見制度では、後見人・保佐人・補助人を家庭裁判所が選任するため、後見人に選任されることを希望する人がいても、必ずしもその人が選任されるとは限らな

5 相続分

　　　　法定相続分は、相続税の計算をする際に必ず必要となります。配偶者と第1順位から第3順位までの法定相続人の、それぞれの**法定相続分**を正確に理解しましょう。また、**相続放棄**があった場合には**代襲相続**がなく、欠格・廃除の場合は代襲相続がある点なども確認しましょう。

1 | 相続分

　民法では、相続人が継承する財産の原則的な割合を定めています。これを**法定相続分**といいます。これに対して、被相続人が遺言で定めた相続分のことを**指定相続分**といい、法定相続分に優先します。

1. 法定相続分 　頻出　　暗記

　法定相続分は、次のように定められています。

		配偶者がいる場合	配偶者がいない場合
	配偶者のみ	すべて配偶者	―
①	第1順位	配偶者1／2、子1／2	すべて子
②	第2順位	子がいない場合 配偶者2／3、直系尊属1／3	子がいない場合 すべて直系尊属
③	第3順位	子も直系尊属もいない場合 配偶者3／4、兄弟姉妹1／4	子も直系尊属もいない場合 すべて兄弟姉妹

①の配偶者がいる場合

配偶者　1／2
子　A　1／2×1／2＝1／4
子　B　1／2×1／2＝1／4

②の配偶者がいる場合

配偶者　2／3
父　　1／3×1／2＝1／6
母　　1／3×1／2＝1／6

い。任意後見契約では、本人が任意後見人を選任するが、その公正証書作成や任意後見監督人の申立てには費用がかかる。また、契約によっては任意後見人に対する報酬も必要となる。

③の配偶者がいる場合

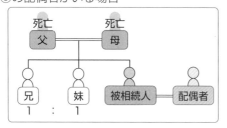

配偶者	3／4
兄	1／4×1／2＝1／8
妹	1／4×1／2＝1／8

2. 嫡出子と非嫡出子

　正式な婚姻関係の夫婦のもとに生まれた子を**嫡出子**といい、婚姻関係のない男女のもとに生まれた子を**非嫡出子**といいます。非嫡出子は被相続人が男性の場合は、父親の認知が必要ですが、嫡出子、非嫡出子ともに同順位の相続人となります。

　嫡出子と非嫡出子の法定相続分は同じです。

3. 全血兄弟姉妹と半血兄弟姉妹

　被相続人と父母が同じ兄弟姉妹を**全血兄弟姉妹**といい、父母のどちらか一方が同じ兄弟姉妹を**半血兄弟姉妹**といいます。どちらも相続人となりますが、半血兄弟姉妹の相続分は全血兄弟姉妹の2分の1となります。

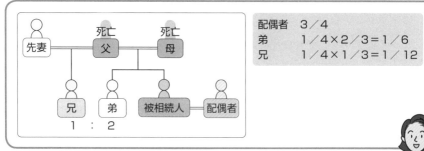

配偶者	3／4
弟	1／4×2／3＝1／6
兄	1／4×1／3＝1／12

　養子と実子の法定相続分は同じです。

プラスα 被相続人の生前に贈与や遺贈を受けた相続人は、それを特別受益として相続財産に加え、相当額を相続分から差し引く。また被相続人の事業に労務を提

4. 二重身分

代襲相続人となった者が、被相続人の養子となっていた場合は、代襲相続人としての相続分と、養子としての相続分の両方を得ることができます。

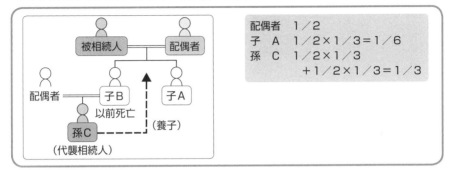

配偶者　1／2
子　A　1／2×1／3＝1／6
孫　C　1／2×1／3
　　　　＋1／2×1／3＝1／3

5. 相続放棄があった場合

相続人の1人が相続放棄をした場合は、代襲相続は**ありません**。

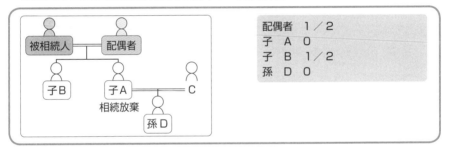

配偶者　1／2
子　A　0
子　B　1／2
孫　D　0

6. 欠格・廃除があった場合

相続人が、欠格や廃除となっても、代襲相続は認められます。

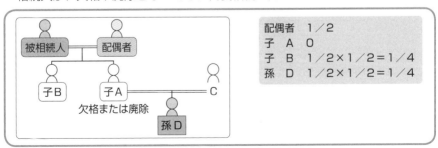

配偶者　1／2
子　A　0
子　B　1／2×1／2＝1／4
孫　D　1／2×1／2＝1／4

供し、財産の維持増加に貢献した相続人がある場合は、その分を寄与分として相続
財産から控除して計算し、寄与者には相当分を追加する。

381

6 遺産分割と遺言

ココが
ポイント

被相続人の財産を相続人の間で分けることを、**遺産分割**といいます。ここでは遺産分割の方法や、遺言があった場合の措置などについて学びます。とくに**遺言の作成方法**とその**区別**、一定の相続人に認められている遺留分の割合などについて理解しましょう。

1 遺産分割の種類と方法

1. 遺産の分割

被相続人が死亡したことにより、その財産は相続人の共有の財産となります。これを相続人それぞれに分割することを、遺産分割といいます。遺産分割の方式には、次のようなものがあります。

指定分割	被相続人が遺言によって分割方法を決める方法。そのほかの分割方法に優先する。財産の全部または一部の分割の、どちらでも指定することができる
協議分割	共同相続人全員が協議合意して、分割内容を決めること。遺言がない場合にこの方法を利用するが、遺言があった場合でも相続人全員が合意すれば、遺言に反した分割をすることもできる。必ずしも遺産全部の分割でなく、遺産の一部だけの協議分割も有効である。協議が整ったときには「遺産分割協議書」を作成するが、相続人全員の署名捺印があれば、書式はとくに定められていない
調停分割	分割協議が整わなかった場合、家庭裁判所に申し立てて、調停によって分割を行う
審判分割	調停も不成立であった場合は、家庭裁判所の審判によって決定される

遺産分割協議書の作成は必須ではなく、法定の書式や期限はありませんが、不動産登記を遺産分割協議書により行う場合、印鑑登録済みの実印での押印が必要です。

プラス
α

特別縁故者は、相続人がいない場合に限り家庭裁判所の審判によって財産の分与を受けることができる。特別縁故者とは、①被相続人と生計を同一にし

２．遺産の分割方法

遺産の分割方法には、次のようなものがあります。

現物分割	実際の遺産現物を、そのまま分割する方法
換価分割	遺産の全部または一部を売却して、その代金を相続人で分ける方法
代償分割	共同相続人のうち特定の相続人が遺産を取得し、代わりに他の相続人に対して債務を負う方法。債務の支払いのために、自己所有の不動産や金銭などを充てることができる

2 ｜ 遺言（いごん）

被相続人が生前に遺言することで、指定分割の効果が期待できます。遺言は遺言者の遺志を遺産分割に反映させ、相続人間のトラブルを避けるために有効です。

１．遺言の作成者

遺言は、満15歳以上で意思能力があれば、誰でも作成することができます。

２．遺言の内容

民法では、遺言できる内容を「子の認知・未成年後見人および未成年後見監督人の指定・相続人の廃除とその取消し・相続分の指定・遺産分割方法の指定・遺産分割の禁止・遺贈・遺言執行者の指定・寄付行為」などと定めています。

> これ以外の遺言も可能ですが、法的な効果は生じません。また、公序良俗に反する遺言は無効です。

３．遺言の撤回

遺言はいつでも、遺言の方式によって**全部または一部**を撤回することができます。撤回の方法は、民法で次の５つが定められています。

①時間的にあとで遺言を作成した場合

②前の遺言と異なる遺言をした場合

③遺言者が、遺言と異なる行為を生前に行った場合

④遺言者が、故意に遺言書を破棄した場合

ていた者、②被相続人の療養看護に努めていた者、③被相続人と特別の縁故があった者をいう。

第6章

6

遺産分割と遺言

⑤遺言者が、遺言の目的となっているものを故意に破棄した場合

4．遺言の執行

相続が発生したあと、遺言に従って手続きし、実現することを執行といいます。遺言の執行は、相続人が行うこともできますが、相続人の廃除やその取消しと子の認知については、遺言執行者が行わなければなりません。

5．遺言の検認

一定の遺言書は、相続開始後にすみやかに家庭裁判所に提出して検認を受けなければなりません。検認は、遺言書の改ざんや偽造がされていないかを確認するために行うもので、遺言の法的な有効性を確認するものではありません。

封印のある遺言書は、家庭裁判所で相続人などの立会いのもとに開封しなければなりません。

> 「封印のある」とは、封に印が押捺されているものをいい、単に封入されたものは含みません。

6．遺言の種類　📝頻出　📖暗記

遺言には、次の３つの種類があります。

遺言の種類

	自筆証書遺言	公正証書遺言	秘密証書遺言
作成方法	本人が遺言の全文と日付・氏名などを書いて押印し保管する	本人が公証役場で口述し、公証人が筆記する	本人が署名押印した遺言を封印し、公証役場で住所氏名を記入
書　式	自筆（パソコン等不可）[※1]	公証人の筆記	パソコン等や代筆も可
証人など	不　要	２人以上の証人[※2]の立会いが必要	２人以上の証人[※2]の立会いと公証人
費　用	不　要	必　要	必要だが安価
検　認	［必　要］[※3]	［不　要］	［必　要］

※1 添付する財産目録はパソコン等での作成も可。ただし各ページに署名押印が必要
※2 以下の者は証人になることはできない
①未成年者　②推定相続人及び受遺者並びにこれらの配偶者及び直系血族
③公証人の配偶者、4親等内の親族、書記及び使用人
※3 法務局の保管所に保管されている遺言書については不要

代償分割をした際に代償財産の給付を受けた者（被代償者）は、相続財産を取得したわけではないが、相続税の対象となる。また、遺産分割協議書に代償

3 遺留分 📝頻出

　一定の相続人には、相続財産の最低割合を受け取ることを保証する**遺留分**が認められています。遺留分の対象財産には、生前に贈与された財産や遺贈による財産も含まれます。

１．遺留分権利者と遺留分の割合

　遺留分を請求できる相続人（遺留分権利者）は、**兄弟姉妹以外**の相続人（配偶者、子およびその代襲相続人、直系尊属）とされ、その割合は次のとおりです。

直系尊属だけが相続人の場合	相続財産の１／３
上記以外	相続財産の１／２
兄弟姉妹	〔なし〕

【相続人が配偶者と子2人の場合の例】

> 3人で相続財産の1／2
> 配偶者：1／2×1／2＝1／4
> 子2人：1／2×1／2×1／2＝1／8ずつ

　なお、遺留分権利者は、家庭裁判所の許可を得れば、相続開始前に**遺留分の放棄**をすることもできます。

２．遺留分侵害額請求権

　遺言で遺留分を侵害された遺留分権利者は、①相続の開始および遺留分が侵害されたことを知ったときから**1年以内**、②相続開始から**10年以内**であれば、**遺留分侵害額請求権**を受遺者や受贈者に意思表明して、遺留分を取り戻すことができます。なお、遺留分の侵害を受けた場合の請求は、原則金銭となっています。

> 遺留分は、当然にもらえるものではありません。遺留分侵害額請求権を行使することによって、受け取ることができます。

分割である旨を記載する必要がある。なお、土地などを給付した場合には代償者には財産を時価で譲渡したものとして、所得税と住民税が課税される。

4 | 配偶者居住権

1．配偶者居住権の創設

　2020年4月1日以降、相続発生後に**配偶者**がそれまで居住していた被相続人の相続財産である建物に引き続き**居住できる**ようにするため、配偶者居住権が創設されました。

配偶者短期居住権	・配偶者が無償で居住していた建物の所有権が遺産分割により確定した日または相続開始から6カ月を経過する日のいずれか遅い日まで、居住建物を無償で使用することができる権利 ・配偶者が死亡した時または配偶者居住権を取得した時は消滅する ・遺産分割においては考慮されないため、配偶者が他の財産の取り分を減らすことはない
配偶者居住権 （長期）	相続開始の際に、配偶者が相続財産である建物に居住していた場合、無償で終身または一定期間その建物を使用することができる権利をいい、次の方法により取得できる ①遺産分割協議 ②遺贈や死因贈与 ③家庭裁判所の審判 配偶者が死亡したときは消滅する

　配偶者居住権の創設によって、配偶者は自宅で居住を続けながら、他の財産を取得することもできるようになりました。

2．配偶者居住権の評価額

　配偶者居住権等は以下のように評価します。

1️⃣配偶者居住権

$$\text{建物の相続税評価額} - \text{建物の相続税評価額} \times \frac{\text{残存耐用年数} - \text{存続年数}}{\text{残存耐用年数}} \times \text{存続年数に応じた法定利率による複利現価率}$$

プラスα　相続人以外の親族で、療養看護やその他の役務の提供により被相続人の財産の維持または増加に特別に寄与した者を特別寄与者という。2019年7月1

②配偶者居住権が設定された建物の所有権

> 建物の相続税評価額－配偶者居住権の価額

③配偶者居住権に基づく居住建物の敷地の利用に関する権利

> 土地等の相続税評価額－土地等の時価×存続年数に応じた法定利率による複利現価率

④居住建物の敷地の所有権等

> 土地等の相続税評価額－敷地の利用に関する権利の価額

第6章
6
遺産分割と遺言

確認しよう！

Q1 遺産の全部または一部を売却して換金し、その代金を相続人で分ける方法を代償分割という。

Q2 満15歳で意思能力がある中学生は遺言を作成することができる。

Q3 家庭裁判所に提出して検認を受けた遺言書は、法的に有効と認められる。

Q4 遺留分はすべての法定相続人に認められている。

Q5 遺留分侵害額請求権は、相続の開始および遺留分が侵害されたことを知った日から1年間行使しなかった場合、消滅する。

Q6 配偶者居住権とは、配偶者が相続財産である建物に居住していた場合、無償で終身または一定期間その建物を使用できる権利である。

. . . .

A1 ✕ （⇒p.383）　　**A2** ◯ （⇒p.383）　　**A3** ✕ （⇒p.384）

A4 ✕ （⇒p.385）　　**A5** ◯ （⇒p.385）　　**A6** ◯ （⇒p.386）

日以降、特別寄与者は相続人に対してその寄与に応じた特別寄与料を請求することができるようになった。

7 相続に関する税金

 ココが ポイント
はじめに、相続税の課税対象となる財産の範囲を理解しましょう。そのあと、各種控除額の計算をするうえで、税務上法定相続人となるものとならないものについて理解しましょう。**民法上**と**税務上**で法定相続人の扱いが異なることに注意が必要です。

1 | 相続税の基本

1．納税義務者

相続税は、**相続**や**遺贈**によって財産を取得した者に課税される**国税**です。相続税は、納税義務者の財産取得時の住所地などによって、課税対象が異なります。相続人・被相続人とも日本国籍の場合の納税義務範囲は次のとおりです。

相続人の住所が国内にある		国内外全財産
相続人の住所が国内にない		国内外全財産
	相続人・被相続人とも10年以内に国内に住所がない	国内財産のみ

＊ 短期滞在外国人、一定の外国人についてはこの限りではない

2．課税される財産の範囲

相続税の課税対象となる財産の課税価格は、次の式で求められます。

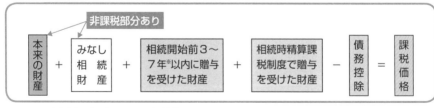

非課税部分あり

本来の財産 ＋ みなし相続財産 ＋ 相続開始前3〜7年※以内に贈与を受けた財産 ＋ 相続時精算課税制度で贈与を受けた財産 － 債務控除 ＝ 課税価格

※ 2027年以後の相続について段階的に延長され、2031年以後は7年

①本来の財産

金融資産や不動産、書画骨董品など、被相続人が保有していた財産で、経済価値のあるものすべてをいいます。

 プラス α
相続税の申告に間違いがあった場合、当初の申告額より税額が増加する場合は「修正申告」をし、減額となる場合には「更正の請求」をする。修正申告には

②みなし相続財産

みなし相続財産とは、民法上は相続財産ではありませんが、実質的な財産と認められるものをいいます。

死亡保険金	被相続人の死亡によって受け取った死亡保険金で、被相続人が保険料を負担し、被保険者が被相続人であるもの（死亡保険金は相続を放棄した者であっても受け取ることができる）
死亡退職金	被相続人の死亡後3年以内に支給額が確定した退職手当金（その期間を超えたものは一時所得）
生命保険契約に関する権利	契約者が被相続人以外の者である契約で、被相続人が負担した保険料に相当する部分

契約者が被相続人である生命保険契約の権利は本来の相続財産です。

③相続開始前3〜7年以内に贈与を受けた財産（生前贈与加算）

相続開始前一定期間以内に被相続人から贈与を受けた財産は、相続により財産を取得した者に限り相続財産に加算します。そのときの価額は、贈与した時点の評価額となります。

なお、一定期間とは、2023年までの贈与は3年でしたが、2024年1月以後の贈与財産は7年に延長されたため、2027年以後の相続については加算期間が順次延長され2031年以後は7年（相続開始前3年超の贈与はその合計額から100万円を控除した残額を加算）となります。

④相続時精算課税制度で贈与を受けた財産　改正

被相続人から、相続時精算課税制度を利用して贈与を受けた財産は、その時期にかかわらず、原則としてすべて贈与した時点の評価額で相続財産に加算します（2024年以後の贈与については毎年の110万円の基礎控除後の贈与財産）。

---

2 | 非課税財産と債務控除など

1．非課税財産　頻出

相続税の対象となる財産のうち、次の財産は非課税財産となります。

期限がないが、更正の請求は、原則として相続税の申告期限から5年以内に行わなければならない。

①墓地、仏壇、祭具、仏具など

②相続人が取得した死亡保険金のうち一定金額（法定相続人の数×500万円）

③相続人が取得した死亡退職金のうち一定金額（法定相続人の数×500万円）

④被相続人の勤務先から受け取った弔慰金（ちょういきん）や花輪代などのうち、次の部分

 ⅰ 業務上の死亡の場合、死亡時の普通給与×36カ月分

 ⅱ 業務上の死亡でない場合、死亡時の普通給与×6カ月分

⑤その他、国や地方公共団体などへの一定の寄附金など

2．法定相続人の数　頻出

　民法上と相続税法上では、扱いが異なるため、注意が必要です。

①相続放棄があった場合

　相続税の計算上は、放棄がなかったものとして、放棄した者も法定相続人の数に含めます。

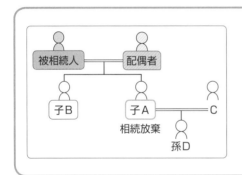

民法上の相続分は、子Aにはありませんが、相続税法上は子Aも、法定相続人とされます。
この場合の「法定相続人の数」は、配偶者・子A・子Bの3人です。

②養子の扱い

　被相続人の養子については、次のように計算します。ただし、特別養子と配偶者の実子で被相続人の養子となった者（連れ子養子）、代襲相続人で被相続人の養子（二重身分）は、相続税法上も実子とみなします。

実子がある場合	相続税の計算上は、養子のうち1人までを法定相続人とします
実子がない場合	相続税の計算上は、養子のうち2人までを法定相続人とします

「契約者＝被相続人、保険料負担者＝被相続人、被保険者＝被相続人以外」の生命保険契約は、「生命保険契約に関する権利」となり、本来の財産の扱いと

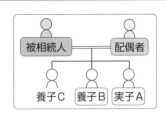

相続税法上の「法定相続人の数」は、配偶者・実子A・養子1人の3人となります。

この場合、死亡保険金と死亡退職金それぞれの非課税額は、以下のようになります。

> 非課税額＝法定相続人の数（3人）×500万円＝1,500万円

3．葬儀費用

葬儀費用は、相続財産から控除することができます。

控除対象となるもの	控除対象とならないもの
通夜、告別式、埋葬火葬費用　等	香典返し、初七日や四十九日の法要費用、墓地や仏壇の購入費　等

4．債務控除

被相続人の債務などマイナスの財産は、相続財産から債務控除できます。

控除対象となるもの	控除対象とならないもの
・借入金、医療費の未払分 ・アパートの敷金など預かり金 ・未払所得税・住民税など公租公課　等	・生前に購入した墓地などの未払金 ・保証債務 ・遺言執行費用など　等

被相続人が自動車事故で死亡し、遺族が相手の保険から対人賠償保険金を受け取った場合、その保険金は相続財産とみなされず、相続税は課税されません。

なる。「契約者＝被相続人以外、保険料負担者＝被相続人、被保険者＝被相続人以外」の場合は、みなし相続財産となる。

8 相続税の計算と申告

 相続税の計算は、**4つの段階**に分けて進めていきます。実際の遺産の分割内容にかかわらず、一度法定相続分で分割したと仮定して相続税の総額を計算します。計算方法について十分理解しましょう。また**相続税の申告期限**や**納付方法**についても注意が必要です。

1 相続税の計算

1. 相続税の計算方法 頻出 計算

相続税の計算は、次のように4つの手順で進めます。

第1段階 各相続人が取得した相続財産全体の【課税価格の合計額】を求める

第2段階 課税価格の合計額から基礎控除額を差し引いて【課税遺産総額】を求める

第3段階 課税遺産総額を、いったん法定相続分で分割したものとして各人の税額を算出し合計して【相続税の総額】を算出する

第4段階 最後に相続税額全体を相続人各人の実際の相続分に按分して【各人の税額】を算出する

《例》 例題を使って、実際に計算してみましょう。

第1段階 課税価格を求める

課税価格の合計が 1億6,000万円 で、相続人が配偶者、子A、子Bであったとき、配偶者が1億円、子Aが4,000万円、子Bが2,000万円を相続したものとして計算します。

第2段階 課税遺産総額を求める

この段階では、課税価格から基礎控除額を差し引きます。相続税の基礎控除額は、 3,000万円＋600万円×法定相続人の数 で求められます。

例題の場合は、次のようになります。

1億6,000万円－(3,000万円＋600万円×3人)＝ 1億1,200万円

 相続放棄があった場合でも、相続税の計算上は、放棄した者を法定相続人の人数に含めて、「遺産に関する基礎控除」「相続税の総額」「死亡保険金の非課

第3段階　相続税の総額を算出する

この段階では、いったん法定相続分で分割します。

1億1,200万円	×	1／2	＝ 5,600万円	…配偶者分
	×	1／4	＝ 2,800万円	…子A分
	×	1／4	＝ 2,800万円	…子B分

　ここまでに算出された、各人の課税遺産額に相当する相続税の税率を乗じ、控除額を差し引きます。例題の法定相続分による税額の計算は次のようになり、相続税の総額は1,720万円になります。

配偶者	5,600万円×30%−700万円＝	980万円
子　A	2,800万円×15%− 50万円＝	370万円
子　B	2,800万円×15%− 50万円＝	370万円
合　計		1,720万円

【相続税の速算表】

法定相続分に応ずる取得金額		税率	控除額
	1,000万円以下	10%	—
1,000万円超	3,000万円以下	15%	50万円
3,000万円超	5,000万円以下	20%	200万円
5,000万円超	10,000万円以下	30%	700万円
10,000万円超	20,000万円以下	40%	1,700万円
20,000万円超	30,000万円以下	45%	2,700万円
30,000万円超	60,000万円以下	50%	4,200万円
60,000万円超		55%	7,200万円

第4段階　各人の税額を算出する

　各人が実際に相続した相続分に従って、相続税額の按分をします。例題の場合は次のようになります。

相続税額 1,720万円	×	配偶者	$\frac{1億円}{1億6,000万円}$	＝ 1,075万円

※ 配偶者の税額軽減を利用した場合、配偶者の実際の納税額は0円となる

	×	子　A	$\frac{4,000万円}{1億6,000万円}$	＝ 430万円
	×	子　B	$\frac{2,000万円}{1億6,000万円}$	＝ 215万円

税限度額」「死亡退職金の非課税限度額」「配偶者の税額軽減」について計算することとなっている。

2．相続税額の２割加算

　１親等の血族（子およびその代襲相続人・父母）と配偶者以外の次のような者が相続した場合は、相続税額に**２割**が加算されます。

> **【２割加算の対象者】**
> 　兄弟姉妹・祖父母・相続人以外の者・代襲相続人以外の孫

3．相続税の税額控除　頻出

　相続税額には、各種の税額控除が認められています。

１配偶者の税額軽減

　配偶者が相続した部分については、最大で次の計算によって算出された額が軽減できます。

> 　　相続税の総額　×　　$\dfrac{\text{次の⑦⑦のうち、いずれか大きいほうの額}}{\text{各人の課税価格の合計額}}$
> 　⑦各人の課税価格の合計額×配偶者の法定相続分
> 　⑦１億6,000万円

> つまり、配偶者は１億6,000万円まで（法定相続分が１億6,000万円を超えている場合は法定相続分まで）は相続税がかかりません。

　この控除を受けるためには、次の要件を満たす必要があります。

①相続税の申告期限までに配偶者が取得する財産の分割が整っていること（未分割であった場合は、配偶者は法定相続分に対する相続税を納付し、その後、原則として申告期限から３年以内に確定すれば、その時点で**更正の請求**をし、納めた税金の還付を受けることができる）

②必ず相続税の申告書を提出すること

２贈与税額控除

　相続あるいは遺贈によって財産を取得した者が、被相続人から相続開始前３～７年※以内に贈与によって財産を取得していた場合は、その財産はその者の相続税の課税価格に加算して計算することになっています。加算された贈与財産に課税

> プラスα　相続税の申告後３年以内に、相続または遺贈によって取得した相続財産を譲渡する場合は、「相続税の取得費加算」が認められている。相続税額のうち、

された贈与税額を、その者の相続税の算出税額から控除します。

※ 2023年までの贈与は3年であったが、2024年以後の贈与財産は7年に延長されたため、2027年以後の相続については加算期間が順次延長され、2031年以後は7年。相続開始前3年超の贈与についてはその合計100万円まで相続財産に加算しない

③未成年者控除

相続あるいは遺贈によって財産を取得した者が、未成年者であった場合は、次の額が相続税額から控除されます（原則として日本に住所がある法定相続人であることが条件）。この控除は、相続放棄した者にも適用できます。

$$（18歳 － 相続開始時の未成年者の年齢^{※1}） × 10万円$$

※1 未成年者の年齢は、1年未満は切り捨て

④障害者控除

相続あるいは遺贈によって財産を取得した者が、障害者であった場合は、次の額が相続税額から控除されます（日本に住所がある法定相続人であることが条件）。この控除は、相続放棄した者にも適用できます。

$$（85歳 － 相続開始時の障害者の年齢^{※1}） × 10万円^{※2}$$

※1 障害者の年齢は、1年未満切り捨て
※2 特別障害者は20万円

⑤相次相続控除

10年以内に2回以上相続が発生し、両方に相続税が課税された場合は、2回目の相続税額から1回目の相続税額の一部を差し引くことができます。

⑥外国税額控除

相続または遺贈によって外国にある財産を取得して、両国で相続税が課税された場合は、外国で納めた相続税に相当する金額を差し引くことができます。

2 相続税の申告と納付

1. 相続税の申告

①申告義務者

相続税の申告義務者は、相続税が課税される者です。課税価格が基礎控除の範囲に収まっている場合は、申告する必要はありません。ただし、配偶者の税額軽

譲渡した者の相続税課税価格に対する譲渡した相続財産の評価額の割合が、取得費に加算される。

減や小規模宅地等の評価減の特例などを利用する場合は、基礎控除額内であっても**申告が必要**です。

2 **申告の期限など**

相続の開始があったことを知った日の翌日から**10カ月**以内に、被相続人の相続開始時点の住所地の管轄税務署長に申告します。万一、期限内に遺産の分割ができなかった場合も、法定相続分で相続したものとして申告する必要があります。

２．相続税の納付

相続税の納付期限は**申告期限と同じ**で、原則として**金銭**で**一括納付**します。期限内に納付しなかった場合は、一定の延滞税が課税されます。

３．延　納

相続税は、利子税を負担して、金銭による通常**５年以内**（相続財産のうちに占める不動産等の割合によって最長20年）の分割払い（年１回の元金均等払い）が可能です。

1 **延納が認められる要件**

① **金銭による一括納付が困難であること**

② 納付する相続税額が**10万円を超える**こと

③ 申告期限までに延納申請書を提出して、税務署長の許可を得ること

④ 原則担保を提供すること

④については、延納税額が100万円以下、かつ延納期間３年以下の場合は担保は不要です。

2 **延納の許可と却下**

延納申請の許可や却下は、延納申請期限から３カ月以内に行われます。一度認められた延納から物納への変更は、**申告期限から10年以内**に限り可能です。

４．物　納

金銭以外の財産による相続税の納付を、**物納**といいます。物納で国が引き取る**収納価額**は、原則として**相続税評価額**となります（小規模宅地等の評価減の特例を利用する場合は、評価減をしたあとの価額）。

1 **物納が認められる要件**

① 延納によっても金銭による納付が困難であること

 物納を利用する場合に、物納価額が納付額を超過していることを超過物納という。超過分については国から金銭が還付されるが、いったん譲渡したもの

②申告期限までに物納申請書と物納手続き関係書類を提出すること

③物納適格財産であること

　物納適格財産とは、下表のような**相続財産**です。日本国内にあるものに限られ、優先順位に従って納付できます。

物納適格財産

第1順位	国債および地方債、不動産、船舶 株式・社債・証券投資信託等のうち金融商品取引所に上場されているもの
第2順位	非上場の株式および社債・証券投資信託など
第3順位	動産

② 管理処分不適格財産と物納劣後財産（ぶつのうれつご）

　管理処分不適格財産とは、物納可能な財産であっても国有財産として管理することが困難な財産をいい、物納が認められません。たとえば、次のような財産です。

①抵当権や質権など担保権の目的となっている財産

②所有権に関して係争中の財産（境界問題など）

③共有財産（ただし、相続人が共有し全員で物納することは可能）

　物納可能な財産がない場合に限り、**物納劣後財産**の物納が認められます。物納劣後財産には、市街化調整区域内の土地や、接道条件を満たしていない土地、法令の規定に違反して建築された建物とその敷地、配偶者居住権に係る居住建物およびその敷地などがあります。

③ 物納の許可・却下

　物納申請の許可や却下は、原則として物納申請期限から3カ月以内に行われます。物納で納付が終了するまでのうち一定期間には、利子税がかかります。

確認しよう！

Q1 相続税の計算上、配偶者の税額軽減は、配偶者が取得した財産のうち、法定相続分まであるいは1億6,000万円まで、どちらか少ないほうの額である。

A1 ✕ （⇒p.394）

として譲渡所得税が課税される。なお、超過物納でない場合には、収納価額が取得価額より高い場合でも、その差額には課税されない。

右側縦書き：第6章　8　相続税の計算と申告

9 不動産の財産評価

頻出度 **A** 学習日 ╱

ココが
ポイント

不動産の相続税評価の方法は、必ず出題される分野です。計算例を中心にしっかりと理解しましょう。**宅地の評価**は特に重要です。**借地権**や**貸家建付地などの評価額**の計算方法はそれぞれ異なりますので、権利関係ごとに整理しておくことが大切です。

1 | 宅地の評価

1．宅地の評価

①評価単位

宅地は1画地ごとに評価します。1画地とは、不動産登記の単位である「筆」や「地目」ではなく、実際に利用されている一体の土地の状態をいいます。

②評価方法

路線価方式	国税局長が市街地の道路に定めた路線価（1m²あたり千円単位で表示）をもとにして計算
倍率方式	路線価のない地域では、その宅地の固定資産税評価額に国税局長が定めた倍率を乗じて計算

③評価額の計算方法　📝 頻出　🧮 計算

市街地の宅地は、路線価図に示された道路ごとに表示された路線価をもとに土地の形状などを調整して計算します。

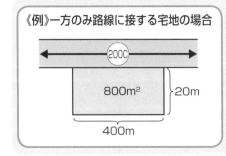

《例》一方のみ路線に接する宅地の場合

200C

800m²

20m

400m

評価額
＝路線価×奥行価格補正率×地積

《例》の場合

路線価　奥行価格補正率　地積
200,000円 × 1.00 × 800m²
＝ 1億6,000万円

プラス
α

借地権割合とは、建物の所有を目的として他人の土地を使用する賃借権、または地上権（両方を借地権と総称する）を設定したときの、借地人の権利割

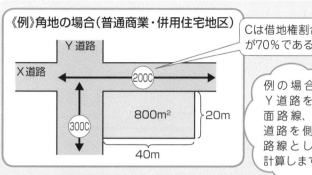

《例》角地の場合（普通商業・併用住宅地区）

Cは借地権割合（下記プラスα）が70％であることを示す

例の場合、Y道路を正面路線、X道路を側方路線として計算します。

　まず、正面路線価を決定します。２つの道路に接している場合、それぞれの路線価に奥行価格補正率を乗じた価格の高いほうを正面路線価とします。

X道路側　200,000円×奥行価格補正率※1.00＝ 200,000円

Y道路側　300,000円×奥行価格補正率※0.93＝ 279,000円 … 正面路線価

　次に、角地の場合、**側方路線影響加算率**を考慮して計算します。

※ 奥行価格補正率は、道路からの奥行距離によって数値が定められている

評価額＝ {(300,000円 × 0.93) ＋ (200,000円 × 1.00 × 0.08)} × 800m²
　　　＝ 2億3,600万円

《例》表と裏の両方向に道路がある宅地の場合（普通商業・併用住宅地区）

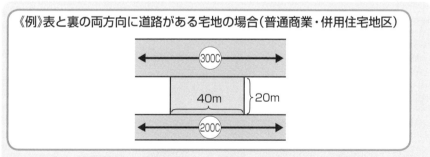

評価額＝ {(300,000円 × 1.00) ＋ (200,000円 × 1.00 × 0.05)} ×800m²
　　　＝ 2億4,800万円

合をいう。路線価図左上に記載されている「A90％」は、Aの路線で借地人の権利が90％、借地権設定者（地主）が10％の割合であることを示す。

第6章

9

不動産の財産評価

2 | 宅地の上に存する権利の評価

1. 私道の評価

私道がある場合は、次のように評価します。

特定の者のみが通行する私道（行き止まり）	自用地評価×30%
不特定の者が通行する私道（通り抜け）	評価額ゼロ

2. 借地権

借地権の評価（借地人の財産）は、路線価図に記載されている借地権割合によります。

> 自用地評価額 × 借地権割合 ＝ 借地権の評価額

たとえば、借地権割合C（70%）地域の自用地評価額1億円の土地に借地権を設定した場合は、
1億円×70%＝ 7,000万円
となります。

建物B所有
土地所有者A Bの借地権

3. 貸宅地（底地権〈そこちけん〉） 📖暗記

借地権の設定された貸宅地の権利（土地所有者の権利）を、底地権といいます。

> 自用地評価額 － 借地権評価額 ＝ 自用地評価額 ×（1－借地権割合）
> ＝ 底地権の評価額

上の例では、
1億円－7,000万円＝ 3,000万円
となります。

建物B所有
土地所有者A Aの底地権

個人で所有する土地を法人が無償で借りると、法人が借地権をもらったものとして借地権の認定課税（受贈益が課税）を受けることとなる。ただし、将来

4. 貸家建付地 📖暗記

　土地所有者が自ら建物を建築して、貸家として賃貸する場合、その土地は**貸家建付地**として評価されます。

> 自用地評価額×（1−借地権割合×借家権割合×賃貸割合）＝貸家建付地評価額

前ページの例では、
1億円×（1−70%×30%×100%）
$$=\boxed{7,900万円}$$
となります。

　借家権割合は、全国的に**30%**とされています。賃貸割合とは、**建物の総床面積に対する相続発生時に、実際に賃貸していた部分**の床面積の割合をいいます。上の例では、賃貸していた部分が満室で100%であったとして計算しています。

第6章 9 不動産の財産評価

3 ｜ 建物の評価

　建物の相続税評価額は、**固定資産税評価額**を使用します。固定資産税評価額は新築価格の約60%程度とされており、経年により徐々に減価していきます。

1. 自用建物

　自用建物の評価は、次の計算式により計算します。

> 固定資産税評価額×1.0＝自用建物の評価

> 建築中の建物は費用現価×$\dfrac{70}{100}$ となります。

2. 貸　家

　アパートなど貸家の評価は、次の計算式により計算します。

> 固定資産税評価額×（1−借家権割合×賃貸割合）＝貸家の評価

無償で所有者に返還することを契約書に定め、その旨を税務署に届けておけば認定課税は受けない。

固定資産税評価額3,000万円のアパートで、相続開始時点で満室であった場合、評価額はいくらか。

3,000万円×（1－30%×100%）=　2,100万円

借家権割合は全国的に30%、満室ということは、賃貸割合は100%です。

3. 借家権

アパートを借りている被相続人の権利は、借家権として評価されます。ただし、借家権が権利金などの名目で取引されない地域では、評価額はゼロとなります。

固定資産税評価額×借家権割合×賃借割合=借家権評価額

4 | 農地の評価

農地は、①純農地②中間農地③市街地周辺農地④市街地農地の４つに区分して評価します。

①純農地 ②中間農地	倍率方式 （国税庁が定める一定の倍率を固定資産税評価額に乗じて評価）
③市街地周辺農地	市街地農地であるとした場合の価額の80%で評価する
④市街地農地	宅地比準方式又は倍率方式

確認しよう！

Q1 底地権とは、借地権の設定された貸宅地の権利のことである。
☐☐

Q2 宅地の相続財産の評価上、貸家が建っている土地は貸家建付地として評価し、
☐☐ 「自用地評価額×（1－借地権割合×借家権割合）」で計算する。

A1 ○ （⇒p.400）　　**A2** × （⇒p.401）

プラス
α

親の土地に子が建物を建てている場合で、無償やそれに近い負担で土地を使用させていることを使用貸借という。使用貸借の状態で、親に相続が発生し

10 小規模宅地等の評価減

 　自宅や家業として利用している小規模な土地の相続については、税負担を軽減するために「**小規模宅地等の評価減**」が認められています。評価減となる要件や、対象面積・減額割合などを整理しておきましょう。

1 | 小規模宅地等の評価減

　相続財産のほとんどが自宅や事業で利用している土地の場合、相続税の納税のために自宅や店舗・工場を売却すると、相続人の生活をおびやかすことになります。そこで一定の宅地について税負担を軽減するために、**小規模宅地等の評価減**の特例を認めています。

1．小規模宅地等の評価減の要件

　この特例を利用するための要件は、次のとおりです。

①相続または遺贈によって取得した宅地に限る

②相続税の申告期限までに分割が完了していること（ただし、**申告期限から3年以内**に分割が完了した場合、再計算し相続税の還付を受けることができる）

③相続税の申告書に、特例を受ける旨記入して関係書類を提出すること

> 税額がゼロになったとしても申告は必要です。

2．減額割合など 🖊️頻出

　宅地の区分によって減額される対象面積や減額割合は、次表のとおりです。

【減額の対象面積と減額割合】

宅地の区分		減額対象面積	減額割合
居住用	特定居住用宅地等	330m²	80%
事業用	特定事業用宅地等	400m²	80%
貸付用	不動産の貸付事業用宅地等	200m²	50%

ても土地の相続税評価額は自用地評価となる。また、その土地を借りている者の宅地に対する権利の評価額はない。

2つ以上の宅地区分でこの特例の適用を受ける場合、その2つが特定事業宅地等と特定居住用宅地の場合は、それぞれの上限面積まで適用が受けられ、最大730m²までが80%減額の対象となります。不動産の貸付事業用宅地等を含む場合は、一定の算式で求めた面積までの部分に限り併用が認められます。

> なお、減額対象面積は被相続人1人に対する面積です。

3. 特定居住用宅地等の評価減　頻出

特定居住用宅地等の評価減を受ける場合は、403ページに記載した要件のほかに、次の要件を満たすことが必要です。

【特定居住用宅地等の評価減を受ける要件】

相続開始時の利用状況	財産の取得者	申告期限まで継続している条件	
		所　有	居　住
被相続人の居住用※2	配偶者	［不　要］	［不　要］
	同居親族	要	要
	別居親族※1	要	不要
同一生計親族の居住用	その同一生計親族	要	要 （家賃等の支払いはなし）
	配偶者	不要	不要

※1 被相続人に配偶者や同居親族がいない場合。ただし、相続開始前3年以内に国内にある自己または自己の配偶者が所有する家屋や、3親等内の親族、特別の関係のある法人が所有する家屋に居住したことがないことが要件。また、相続開始時に居住していた家屋を過去に所有していたことがないことが要件
※2 以下の場合も適用可。
　①二世帯住宅に居住していた場合
　　被相続人と親族が居住する二世帯住宅の宅地について、二世帯住宅が構造上区分された住居であっても（区分所有建物登記がされている建物を除く）一定の要件を満たす場合には、特例の適用ができる
　②要介護・要支援の認定を受けて老人ホームなどに入居または入所していた場合
　　一定の要件を満たす場合、特例の適用ができる

プラスα

特定居住用宅地等の評価減の適用を受ける場合、その住宅に居住する相続人と居住しない相続人が共有したときは、居住しない相続人の部分には適用で

例

- 被相続人の居住用宅地　400m² (相続税評価額1億円)
- この敷地を相続する者　配偶者(このほかの土地は所有していない)

この場合、評価額はいくらか。

$$1億円 \times \frac{330m^2}{400m^2} \times 80\% = \boxed{6,600万円} \cdots 減額幅$$

$$1億円 - 6,600万円 = \boxed{3,400万円} \cdots \boxed{評価額}$$

4．特定事業用宅地等の評価減

403ページに記載した要件のほかに、次の要件を満たすことが必要です。

【特定事業用宅地等の評価減を受ける要件】

相続開始時の利用状況	財産の取得者	申告期限まで継続している条件	
		所　有	事　業
被相続人の事業用	事業を引き継いだ親族	要	[要]
同一生計親族の事業用	その同一生計親族	要	要 (家賃等の支払いはなし)

特定事業用宅地の範囲から相続開始前3年以内に新たに事業の用に供された宅地等は一定の場合を除き除外されます。

5．不動産の貸付事業用宅地等の評価減

403ページに記載した要件のほかに、次の要件を満たすことが必要です。

【不動産の貸付事業用宅地等の評価減を受ける要件】

相続開始時の利用状況	財産の取得者	条　件
被相続人の貸付事業用	貸付事業を引き継いだ親族	貸付事業を継続する親族が申告期限まで事業を継続し、かつ所有し続ける
同一生計親族の貸付事業用	その同一生計親族	その同一生計親族が申告期限まで事業を継続し、かつ所有し続ける

2018年4月1日以後に相続または遺贈により取得する財産については、この貸付事業用宅地の範囲から、相続開始前3年以内に新たに貸付事業の用に供された宅地等は原則として除かれます。

きない。また、1棟の建物の敷地に、特定居住用宅地等とそれ以外の宅地等がある場合は、按分して減額割合を計算する。

405

11 不動産以外の財産評価

 不動産以外の財産では株式の評価が重要ポイントです。とくに、取引相場のない**株式の評価**は、中小企業の経営者などが被相続人である場合、事業の承継を後継者に円滑に進めるうえで大きな課題となります。**3つの評価方法**を正確に理解しておきましょう。

1 金融資産の評価

1．金融資産の評価方法

金融資産の評価方法は、各商品によって細かく規定されています。

預貯金		預入残高＋（解約時経過利子－源泉徴収税額） 普通預金など経過利子の少ないものは預入残高
公社債	利付債（上場）	課税時期の最終価格＋（既経過利子－源泉徴収税額）
	利付債（非上場）	発行価額＋（既経過利子－源泉徴収税額）
	割引債（上場）	課税時期の最終価格
	割引債（非上場）	発行価額＋既経過償還差益
証券投信	ＭＭＦなど	1口あたり基準価額×口数＋（未収分配金－源泉徴収税額）－解約手数料
	上記以外	1口あたり基準価額×口数－解約時の源泉徴収税額－解約手数料
	上場証券投資信託	上場株式と同様の評価

2．定期金に関する権利の評価

被相続人が、個人年金保険などの保険料を負担していた場合、その年金を受ける権利は以下のように評価します。

給付事由が発生している場合	給付事由が発生していない場合
以下のうちいずれか多い金額 ①解約返戻金相当額 ②定期金に替えて一時金で受けることができる場合は一時金相当額 ③予定利率等をもとに算出した金額	解約返戻金相当額

 生命保険契約に関する権利の評価は、契約者と被保険者が被相続人以外で、被相続人が保険料を負担していた場合は、解約返戻金相当額をみなし財産と

2 | 株式の評価

1. 上場株式の評価 📖暗記

上場株式は、次のうちもっとも低い額で評価することになっています。

①課税時期の終値
②課税時期の属する月の毎日の終値の平均値
③課税時期の属する月の前月の毎日の終値の平均値
④課税時期の属する月の前々月の毎日の終値の平均値

なお、課税時期に終値がない場合は、課税時期の前後でもっとも近い日のものを採用し、それが2つある場合は、その平均値とします。また、2つ以上の取引所に上場している株式は、どちらか一方を選択することができます。

2. 取引相場のない株式の評価 📝頻出

非上場企業など取引相場のない株式は、その株式の取得者、会社の規模などによって評価方法が異なるため、次のような手順で判定します。

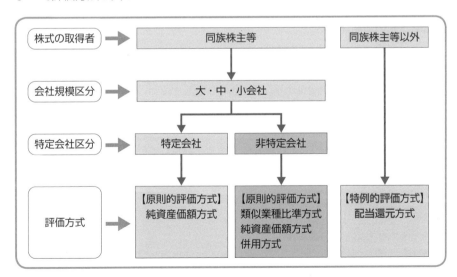

して評価する。被相続人以外が被保険者で、被相続人が契約者で保険料も負担していた場合は、解約返戻金相当額を本来の財産として評価する。

① 株式の取得者の区分

取引相場のない株式は、株式取得後の議決権割合で、その会社の経営支配力を判断します。経営支配力のある株主を**同族株主等**といい、6親等以内の血族、3親等以内の姻族および配偶者等で、原則として株主の1人とその同族株主の議決権の合計が、発行済株式の30％以上を占める者をいいます。なお、50％超を占める株主グループがある場合には、30％以上50％以下の株主グループは同族株主にはなりません。

同族株主等が取得した株式	原則的評価方法
同族株主等以外の株主が取得した株式	特例的評価方法

② 会社規模の区分と評価方法

会社規模は、「従業員数」、「総資産価額」、「取引金額」によって大・中・小と区分し、該当する評価方法で評価します。

① 従業員数**70人以上**の会社は、すべて大会社となる。

② 従業員数70人未満の会社は、業種ごとに決められた基準に従って、「総資産価額・従業員数」と「取引金額」いずれか大きいほうの区分で判定する。

③ 特定会社の区分

次のような**特定会社**の株式は、会社の規模にかかわらず、原則として**純資産価額方式**で評価します。なお、この場合の資産価額は、相続税評価額で計算します。

① 土地保有特定会社

総資産に占める土地資産の割合が一定以上の会社（大会社**70％以上**、中会社**90％以上**、小会社は業種や総資産価額で判定）

② 株式保有特定会社

総資産に占める株式の割合が**50％以上**の会社

③ 類似業種比準価額で直前期末の比準要素のいずれか2つがゼロかつ直前々期末の比準要素のいずれか2つ以上がゼロである会社

④ 開業後3年未満の会社等

④ 評価方法

① 純資産価額方式　頻出

純資産価額方式は、会社の資産の時価を反映させる方式です。

上記③特定会社の区分の①土地保有特定会社、②株式保有特定会社、③類似業種比準価額3要素のうち2つ以上がゼロの会社、④開業後3年未満の会社等の株式

　計算方法は、課税時期の会社の資産（相続税評価額ベースで負債を含む総額）から、含み益があればそれにかかる法人税相当額を差し引きます。

【1株あたりの純資産価額の計算方法】

$$\frac{相続税評価額の総資産 - 相続税評価額の負債 - 評価差額にかかる法人税相当額}{発行済株式数}$$

> 仮にその会社が赤字であっても、保有する資産額（含み益）が大きければ評価額も高くなります。

②類似業種比準方式　**頻出**

　評価する会社と類似した業務内容の上場会社の株価をもとにして、配当金額・年利益額・純資産価額（簿価ベース）の3要素を比較して計算する方法です。

　この評価方法では、高利益、高配当の会社ほど評価が高くなりますが、含み益の額は反映されません。

【1株あたりの類似業種比準価額の計算方法】

$$類似業種の株価 \times \left(\frac{\dfrac{ⓐ}{A}+\dfrac{ⓑ}{B}+\dfrac{ⓒ}{C}}{3}\right) \times 斟酌率^{※} \times \frac{1株あたりの資本金等額}{50円}$$

　A：類似業種の1株あたりの配当金額
　B：類似業種の1株あたりの年利益金額
　C：類似業種の1株あたりの純資産価額
　ⓐ：評価会社の1株あたりの配当金額
　ⓑ：評価会社の1株あたりの年利益金額
　ⓒ：評価会社の1株あたりの純資産価額

※ 斟酌率：大会社0.7　中会社0.6　小会社0.5

を同族株主以外の株主が取得した場合は、配当還元方式により評価される。また、開業前や休眠中の会社は純資産価額方式、清算中の会社の株式は清算分配見込額で評価する。

第6章

11

不動産以外の財産評価

③配当還元方式

　評価する会社の、直前期末以前2年間の配当実績の平均値（記念配当や特別配当は除く）をもとにして計算する方法です。配当が無配当であったり、2円50銭未満の配当であった場合は、2円50銭の配当があったものとして計算します。

　この計算によって出された評価額が、原則的評価方式で出された額を超える場合は、原則的評価方式の評価額を採用します。

【1株あたりの配当還元価額の計算方法】

$$\frac{\text{年平均配当金額}}{10\%} \times \frac{\text{1株あたりの}\ \text{資本金等額}}{50\text{円}}$$

④併用方式

【1株あたりの併用方式での計算方法】

$$\text{類似業種比準方式}\ \text{による評価額} \times \text{Lの割合} + \text{純資産価額方式}\ \text{による評価額} \times (1-\text{Lの割合})$$

　Lの割合とは、類似業種比準方式と純資産価額方式を、どのような比率で組み合わせるかを示すもので、純資産価額や従業員数などに応じて0.90、0.75、0.60などと定められています。

会社区分		評価方法
大会社		・類似業種比準価額 ・純資産価額 ┐ どちらか低いほう
中会社	大	・類似業種比準価額 × 0.90 ＋ 純資産価額 × 0.10 ・純資産価額 ┐ どちらか低いほう
	中	・類似業種比準価額 × 0.75 ＋ 純資産価額 × 0.25 ・純資産価額 ┐ どちらか低いほう
	小	・類似業種比準価額 × 0.60 ＋ 純資産価額 × 0.40 ・純資産価額 ┐ どちらか低いほう
小会社		・類似業種比準価額 × 0.50 ＋ 純資産価額 × 0.50 ・純資産価額 ┐ どちらか低いほう

相続財産として評価されるものには、ほかにも、建築中の建物（それまでに投じられた費用現価の70％）、永小作権、耕作権、借地権などがある。なお、

3 | その他の財産評価

1. 動産の評価

　動産は、原則として売買実例価額、精通者意見価格等を参考にして評価します。ただし、調達価格が不明な場合は、同種同規格のものの小売価格から、減価償却分を差し引いて評価します。なお、**書画骨董品**は、売買実例価額または精通した専門家の意見価格を参考にした評価額となります。

2. ゴルフ会員権

　ゴルフ会員権は、取引相場の有無や預託金などの有無により、評価方法が異なります。

取引相場がある場合	取引価格に含まれない預託金などがない場合	取引価格×70%
	取引価格に含まれない預託金などがある場合	取引価格×70%＋預託金等の評価額
取引相場がない場合	取引相場のない株式、預託金として評価	

> プレー権のみの会員権については評価しません。

確認しよう！

Q1 会社規模区分が中会社である非特定会社の株式を、同族株主が取得した場合、その株式の価格は、配当還元方式で評価する。

Q2 類似業種比準方式の評価要素は、1株あたりの配当金額、売上高、純資産価額の3つがある。

A1 ✕（⇒p.407）　　**A2** ✕（⇒p.409）

借地であっても、将来無償で地主に返還することを証明する無償返還に関する届出書を税務署に届け出ていれば、借地権の評価額はゼロとされる。

12 相続・事業承継対策

 ココが ポイント

相続開始後にはスムーズな財産分割と継承が望まれます。円滑な相続のための事前対策を「**相続対策**」といい、相続税の納税に関する対策を「**相続税対策**」といいます。とくに会社経営者の分割や継承を「**事業承継対策**」といいます。それぞれの意義を押さえましょう。

1 ┃ 相続対策と相続税対策

1．相続対策

相続はすべての自然人の死亡によって開始しますので、相続に関係のない人はいません。たとえ少ない預貯金であっても、相続人の間で分割が整わなければ、相続することができません。円滑な遺産分割ができるよう、資産家でなくとも、遺言の活用など、生前から相続対策をしておくことが重要です。

2 相続税対策

相続税の納付対象となる可能性が高い人は、相続対策と合わせて相続税対策が必要になります。相続税対策には、大きく分けて次の3つがあります。

財産の移転	生前贈与などを活用した本人財産の移転によって、相続税の対象となる財産を減らす	・贈与税の基礎控除の活用 ・贈与税の配偶者控除の活用 ・孫への贈与
財産評価の引下げ	移転によっても残ってしまう財産の相続税評価額を引き下げる	・不動産の購入や新築 ・自社株式評価の引下げ ・養子縁組による基礎控除枠の拡大 ・借入金の活用（債務控除） ・小規模宅地等の評価減の活用
納税資金の確保	移転・評価引下げによっても納税が避けられない場合	・生命保険への加入 ・金融資産残高の確保 ・底地と借地権の交換（換金性）

 プラス α 親が借地している土地の所有権（底地）をその子が地主から買い取った場合において、買取前に支払っていた地代を親が子に支払わなくなったときは、借

2 事業承継対策

　自営業を営む経営者などに相続が発生したあと、事業の円滑な承継を図ることを事業承継対策といいます。事業承継対策には、前項の相続税対策のほかに「**後継経営者の育成と周知**」「**経営支配権の確保**」「**納税資金の確保**」の３つがあげられます。

　とくに「経営支配権の確保」では、意中の後継者に一定割合以上の自社株式を相続させなければなりませんので、株式集中による相続税の負担の回避という課題を克服しなければなりません。

　事業承継対策として、次のような対策が考えられます。

【事業承継対策の例】

株式評価額の引下げ	配当、利益、純資産の株価の３要素を引き下げる(賃貸用不動産の購入や役員退職金の実施・記念配当や特別配当の実施など)
株式数の減少	・株式の生前贈与 ・従業員持株会に無議決権株式を保有させる ・会社が自社株を取得(金庫株)して有効議決権を減らす
納税資金の確保	・死亡退職金の支払い ・法人契約の生命保険への加入

3 非上場株式等に対する相続税・贈与税の納税猶予

1．納税猶予制度の概要

　非上場会社の経営者から、経営を承継する後継者へその会社の株式等を贈与または相続した場合に次ページのように一定の条件を満たす場合は納税の猶予、免除がされます。

> 納税の猶予、免除は、後継者の負担を減らし事業承継を円滑にすることが目的です。

地権は親から子へ贈与があったものとされる。ただし、親子連署による「借地権者の地位に変更がない」旨の申出書が税務署へ提出されれば、贈与税は課税されない。

納税の猶予・免除

贈与税 ➡	経営者から後継者に自社株式を贈与した場合に、贈与税の納税が猶予される。 納税猶予の対象となる株式等は、発行済議決権株式等の総数の3分の2に達するまでの部分が上限で、一括で贈与する必要がある
相続税 ➡	経営者から相続・遺贈により、事業を承継する後継者が自社株式を取得した場合、その自社株式の80%部分の相続税の納税が猶予および免除される。 納税猶予の対象となる株式等は、発行済議決権株式等の総数の3分の2に達するまでの部分

納税猶予を受けるためには以下のような適用要件があります。また、**都道府県知事**の認定を受け、税務署への申告手続きが必要となります。

【主な適用要件】

先代経営者	・会社の代表者であったこと ・先代経営者と同族関係者で総議決権の50%超を有しており、後継者を除く同族の中で筆頭株主であったこと ・贈与税の納税猶予を受ける場合、贈与時には代表権を有していないこと
先代経営者以外の贈与者・被相続人	・親族・親族外を問わずすべての個人株主
後継者	・後継者と同族関係者で総議決権数の50%を有し、同族内で筆頭株主となっている ・相続税の納税猶予を受ける場合、相続開始の直前に役員※であり、かつ、相続開始の日の翌日から5カ月経過する日に代表者であること ・贈与税の納税猶予を受ける場合、贈与時に18歳以上、役員就任から3年以上経過し、かつ代表者であること
認定対象会社	・上場会社ではないこと ・風俗営業会社ではないこと ・中小企業者であること ・従業員数が1人以上 ・資産保有型会社等ではないこと　　　等

※ 役員要件が不要となる例外あり

 個人事業者に事業用資産の納税猶予制度で、相続税の納税猶予を受ける場合、被相続人（相続開始前）と認定相続人（相続開始後）は青色申告の承認を受けて

2．納税猶予継続の要件

　納税猶予を継続するためには、次のような要件があります。要件を満たせなくなった場合、納税猶予となっていた税額を全額あるいは一部納付する必要があります。

【主な要件】

申告期限後5年間	5年経過後
・後継者が引き続き会社の代表である ・雇用の8割以上を平均で維持 ・後継者が筆頭株主である ・上場会社、風俗営業会社、資産管理会社に該当しない ・猶予対象株式を継続保有	・猶予対象株式を継続保有 ・資産管理会社に該当しない

3．納税猶予制度の特例

　2018年1月1日から2027年12月31日までの贈与・相続・遺贈については、納税猶予対象株式数の制限がなくなり、雇用確保の要件が実質的に撤廃されるなどの特例制度を適用することができます。

特例制度の主な内容

- ●対象株数が総株式数の3分の2まで　→　全株式が対象となる
- ●相続税での納税猶予の割合　80%　→　100%
- ●複数の株主から最大3人の後継者へ承継可能
- ●雇用の8割以上を維持できなかった場合でも、一定の書類を都道府県に提出することで納税猶予が継続される

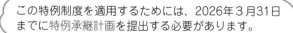

この特例制度を適用するためには、2026年3月31日までに特例承継計画を提出する必要があります。

いなければならない。また、認定相続人は相続税の申告期限から3年ごとに継続届出書を税務署長に提出する必要がある。

4．個人事業者の事業用資産に係る納税猶予制度

　2019年1月1日から2028年12月31日までの贈与または相続等について、担保の提供を条件に、個人事業者の特定事業用資産(不動産貸付業を除く)にかかる部分の税額を猶予する制度が創設されました。

①相続税

　認定相続人※が相続等により特定事業用資産を取得し、継続していく場合、その特定事業用資産の課税価格に対応する相続税の納税が猶予されます。猶予税額は、非上場株式等についての相続税の納税猶予制度の特例と同様の方法で計算されます。この納税猶予の適用を受ける場合は、特定事業用宅地等について小規模宅地の評価減の適用を受けることはできません。

　認定相続人が、その死亡の時まで特定事業用資産を保有し、事業を継続した場合など、一定の場合は猶予税額が免除されます。また、認定相続人が、事業を廃止した場合は猶予税額を**全額納付**することとなります。特定事業用資産の譲渡をした場合には、その譲渡等に対応する**猶予税額**を納付します。

②贈与税

　認定受贈者※が贈与により特定事業用資産を取得して、事業を継続した場合、贈与により取得した特定事業用資産の課税価格に対応する贈与税の納税が猶予されます。猶予税額の納付、免除等は相続税の納税猶予制度と同様となります。

※ 経営承継円滑化法による都道府県知事の認定を受けた者

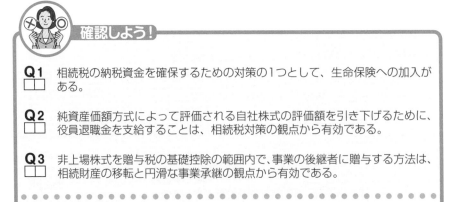

確認しよう！

Q1 相続税の納税資金を確保するための対策の1つとして、生命保険への加入がある。

Q2 純資産価額方式によって評価される自社株式の評価額を引き下げるために、役員退職金を支給することは、相続税対策の観点から有効である。

Q3 非上場株式を贈与税の基礎控除の範囲内で、事業の後継者に贈与する方法は、相続財産の移転と円滑な事業承継の観点から有効である。

A1 ○ (⇒p.412)　　**A2** ○ (⇒p.413)　　**A3** ○ (⇒p.413)

プラスα　相続・事業承継対策においては、とくに税制や法律を熟知しておく必要があるが、将来の法改正も視野に入れて対策を作成しなければならない。

一問一答 最終チェック

学習日 ／

第6章の学習が終わりました。ここで、この章のおさらいをしましょう。問題のすぐ下にある解答を赤シートでかくして、問題にチャレンジしてください。間違ったときは、必ず参照ページに戻って確認し、実力アップをめざしましょう！

□□□ **問1** 個人が法人からの贈与で取得した財産は、贈与税の課税対象とはならない。

解答1 ○ 設問のとおり。所得税の対象となります。⇒p.366

□□□ **問2** 贈与税の配偶者控除を適用して贈与税額がゼロとなった場合は、申告書を提出する必要はない。

解答2 × 設問は間違い。配偶者控除を適用した結果、贈与税が0円でも申告書の提出は必要です。⇒p.368

□□□ **問3** 教育資金の一括贈与に係る贈与税の非課税措置の適用を受けた場合は、30歳未満の子や孫に対しての贈与について、2,000万円までの金額に対する贈与税が非課税となる。

解答3 × 設問は間違い。教育資金の一括贈与に係る贈与税の非課税措置は、30歳未満の子や孫が対象で、非課税限度額は1,500万円です。なお、直接本人に渡すのではなく、金銭等を金融機関に信託等することが必要となります。⇒p.369

□□□ **問4** 2024年中に相続時精算課税制度を利用して贈与をした場合、2,500万円までは贈与税はかからないが、2,500万円を超える贈与部分については一律10%の課税となる。

解答4 × 設問は間違い。2024年以後については、贈与額から相続時精算課税制度における基礎控除（年110万円）を差し引いた後、2,500万円を超える額に一律20%の課税となります。なお、相続時精算課税制度は、60歳以上の父母や祖父母から18歳以上の子や孫へ贈与する場合に利用できます。⇒p.372

□□□ **問5** 被相続人の兄弟姉妹が先に死亡している場合、その兄弟姉妹の子が代襲相続人となる。

解答5 ○ 設問のとおり。兄弟姉妹の代襲相続は、兄弟姉妹の子まで認められます。なお、再代襲は認められません。⇒p.374

□□□ **問6** 被相続人の非嫡出子は、被相続人に嫡出子がいる場合には相続権を有しない。

解答6 × 設問は間違い。非嫡出子も嫡出子と同様、第一順位の相続人となります。ただし、被相続人が男性の場合には認知が必要です。⇒p.380

□□□ **問7** 遺留分侵害額請求権は、相続の開始および遺留分の侵害があったことを知った日から1年以内、あるいは相続開始から10年以内に行使しない場合に消滅する。

解答7 ◯ 設問のとおり。遺留分侵害額請求権とは、法定相続人が侵害された遺留分を主張することをいいます。⇒p.385

□□□ **問8** 相続税の基礎控除を計算する際の法定相続人に、養子の人数は含まない。

解答8 ✕ 設問は間違い。実子がある場合1人まで、実子がない場合は2人まで計算に含まれます。⇒p.390

□□□ **問9** 相続人の中に相続放棄をした者がいる場合は、相続税の基礎控除を計算する際に相続人の数には含めないで計算する。

解答9 ✕ 設問は間違い。相続放棄をした場合、民法上の相続分はないが、相続税の基礎控除を計算する際は、相続人の数に含めて計算します。⇒p.392、393

□□□ **問10** 代襲相続人ではない孫が、遺贈により財産を取得した場合、その人が納める相続税の額は通常より3割増となる。

解答10 ✕ 設問は間違い。2割増となります。⇒p.394

□□□ **問11** 相続税の物納が認められるためには、金銭による納付が困難であり、申告期限までに申告書等を提出する必要があるが、物納する財産の種類は問わない。

解答11 ✕ 設問は間違い。物納するためには、日本国内にある物納適格財産で、優先順位に従って納付する必要があります。⇒p.396、397

□□□ **問12** 路線価方式で評価される宅地の相続税評価は、2つの道路に接している場合、路線価そのものが高いほうを正面路線価として評価する。

解答12 ✕ 設問は間違い。それぞれの路線価に、奥行価格補正率を乗じた価格の高いほうを正面路線価として評価します。⇒p.399

□□□ **問13** 貸宅地の評価は「自用地評価額×(1−借地権割合)」で求められる。

解答13 ◯ 設問のとおり。「自用地評価額−借地権評価額」でも求められます。⇒p.400

□□□ **問14** 自宅の建物は、「固定資産税評価額×1.0」によって評価する。

解答14 ◯ 設問のとおり。アパートなど貸家の評価は、「固定資産税評価額×(1−借家権割合×賃貸割合)」で評価します。⇒p.401

□□□ **問15** 非上場企業の株式の評価で純資産価額方式とは、類似した業務内容の上場会社の株価をもとに、配当・利益・純資産を比較して計算する方法である。

解答15 ✕ 設問は間違い。設問は類似業種比準方式の説明です。純資産価額方式は、会社の資産の時価を反映させる方式です。⇒p.408、409

ファイナンシャル・プランニング技能検定
２級学科　模擬試験

【制限時間：120分】

解答用紙

問1	問2	問3	問4	問5	問6	問7	問8	問9	問10

問11	問12	問13	問14	問15	問16	問17	問18	問19	問20

問21	問22	問23	問24	問25	問26	問27	問28	問29	問30

問31	問32	問33	問34	問35	問36	問37	問38	問39	問40

問41	問42	問43	問44	問45	問46	問47	問48	問49	問50

問51	問52	問53	問54	問55	問56	問57	問58	問59	問60

※ 解答はp.452にあります。　1問1点として合計点を出してください
※ 合格基準：36点以上

合計 ＿＿＿ 点

【問題1】

　ファイナンシャル・プランナー（以下「FP」という）の顧客に対する行為に関する次の記述のうち、関連法規に照らし、最も不適切なものはどれか。

1. 生命保険募集人の登録を受けていないFPが、生命保険の募集・勧誘を目的とせずに、ライフプランの相談に来た顧客に対し、生命保険のプランニングの考え方を解説した。

2. 金融商品取引業の登録を受けていないFPが、顧客と有償の投資顧問契約を結び、その契約に基づき、顧客が投資する株式の個別銘柄に関する株価の予測や投資情報を提供した。

3. 税理士資格を有しないFPが、ライフプランの相談に来た顧客に対して、所得税の計算の仕組みや配偶者控除・扶養控除など所得控除の一般的な内容を説明した。

4. 弁護士資格を有しないFPが、ライフプランに関するセミナーの中で、民法の「相続人」および「法定相続分」について一般的な解説を行った。

【問題2】

一般的なライフステージ別の資金運用やライフプランの考え方に対するアドバイスのうち、最も不適切なものはどれか。

1. 新入社員のAさん(23歳)には貯蓄や運用の方法・考え方など基礎知識を身に付けることが大切な時期であることを説明し、今後想定されるライフイベントに必要となる資金を準備する積立て計画をスタートさせることをアドバイスした。

2. 会社員Bさん(43歳)には、一般的に子どもの教育資金の準備や住宅ローンの返済などに出費がかさむ時期ではあるが、老後資金準備も本格的に考える時期であり、他の資金とのバランスをとりながら資金計画を立てていくことが重要であることを説明した。

3. 定年退職を迎えたCさんは、退職一時金を受け取り、人生の中でも一番多くの資金が手元にある状況である。その資金を有効に活用するため、資金のほとんどを株式や投資信託で運用することを提案した。

4. 75歳のDさんは、年金以外に収入はなく、これまでに投資の経験もないため、リスク許容度は低いと考えられる。そのため元本確保の商品を中心に運用することを検討しながら、介護が必要となった場合などに備えることもアドバイスした。

【問題3】

健康保険制度に関する次の記述のうち、正しいものはどれか。

1. 全国健康保険協会管掌健康保険(協会けんぽ)は、都道府県単位の支部ごとに財政運営が行われているが、保険料率は全国一律である。

2. 傷病手当金が支払われる期間に給与が支給された場合であっても傷病手当金は減額されることなく支給される。

3. 任意継続被保険者となった場合、被保険者が負担する保険料は退職時の標準報酬月額(上限あり)に保険料率を乗じて計算されるが、その保険料率は事業主が負担していた率も含めて全額自己負担となる。

4. 後期高齢者医療制度の被保険者の被扶養配偶者は年収180万円未満であれば、被扶養者として保険料の負担をする必要はない。

【問題4】

雇用保険に関する次の記述のうち、最も適切なものはどれか。

1. 雇用保険の基本手当を受給するためには、原則として、離職の日以前2年間に雇用保険の一般被保険者であった期間が通算して12か月以上なければならない。

2. 基本手当が支給される限度日数を所定給付日数といい、特定受給資格者等を除く一般の離職者の場合、最長で1年間である。

3. 高年齢雇用継続基本給付金の金額は、令和6年度に60歳となり、60歳到達時の賃金月額と比べて60歳以降の再雇用の賃金の額が50％となった場合、その再雇用の賃金月額の10％となる。

4. 育児休業給付を受給できる者は、原則として1歳未満の子の養育のために育児休業を取得した被保険者で、休業開始前1年間に通算して6か月の被保険者期間がある者である。

【問題5】

国民年金に関する次の記述のうち、最も適切なものはどれか。

1. 20歳以上の学生が一定の条件を満たした場合に、国民年金の保険料の納付が猶予される学生の納付特例制度を利用して保険料の納付を猶予された期間は、年金の受給資格期間や年金額には反映されない。

2. 国民年金の強制加入者でない一定の人で、老齢基礎年金の受給資格はあるが、年金額が満額にならないため、老齢基礎年金を満額に近づけたいという場合は、60歳以降最長70歳になるまで国民年金に任意加入することができる。

3. 国民年金の第一号被保険者の保険料の納付方法は、口座振替や納付書により金融機関やコンビニ等で納付するほかクレジットカードでも納付が可能で、最長1年分の保険料を前払いすることもできる。

4. 国民年金の保険料を免除された期間のうち、過去10年以内の免除保険料は追納することもできる。ただし、3年度目以降に追納するときは利息相当額が加算される。

【問題6】

　公的年金の遺族給付に関する次の記述のうち、最も適切なものはどれか。

1．老齢基礎年金の受給権者（保険料納付済期間と免除期間を合算した期間が10年以上ある者）が死亡し、支給対象の遺族がいる場合には遺族基礎年金が支給される。

2．厚生年金保険の被保険者である夫が死亡し、子のない妻（30歳未満）が遺族厚生年金の受給権を取得した場合、その妻が亡くなるまで終身で遺族厚生年金が支給される。

3．遺族厚生年金が受給できる遺族のうち、夫および父母・祖父母は被保険者が死亡したときに55歳以上であることが必要で、遺族厚生年金が支給されるのは65歳からである。

4．40歳未満の妻の場合、中高齢寡婦加算を受給するためには、その妻が40歳の時点で遺族基礎年金の遺族に該当する子と生計同一であることが要件となる。

【問題7】

　下記の図は、厚生年金保険の被保険者である夫が死亡した場合の、妻(40歳、公的年金加入歴は国民年金のみ)が受給する遺族年金等のイメージ図である。下記の図の(ア)〜(ウ)にあてはまる語句の組み合わせとして、最も適切なものはどれか。なお、夫の死亡時に夫婦には10歳の子(障害者ではない)が1人いる。年金額は2024年度価額とする。

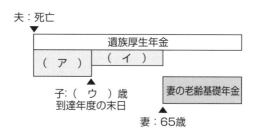

1．(ア)遺族基礎年金(816,000円＋子の加算234,800円)
　　(イ)中高齢寡婦加算
　　(ウ)18

2．(ア)遺族基礎年金(816,000円＋子の加算78,300円)
　　(イ)中高齢寡婦加算
　　(ウ)18

3．(ア)遺族基礎年金(816,000円＋子の加算234,800円)
　　(イ)経過的寡婦加算
　　(ウ)20

4．(ア)遺族基礎年金(816,000円＋子の加算78,300円)
　　(イ)経過的寡婦加算
　　(ウ)20

【問題 8 】

確定拠出年金に関する次の記述のうち、最も適切なものはどれか。

1．企業型確定拠出年金のマッチング拠出で加入者（従業員）が負担した掛金は、全額が所得税の社会保険料控除の対象となる。

2．確定拠出年金の老齢給付は通算加入者等期間が10年以上あれば60歳から請求することができるが、10年に満たない場合は一律65歳からの給付となる。

3．国民年金の第3号被保険者が個人型確定拠出年金に加入する場合の拠出上限額は年間276,000円である。

4．企業型確定拠出年金のマッチング拠出で加入者が拠出する掛金は、法定の上限額の範囲内であれば、事業主掛金の金額を超えることも可能である。

【問題 9 】

Aさんは、現在X銀行の住宅ローン（全期間固定金利型）を返済中である。

Aさんのローンの見直しについて、最も不適切なものはどれか。

1．Aさんが、現在返済中の銀行以外の金融機関等が取り扱う住宅ローンに借り換えても、新たに抵当権を設定する必要はなく、登録免許税等の抵当権設定費用は生じない。

2．Aさんが、変動金利型の住宅ローンに借り換えた場合、金利が上昇すると返済負担が増加するリスクを抱えることになる。

3．一部繰上げ返済を行う場合、金利・返済期間・借入額・繰上げ返済額・繰上げ時期等の条件が同じであれば、期間短縮型で繰上げ返済を行うほうが、返済額軽減型で行うより利息軽減額が大きくなる。

4．同じ返済方法で同じ金額を繰上げ返済する場合、返済開始から早い時期に繰上げ返済したほうが利息軽減効果は大きくなる。

【問題10】

　キャッシュフロー計算書に関する次の記述のうち、空欄(ア)～(ウ)に当てはまる語句の組み合わせとして、最も適切なものはどれか。

　キャッシュフロー計算書は、会社のキャッシュ（現金等)の動きを表している。(ア)は１年間の本業から生じたキャッシュの増減を表しており、通常、健全な会社ではプラスとなる。(イ)は将来の利益を獲得するために行った設備投資や資産の売却などによるお金の増減を表す。(ウ)は金融機関からの借入や返済などによる資金の出入りが反映され、どれだけ資金を調達し返済したかがわかる。

1．(ア)投資活動によるキャッシュフロー
　　(イ)資産売却によるキャッシュフロー
　　(ウ)借入状況によるキャッシュフロー
2．(ア)投資活動によるキャッシュフロー
　　(イ)営業活動によるキャッシュフロー
　　(ウ)借入状況によるキャッシュフロー
3．(ア)営業活動によるキャッシュフロー
　　(イ)投資活動によるキャッシュフロー
　　(ウ)借入状況によるキャッシュフロー
4．(ア)営業活動によるキャッシュフロー
　　(イ)投資活動によるキャッシュフロー
　　(ウ)財務活動によるキャッシュフロー

【問題11】

保険契約に関する次の記述のうち、最も不適切なものはどれか。

1. 保険法が定める告知義務とは、契約者または被保険者は保険会社に対して、保険会社が告知を求めた事項について事実の告知をしなければならないという質問応答義務となっている。

2. 告知義務違反による保険会社の解除権は、保険会社が解除の原因を知ったときから3か月間権利を行使しなかった場合には消滅する。

3. 責任開始日または責任開始期とは、保障が始まる日のことを指すが、契約書上の申込日とは必ずしも一致しない。

4. 保険会社の事務所などに自ら出向いて契約をした場合や保険会社の指定した医師の診査を受けた場合はクーリング・オフすることはできない。

【問題12】

個人向けの生命保険商品に関する次の記述のうち、最も適切なものはどれか。なお、記載のない特約については、一切考慮しないものとする。

1. 収入保障保険の死亡保険金を受け取る際、一時金で受け取る場合でも年金形式で受け取る場合でも受取総額は同額となる。

2. 被保険者が同一人であり、保険期間・保険料払込期間・保険金額等の加入条件が同じ養老保険と定期保険を比べると、一般に、保険料は養老保険のほうが安くなる。

3. 逓減定期保険は死亡保険金が逓減していく保険であるが、一般的に保険料は一定である。

4. 保険料有期払込みの更新型の定期保険特約付終身保険は、被保険者の年齢にかかわらず、定期保険特約を自動更新できる。

【問題13】

　個人年金保険に関する次の記述のうち、最も不適切なものはどれか。

１．一時払い変額個人年金保険の死亡給付金額は特別勘定の運用実績によって増額することがある。

２．保証期間付終身年金の保証期間経過後は被保険者が生存している場合に限り、年金を受け取ることができる。

３．有期年金は、年金支払期間中であれば、被保険者の生死にかかわらず、年金を受け取ることができる。

４．契約者(＝保険料負担者)と年金受取人が同一である個人年金保険契約において、年金受取人が毎年受け取る年金については、雑所得として総合課税の対象となる。

【問題14】

　医療保険や医療特約等に関する次の記述のうち、最も適切なものはどれか。

１．成人病入院特約は、所定の成人病による入院の場合に、疾病入院給付金に上乗せして支払われる。

２．更新型医療保険は、告知により健康上問題がないと確認された場合に限り、契約が更新される。

３．傷害特約では、不慮の事故により所定の障害状態となった場合、障害の程度に応じて障害給付金が支払われるもので、死亡の場合は保険金支払いの対象とはならない。

４．特定疾病保障保険は、がんと診断され特定疾病保険金を受け取った後でも、急性心筋梗塞や脳卒中などの別の支払い事由に該当すれば、特定疾病保険金を再度受け取ることができる。

【問題15】

　生命保険契約の税務に関する次の記述のうち、最も不適切なものはどれか。なお、契約者と保険料負担者は同一人であり、契約者と保険金受取人は共に個人であるものとする。

1．終身保険の保険料を全期前納で支払った場合、生命保険料控除は毎年適用となる。

2．相続人に支払われた死亡保険金のうち「500万円×法定相続人の数」が相続税の非課税の対象となる。

3．収入保障保険の保険金を年金形式で受け取る場合、受け取った人の雑所得となり、所得税の課税対象となる。

4．契約者と被保険者が同一人である契約において、リビング・ニーズ特約による生前給付金を被保険者本人が受け取った場合、所得税・住民税の課税対象となる。

【問題16】

　法人契約の生命保険について述べた次の記述のうち最も適切なものはどれか。

1．逓増定期保険は、通常、保険期間満了時に満期保険金の支払いがないため、経営者の生存退職慰労金の財源として活用できない。

2．従業員が定年退職した場合の退職金等の準備として総合福祉団体定期保険が活用できる。

3．契約者（＝保険料負担者）＝法人、被保険者＝従業員、給付金受取人＝法人の場合の医療保険の入院給付金は全額雑収入として益金に算入する。

4．契約者（＝保険料負担者）および満期保険金受取人を法人、被保険者を従業員、死亡保険金受取人を従業員の遺族とする養老保険は、従業員が普遍的に加入することにより、支払う保険料の全額を損金算入することができる。

【問題17】

　火災保険・地震保険について述べた次の記述のうち、最も適切なものはどれか。

1. 地震保険は、火災保険の契約時に付帯して契約する必要があり、火災保険の保険期間の中途では付帯することはできない。

2. 住宅総合保険では水災や盗難、外部からの落下物については補償の対象外である。

3. 居住の用に供していない事業用の建物を地震保険の目的とすることができる。

4. 火災保険で対象となる家財のうち、1個または1組の価額が30万円を超える貴金属や書画・骨董品などは明記物件といい、契約時に申し出ていないと補償されない。

【問題18】

　任意加入の自動車保険に関する次の記述のうち、最も適切なものはどれか。

1. 対人賠償保険では、運転者の配偶者に誤って接触し重傷を負わせた場合、その損害に対して、保険金が支払われる。

2. 一般条件の車両保険では、盗難によって受けた被保険自動車の損害に対して、保険金が支払われる。

3. 対物賠償保険では、酒酔い運転中の自動車事故によって、第三者の財物に与えた損害に対して、保険金が支払われない。

4. 人身傷害補償保険では、自動車事故により被保険者が死傷した場合、自己の過失部分を除いた損害に対して、保険金が支払われる。

【問題19】

　個人の損害保険契約（保険契約者＝保険料負担者）の税務に関する次の記述のうち、最も適切なものはどれか。

1．積立傷害保険の満期返戻金を契約者が受け取った場合、雑所得として所得税の課税対象となる。
2．普通傷害保険契約に基づき、契約者の死亡によりその相続人が受け取る死亡保険金は、所定の非課税金額を超えた部分の金額が、相続税の課税対象となる。
3．火災保険契約に基づき、火災により契約者の住宅が損害を被ったことにより契約者が受け取る損害保険金は、一時所得として所得税・住民税の課税対象となる。
4．自動車保険の車両保険から受け取った保険金は、一時所得として所得税の課税対象となる。

【問題20】

　損害保険を活用した家庭のリスク管理に関する次の記述のうち、最も適切なものはどれか。

1．購入した新車が当て逃げ被害に遭うリスクに備えて、自動車保険の車両保険を一般条件で契約した。
2．一般的に、妊娠中の人が海外旅行傷害保険を契約すると、渡航先で早産となり出産入院した場合の入院費を負担するリスクに備えることができる。
3．小学生の長男が友人とのけんかでケガを負ってしまうリスクに備えて、家族傷害保険に加入した。
4．友人から借りた一眼レフカメラを海外旅行中に誤って壊してしまうリスクに備えて、個人賠償責任保険を契約した。

【問題21】

　経済指標に関する次の記述のうち、最も適切なものはどれか。

1．輸入小麦の価格変動は、企業物価指数よりも先に消費者物価指数に影響を与える傾向がある。

2．日本の国内総生産(GDP)において、支出側からみた場合、民間最終消費支出は最も高い構成比を占めている。

3．景気動向指数において、東証株価指数は、景気から遅れて動く遅行系列に分類されている。

4．完全失業率は、全国の公共職業安定所に登録されている求人数を求職者数で割って求める景気の遅行指数である。

【問題22】

　銀行等の金融機関で取り扱う預金商品に関する次の記述のうち、最も適切なものはどれか。

1．大口定期預金の適用金利は、相対交渉で金利が決まり、1,000万円以上から利用できる変動金利の預金である。

2．貯蓄預金は、公共料金などの自動支払いや給与・年金などの自動受取口座として利用することができる。

3．決済用預金は、金融機関破綻時に元本1,000万円までが預金保険制度により保護される個人向けの預金で、法人が利用できる決済性預金はない。

4．ゆうちょ銀行の定期貯金の金利は、固定金利で、預入期間3年未満のものは単利型、3年以上は半年複利型である。

【問題23】

　次の条件の固定利付債券を購入して、償還期限まで保有した場合の最終利回りとして最も適切なものはどれか。なお、手数料、経過利子、税金等は考慮しないものとし、表示単位の小数点以下第3位を四捨五入するものとする。

　前提条件
　表面利率：0.5%
　発行価格：額面100円あたり99円
　購入価格：額面100円あたり98円
　残存期間：5年

1．0.5%
2．0.62%
3．0.71%
4．0.92%

【問題24】

　株式の投資指標に関する次の記述のうち、最も不適切なものはどれか。
1．PBRは、株価が1株あたりの純資産の何倍になっているかを見る投資指標で、一般的に数値が低いほど株価が割安と判断する。
2．PER（株価収益率）の計算において、1株あたり当期純利益の額が一定の場合、株価が上昇すればPERの値が高くなる。
3．配当性向の計算において、当期純利益が一定の場合、配当支払額が増えれば配当性向の値が高くなる。
4．ROE（自己資本利益率）の計算において、当期純利益が一定の場合、自己資本の額が増えればROEの値が高くなる。

【問題25】

　株式投資信託について述べた次の記述のうち、最も不適切なものはどれか。

1．信託報酬は、信託財産の中から差し引かれるため、その分信託財産は減少することになるが、その減少分は基準価額に反映される。

2．株式がまったく組み入れられていない証券投資信託であっても、約款上の投資対象に株式が含まれていれば、公社債投資信託ではなく株式投資信託に分類される。

3．トップダウン・アプローチとは、個別銘柄の投資指標の分析、リサーチの積上げにより銘柄を選定し、ポートフォリオ構築を図るアプローチである。

4．現在の利益水準や資産価値等から株価が割安であると考えられる銘柄に投資する手法をバリュー投資という。

【問題26】

　居住者である個人による、国内の金融機関を通じて行う外貨建て金融商品の取引等に関する次の記述のうち、最も不適切なものはどれか。

1．国内の証券会社に預託した外貨建てMMFは、投資者保護基金の補償対象となる。

2．ドル建ての債券を保有している場合、ドルに対しての為替レートが円高に変動すると、この債券に係る円換算の投資利回りの上昇要因となる。

3．外貨建てMMFを売却した際に生じた為替差益は上場株式と同様に課税扱いとなる。

4．投資信託の国籍が外国にあり、その国の法律に基づいて設定・運用されている投資信託のことを外国投資信託という。

【問題27】

　一般的なオプション取引に関する次の記述のうち、最も不適切なものはどれか。

1．オプション取引とは、ある商品を将来の特定の日に現時点で決めた価格で売買する権利を売買する取引のことである。

2．コール・オプションでは、オプションの買い手は支払ったオプション・プレミアム以上の損失を負うことはない。

3．プット・オプションでは、オプションの売り手はオプション料を受け取ると、権利行使に応じる義務を負うことになる。

4．コール・オプションでは、オプションの売り手の利益が無限大となる可能性がある。

【問題28】

　株式投資に関する税金とNISA（少額投資非課税制度）に関する次の記述のうち、最も適切なものはどれか。

1．上場株式等の配当金は受取時に源泉徴収され、申告不要とすることができるが、配当控除の適用をうけるためには申告分離課税を選択する必要がある。

2．証券会社の特定口座で上場株式の売買を行った場合、源泉徴収ありの場合は年間取引報告書の作成はされないため、確定申告が必要となる。

3．NISA口座で購入した上場株式の配当金を非課税扱いとするためには、株式数比例配分方式を選択する必要がある。

4．一般口座で保有している上場株式はNISA口座へ移換することができないが、特定口座で保有している場合はNISA口座へ移換することができる。

【問題29】

　ポートフォリオ理論に関する次の記述のうち、最も不適切なものはどれか。

1．ポートフォリオのリスクは、各組入れ資産のリスクを組入比率で加重平均したものよりも小さくなる。

2．リスクを図る尺度である標準偏差が±1の範囲内に収益率が納まる確率は約95％である。

3．2つの資産の間の相関係数が1の場合、正の完全相関となり、2つの資産はまったく同じ方向へ値動きする。

4．シャープレシオは、一定期間に得た収益から無リスクで得られた収益を差し引いて、標準偏差で割って求める。

【問題30】

　金融商品の取引に係る各種法令に関する次の記述のうち、最も適切なものはどれか。

1．国内商品先物取引は金融サービス提供法の適用の対象となる。

2．金融サービス提供法では、説明義務違反で顧客が損害を被った場合、業者が損害賠償責任を負うことになるが、その損害額は元本欠損額と推定される。

3．金融サービス提供法と消費者契約法の両方の規定に抵触する場合には、消費者契約法が優先して適用される。

4．消費者契約法では、事業者が消費者に対して、重要な事項を「誤認」または「困惑」させて契約をした場合、消費者は事業者に対して損害賠償請求をすることができる。

【問題31】

我が国の税制に関する次の記述のうち、最も適切なものはどれか。

1．税金には国税と地方税があるが、固定資産税は国税、贈与税は地方税である。

2．所得税は、その1年間に収入すべきことが確定した金額で計算することが原則であり、役務の請負の場合、収入を計上する時期は役務の請負が完了した日となる。

3．納税する者が納める税額を自ら計算して申告する方式を賦課課税方式といい、個人住民税や不動産取得税はこれに該当する。

4．国内に住所があるか、現在までに引き続き1年以上居所がある者で非永住者に該当しない場合は、国内で発生した所得のみに所得税が課税される。

【問題32】

所得税における各種所得に関して述べた次の記述のうち、最も適切なものはどれか。

1．個人事業主が商品の配達に使用する車両を売却した場合、原則として事業所得となる。

2．事業的規模で行っているマンションの賃貸から得られる家賃収入に係る所得は、事業所得となる。

3．一時所得の金額は、総収入金額から、その収入を得るために支出した金額を控除して、その残額から特別控除額(最高50万円)を差し引いて計算される。

4．不動産所得を計算する際、届出をした青色事業専従者給与の額は、支給の有無にかかわらず、その全額が必要経費として算入される。

【問題33】

　所得税の損益通算に関する次の記述のうち、最も適切なものはどれか。

1. 事業所得から生じた損失の金額は、青色申告の承認を受けていない場合、その損失の金額を他の所得と損益通算することはできない。

2. 不動産所得での損失を損益通算する際、借入金と自己資金で土地と建物を同時に取得していた場合、借入金はまず土地の取得に充てたとして計算される。

3. 不動産所得の金額の計算上生じた損失の金額のうち、土地の取得に要した負債の利子に相当する額は、2分の1まで他の所得の金額と損益通算できる。

4. 青色申告者が一定の要件を満たした場合、損益通算をしても引ききれない純損失を翌年以降3年間繰り越すことができる。

【問題34】

　所得税における所得控除に関する次の記述のうち、最も適切なものはどれか。

1. 医療費控除の対象となる医療費は、その年中に実際に支払いが確定したものとされるため、年末の時点で未払いの金額も対象となる。

2. 納税者が、生計を一にする配偶者の負担すべき国民年金保険料を支払った場合、その金額はその納税者自身の社会保険料控除の対象とはならない。

3. 納税者と生計を一にし、合計所得金額が48万円以下の配偶者がいる場合、納税者本人の合計所得金額にかかわらず、38万円の配偶者控除が適用される。

4. 納税者がその配偶者へ給与を支払い、青色事業専従者控除の適用を受けている場合は、原則として、納税者は配偶者控除の適用を受けることができない。

【問題35】

　所得税における住宅借入金等特別控除に関して述べた次の記述のうち、最も不適切なものはどれか。

1．住宅借入金等特別控除の適用を受けていた住宅ローンが、繰上げ返済により借入当初からの返済期間が8年となった場合、控除の適用が受けられなくなる。

2．増改築等を行って、住宅借入金等特別控除の適用を受けようとする場合、その工事費用は100万円超で総額の2分の1以上が居住用の増改築等の費用である必要がある。

3．住宅借入金等特別控除の適用を受ける場合、取得日から6か月以内に入居し、控除を受ける年の翌年の3月15日まで引き続き居住していることが必要である。

4．住宅借入金等特別控除の適用となる借入金には、住宅の新築や取得とともに取得するその住宅の敷地のための借入金等も含まれる。

【問題36】

　所得税における青色申告制度に関する次の記述のうち、最も適切なものはどれか。

1．青色申告の承認を受けている者が備え付けるべき貸借対照表等の帳簿書類の保存期間は、原則として、7年間（一定の書類は5年）である。

2．青色申告承認申請書の提出があった場合、原則として、その承認を受けようとする年の翌年の2月16日までに、承認または却下の通知がない場合、承認があったものとみなされる。

3．事業所得と不動産所得がある者が55万円の青色申告特別控除の適用を受ける場合、まず事業所得の金額から控除し、引ききれない金額があった場合のみその差額を不動産所得から控除することができる。

4．青色申告の承認を受けている者が、2024年に取得価額50万円未満の減価償却資産を取得した場合、事業所得の計算上その全額を必要経費として算入することができる。

【問題37】

　法人税における損金の額に関する次の記述のうち、最も不適切なものはどれか。

1．法人が、その負担すべき固定資産税、都市計画税を納付した場合、その額を損金に算入することができる。

2．資本金の額が1億円以下である法人が支出した交際費は、年800万円までの部分は全額損金算入することができる。

3．役員に対する給与で、利益連動給与に該当するものは全額損金不算入となる。

4．法人が支出した寄付金の中で、日本赤十字社、社会福祉法人、認定NPO法人等の特定公益増進法人に対する寄付金は一般の寄付金とは別枠で一定額まで損金算入される。

【問題38】

　会社と役員間の取引に係る法人税における取扱いに関する次の記述のうち、最も適切なものはどれか。

1．役員所有の資産を適正な時価よりも高い価格で会社に譲渡した場合、その適正な時価と譲渡した価額との差額はその役員への寄付金として取り扱われる。

2．法人が役員に無利子または低利で金銭を貸し付けた場合、通常の利子との差額が役員の雑所得として取り扱われる。

3．会社所有の不動産を適正な時価よりも低い価格で役員に譲渡した場合、その適正な時価と譲渡価額の差額は、役員の譲渡所得となる。

4．役員が所有する土地や建物を法人に対して譲渡した際、その譲渡対価が時価より低い場合は、時価と対価の差額は法人の受贈益となる。

【問題39】

消費税に関する次の記述のうち、最も適切なものはどれか。

1．消費税は、原則として、土地の譲渡は非課税とされるが、個人の居住用家屋と同時に取得する宅地は課税対象である。

2．簡易課税制度を選択した事業者の納付すべき消費税の額は、6つに区分されたみなし仕入率を用いて計算される。

3．簡易課税制度を選択した事業者は、原則として、最低1年間は簡易課税制度の適用を継続しなければならない。

4．基準期間の課税売上高が3,000万円以下の事業者は、届出により課税事業者を選択している場合を除き、免税事業者となる。

【問題40】

決算書と法人税申告書に関する次の記述のうち、最も適切なものはどれか。

1．貸借対照表は、一会計期間における売上高や経常利益などの企業の経営状況を示す財務諸表の一つである。

2．キャッシュフロー計算書とは、貸借対照表の純資産の部の一会計期間における変動額のうち、主として、株主資本の各項目の変動事由を示す財務諸表の一つである。

3．法人は、原則として、所轄税務署長に対して、事業年度終了の日の翌日から2か月以内に、確定申告書を提出する必要がある。

4．法人税申告書別表四は、決算日時点における会社の財務状態を示す財務諸表の一つである。

【問題41】

　土地の価格に関する次の記述のうち、最も不適切なものはどれか。

1．公示価格とは、国土交通省の土地鑑定委員会が公表しており、価格判定の基準日は毎年3月31日である。

2．固定資産税評価額は、3年ごとの基準年の1月1日を基準として評価替えが行われる。

3．都道府県地価調査の基準地の標準価格は、毎年7月1日を価格判定の基準日としている。

4．相続税評価額（路線価）は毎年1月1日を価格判定の基準としており、公表日は7月上旬である。

【問題42】

　不動産の鑑定評価に関する次の記述のうち、最も適切なものはどれか。

1．原価法は、その不動産が将来生み出すと期待される純収益の現在価値の総和を求めることにより、収益価格を求める手法である。

2．収益還元法には2つの方法があるが、そのうちの一つであるDCF法は、毎年得られる純収益と、その不動産を将来売却した時の売却価格を、それぞれ現在価値に割り戻して合計することで収益価格を求める方法である。

3．収益還元法は、賃貸の用に供されている不動産の価格を求める方法であり、自用不動産の価格を求める際には使用できない。

4．不動産の価格を求める鑑定評価の手法には、原価法、取引事例比較法、収益還元法があるが、複数の方法を併用することはできず、いずれか一つを選択することとされている。

【問題43】

　民法に基づく不動産の売買契約上の留意点に関する次の記述のうち、最も適切なものはどれか。

1．売主が宅地建物取引業者以外の取引であった場合、買主は種類または品質に関する契約不適合を知ったときから1年以内に売主に通知しておけば、その後に損害賠償などの請求ができる。

2．民法では売買契約締結後、その目的物である建物が引き渡しまでの間に滅失した場合、売主に過失がなければ買主はその建物の代金を支払う必要がある。

3．売主が契約の履行に着手した後であっても、買主は自ら契約の履行に着手していなければ、交付した手付金を放棄して契約を解除することができる。

4．宅地建物取引業者が売主である土地売買契約では、売主は土地の引き渡しから10年以上は契約不適合責任を負わなければならない。

【問題44】

　不動産の賃貸借に関して述べた次の記述のうち、最も適切なものはどれか。

1．一般定期借地権は、公正証書による契約をしなければならない。

2．普通借家契約で期間の定めがない借家権の場合、賃貸人は2か月前までに正当事由に基づく申し出をすることで解約することができる。

3．建物解体後、更地で返還する更地返還型の事業用借地権の存続期間は10年以上50年未満である。

4．普通借家契約では、建物の賃貸借期間が1年未満とした場合、期間の定めのない契約とみなされる。

【問題45】

　都市計画法の規制に関する次の記述のうち、最も適切なものはどれか。

1．市街化区域内で行う開発行為は、面積にかかわらず都道府県知事等の許可を受ける必要がある。

2．市街化調整区域とは既に市街地を形成している区域や、おおむね10年以内に優先的に市街化を図るべき区域のことである。

3．用途地域による制限において、工業専用地域においては、戸建て住宅・共同住宅を建築することはできない。

4．開発許可を受けた開発区域内の土地においては、開発行為に関する工事完了の公告があるまでの間は、原則として、開発区域内の建築制限はない。

【問題46】

建築基準法の規制に関する次の記述のうち、最も適切なものどれか。

1．都市計画区域内においては、原則として、建築物の敷地は建築基準法に規定する幅員２ｍ以上の道路に接していなければならないという接道義務がある。

2．建築物の敷地が２つ以上の異なる容積率の地域にまたがる場合は、より厳しい基準の地域の容積率をその敷地全体に適用することとされている。

3．指定建蔽率80％で防火地域内、耐火建築物という条件に該当する場合、建蔽率が＋10％となる緩和措置がある。

4．敷地の前面道路の幅員が12ｍ未満の場合、住居系の用途地域の場合、「前面道路の幅員×４/10」で算出した容積率と指定容積率のいずれか少ない数値が適用されるという制限がある。

【問題47】

不動産の取得時と保有中の税金に関する次の記述のうち、最も不適切なものはどれか。

1．固定資産税では、50㎡以上280㎡以下で居住用部分が床面積の２分の１以上など一定の要件に該当する新築住宅は、一定期間、固定資産税額が２分の１となる減税が受けられる。

2．不動産取得税の税率は原則４％だが、一定の要件を満たす住宅および住宅用地については３％となる。

3．登録免許税は各種登記に対して課税されるが、表示に関する登記の税率は原則として0.4％で一定要件に該当する住宅を取得する場合は特例もある。

4．都市計画税は、原則として市街化区域内の土地家屋の所有者に課税される。

【問題48】

　居住用財産を譲渡した場合の3,000万円の特別控除の特例と長期譲渡所得の課税の特例に関する次の記述のうち、最も適切なものはどれか。

1．居住用財産を譲渡した場合の3,000万円の特別控除の特例は、譲渡した年の1月1日時点で所有期間が5年以下の場合、適用を受けることができない。

2．3,000万円の特別控除の適用を受けようとする居住用財産が夫婦共有名義の場合、それぞれの持ち分について、特別控除の適用を受けることができる。

3．居住用財産の軽減税率の特例は、譲渡する居住用財産の所有期間が譲渡した年の1月1日時点で5年を超えた場合に譲渡所得金額6,000万円までの部分について、低い税率が適用される。

4．一定の要件を満たす居住用財産を譲渡した場合、3,000万円特別控除と軽減税率の特例は併用できず、どちらかを選択しなければならない。

【問題49】

　土地活用の手法について述べた次の記述のうち、最も不適切なものはどれか。

1．自己建設方式とは、土地・建物とも自己所有で計画・建設・管理運営まで自分の指示で行う方法で、すべての事業利益を享受できる。

2．事業受託方式では、開発業者が一括借上をすることが多いため、空室リスクは軽減できるが、事業利益をすべて享受することはできない。

3．等価交換方式とは、土地所有者が土地を出資し、デベロッパーが建築資金を出資して建物を建築し、出資割合に応じて完成した建物と土地を交換する方式で、建築資金等の準備が不要である。

4．土地信託方式とは、信託銀行等に土地を信託し、信託銀行が資金調達や建築・管理まで行う方式で、土地、建物は土地所有者の名義のまま、利益を享受できる。

【問題50】

　毎期（年）末に800万円の純収益が得られる投資用不動産がある。この不動産を5年保有し、5年経過後に1億2,000万円で売却するとした場合、DCF法によるこの不動産の収益価格を求める算式として、最も適切なものはどれか。なお、割引率を年3％とし、下表の複利現価率を参考にすること。

〈年3％の複利現価率〉

期間（年）	1年	2年	3年	4年	5年
複利現価率	0.971	0.943	0.915	0.888	0.863

1．800万円×5 ＋ 1億2,000万円×0.863 ＝ 1億4,356万円
2．800万円×（0.971 ＋ 0.943 ＋ 0.915 ＋ 0.888 ＋ 0.863）＋ 1億2,000万円×0.863
　 ＝ 1億4,020万円
3．800万円×（0.971 ＋ 0.943 ＋ 0.915 ＋ 0.888 ＋ 0.863）＋ 1億2,000万円
　 ＝ 1億5,664万円
4．800万円×5 ＋ 1億2,000万円 ＝ 1億6,000万円

【問題51】

　贈与等に関する次の記述のうち、最も適切なものはどれか。
1．贈与をする場合、法定の書式に従って、公正証書により作成した場合に限りその効力が生じる。
2．負担付贈与を行った場合、受贈者がその負担に応じた債務を履行しない場合でも贈与者は贈与契約を解除することができない。
3．死因贈与とは、贈与者の死亡により効力が発生する贈与で、受贈財産は贈与税の課税対象である。
4．書面で贈与契約をした場合は、仮に履行していない部分であっても解除することはできない。

【問題52】

　贈与税に関する次の記述のうち、最も不適切なものはどれか。

1．親が子の借金を肩代わりするなど、債務を第三者に弁済してもらった場合は、その金額はみなし贈与財産として贈与税の課税対象となる。

2．法人からの贈与で取得した財産は贈与税の非課税財産である。

3．贈与税の配偶者控除を利用して贈与を行った場合、贈与税の基礎控除額である110万円は併用して使うことはできない。

4．贈与税は金銭により一括納付することが原則であるが、税額が10万円を超えており、金銭での一括納付が困難な事情があり、原則として担保を提供するなど一定の条件を満たせば、5年以内の延納が認められている。

【問題53】

　相続時精算課税制度に関して述べた次の記述のうち、最も不適切なものはどれか。

1．相続時精算課税制度の適用を受けて贈与された宅地を、相続の際に相続税の課税価格に加える際の評価額は、原則として贈与された時の価額である。

2．相続時精算課税制度の適用を受ける場合、贈与税の申告書と一緒に相続時精算課税制度選択届出書を、最初の贈与を受けた年の翌年2月1日から3月15日までの間に提出する必要がある。

3．相続時精算課税制度の適用を受けた2024年以後の贈与では、毎年110万円の基礎控除後の累積贈与額が2,500万円を超えた場合、その超えた額に贈与税の超過累進税率が適用される。

4．相続時精算課税制度を適用して贈与された財産を相続時に精算した結果、納付すべき相続税額がある場合、この制度を利用することですでに支払った贈与税額があれば、贈与時からの経過年数にかかわらず相続税額から控除することができる。

【問題54】

　相続に関する法律について述べた次の記述のうち、最も不適切なものはどれか。

１．非嫡出子は父親との間に法律上の親子関係が認められるには認知が必要となる。

２．廃除とは、推定相続人が故意に被相続人や他の相続人を殺害したり、殺害しようとしたり、詐欺や強迫によって遺言を書かせたりした場合などに法律上当然に相続権を失うことをいう。

３．限定承認、相続放棄の選択は相続の開始があったことを知った日から３か月以内に、家庭裁判所に申述しなければならない。

４．相続放棄をした場合、初めから相続人でなかったものとみなされ、代襲相続は発生しない。

【問題55】

　遺産分割と遺言に関する次の記述のうち、最も適切なものはどれか。

１．代償分割によって取得した代償財産は、被相続人から相続により取得した財産ではなく贈与によって取得したものとされ、贈与税の対象となる。

２．遺産分割は、すべての遺産の分割が確定していない場合、一部だけの協議分割でも有効である。

３．自筆証書遺言は、その全文、日付、氏名を自書し、捺印したものを封印する必要がある。

４．公正証書遺言は、相続開始後、公証人が立ち合いのもと、家庭裁判所で検認を受ける必要がある。

【問題56】

　相続税の計算に関する次の記述のうち、最も適切なものはどれか。

1．法定相続人3人のうち1人が相続を放棄した場合、退職手当金等に対する相続税の非課税限度額は、10,000千円である。

2．相続を放棄した者が死亡保険金を受け取った場合でも、放棄がなかったとして死亡保険金の非課税金額の規定は適用される。

3．葬儀費用は相続税の課税価格から控除することができるが、香典返戻費用や墓地購入費等は、相続税の課税価格から控除することができる葬式費用には含まれない。

4．契約者（＝保険料負担者）および死亡保険金受取人が夫、被保険者が妻である終身保険の死亡保険金を夫が受け取った場合、当該死亡保険金はみなし相続財産として相続税の課税対象となる。

【問題57】

　相続税の納税等に関する次の記述のうち、最も不適切なものはどれか。

1．相続税額を超える価額の財産を物納した場合、超過分は国から還付される。

2．小規模宅地等の評価減などを活用した土地を物納した場合、評価減後の価額が収納価額となる。

3．相続時精算課税制度の適用を受けた土地を物納に充てることはできない。

4．物納した後でも、一定の財産については、許可後3年以内に限り、物納を撤回し、金銭一括納付か延納に切り換えることが可能である。

【問題58】

相続税における財産評価に関する次の記述のうち、最も適切なものはどれか。

1．一筆の宅地上に自宅と貸家がある場合には、敷地面積の広いほうを基準とした評価方法でその全体の土地を評価する。

2．貸家の評価額は、「自用家屋評価額×（1－借家権割合×賃貸割合）」により評価する。

3．生命保険契約に関する権利の価額は、課税時期における既払込保険料総額で評価する。

4．個人向け国債の価額は「課税時期の最終価額＋経過利子の額（源泉徴収税額控除後）」で評価する。

【問題59】

小規模宅地等の評価減について述べた次の記述のうち、最も不適切なものはどれか。

1．小規模宅地等の評価減の適用を受けるためには、申告期限までに分割が完了しなかった場合、いったんこの特例を適用しなかったものとして相続税を納め、申告期限3年以内に分割が完了すれば、更正の請求によって還付を受けることができる。

2．不動産貸付業の対象となっている宅地等は貸付事業用宅地として評価減の適用を受けることができるが、2018年4月1日以降に相続した貸付事業用宅地については、相続開始前3年以内に新たに賃貸を始めた場合は、原則として評価減の適用を受けることはできない。

3．被相続人が所有する完全分離型二世帯住宅(1階に被相続人、2階に長男がそれぞれ居住しており、区分登記ではない)の敷地を長男が相続し、居住と保有を申告期限まで継続したとしても小規模宅地の評価減の適用を受けることはできない。

4．小規模宅地等の評価減を選択する土地のすべてが、特定事業用宅地等と特定居住用宅地等である場合は、それぞれの適用対象面積まで適用することが可能である。

【問題60】

　取引相場のない株式の相続税評価に関する次の記述のうち、最も適切なものはどれか。

1．株式保有特定会社に該当する評価会社の株式を同族株主が取得した場合、当該株式の価額は、原則として、配当還元方式で評価する。

2．土地保有特定会社とは、純資産に占める土地保有割合が一定以上の会社であるが、その土地保有割合は大会社の場合50％である。

3．類似業種比準方式の評価要素である配当金額・年利益額・純資産価額の3要素の比準割合は1：3：1である。

4．配当還元方式では、直前期末以前2年間の配当実績の平均値をもとに評価額の計算を行うが、配当が無配であった場合には2円50銭の配当があったものとして計算される。

解答一覧

問1	問2	問3	問4	問5	問6	問7	問8	問9	問10
2	3	3	1	4	4	1	3	1	4
問11	問12	問13	問14	問15	問16	問17	問18	問19	問20
2	3	3	1	4	3	4	2	2	1
問21	問22	問23	問24	問25	問26	問27	問28	問29	問30
2	4	4	4	3	2	4	3	2	2
問31	問32	問33	問34	問35	問36	問37	問38	問39	問40
2	3	4	4	3	1	3	4	2	3
問41	問42	問43	問44	問45	問46	問47	問48	問49	問50
1	2	1	4	3	4	3	2	4	2
問51	問52	問53	問54	問55	問56	問57	問58	問59	問60
4	3	3	2	2	3	4	2	3	4

解答・解説

問題1

解答 **2**

1. ○　ファイナンシャル・プランナーは生命保険募集人の登録を受けていない場合、生命保険の募集行為をすることはできないが、生命保険のプランニングを組み入れたライフプランの相談を行うことはできる。

2. ×　投資顧問業を営むためには法律に基づいた登録が必要である。また、金融商品取引業の登録を受けていない場合、顧客が投資する株式の個別銘柄に関する投資情報を提供することはできない。

3. ○　一般的な税法や単に仮定の事例に基づいた内容を解説することは税理士の専属業務とされる税務相談にはあたらないとされる。

4. ○　弁護士資格がない場合、個別具体的な法律相談は受けることはできないが、一般的な内容を解説することは可能である。

問題2

解答 **3**

1. ○　社会人をスタートする時期には資金計画の基本を身に付けることが大切であり、目標に向けて、計画的に資金を積み立てることを習慣づけることも重要である。

2. ○　40歳代は収入も多くなるが、支出もかさむ時期でもある。ただし、目の前の資金への対応だけでなく、老後資金準備も本格化させることが重要となる。

3. ×　一般的に定年退職後は以前より収入が少なくなり、それまでに形成してきた資産を取り崩しながら生活することになるため、退職前と比べてリスク許容度は低くなる。そのため資産のほとんどを高リスクの資産に配分することは避け、リスク許容度にあった配分にしていくことが望ましい。

4. ○　一般的に、収入が年金だけになり、判断能力にも不安を感じる時期になれば、リスクの高い投資の商品は避けて、安全性の高い商品で運用を行いながら、介護や相続などの準備を考えていくことも必要となる。

問題3

解答 **3**

1. ×　全国健康保険協会管掌健康保険では都道府県単位の支部ごとに保険料率が異なる。

2．×　傷病手当金は傷病の療養のために働くことができず、給与が受けられないときに支給されるもので、給与が支給され、その額が傷病手当金の額より多い場合は支給されない。ただし、給与の額が傷病手当金の額より少ない場合は、その差額が支給される。

3．○　健康保険の保険料は在職中は労使折半であるが、退職後、任意継続被保険者となった場合は全額自己負担となる。

4．×　後期高齢者医療制度では健康保険における被扶養者という考え方はなく、被扶養配偶者が75歳以上であれば後期高齢者医療制度の被保険者、75歳未満であれば国民健康保険制度の被保険者となり保険料の負担をする。

問題4
解答　1

1．○　基本手当は被保険者期間などの一定の条件を満たした人で、働く意思と能力があって、就職活動を積極的に行っても職に就くことができない場合に支給される。

2．×　特定受給資格者等を除く一般の離職者の場合、所定給付日数は最長で150日である。

3．×　令和6年度に60歳となった場合、60歳到達時の賃金月額と比べて60歳以降の賃金が75％未満になった場合に支給され、61％以下となった場合は各月の賃金の15％相当額となる。

4．×　育児休業給付を受給できる人は休業開始前２年間に通算して12か月の被保険者期間がある者である。

問題5
解答　4

1．×　学生の納付特例により保険料の納付猶予を受けた期間は年金の受給資格期間には反映されるが、年金額には反映されない。

2．×　老齢年金の受給資格期間が足りない65歳以上70歳未満の人（特例任意加入）を除いて、国民年金に任意加入できる期間は、60歳以降65歳未満である。

3．×　国民年金の保険料は、最長２年分を前払いすることができる。前払いした場合は保険料の割引が受けられる。

4．○　保険料を免除された期間の免除保険料を追納できる期間は過去10年分である。承認された期間のうち、原則古い期間からの納付となり、３年度目以降に追納する場合は、加算額が上乗せされる。

問題6
解答　4
1．×　老齢年金等の受給資格期間は2017年8月に25年から10年に短縮されたが、遺族年金の受給資格期間は25年が必要である。
2．×　子のない30歳未満の妻が遺族厚生年金を受給する場合、その受給期間は5年間である。
3．×　夫および父母・祖父母が遺族厚生年金を受給する場合、被保険者が死亡時55歳以上であることが必要で、支給されるのは60歳からである。
4．○　中高齢寡婦加算が受給できる妻の年齢要件は、夫死亡時40歳以上65歳未満が原則であるが、夫死亡時に40歳未満でも、その妻が40歳の時点で遺族基礎年金の遺族に該当する子と生計同一であれば、受給の要件にあてはまる。

問題7
解答　1
　厚生年金の被保険者である夫が死亡した場合、その妻には遺族厚生年金が支給される。また18歳に到達する年度末の末日までにある子がいる場合は、遺族基礎年金も支給される。遺族基礎年金の金額は子供の人数によって子の加算が異なり、妻と子ども1人の場合は816,000円＋子の加算234,800円である。子どもが18歳到達年度の末日を過ぎると遺族基礎年金は停止となり、代わりに中高齢寡婦加算が妻に支給される。

問題8
解答　3
1．×　企業型確定拠出年金のマッチング拠出の加入者掛金は全額が所得税の小規模企業共済等掛金控除の対象となる。
2．×　通算加入者等期間が10年未満の場合は、その加入者等期間に応じて61歳～65歳で受給可能である。例えば、通算加入者等期間が9年の場合は61歳から請求可能であり、一律65歳とはならない。
3．○　設問のとおり。個人型確定拠出年金の拠出限度額は、国民年金の被保険者種別や企業年金の有無によって異なるが、第3号被保険者は年間276,000円である。
4．×　マッチング拠出で加入者が拠出できる掛金の額は、事業主掛金の額の範囲内で、事業主掛金と加入者掛金の額を合計して法定の拠出限度額以内である。

問題9
解答　1
1．×　住宅ローンの借換えをする場合、新たにローンを借りることになるため、抵当権を設定する必要があり、その費用が発生する。
2．○　変動金利型のローンは一般的に半年ごとに金利の見直しがあり、5年ごとに返済額の見直しがあるため、今後金利が上昇した場合には返済負担が増えるリスクがある。
3．○　期間短縮型と返済額軽減型では、同じ額を同じ時期に繰上げ返済した場合、期間短縮型の方が利息軽減効果が大きくなる。
4．○　返済開始から早い時期はローン残高が大きいため、利息の額が多く、金融機関へ支払う返済額のうち利息の額が多いため、早い時期に繰上げ返済をした方が利息軽減効果が大きくなる。

問題10
解答　4
　キャッシュフロー計算書は、会社のキャッシュ（現金等）の動きを表している。営業活動によるキャッシュフローは1年間の本業から生じたキャッシュの増減を表しており、通常、健全な会社ではプラスとなる。投資活動によるキャッシュフローは将来の利益を獲得するために行った設備投資や資産の売却などによるお金の増減を表す。財務活動によるキャッシュフローは金融機関からの借入や返済などによる資金の出入りが反映され、どれだけ資金を調達し返済したかがわかる。

問題11
解答　2
1．○　保険法により、告知義務は、質問応答義務と定められている。
2．×　告知義務違反による保険会社の解除権は、1か月間権利を行使しなかった場合、または契約の締結時から5年を超えて有効に継続した場合に消滅する。
3．○　責任開始日（期）は、一般的に①契約の申込、②告知（または医師による診査）、③第1回目の保険料の支払の3つが揃った日のことをいうため、必ずしも契約書上の申込日と一致しない。
4．○　その他、保険期間が1年以内の契約や、法人契約もクーリング・オフできない。

問題12

解答　3

1．×　収入保障保険は死亡または高度障害状態となった場合、一定期間、保険金が毎月あるいは年1回などの年金形式で支払われる保険だが、一時金で受け取る選択も可能である。ただし、年金形式で受け取った方が受け取り総額は多くなる。

2．×　養老保険は、一定期間内に死亡または高度障害状態となった場合に死亡保険金が支払われるが、満期まで生存していた場合は満期保険金が支払われる貯蓄性がある保険で、同条件の定期保険と比べると保険料は高くなる。

3．○　逓減定期保険は期間の経過とともに一定の割合で死亡保険金が逓減していく保険で、一般的に保険金は逓減しても保険料は一定である。

4．×　一般的に、保険料有期払い込みの定期保険特約付終身保険の定期保険特約は、払込終了時までを限度として定期保険特約を更新できる。

問題13

解答　3

1．○　変額個人年金保険の死亡給付額は特別勘定の運用実績によって変動し、運用実績が良い場合は増額する。なお、一般的に運用実績が悪くても支払った一時払い保険料相当額は最低保証される。

2．○　保証期間中は被保険者の生死にかかわらず年金が支払われるが、保証期間経過後は被保険者が生存している限り一生涯年金が支払われる。

3．×　有期年金はあらかじめ決められた年金受取期間内のみ年金が支払われ、被保険者が死亡した時点で年金の支払いは終了する。

4．○　なお、雑所得の金額は、その年中に支払いを受けた年金額から、その金額に対応する払込保険料の額を差し引いた金額となる。

問題14

解答　1

1．○　成人病入院特約は、がん、心疾患、脳血管疾患、高血圧性疾患、糖尿病などで入院の場合、疾病入院給付金に上乗せして支払われる。

2．×　更新型の医療保険を更新する場合は、通常、告知・審査は必要なく更新できる。

3．×　不慮の事故で180日以内に死亡あるいは高度障害になった場合も支払いの対象である。

４．× 　特定疾病保障保険は、一度がん・心筋梗塞・脳卒中と診断され保険金を
　　　　受け取るとその後保険契約は終了し、再度受け取ることはできない。

問題15
解答　**4**

１．○ 　全期前納で払い込んだ保険料は保険会社が預かり、払込期日の到来ごと
　　　　に保険料に充当するため、生命保険料控除も毎年適用となる。

２．○ 　設問のとおり。なお、受取人が相続人以外の場合は非課税枠は適用され
　　　　ない。

３．○ 　設問のとおり。なお、年金形式で受け取る死亡保険金のうち、相続税の
　　　　課税対象となった部分については所得税の課税対象とはならない。

４．× 　リビング・ニーズ特約による生前給付金を被保険者本人が受け取った場
　　　　合、非課税となる。

問16
解答　**3**

１．× 　逓増定期保険は、保険期間満了時に満期保険金の支払いはないが、途中
　　　　で解約する場合、まとまった額の解約返戻金が発生することがあるため、
　　　　生存退職慰労金の財源として活用することもできる。

２．× 　総合福祉団体定期保険は、契約者が法人、被保険者は役員・従業員、保
　　　　険金受取人を役員・従業員の遺族として従業員の福利厚生のために加入
　　　　するものだが、１年更新の定期保険のため、満期保険金はなく定年時の
　　　　退職金等の準備としては活用できない。

３．○ 　設問のとおり。なお、被保険者に見舞金として支給した場合は、社会通
　　　　念上妥当な金額であれば福利厚生費として損金算入できる。

４．× 　契約者（＝保険料負担者）および満期保険金受取人を法人、被保険者を従
　　　　業員、死亡保険金受取人を従業員の遺族とする養老保険は、従業員が普
　　　　遍的に加入することにより、支払う保険料の２分の１を損金算入するこ
　　　　とができる。ハーフタックスプランといわれる。

問題17
解答　**4**

１．× 　地震保険は、単独では契約できず、火災保険の契約に付帯する必要があ
　　　　るが、火災保険の保険期間の中途でも付帯は可能である。

２．× 　住宅総合保険では、火災・落雷・爆発・破裂・風災・雪災による損害の

他、水災や盗難、外部からの落下物についても補償の対象となる。

3．× 地震保険で対象となるのは居住用の建物とそこに含まれる家財のみである。

4．○ 設問のとおり。家財の補償額は、世帯主の年齢や家族構成などを基準に標準保険金額を定め「家財一式いくら」という契約になる。

問題18
解答　**2**

1．× 対人賠償保険では、配偶者や本人・親・子に対する賠償責任は対象とならない。

2．○ 車両保険は、自分が所有する自動車が偶然な事故により損害を被った場合に補償される保険であるが、盗難なども含まれる。

3．× 対物賠償保険は、無免許運転や酒酔い運転などの場合でも保険金が支払われる。

4．× 人身傷害補償保険は、自分自身の過失割合に関係なく損害額が補償される。

問題19
解答　**2**

1．× 契約者＝保険料負担者である契約で満期返戻金を契約者が受け取った場合、一時所得として所得税の課税対象となる。

2．○ 契約者＝被保険者の契約で、その契約者の死亡により相続人が受け取る死亡保険金は一定の非課税金額を除き、相続税の課税対象となる。

3．× 火災保険契約から支払われる損害保険金は損害額を補填する実損払いが原則のため非課税である。

4．× 車両保険から受け取った保険金は、実損払いが原則のため非課税である。

問題20
解答　**1**

1．○ 自動車保険の車両保険には、当て逃げなどのほか、台風や洪水などの自然災害なども契約に含まれる。

2．× 旅行傷害保険は、旅行の目的で家を出発してから帰宅するまでのケガなどを補償する保険で、早産など妊娠・出産に関するトラブルで病院にかかった場合の費用は対象外である。

3．× 傷害保険では、ケガの原因が病気によるものや、細菌性食中毒、けんかによるケガ、日焼けや靴擦れ、自殺、地震・噴火・津波が原因のケガな

どは対象外となる。

4．× 一般に個人賠償責任保険では、故意によるものや預かり物、借り物に対する賠償、地震・噴火・津波を原因とする賠償責任は対象外である。

問題21
解答 **2**

1．× 輸入小麦や原油価格の価格変動は、消費者物価指数よりも企業物価指数に先に影響を与える傾向がある。
2．○ 日本のGDPにおいて、支出側からみた最も大きな割合を占める項目は民間最終消費支出で50 ～ 60 ％を占めている。
3．× 東証株価指数は、遅行系列ではなく、景気に先行して動く先行系列に分類されている。
4．× 完全失業率は、労働人口に占める完全失業者の割合であり、遅行指数のひとつである。

問題22
解答 **4**

1．× 大口定期預金は1,000万円以上１円単位で利用でき、金利は固定金利の単利型のみで、適用利率は相対交渉によって決まる。
2．× 貯蓄預金は一定の基準残高以上であれば普通預金を上回る金利が適用となり、いつでも引き出しができるが公共料金等の引き落としには利用できない。
3．× 決済性預金は無利息・要求払い・決済サービスを提供という条件を満たした預金で、金融機関破綻時に全額が保護対象となり、個人向けのみでなく法人向けもある。
4．○ ゆうちょ銀行の定期貯金は固定金利で預け入れ３年未満は単利で３年以上は半年複利である。

問題23
解答 **4**

既発債を購入し、償還期限まで保有した場合の利回りを最終利回りといい、以下のように計算する。

$$最終利回り（\%）= \frac{表面利率 + \dfrac{額面（100円）- 購入価格}{残存期間}}{購入価格} \times 100$$

$$= \dfrac{0.5 \quad + \quad \dfrac{100-98}{5}}{98} \times 100 \fallingdotseq 0.92$$

問題24

解答　**4**

1．○　PBRは企業の純資産価値に着目した指標で、同業他社の数値などとの比較でPBRが低いと株価が割安と判断される。

2．○　PERは株価が1株あたりの純利益の何倍になっているかみる尺度で、「株価÷1株あたり純利益」で求められる。そのため当期純利益が一定で、株価が上昇すると値が高くなる。

3．○　配当性向とは、利益のうちどのくらいを配当に振り向けたかをみる尺度。「（1株あたり配当金÷1株あたり純利益）×100」で求められるため、当期純利益が一定で配当支払い額が増えると配当性向が高くなる。

4．×　ROEは自己資本を使ってどのくらいの利益を上げたかを見る尺度。「（当期純利益÷自己資本）×100」で求められるため、当期純利益が一定で、自己資本が増えると値は低くなる。

問題25

解答　**3**

1．○　信託報酬は、投資信託の管理・運営に対する費用として運用期間中に徴収されるコストで、日々信託財産から差し引かれる。日々の基準価額は信託報酬が差し引かれた後の価額となっている。

2．○　組み入れ資産のほとんどが債券で運用されていたとしても、約款上、株式を組み入れることができる投資信託は株式投資信託に分類される。

3．×　説明はボトムアップ・アプローチの内容。トップダウン・アプローチは、経済など投資を取り巻く環境の分析から、国・地域別、業種別の組み入れ比率を決め、その比率の中で組み入れ銘柄を選んで投資する手法。

4．○　バリュー投資では、PERやPBRが同業他社と比べて低い銘柄や、配当利回りが高い銘柄などを選別して投資している。

問題26

解答　**2**

1．○　外貨建てMMFを国内の証券会社に預託した場合、投資者保護基金の補償対象である。

2．× 　為替レートが円高に変動すると、ドルでの価値が下がることになり、円
換算の投資利回りの下落要因となる。

3．○ 　外貨建てMMFの為替差益を含む譲渡益は上場株式と同様、20％の申告
分離課税扱いとなる。

4．○ 　設問のとおり。なお、外国投資信託とは、国籍と根拠法が外国であると
いうことであり、投資対象が外国証券であるということではない。

問題27
解答　**4**

1．○ 　買う権利をコール・オプション、売る権利をプット・オプションという。

2．○ 　オプションの買い手は権利を放棄できるため、支払ったオプション・プ
レミアム以上の損失を負うことはない。

3．○ 　設問のとおり。オプションの売り手は、損失が無限大になる可能性があ
る。

4．× 　コール・オプションの場合、オプションの売り手の利益はプレミアムに
限定される。

問題28
解答　**3**

1．× 　配当控除が適用できるのは総合課税で確定申告をした場合のみである。

2．× 　特定口座で源泉徴収ありの場合、「年間取引報告書」を証券会社が作成し、
源泉徴収される。この場合、確定申告は不要。

3．○ 　株式数比例配分方式とは、証券会社の取引口座で受取る方法である。

4．× 　一般口座・特定口座のどちらで保有している株式もNISA口座へ移換す
ることはできない。

問題29
解答　**2**

1．○ 　ポートフォリオとは、資産の分散・組み合わせのことで、リスクの低減
と運用の効率化を図ることができる。

2．× 　標準偏差が±1の範囲内に収益率が納まる確率は約68％で、±2の範囲
に納まる確率が約95％である。

3．○ 　相関係数は－1から1までの数値で表され、0の場合は無相関で、値動
きにまったく連動性はない。－1の場合、負の完全相関でまったく逆の
方向へ値動きをする。

4．○　シャープレシオはリスクを負った投資で、どれだけ効率よくリターンを
　　　　得られたかを測る指標である。

問題30
解答　**2**

1．×　国内の商品先物取引は、商品先物取引法の対象となるため、金融サービ
　　　　ス提供法の対象外である。
2．○　設問のとおり。なお、顧客保護の観点から、顧客は金融商品販売業者の
　　　　説明義務違反だけを立証すればよい。
3．×　消費者契約法と金融サービス提供法の双方の規定に抵触する場合、どち
　　　　らが優先ということはなく、双方を併用して適用できる。
4．×　消費者契約法では、事業者が消費者に対して、重要な事項を「誤認」また
　　　　は「困惑」させて契約した場合、損害賠償請求ではなく、契約を取り消す
　　　　ことができる。

問題31
解答　**2**

1．×　固定資産税は地方税、贈与税は国税である。
2．○　所得税の計算において、収入を計上する時期は収入が確定した日に計上
　　　　する必要がある。例として、役務の請負が完了した日や、商品の販売の
　　　　場合は商品を引き渡した日となる。
3．×　納税する者が納める税額を自ら計算して申告する方式は申告納税方式。
　　　　個人住民税や不動産取得税は国や地方公共団体が納める税額を決定し、
　　　　書面などで納税者に通知する賦課課税方式をとっている。
4．×　国内に住所があるか、現在までに引き続き１年以上居所がある者で非永
　　　　住者に該当しない場合は、国内に発生した所得に限らず、国外源泉所得
　　　　に対しても課税される。

問題32
解答　**3**

1．×　個人事業主が事業で使用する車両を売却した場合は事業所得ではなく譲
　　　　渡所得となる。
2．×　事業的規模であっても、マンションの賃貸から得られる家賃収入は不動
　　　　産所得となる。
3．○　一時所得の金額の計算は設問のとおり。なお、他の所得と合算する際に

は一時所得の金額の2分の1の金額を合算する。

4．× 必要経費となるのは、届け出をした金額のうち、実際に支給された額である。

問題33
解答　4

1．× 青色申告の承認を受けていない場合でも、事業所得から生じた損失の金額は他の所得と損益通算できる。

2．× 借入金と自己資金で土地と建物を同時に取得していた場合、借入金はまず建物の取得に充てたとされる。

3．× 土地の取得に要した負債利子に相当する金額は全額損益通算することはできない。

4．○ 設問のとおり。なお、雑損失の繰越控除は青色・白色申告問わず一定の要件を満たせば繰り越すことができる。

問題34
解答　4

1．× その年中に実際に支払った金額が対象となるため、年末時点で未払いの金額は対象とならない。

2．× 納税者が、生計を一にする配偶者の負担すべき国民年金保険料を支払った場合、その金額はその納税者の社会保険料控除の対象とすることができる。

3．× 納税者と生計を一にし、合計所得金額が48万円以下の配偶者がいる場合、納税者本人の合計所得金額によって配偶者控除が受けられる。納税者本人の合計所得金額により控除額は異なるが、1,000万円超の場合、適用は受けられない。

4．○ 事業専従者として給与の支払いを受けている者や、事業専従者控除の適用を受けている者は、配偶者控除、配偶者特別控除、扶養控除の対象とはならない。

問題35
解答　3

1．○ 金融機関からの借り入れで償還期間が10年以上であることが条件のため、繰上げ返済により借入当初からの返済期間が10年より短くなった場合、適用が受けられない。

2．○　自己所有家屋にかかわる増改築で一定の条件を満たすと住宅借入金等特別控除の対象となる。

3．×　取得日から6か月以内に入居し、控除を受ける年の12月31日まで引き続き居住していることが必要である。

4．○　家屋にかかわる借入金のみでなく、家屋とともに取得する敷地のための借入金等も対象となる。

問題36
解答　1

1．○　帳簿書類の保存期間は、原則として7年間である。

2．×　承認を受けようとする年の12月31日までに、承認または却下の通知がない場合、承認があったものとみなされる。

3．×　55万円の青色申告特別控除は、事業所得と不動産所得がある場合、まず不動産所得の金額から控除し、引ききれない金額があった場合、その差額を事業所得から控除できる。

4．×　青色申告者の少額減価償却資産の特例は、取得価額30万円未満の減価償却資産を取得した場合が対象である。

問題37
解答　3

1．○　租税公課のうち、法人事業税、固定資産税、都市計画税、印紙税、自動車税などは損金算入することができる。

2．○　設問のとおり。なお、年800万円超の部分は損金不算入となる。また、この特例に代えて、飲食のために支出する費用の50％を損金の額に算入することを選択することも可能である（資本金100億円超の法人は除く）。

3．×　役員に対する給与のうち、定期同額給与、事前確定届出給与、利益連動給与のいずれにも該当しないものが損金不算入となる。

4．○　国、地方公共団体に対する寄付金や財務大臣が指定した寄付金などの指定寄付金等は全額損金算入となるが、特定公益増進法人に対する寄付金で損金算入となるのは一定額までである。

問題38
解答　4

1．×　譲渡した価額との差額は、役員側では、その差額は役員への給与となる。

2．×　通常の利子との差額が役員への給与となる。

３．× 適正な時価と譲渡価額の差額は役員の給与となる。

４．○ 譲渡対価が時価よりも高ければ、法人はその資産を時価で取得したものとなる。

問題39
解答　2

１．× 宅地の譲渡も非課税取引とされる。

２．○ 第一種事業～第六種事業の６つに区分された90％～40％の仕入れ率が適用される。

３．× 原則として、最低２年間は継続しなければならない。

４．× 基準期間における課税売上高が1,000万円以下の事業者が免税事業者となる。なお、2023年10月に開始されたインボイス制度で、インボイス発行事業者となった場合は、課税売上高が1,000万円以下となった場合でも免税事業者とはならない。

問題40
解答　3

１．× 問題文は損益計算書の説明である。貸借対照表は決算日時点における会社の財務状態を示す財務諸表である。

２．× 問題文は株主資本等変動計算書の説明である。キャッシュフロー計算書とは、一会計期間における企業の資金の増減を示したものである。

３．○ 申告書提出の際には、貸借対照表や損益計算書、株主資本等変動計算書、勘定科目内訳明細書などの書類を添付する必要がある。

４．× 問題文は、貸借対照表の説明である。法人税申告書別表四は、決算書の当期純利益または純損失に法人税法に規定する加算・減算を行って、法人税法上の所得や欠損金額を算出する明細書である。

問題41
解答　1

１．× 公示価格の価格判定の基準日は毎年１月１日である。

２．○ 固定資産税や不動産取得税などの課税標準であり、公示価格の７割程度となる。

３．○ 年の中央で公示価格を補完する役割がある。

４．○ 設問のとおり。相続税・贈与税の課税標準であり、公示価格の８割程度となる。

問題42

解答　**2**

1．×　問題文は、収益還元法の説明である。原価法は、対象不動産の再調達原価を求め、この再調達原価について減価修正を行って対象不動産の積算価格を求める手法である。

2．○　もう一つの方法に、１年間の純収益を還元利回りで割り戻して収益価格を求める直接還元法がある。

3．×　賃貸にした場合、どの程度の賃料を取れるのかを想定することにより、自用の不動産にも適用できる。

4．×　原則として、３つの方法を併用して総合的に評価を行うこととされる。

問題43

解答　**1**

1．○　買主が種類または品質に関する契約不適合を知ったときから１年以内に売主に通知すればよいとされている。

2．×　引き渡しまでの間に建物が滅失した場合、買主がその建物の代金の支払いを拒むことができる。

3．×　契約の相手方が契約の履行に着手する前であれば、買主は手付金を放棄して、売主は手付金の倍額を現実に買主に提供することで契約を解除することができる。

4．×　売主である宅地建物取引業者は不動産の引き渡しから２年以上は契約不適合責任を負う。なお、新築住宅に限って10年の瑕疵担保責任を負うものとされている。

問題44

解答　**4**

1．×　一般定期借地権の契約方法は書面あるいは電磁的記録によることとされるが、公正証書である必要はない。

2．×　期間の定めがない借家権の場合、賃貸人は６か月以上前までに正当事由に基づく申し出を行うことで解約できる。

3．×　更地返還型の事業用借地権の存続期間は10年以上30年未満である。

4．○　普通借家権の存続期間は１年以上であるが、１年より短い場合は、期間の定めのない契約とみなされる。

問題45

解答　3

1．×　市街化区域内で開発を行う場合、原則1,000㎡以上の規模の開発には許可が必要である。

2．×　問題文は市街化区域の説明。市街化調整区域とは、市街化を抑制するべき区域のことである。

3．○　工業専用地域は、工業のための専用地域で、住宅を建築することはできない。

4．×　原則として、開発行為の工事完了の公告があるまでは、建築物などの建築をすることはできない。

問題46

解答　4

1．×　建築基準法の接道義務は、原則として、建築物の敷地は、幅4ｍ以上の道路に2ｍ以上接していなければならない。

2．×　2つ以上の用途地域にまたがり、異なる容積率の地域にまたがっている場合は、面積按分によって容積率を計算する。

3．×　指定建蔽率80％で、防火地域内、耐火建築物という条件に該当する場合は、制限なし(100％)となる。

4．○　設問のとおり。なお、住居系以外の用途地域の場合は、「前面道路の幅員×6/10」で算出した容積率と指定容積率のいずれか少ない数値が適用となる。

問題47

解答　3

1．○　床面積のうち、120㎡までの部分が減額される。

2．○　その他の特例として、宅地の課税標準額を固定資産税評価額の2分の1としたり、住宅の取得については、課税標準額から1,200万円もしくは1,300万円を控除するといった特例措置もある。

3．×　登録免許税は表示に関する登記は非課税である。

4．○　都市計画事業や土地区画整理事業の費用に充てるための市町村税である。

問題48

解答　2

1．×　居住用財産の3,000万円の特別控除は、一定の要件を満たした場合、所

有期間の長短にかかわらず、適用することができる。

2．○　共有名義の場合、それぞれの持ち分について3,000万円の特別控除の適用を受けることができる。

3．×　譲渡した年の1月1日時点で10年を超える居住用財産を譲渡した場合に軽減税率の特例の適用が受けられる。

4．×　3,000万円の特別控除と居住用財産の軽減税率の特例は、重複して適用を受けることができる。

問題49

解答　**4**

1．○　借入金が必要で手間もかかり、事業に対するリスクも土地所有者が負うことになる。

2．○　デベロッパーのノウハウを活用することができるが、事業者の選定が重要となる。

3．○　土地はデベロッパーとの共有となる。

4．×　土地・建物の所有権は形式上は信託銀行へ移転し、信託期間が終了後に戻る。

問題50

解答　**2**

収益価格＝各期の純収益の現在価値の合計＋将来見込める売却価格の現在価値
設問では、毎期の純収益が一定のため解答2の式で求められる。

DCF法では、不動産から得られる各年度の純収益と、その不動産を将来売却する時に見込める価格を、期間に応じて現在価値に割り戻し、これらの合計を不動産の収益価格として投資価値の判断をする。

問題51

解答　**4**

1．×　贈与契約は当事者の合意によって成立するため、必ずしも書面ではなくてもよい。また、書面で契約する場合も公正証書による必要はない。

2．×　受贈者が負担に相当する債務を履行しない場合、贈与者はその贈与契約を解除することができる。

3．×　死因贈与で贈与された受贈財産は、相続税の課税対象である。

4．○　書面によらない契約の場合、履行していない部分は解除が可能であるが、書面による贈与契約を行った場合、履行していない部分を解除すること

ができない。

問題52
解答　3
1．○　債務者が無償で債務を免除された場合などはその金額はみなし贈与財産となる。
2．○　一時所得・給与所得として所得税の課税対象となる。
3．×　贈与税の配偶者控除の特例では、基礎控除110万円とは別に、さらに2,000万円までが非課税となる。
4．○　設問のとおり。なお、延納する場合申告期限までに延納申請書を提出し、税務署長の許可を得ることが必要である。

問題53
解答　3
1．○　相続時の評価額ではなく、原則として贈与時の価額で計算される。
2．○　贈与税がかからない場合でも贈与税の申告書と相続時精算課税制度選択届出書の提出が必要である。
3．×　累積贈与額が2,500万円を超えた場合、その超えた額には一律20％の税率で贈与税が課税される。なお、2024年以後、相続時精算課税制度に年110万円の基礎控除が創設され、年110万円の基礎控除後の累積控除額が、2,500万円を超える額に贈与税が課税される。
4．○　2,500万円の特別控除額を超えて贈与され、贈与税を支払った場合、相続時に精算した結果支払う相続税額からその贈与税額を控除できる。

問題54
解答　2
1．○　設問のとおり。なお、正式な婚姻関係のない男女の間に生まれた子を非嫡出子という。
2．×　問題文は欠格の説明である。
3．○　設問のとおり。なお、限定承認とは、プラスの財産の範囲内で債務を弁済し、残った債務については責任を負わない方法。相続放棄とはプラスの財産もマイナスの財産も一切引き継がない方法である。
4．○　代襲相続とは、相続人となるべき者が相続開始時に既に死亡しているなどの際に、その相続権がその者の子などに移転することである。

問題55

解答　**2**

1．×　被相続人から相続により取得した財産ではないが、相続税の課税対象となる。

2．○　必ずすべての遺産の分割が必要というわけではない。

3．×　全文、日付、氏名の自書と捺印は必要であるが、封印の必要はない。また、2019年1月13日以降に自筆証書遺言を作成する場合は、例外的に財産目録は自書しなくてもよくなったが、各頁に署名押印が必要となる。

4．×　公正証書遺言では、検認の必要はない。

問題56

解答　**3**

1．×　相続税の計算上、退職手当金等に対する相続税の非課税限度額の計算で使われる法定相続人数には、相続放棄した人がいても、放棄がなかったものとして計算する。そのため、5,000千円×3人＝15,000千円となる。

2．×　相続放棄した者が死亡保険金を受け取った場合は、死亡保険金の非課税金額の規定は適用されない。

3．○　控除できる葬儀費用に含まれるものは、通夜、告別式、火葬埋葬の費用などである。

4．×　契約者である夫が保険料を負担して、夫が死亡保険金を受け取っているため、一時所得として所得税・住民税の課税対象となる。

問題57

解答　**4**

1．○　超過物納部分については国から金銭により還付される。なお、それは譲渡所得の課税対象となる。

2．○　物納した財産を国が引き取る価額のことを収納価額という。収納価額は原則として相続税評価額となる。

3．○　相続時精算課税制度の適用を受けた受贈財産を物納することはできない。

4．×　貸宅地などの一定の財産については許可後1年以内に限り、物納を撤回できる。

問題58

解答　**2**

1．×　一筆の宅地上に自宅と貸家がある場合は、評価単位は2つに分かれる。

2．○　設問のとおり。なお、借家権割合は全国的に30%とされている。

3．×　課税時期における解約返戻金相当額で評価する。

4．×　課税時期において、中途換金した場合に支払いを受けることができる価額で評価する。

問題59
解答　3

1．○　小規模宅地等の評価減の特例を受けるためには、相続税の申告期限までに分割が完了している必要があるが、申告期限3年以内であれば、再計算して還付を受けることが可能。

2．○　設問のとおり。相続直前に賃貸物件にして、相続税の圧縮を行うことが難しくなっている。

3．×　完全分離型(行き来ができない二世帯住宅)であっても区分登記されていなければ同居親族に該当し、小規模宅地等の評価減の適用を受けられる。

4．○　それぞれの適用対象面積まで併用が認められ、最大730㎡まで対象となる。

問題60
解答　4

1．×　株式保有特定会社や土地保有特定会社に該当する評価会社の株式を同族株主が取得した場合は、原則として純資産価額方式で評価する。

2．×　大会社の場合は、純資産に占める土地保有割合が70%以上の場合、土地保有特定会社となる。

3．×　配当金額・年利益額・純資産価額の3要素の比準割合は1：1：1である。

4．○　無配当であったり、2円50銭未満であった場合は、2円50銭の配当があったものとして計算される。

索引

索引

●著者紹介

株式会社 マネースマート

　多様化する現代、人の人生、価値観も様々である中、大切な「お金」の考え方。マ
ネースマートには「MONEY "お金"」に「SMART "賢く"」を大切にしながらご相談やセミ
ナー・執筆などを通して「マネーの専門家」として総合的な"生涯のパートナー"としてお
手伝いしていきたいという想いが込められております。「安心して幸せで豊かな生活を
送れる社会の実現」を目指し人生の伴走者として応援します。

●企画編集

成美堂出版編集部

本書に関する正誤等の最新情報は、下記のURLをご覧ください。

https://www.seibidoshuppan.co.jp/support/

上記アドレスに掲載されていない箇所で、正誤についてお気づきの場合は、
書名・発行日・質問事項（ページ・問題番号など）・氏名・郵便番号・住所・FAX 番号を明記の上、
郵送または **FAX** で、**成美堂出版**までお問い合わせください。
※ 電話でのお問い合わせはお受けできません。
※ 本書の正誤に関するご質問以外はお受けできません。また受検指導などは行っておりません。
※ ご質問の到着確認後 10 日前後に、回答を普通郵便または FAX で発送いたします。
※ ご質問の受付期間は、2025 年 5 月までの各試験日の 10 日前到着分までとさせていただきます。ご了承ください。

FP技能士2級・AFP　最速合格ブック　'24→'25年版

2024年6月20日発行

著　者　株式会社マネースマート

発行者　深見公子

発行所　成美堂出版
　　　　〒162-8445　東京都新宿区新小川町1-7
　　　　電話(03)5206-8151　FAX(03)5206-8159

印　刷　広研印刷株式会社

別冊

'24→'25年版

FP技能士2級 2級・AFP
技能士 最速合格ブック

実技試験
徹底攻略！

矢印の方向に引くと
取り外せます。

成美堂出版

実技試験徹底攻略！　目次

[金　　　　]：金財の実技試験の出題形式にそろえています。

[F　　　　]：FP協会の実技試験の出題形式にそろえています。

個　　　人…個人資産相談業務、資産設計…資産設計提案業務
中小事業主…中小事業主資産相談業務
生保顧客…生保顧客資産相談業務　損保顧客…損保顧客資産相談業務

本書は、原則として、2024年4月1日時点で施行されている法令等に基づいて
原稿執筆・編集を行っています。

実技試験ってどんな試験？！

ちなみに、金財の
FP技能検定1級の
実技試験は、口頭試
問になりますよ。

今回は2級なので、
筆記試験ですね。
ということは、
3級と同じような
試験なのですか。

〈金財〉

〈FP協会〉

【第1問】 次の設例に基づいて、下記の各問（《問1》～《問3》）に答
《設 例》
　Aさん（43歳）は、大学卒業後に14年勤めた会社を2017年3月末日に退
事業主として独立した。現在、事業は軌道に乗り、収入は安定している。
　Aさんは、最近、公的年金制度について理解したうえで、老後の収入を
ができる各種制度を利用したいと考えている。
　そこで、Aさんは、ファイナンシャル・プランナーのMさんに相談す
〈Aさんとその家族に関する資料〉
）Aさん（43歳、個人事業主）
　　　　1980年7月18日生まれ

《問1》下記の〈問1〉、〈問2〉について解答しなさい。

問1
　ファイナンシャル・プランナー（以下「FP」という）は、ファイナンシャル・プランニング業務を
行ううえで関連業務を順守することが重要である。FPの行為に関する次の（ア）～（エ）の記述に
ついて、適切なものには○、不適切なものには×を解答欄に記入しなさい。

（ア）弁護士または司法書士の登録を受けていないFPが、顧客から依頼を受け取り、相続財産である
　　不動産の登記申請を代行した。
（イ）税理士の登録を受けていないFPが、参加費無料の相続セミナーを開催し、一般的な相続税の計
　　算方法の説明と設定の事例に基づく相続税の計算手順について解説した。
（ウ）社会保険労務士の登録を受けていないFPが、参加費無料の年金セミナーを開催し、一般的な社
　　会保険制度に関する説明と年金相談に応じた。
　金融サービス仲介業または生命保険募集人、保険仲立人の登録を受けていないFPが、保険
　として生命保険商品の説明を行い、具体的な保険設計書を用いて顧客に保険に加

そうです。3級と同じように
事例形式の問題も出題されます。
実際に過去の問題を見るとわかり
やすいかもしれませんね。こうい
う形式の問題が出ています。

3級の実技試験と、
形式は似ている
感じですね。

なるほど～。設例が
あったり、具体的な資
料や帳票を使った問題
が出題されていますね。

学科試験でFP技能士2級として基本的な知識をもっているかどうかが問われ、さらに実技試験でその知識が応用できるかどうかが問われるわけです。

ところで、金財とFP協会では問題が違うようですが……。

FP検定試験の実施機関に、金財とFP協会があるのは知っていますね。学科試験の問題はどちらも同じですが、実技試験は違います。

金財の試験科目には、この4つがあり、ここから1科目選択します。FP協会の試験科目は1科目のみです。

＜金財＞	＜FP協会＞
・個人資産相談業務	・資産設計提案業務
・中小事業主資産相談業務	
・生保顧客資産相談業務	
・損保顧客資産相談業務	

どの科目を選んだらいいのか、迷ってしまいますね。

金財は4科目あるので、自分が携わっている仕事、または自分がしたいと思っている仕事に関連する科目を選択するといいでしょう。

自分の得意分野を選択できるんですね。

ただし、試験は年3回実施されますが、試験日によって実施されない科目もあるので、事前に確認しておきましょう。

FP協会の実技科目は1科目なのですね。

そうです。

FP協会は科目が1つなので問われる内容の範囲は広くなりますが、比較的、基本的なパターンの問題が多いようです。資格を取る目的を考えて科目を選ぶといいでしょう。

どのように対策をすればいいですか？

そうですね、問題の難易度は基本的に学科試験と同じなので、実技試験形式の問題にチャレンジして、慣れておくとよいでしょう。

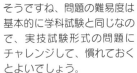

問題形式に慣れるためにもさっそく実技試験の勉強をしよう！

5

さあ、模擬問題に挑戦!!

「実技試験徹底攻略!」では、**選りすぐりの実技試験模擬問題を10題、全30問**用意しました。さまざまな分野から、バランスよく出題していますので、すべての問題を解いてみてください。最初は解けない問題もあると思いますが、気にせず繰り返し挑戦してください。何がわからなかったのか、なぜ間違えたのか、そ

出題カテゴリーを掲載

該当する模擬問題の実施機関と出題カテゴリーがひと目でわかります。
※金＝金財、F＝FP協会

実践に基づいた問題

計算問題や穴埋め問題、○×問題など、実際の試験問題の出題パターンに合わせています。

問題

実技試験　2級模擬問題

| 問題 | 個　人 | | 学習日 |

4 金融商品の選び方

【第4問】設例を読んで、下記の問1〜問3について答えなさい。

会社員のAさん(38歳)は2024年5月に一括で購入したX投資信託を50万口保有している。他の運用方法も含め資産運用について検討したいと考え、ファイナンシャル・プランナーのMさんに相談した。

X投資信託に関する資料は、以下のとおり。

〈X投資信託〉
種類：追加型株式投資信託　アクティブ運用(バリュー型)
ベンチマーク：TOPIX
投資対象：国内／株式
信託期間：無期限
購入時手数料：なし
信託報酬：1.2%(税込)
信託財産留保額：換金時　0.2%
Aさんが購入した時の基準価額　　9,000円
現時点で換金した場合の基準価額　11,000円
Aさんがこれまでに受け取った収益分配金は1万口当たり1,000円(内500円は元本払戻金(特別分配金)である)
＊基準価額は1万口当たりのものである。
特定口座の源泉徴収選択口座で管理

〈X投資信託の今後1年間のシナリオの生起確率と予想収益率〉

シナリオ	生起確率	予想収益率
好況	40%	+10%
現状維持	30%	+5%
不況	30%	−8%

※ 上記以外の条件は考慮せず、各問に従うこと。

20

問1 □□□
X投資信託についてMさんが説明した次の記述1〜3について、適切なものには○印を、不適切なものには×印を記入しなさい。

1. X投資信託は、TOPIXに連動するように割安な銘柄に投資しているため、国内の景気がよくなりTOPIXが上昇すると基準価額も上昇することになるでしょう。
2. Aさんが2024年中にX投資信託から受け取る収益分配金のうち、普通分配金は配当所得として、20.315%(所得税15.315%・住民税5%)が源泉徴収されます。
3. 信託報酬は投資信託の管理・運営のためにかかる費用であり、X投資信託の場合、年1回、決算時の純資産総額に対して1.2%が差し引かれます。

問2 □□□
X投資信託の今後1年間のシナリオの生起確率と予想収益率に基づき、X投資信託の今後1年間の期待収益率を求めなさい。設例の資料に基づいて計算し、%表示の小数点以下第2位まで表示すること。

問3 □□□
Aさんが2024年中に、X投資信託を基準価額11,000円で50万口すべてを解約した場合に徴収される所得税および住民税の額を求めなさい。Aさんにはこれ以外に株式等の譲渡はなく、また、設例に挙げられているもの以外の費用等については考慮しないものとする。

21

出題形式に慣れる!

「設例を読んで問題を解く」という実際の実技試験に出題形式をそろえました。この形式にしっかり慣れておきましょう。

解いた問題に☑!

チェックボックスは、3つ用意しています。最低でも3回は問題を解いてみましょう。

こに気付くことが大切なのです。

「実技試験徹底攻略！」は、下図のような構成になっています。これで、実力アップは間違いなし！　1問3題を約18分で解くのが目安です。

それではさっそく、Let's Challenge!!

わかりやすい解説

それぞれの問題について、解答のポイントとなる点を丁寧に解説しました。理解できるまで、しっかり読んでください。

解答・解説

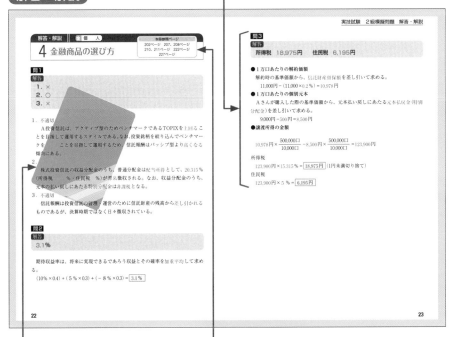

特大赤シート対応

本冊と同じように、特大赤シート対応になっています。解答や重要箇所をかくしながら勉強が進められます。

便利な参照ページ

問題を解いてみて、間違えたり、わからなかったりしたときは、参照ページをみて、すぐに本冊に戻ってください。疑問に思ったことは、早めに解決しておきましょう。

1 公的年金

【第1問】設例を読んで、下記の問1〜問3について答えなさい。

　Aさん（55歳）は民間会社のX社に勤めており、妻Bさんと子Cさんおよびものとする

Dさんの4人家族である。Aさんは、定年が近づいてきたこと、また、子C

さんが間もなく20歳になることから、ファイナンシャル・プランナーのZさ

んに年金について相談をした。

〈家族構成〉　　　　　　　　　　　　　　　　　　※年齢は2024年7月1日現在

氏　名	続　柄	生年月日	年　齢	備　考
A	本人	1969年1月23日	55歳	会社員
B	妻	1970年4月10日	54歳	パートタイマー
C	長男	2005年5月16日	19歳	大学1年生
D	長女	2007年6月17日	17歳	高校2年生

* 全員、公的年金制度における障害等級に該当する障害の状態でないものとする

問1 □□□

　Aさんが在職中55歳で死亡した場合、Aさんの死亡時点において妻Bさんに支給される公的年金の遺族給付の額として正しいものはどれか。なお、遺族給付の受給要件はすべて満たしているものとし、Aさんの死亡による遺族給付の額は〈資料〉に基づくものとする。

〈資料〉

遺族基礎年金		816,000円
遺族基礎年金の子の加算額 （1人あたり）	第1子、第2子	234,800円
	第3子以降	78,300円
遺族厚生年金		790,000円
遺族厚生年金の中高齢寡婦加算額		612,000円

1．1,840,800円

2．2,075,600円

3．2,452,800円

問2 ▢▢▢

　Aさんの妻Bさんの公的年金加入歴が次のとおりであるものとすると、妻Bさんに65歳から支給される老齢基礎年金の年金額(2024年度額)の計算として、正しいものはどれか。なお、年金額の計算過程においては円未満を四捨五入し、年金額については円単位とする。

〈妻Bさんの公的年金加入歴(※この先の見込みを含む)〉

19歳(1989年4月)	退職 22歳(1992年4月)	結婚 25歳(1995年4月)	60歳(2030年4月)
厚生年金保険 (36月)	国民年金全額免除期間 (36月)	国民年金納付済期間※ (420月)	

　　　　　　　　　　　　　　　※　夫の退職後は、第1号被保険者として保険料を
　　　　　　　　　　　　　　　　　納付する予定

1. $816,000 \times \dfrac{420月 + 36月 \times \frac{1}{3}}{480月} = 734,400円$

2. $816,000 \times \dfrac{444月 + 36月 \times \frac{1}{3}}{480月} = 775,200円$

3. $816,000 \times \dfrac{456月 + 36月 \times \frac{1}{3}}{480月} = 795,600円$

問3 ▢▢▢

　子Cさんは、20歳以後大学卒業までの間については、国民年金保険料の学生納付特例制度を利用しようと考えている。学生納付特例制度に関する次の説明のうち、最も適切なものはどれか。

1. 学生納付特例の適用を受けた期間の保険料は、5年を超えると追納することができない。
2. 学生納付特例の適用を受けた期間は、その期間の保険料の追納をしない場合、保険料納付済期間の2分の1が老齢基礎年金の年金額に反映される。
3. 学生納付特例制度は、同居する家族の所得にかかわらず、学生本人の所得が一定額以下であれば認められる。

1 公的年金

本冊参照ページ
68、69ページ
72、73ページ
86 〜 89ページ

問1

解答

1

●遺族基礎年金

　Aさんには妻Bさんと2人の子がいるが、子Cさんは18歳到達年度の末日を経過しているため、遺族基礎年金・遺族厚生年金の受給対象とならない。よって、受給権者となるのは妻Bさんと子Dさんである。ただし、妻と子が受給権者となったときは、妻に全額支給され、子は支給停止となる。妻に支給する遺族基礎年金の額は、基本額に子の人数に応じて加算額を加算した額となる。

【子のある妻が受給する遺族基礎年金額】

子の数	基本額	加算額	合計額
1人	816,000円	234,800円	1,050,800円
2人	816,000円	469,600円	1,285,600円
3人	816,000円	547,900円	1,363,900円

【子が受給する遺族基礎年金額】

子の数	基本額	加算額	合計額	1人あたりの額
1人	816,000円	—	816,000円	816,000円
2人	816,000円	234,800円	1,050,800円	525,400円
3人	816,000円	313,100円	1,129,100円	376,367円

●遺族厚生年金

　妻と子が受給権者となったときは、妻に全額支給され、子は支給停止となる。なお、妻Bさんに対する遺族厚生年金には中高齢寡婦加算額が加算されるが、中高齢寡婦加算は子Dさんが18歳到達年度の末日を経過し、遺族基礎年金が打切りになるまでは支給されない。

●妻Bさんの遺族年金

　遺族基礎年金(基本額816,000円＋子の加算額234,800円)＋遺族厚生年金790,000円

$$= \boxed{1,840,800円}$$

問2

解答

2

【老齢基礎年金の年金額に反映される保険料納付済期間】

①第1号被保険者として保険料を全額納めた期間(任意加入で納めた期間を含む)
　および産前産後の免除期間

②第2号被保険者期間のうち20歳以上60歳未満の期間

③第3号被保険者期間

　妻Bさんの老齢基礎年金の年金額に反映される保険料納付済期間は、20歳から22歳になるまでの前記②の24月、25歳から60歳になるまでの前記③および前記①の420月、合計444月である。なお、2009年(平成21年)3月以前の全額免除の反映割合は、3分の1である。

問3

解答

3

1．不適切

　国民年金保険料の免除や猶予を受けた期間は、過去10年以内であれば追納できる。

2．不適切

　学生納付特例期間は、老齢年金の受給資格期間には算入されるが、追納をしない場合は老齢基礎年金の年金額にはいっさい反映されない。なお、納付猶予制度も同様の扱いである。

3．適　切

　学生納付特例制度は本人(申請者)の所得のみで判定する。

【保険料免除にかかる所得審査対象者】

免除の種類	申請免除	納付猶予	学生納付特例
対象者	本人、配偶者 世帯主	本人、配偶者	本　人

2 キャッシュフロー表とライフプラン

【第2問】下記の問1～問3について解答しなさい。

〈鈴木家のデータ〉

氏　名	続　柄	生年月日	備　考
鈴木　一郎	本人	1985年　4月5日	会社員
鈴木　圭子	妻	1988年 5月10日	専業主婦
鈴木　春奈	長女	2019年　5月3日	
鈴木　大翔	長男	2022年　6月1日	

〈キャッシュフロー表〉

(単位：万円)

経過年数			基準年	1年	2年	3年	4年	5年
西暦(年)			2023	2024	2025	2026	2027	2028
家族の年齢	鈴木　一郎(本人)		38	39	40	41	42	43
	圭子(妻)		35	36	37	38	39	40
	春奈(長女)		4	5	6	7	8	9
	大翔(長男)		1	2	3	4	5	6
ライフイベント				車の買換え		長女 小学校入学		住宅購入
収入	給与収入(本人)	1%	(ア)					
	給与収入(妻)	－				80	80	80
	収入合計	－	380	384	388	472	475	479
	基本生活費	2%	216			(イ)		
	住宅関連費	－	84	84	84	84	84	584
	教育費	－	30	30	30	65	65	65
	保険料	－	36	36	36	36	36	36
	一時的支出	－		200				
	支出合計	－	366	570	375			
年間収支		－	14	−186				
金融資産残高		1%	525					

※ 2023年を基準年とし、年齢は各年12月31日現在のものとする。

※ 記載されている数値は正しいものとする。問題作成の都合上一部を空欄としている。

※ 計算にあたっては端数を残し、表中に記入の際は万円未満四捨五入したものを使用する。

問1 □□□

　キャッシュフロー表の空欄(ア)は一郎さんの可処分所得である。下表のデータに基づいて空欄(ア)にあてはまる数値を計算しなさい。なお、一郎さんの収入は給与収入のみである。

〈2023年の一郎さんの給与収入と給与から控除された年間合計額〉

給与収入（額面）	480万円				
厚生年金保険料	44万円	所得税	9万円	生命保険料	30万円
健康保険料	25万円	住民税	17万円	財形貯蓄	24万円
雇用保険料	5万円	社内預金	12万円		

問2 □□□

　キャッシュフロー表の空欄(イ)にあてはまる数値を計算しなさい。計算にあたってはキャッシュフロー表中に記載の整数を使用し、計算結果は万円未満を四捨五入とする。

問3 □□□

　妻の圭子さんは長女が小学校に入学したらパートで働きたいと考えている。パート収入と健康保険の関係についてFPが説明した次の記述のうち、最も不適切なものはどれか。

1．健康保険の被扶養者とされるのは、被保険者の収入により生計を維持されており、年収が130万円未満で、かつ被保険者の年収の3分の1未満である場合です。

2．健康保険の適用事業所でパートとして働く場合、1週間の所定労働時間および1か月の所定労働日数が一般社員の4分の3以上にあたるときは被保険者とされます。

3．従業員101人（令和6年10月以降は51人）以上の民間企業でパートとして働く場合、2か月超の雇用見込みで、週の所定労働時間が20時間以上、月額賃金が8.8万円以上、学生等ではないという要件を満たすと被保険者とされます。

2 キャッシュフロー表とライフプラン

問1

解答

380万円

可処分所得の計算式は以下のとおり。

> 年収－税金(所得税・住民税)－社会保険料(厚生年金保険・健康保険・雇用保険)

よって、本問の場合、以下のとおりとなる。

480万円－(9 万円－17万円)－(44万円－25万円－ 5 万円)＝ $\boxed{\textbf{380万円}}$

問2

解答

229万円

2026年の生活費は、基準年である2023年から 3 年経過しているため、その経過年数分の変動率を加味して計算する必要がある。

将来価値の計算式は以下のとおり。

> 将来価値＝現在の金額×(1 ＋変動率)^{経過年数}

よって、本問の場合は、基準年の生活費216万円を現在の金額として、変動率 2 ％で計算すると以下のとおりとなる。

216万円 × (1 ＋ 0.02)^3 ≒ 229.2209 ⇒ 四捨五入して **229万円**

あるいは、以下のようにも計算できる。

216万円 × 1.02 × 1.02 × 1.02 ≒ 229.2209 ⇒ 四捨五入して **229万円**

問3

解答

1

1. 健康保険の被扶養者とされる人は以下のとおり。
   ・国内居住の一定の親族で、主に被保険者の収入により生計を維持されている人
   ・年収は130万円未満、かつ被保険者の年収の2分の1未満であること
   なお、60歳以上の者や障害者の場合は180万円未満となる。
2. 健康保険の適用事業者に雇用されるパートタイマーなどは、一般社員と比べて1週間の所定労働時間および1か月の所定労働日数が4分の3以上となる場合、被保険者とされる。
3. 上記2の4分の3基準を満たさない場合でも、従業員が一定人数以上の民間企業や国・地方公共団体(職員数にかかわらず)の場合、以下の要件をすべて満たすと被保険者とされる。
   ① 2か月超の雇用見込み
   ② 週の所定労働時間が20時間以上
   ③ 月額賃金8.8万円以上
   ④ 学生等ではない

3 損害保険

【第3問】下記の問1〜問3について解答しなさい。

問1 □□□

　森島和也さんが契約している火災保険および地震保険（下記〈資料〉参照）に関する次の記述について、適切なものには○、不適切なものには×を記入しなさい。なお、超過保険や一部保険には該当しないものとし、〈資料〉に記載のない特約については付帯がないものとする。また、保険契約は有効に継続しているものとする。

〈資料〉

<table>
<tr><td colspan="5" style="text-align:center">火災保険証券</td></tr>
<tr><td colspan="3">保険契約者</td><td colspan="2">記名被保険者</td></tr>
<tr><td colspan="3">住所　○市○町○─○
氏名　森島　和也様</td><td colspan="2">保険契約者に同じ</td></tr>
<tr><td colspan="3">証券番号　　第○○─○○○○</td><td colspan="2"></td></tr>
<tr><td colspan="3">火災保険期間</td><td colspan="2">2021年2月10日午後4時から
2026年2月10日午後4時まで
5年</td></tr>
</table>

火災保険期間	2021年2月10日午後4時から 2026年2月10日午後4時まで 5年		火災保険料　　○○○○円 地震保険料　　○○○○円 保険料払込方法　　一時払い	
地震保険期間	5年			

保険の対象等	
保険の対象	火災保険：建物、家財 地震保険：建物、家財
所在地	保険契約者住所に同じ
構造級別	H構造（非耐火）
面積	86.30m²
建物建築年月	2021年2月

建物・家財等に関する補償

事故の種類	補償の有無	建物保険金額	補償の有無	家財保険金額
① 火災、落雷、破裂・爆発	○	1,500万円 （免責金額 0円）	○	750万円 （免責金額 0円）
② 風災、ひょう災、雪災 ※損害額が20万円以上となった場合にお支払いの対象となります。	○	1,500万円 （免責金額 0円）	○	750万円 （免責金額 0円）
③ 盗難	○	1,500万円 （免責金額 0円）	○	750万円 （免責金額 0円）
④ 水災	○	1,500万円 （免責金額 0円）	○	750万円 （免責金額 0円）
⑤ 破損、汚損等	○	1,500万円 （免責金額 1万円）	○	750万円 （免責金額 1万円）
⑥ 地震、噴火、津波（地震 保険）	○	750万円	○	375万円

その他の補償・付帯している特約		
個人賠償責任特約	○	日常生活での賠償事故の補償 保険金額：1億円（免責金額 0円）

※「補償の有無」について、○は有、×は無を示すものとする。

１．竜巻が原因で建物と家財が全損となった場合、合計で2,250万円の損害保険金が支払われる。

２．住宅内に保管していた時価27万円の指輪が盗難にあった場合、補償の対象とならない。

３．台風による洪水が原因で建物と家財が全損となった場合、補償の対象にならない。

４．和也さんが休日に自転車で走行中、誤って他人にケガを負わせた場合の法律上の損害賠償責任について、補償の対象となる。

問2 □□□

柴田さんが保険契約者（記名被保険者）である自動車損害賠償責任保険（以下「自賠責保険」という）と任意の自動車保険に関する次の記述について、適切なものには○、不適切なものには×を記入しなさい。なお、自動車保険に特約は付帯していないものとする。

１．柴田さんが自己の所有する自動車を運転中に誤って中央分離帯に衝突し、同乗していた家族にケガを負わせた場合、自賠責保険の保険金の支払い対象となる。

２．地震により柴田さんの自宅の駐車場の屋根が落下して駐車していた柴田さんの自動車が損傷した場合、車両保険の保険金の支払い対象となる。

３．柴田さんが自動車を駐車する際に、その自動車の後ろで誘導していた妻に誤って接触してケガを負わせてしまった。その場合、対人賠償保険の保険金の支払い対象となる。

問3 □□□

傷害保険に関する次の記述について、保険金の支払いの対象になるものには○、支払いの対象とならないものには×を記入しなさい。

１．普通傷害保険に加入している太田さんが通勤途中の事故によってケガをして入院した。

２．高橋さんは国内旅行傷害保険に加入して旅行をしている最中に屋台での飲食で細菌性食中毒により入院することになった。

３．中山さんは海外旅行傷害保険に加入して海外旅行をしている最中に現地で地震があり、その地震によるケガで入院することになった。

４．家族傷害保険に加入している松本さんの息子（10歳）が屋外で遊んでいる最中に熱中症となり、入院することになった。

3 損害保険

問1

解答

1. ○
2. ×
3. ×
4. ○

1．適　切

台風・竜巻等による強風が原因の場合は、②風災の補償対象である。全損であるため建物1,500万円+家財750万円の合計2,250万円が支払われる。

2．不適切

③盗難の補償対象である。なお火災保険では、1つまたは1組の価額が30万円を超える宝石・貴金属等は明記物件として登録しておかなければ補償の対象とはならないが、設問は、時価27万円の指輪のため明記物件でなくても補償対象になる。

3．不適切

④水災の補償対象となる。

4．適　切

火災保険のその他の特約等に個人賠償責任特約が付帯されているため、他人にケガを負わせたり他人の物を壊してしまったりした場合などの損害賠償責任についても補償される。

問2

解答

1. ○
2. ×
3. ×

1．適　切

　　自賠責保険でいう他人とは「運行供用者以外の人」なので、本人は対象外だが同乗していた家族も含めて補償される。

2．不適切

　　地震により自動車が損害を負った場合、特約がない車両保険では保険金の支払対象とはならない。地震の損害を補償する特約などを付帯してカバーする必要がある。

3．不適切

　　被害者が運転者本人や被保険者の父母、配偶者、子の場合には、対人賠償は補償対象外となる。

問3

解答

1．○
2．○
3．○
4．×

1．対象となる

　　普通傷害保険は業務中、業務外を問わず日常生活における傷害を保障する。

2．対象となる

　　普通傷害保険では細菌性食中毒は補償の対象外であるが、国内旅行傷害保険では細菌性中毒も対象となる。

3．対象となる

　　海外旅行傷害保険では、地震・津波・噴火による傷害も対象である。

4．対象とならない

　　家族傷害保険の補償対象は普通傷害保険と同じである。普通傷害保険は急激かつ偶然な外来の事故を補償対象としており、熱中症はその対象とならない。

4 金融商品の選び方

【第4問】設例を読んで、下記の問1～問3について答えなさい。

　　会社員のAさん(38歳)は2024年5月に一括で購入したX投資信託を50万口保有している。他の運用方法も含め資産運用について検討したいと考え、ファイナンシャル・プランナーのMさんに相談した。

　　X投資信託に関する資料は、以下のとおり。

〈X投資信託〉

　　種類：追加型株式投資信託　　アクティブ運用(バリュー型)

　　ベンチマーク：TOPIX

　　投資対象：国内／株式

　　信託期間：無期限

　　購入時手数料：なし

　　信託報酬：1.2%（税込）

　　信託財産留保額：換金時　0.2%

　　Aさんが購入した時の基準価額　　　　9,000円

　　現時点で換金した場合の基準価額　　11,000円

　　Aさんがこれまでに受け取った収益分配金は1万口当たり1,000円(内500円は元本払戻金(特別分配金)である)

　　＊基準価額は1万口当たりのものである。

　　特定口座の源泉徴収選択口座で管理

〈X投資信託の今後1年間のシナリオの生起確率と予想収益率〉

シナリオ	生起確率	予想収益率
好況	40%	+10%
現状維持	30%	+5%
不況	30%	−8%

※ 上記以外の条件は考慮せず、各問に従うこと。

問1 □□□

　X投資信託についてMさんが説明した次の記述1〜3について、適切なものには○印を、不適切なものには×印を記入しなさい。

1．X投資信託は、TOPIXに連動するように割安な銘柄に投資しているため、国内の景気がよくなりTOPIXが上昇すると基準価額も上昇することになるでしょう。
2．Aさんが2024年中にX投資信託から受け取る収益分配金のうち、普通分配金は配当所得として、20.315％（所得税15.315％・住民税5％）が源泉徴収されます。
3．信託報酬は投資信託の管理・運営のためにかかる費用であり、X投資信託の場合、年1回、決算時の純資産総額に対して1.2％が差し引かれます。

問2 □□□

　X投資信託の今後1年間のシナリオの生起確率と予想収益率に基づき、X投資信託の今後1年間の期待収益率を求めなさい。設例の資料に基づいて計算し、％表示の小数点以下第2位まで表示すること。

問3 □□□

　Aさんが2024年中に、X投資信託を基準価額11,000円で50万口すべてを解約した場合に徴収される所得税および住民税の額を求めなさい。Aさんにはこれ以外に株式等の譲渡はなく、また、設例に挙げられているもの以外の費用等については考慮しないものとする。

4 金融商品の選び方

問1

解答

1. ×
2. ○
3. ×

1．不適切

　　X投資信託は、アクティブ型のためベンチマークであるTOPIXを上回ることをめざして運用するスタイルである。なお、投資銘柄を絞り込んでベンチマークを上回ることをめざして運用するため、信託報酬はパッシブ型より高くなる傾向にある。

2．適　切

　　株式投資信託の収益分配金のうち、普通分配金は配当所得として、20.315%（所得税15.315%・住民税5%）が源泉徴収される。なお、収益分配金のうち、元本の払い戻しにあたる元本払戻金（特別分配金）は非課税となる。

3．不適切

　　信託報酬は投資信託の管理・運営のために信託財産の残高から差し引かれるものであるが、決算時期ではなく日々徴収されている。

問2

解答

3.1%

　　期待収益率は、将来に実現できるであろう収益とその確率を加重平均して求める。

　　$(10\% \times 0.4) + (5\% \times 0.3) + (-8\% \times 0.3) = \boxed{3.1\%}$

問3

解答

所得税　18,975円　　住民税　6,195円

● 1万口あたりの解約価額

解約時の基準価額から、信託財産留保額を差し引いて求める。

$11,000円 - (11,000 \times 0.2\%) = 10,978円$

● 1万口あたりの個別元本

Aさんが購入した際の基準価額から、元本払い戻しにあたる元本払戻金（特別分配金）を差し引いて求める。

$9,000円 - 500円 = 8,500円$

● 譲渡所得の金額

$$10,978円 \times \frac{500,000口}{10,000口} - 8,500円 \times \frac{500,000口}{10,000口} = 123,900円$$

所得税

$123,900円 \times 15.315\% = \boxed{18,975円}$（1円未満切り捨て）

住民税

$123,900円 \times 5\% = \boxed{6,195円}$

5 不動産の売買に関する税制等

【第5問】設例を読んで、下記の問１～問３について答えなさい。

> 2024年中にAさん（50歳）は、2021年10月に父から相続した空き家を解体してBさんに譲渡し、その資金で新築分譲マンションを購入した。Aさんの譲渡資産と購入資産の概要は、下記のとおりである。

〈Aさんの譲渡資産・購入資産の概要〉

	譲渡資産	購入資産
取得時期	1980年10月（父の取得時期）	2024年10月
取得価格	不　明	40,000千円
譲渡価格	60,000千円	――
その他	・相続から譲渡契約締結日（2024年8月）まで空き家で貸付けその他の用に供していない ・家屋は2024年8月に解体	・敷地権持分　35.38㎡ ・専有面積　73.67㎡ ・長期優良住宅の認定を受けた建物

問1 □□□

Aさんが被相続人の居住用財産に係る譲渡所得の特別控除（以下、「本特例」という）を受けようとする場合、次の記述のうち適切なものには○印を、間違っているものには×印をつけなさい。

1. 譲渡所得の確定申告書に、実家が所在する地域を管轄する法務局から交付を受けた「被相続人居住用家屋等確認書」を添付する必要がある。
2. 譲渡資産を父から相続で取得した時点で、この住宅に母が居住していた場合、譲渡契約締結日に空き家になっていたとしても、本特例の適用を受けることができない。
3. 仮にこの空き家を解体せず、現状のまま土地建物として譲渡した場合は、本特例の適用を受けることができない。

問2 ☑☑☑

　Aさんが購入した分譲マンションに関して、次の記述のうち適切なものには○印を、間違っているものには×印をつけなさい。

1．区分所有法によると、形状または効用の著しい変更を伴わない共用部分の変更を行うためには、区分所有者および議決権の各4分の3以上の多数による集会の決議が必要である。
2．区分所有建物のうち、構造上の独立性と利用上の独立性を備えた部分は、区分所有権の目的となる専有部分の対象となり、規約により共用部分とすることはできない。
3．区分所有建物ならびにその敷地および附属施設の管理を行うための区分所有者の団体(管理組合)は、区分所有者全員で構成される。

問3 ☑☑☑

　Aさんが、設例のマンションを購入したところ、契約不適合が見つかったため、売主に対して契約不適合責任を追及することとした。契約不適合責任に関する次の文章の空欄①〜④に入る語句または数値を〈語句群〉のイ〜ヌの中から選びなさい。

　民法の規定では、Aさんが種類または品質に関する契約不適合があることを知ったときから(　①　)年以内に通知すれば、売主に追完請求などをすることができ、またその契約不適合によって契約の目的が達成することができない場合は、(　②　)をすることができる。
　なお、売主が宅地建物取引業者でなければ、売主は契約不適合責任を一切負わないとする特約は(　③　)である。
　売主が宅地建物取引業者である場合は、「住宅の品質確保の促進等に関する法律」により、建物の一定部分について売主は引き渡し後(　④　)年間は責任を負うものとされている。

〈語句群〉	イ．1	ロ．2	ハ．5	ニ．10
	ホ．代金返還	ヘ．契約解除	ト．契約無効	
	チ．有効	リ．無効	ヌ．契約違反	

5 不動産の売買に関する税制等

本冊参照ページ
310ページ、
335、336ページ
351、352ページ

問1

解答

1. ×
2. ○
3. ○

1．不適切

被相続人居住家屋等確認書は、対象家屋の所在地を管轄する自治体が交付するもので、法務局ではない。なお、この確認書は、対象家屋が空き家であったことを証明する書類となる。

2．適切

本特例の適用を受ける場合は、相続発生時点で被相続人以外、対象家屋に居住者がいなかったことが要件となっているので、配偶者である母も例外ではない。

3．適切

本特例の適用を受けるための要件として、①家屋を解体すること、②家屋が現行の耐震基準に適合するように耐震改修工事を行うことの、いずれかを行った後の譲渡とされている。

問2

解答

1. ×
2. ×
3. ○

1．不適切

形状または効用の著しい変更を伴う共用部分の変更を行う場合は、区分所有者および議決権の各4分の3以上の多数による集会の決議が必要である。

2．不適切

　　管理人室や集会室など、構造上の独立性と利用上の独立性を備えた部分は、規約により共用部分とすることができる（規約共用部分）。

3．適　切

　　区分所有者は全員管理組合の構成員となる。

問3

解答

①　イ　　②　ヘ　　③　チ　　④　ニ

　2020年4月施行の改正民法では、種類または品質に関する契約不適合責任は買主が不適合があることを知ったときから1年以内に通知すれば追及することができる（改正前の民法では「1年以内に請求すること」となっていた）。また、その契約不適合によって、契約の目的が達成できなかった場合、契約解除をすることができる。

　ただし、請求期間が長期におよぶことも考えられることから、実務上は売主が宅地建物取引業者でなければ、「不動産の引き渡しの日から2カ月間に限り契約不適合責任を負う」や「売主は一切の契約不適合責任を負わない」とする特約も有効とされている。

　売主・買主が不適合を知っていたかどうかは問われない。

　なお、売主が宅地建物取引業者である場合は、「宅地建物取引業法」により、不動産の引き渡しから2年以上の期間で契約不適合の責任を負うこととされている。

　また、建物の一定部分については、「住宅の品質確保の促進等に関する法律」により、引き渡し後10年間の責任を負うものとされている。

6 不動産の法令上の規制と不動産の見方

【第6問】下記の問1〜問3について解答しなさい。

問1 ☐☐☐

下記〈資料〉は異なる指定建蔽率にまたがっている土地であるが、建築基準法の規制に従い耐火建築物を建てる場合の、建築面積の最高限度として正しいものはどれか。

なお、以下〈資料〉に記載のない条件については一切考慮しないものとする。

〈資料〉

①建蔽率　50%
②建蔽率　60%
①②とも準防火地域である

①建蔽率
50%
面積　100m²

②建蔽率
60%
面積　150m²

1．140m²

2．165m²

3．175m²

4．200m²

問2 □□□

定期借地権に関して説明した下表の空欄（　ア　）〜（　エ　）に入る適切な語句を語群の中から選び、その番号を答えなさい。

	一般定期借地権	建物譲渡特約付借地権	事業用借地権	
			更地返還型	任意型
存続期間	（　ア　）以上	30年以上	10年以上30年未満	（　イ　）以上50年未満
利用目的	制限なし	（　ウ　）	事業用に限る（居住用事業は不可）	
契約方法	（　エ　）契約	制限なし	公正証書による	公正証書による

〈語群〉

1．10年　2．20年　3．30年　4．50年　5．事業用に限る

6．居住用に限る　7．制限なし　8．書面による　9．公正証書による

問3 ☑☑☑

下記〈資料〉は吉田さんが所有する土地の登記事項証明書の一部である。この資料について述べた以下の記述で適切なものに○、不適切なものには×を記入しなさい。

〈資料〉

□□□□区　（□□□□□□□□に関する事項）			
順位番号	登記の目的	受付年月日・受付番号	権利者その他の事項
1	抵当権設定	平成21年5月20日 第1112号	原因　平成21年5月20日金銭消費貸借 同日設定 債権額　金2,800万円 利息　年1.75％（年365日日割計算） 損害金　年14.5％（年365日日割計算） 債務者 　千葉県○○市○○ 　吉田二三男 抵当権者　東京都○○区○○ 　　株式会社○△□銀行

※ 問題作成の都合上、一部空欄となっている

1．この資料は、所有権に関する事項を記載した権利部甲区である。

2．この土地には、○△□銀行が第1順位の抵当権を設定しているため、仮に複数の抵当権が設定されていた場合、第2順位以下の抵当権者より優先的に債務の弁済を受けられる。

3．抵当権が設定されたら、1カ月以内に登記を行う義務がある。

6 不動産の法令上の規制と不動産の見方

本冊参照ページ
313〜317ページ
327、328ページ　332ページ

問1

解答

2

　異なる指定建蔽率にまたがっている場合は、面積按分によって計算する。

　また、準防火地域内で耐火建築物を建築する場合は、建蔽率が10％緩和される。

①建蔽率50％の部分　→　50％＋10％＝60％

②建蔽率60％の部分　→　60％＋10％＝70％

建蔽率を面積で按分する。

$$60\% \times \frac{100\text{m}^2}{250\text{m}^2} + 70\% \times \frac{150\text{m}^2}{250\text{m}^2} = 66\%$$

建築面積の最高限度

$$250\text{m}^2 \times 66\% = 165\text{m}^2$$

問2

解答

（ア） 4　　**（イ）** 3　　**（ウ）** 7　　**（エ）** 8

	一般定期借地権	建物譲渡特約付借地権	事業用借地権	
			更地返還型	任意型
存続期間	50年以上	30年以上	10年以上30年未満	30年以上50年未満
利用目的	制限なし	〔制限なし〕	事業用に限る（居住用事業は不可）	
契約方法	書面あるいは電磁的記録による契約	制限なし	公正証書による	公正証書による
内　容	特約で契約の更新や建物買取請求権の排除ができる	30年以上後に地主に建物を譲渡する	契約更新はなし。建物買取請求権はなし	普通借地権に契約更新や建物買取請求権の排除をつける
借地権終了時の処理方法	原則として建物解体後、更地で返還	建物は地主名義に。借地人が引き続き使用すれば借家契約が開始	建物解体後、更地で返還	原則として建物解体後、更地で返還

問3

解答

1. ×
2. ○
3. ×

1. 不適切

　不動産登記簿には、表示に関する登記と権利に関する登記があり、表示に関する登記は表題部、権利に関する登記は権利部に記載されている。

　権利部の記載は、以下のように、甲区と乙区がある。

権利部甲区	所有権に関する事項 差押え・買戻し特約など
権利部乙区	所有権以外の権利に関する事項 抵当権・賃借権・地上権　など

　問題の資料のように抵当権について記載されているのは、権利部乙区である。

2. 適　切

　住宅ローンなどの借入金を返済できなくなったとき、金融機関はその不動産を競売にかけて売却し、資金を回収する。その権利を抵当権という。抵当権は一つの不動産に複数設定することができ、その順位は「順位番号」の欄に記載されている。この順位番号が早いほど優先的に債務の弁済を受ける権利がある。

3. 不適切

　表示に関する登記は、登記原因が発生してから1カ月以内に行う義務があるが、権利部の登記については義務がない。抵当権は口頭でも契約が成立するが、第三者に対抗するためには登記をする必要がある。

7 相続税と財産評価

【第7問】設例を読んで、問1〜問3について答えなさい。

> Aさん(80歳)は妻Bさん(75歳)とX市内の自宅で同居している。Aさんには長男Cさんと次男Dさんという息子がいる。Aさんは金融資産の他、自宅とその敷地甲、同市内に更地乙を所有しており、自宅と更地乙は長男Cさん、現預金は妻Bさん、有価証券は次男Dさんに相続させたいと考えている。自身に相続が起こった際の遺産分割で揉めることがないように相続対策をしておきたいと考え、ファイナンシャル・プランナーのSさんに相談をした。
>
> 〈Aさんの家族(推定相続人)〉
> 　妻Bさん(75歳)　Aさんと同居
> 　長男Cさん(53歳)会社員　Aさんと同居　独身
> 　次男Dさん(49歳)会社員　妻と2人の子供とX市内の持家に住んでいる
> 〈Aさんの所有資産(相続税評価額)〉
> 　1．現預金　　4,000万円　　　　2．有価証券　3,000万円
> 　3．自宅　　　敷地甲　300m²　　4．更地乙　　400m²

問1 □□□

Aさんの相続についてSさんが説明した次の記述の1〜3について、適切なものには○印を、不適切なものには×印を記入しなさい。

1．自宅を長男Cさんが相続しても、妻Bさんは遺産分割協議によって配偶者居住権(長期)を取得し、自宅に無償で住み続けることができます。これによって妻Bさんは自宅に住む権利も持ちながら、他の財産も取得することができます。

2．生前に遺言をすることで、指定分割の効果が期待できます。自筆証書遺言は全文を自書することが必要ですが、財産目録はパソコンでの作成も可能となりました。また、法務局の保管所に保管することで紛失の恐れが回避できますが、その場合も家庭裁判所での検認が必要です。

3．公正証書遺言は、書式の不備で無効になることや、紛失や第三者による破棄や変造などの不安もなく安心できます。作成の際は2人以上の証人の立ち合いが必要であるため、次男Dさんの妻と21歳の息子を証人とするとよいでしょう。

問2 □□□

2024年5月時点において、Aさんに相続が開始した場合における相続税の総額

を試算した下記の表の空欄①～③に入る最も適切な数値を求めなさい。なお、相続税課税価格の合計額は1億2,000万円とし、問題の性質上明らかにできない部分は□□□となっている。

相続税の課税価格の合計額（a）		1億2,000万円
	遺産に係る基礎控除額（b）	（　①　）万円
課税遺産総額（a）－（b）		□□□万円
相続税の総額の基となる税額		
	妻Bさん	（　②　）万円
	長男Cさん	□□□万円
	次男Dさん	□□□万円
相続税の総額		（　③　）万円

相続税の速算表（一部抜粋）

法定相続分に応じた取得価額		税率	控除額
1,000万円以下		10%	－
1,000万円超	3,000万円以下	15%	50万円
3,000万円超	5,000万円以下	20%	200万円
5,000万円超	10,000万円以下	30%	700万円
10,000万円超	20,000万円以下	40%	1,700万円

問3 □□□

　Aさんの相続に関する以下の文章の空欄①～④に入る最も適切な語句を、下記の〈語句群〉のイ～オの中から選びなさい。

　更地乙に賃貸アパートを建設して賃貸した場合、更地乙の評価額は（　①　）として評価される。評価額は（　②　）となる。また、その賃貸事業を相続した人が引き継ぎ、申告期限まで継続している場合、貸付事業用宅地として（　③　）までの評価額が50%となる評価減の適用を受けることができる。ただし、相続開始前（　④　）に新たに貸付事業の用に供された宅地等は特例の対象から除外される。なお、自宅の敷地甲と賃貸アパートを建てた更地乙の両方で小規模宅地等の評価減の特例の適用を受ける場合、対象面積は調整される。

〈語句群〉

イ．貸宅地　　ロ．貸家建付地　　ハ．借地権　　ニ．自用地評価額×借地権割合

ホ．自用地評価額×（1－借地権割合）

ヘ．自用地評価額×（1－借地権割合×借家権割合×賃貸割合）　　ト．400m²

チ．330m²　　リ．200m²　　ヌ．1年以内　　ル．6ヶ月以内　　オ．3年以内

---

7 相続税と財産評価

問1

解答

1. ○
2. ×
3. ×

1. 適切

　　配偶者居住権（長期）とは、相続開始の際、配偶者が相続財産である建物に居住していた場合、無償でその建物を使用することができる権利である。遺産分割協議、遺贈や死因贈与、家庭裁判所の審判によって取得することができる。

2. 不適切

　　法務局の保管所に保管する場合は検認手続きは不要である。自筆証書遺言とは本人がその全文と日付、氏名などを書いて押印して保管する遺言の方法である。なお、添付する財産目録はパソコン等での作成も可能である。費用や証人が不要で遺言の内容や存在を秘密にすることができる。その反面、形式の不備で無効となったり、第三者によって破棄・変造・隠匿される恐れなどもある。

3. 不適切

　　公正証書遺言は本人が公証役場で口述し、公証人が筆記して作成するが、2人以上の証人が必要である。なお、以下の者は証人になることができない。

　　①未成年

　　②推定相続人および受遺者ならびにこれらの配偶者及び直系血族

　　③公証人の配偶者、4親等内の親族、書記及び使用人

　　よって、推定相続人の次男Dさんの妻と長男は証人になることはできない。

問2

解答

①	4,800万円
②	520万円
③	960万円

①相続税の基礎控除の計算は以下のとおり。

　　3,000万円＋600万円×法定相続人の数

　　Aさんが亡くなった場合の法定相続人は、妻Bさん、長男Cさん、次男Dさんの3人であるため、3,000万円＋600万円×3人＝ 4,800万円 　となる。

②相続税の総額を計算する基となる税額を計算する際は、法定相続分で分けたとして相続人それぞれの税額を計算する。課税遺産総額は、12,000万円－4,800万円＝7,200万円なので、法定相続分は以下のとおり。

　　妻Bさん　　　2分の1　⇒　7,200万円×1／2＝3,600万円
　　長男Cさん　　4分の1　⇒　7,200万円×1／4＝1,800万円
　　次男Dさん　　4分の1　⇒　7,200万円×1／4＝1,800万円

法定相続分で分けたとした相続人それぞれの税額は、以下のとおり。

　　妻Bさん　　　3,600万円×20％－200万円＝ 520万円
　　長男Cさん　　1,800万円×15％－ 50万円＝220万円
　　次男Dさん　　1,800万円×15％－ 50万円＝220万円

③相続税の総額は②で計算した相続人各人の法定相続分による税額を合計する。

　　520万円 ＋220万円＋220万円＝ 960万円

問3

解答

① ロ
② ヘ
③ リ
④ オ

　更地乙に賃貸アパートを建設して賃貸した場合、更地乙の評価額は貸家建付地として評価される。評価額は自用地評価額×（1－借地権割合×借家権割合×賃貸割合）となる。また、その賃貸事業を相続した人が引き継ぎ、申告期限まで継続している場合、貸付事業用宅地として200m²までの評価額が50％となる評価減の適用を受けることができる。ただし、相続開始前3年以内に新たに貸付事業の用に供された宅地等は特例の対象から除外される。なお、自宅の敷地甲と賃貸アパートを建てた更地乙の両方で小規模宅地等の評価減の特例の適用を受ける場合、対象面積は調整される。

8 個人事業主の老後資金

【第8問】設例を読んで、下記の問１〜問３について答えなさい。

　Aさん（51歳）は、28年間勤めた会社を退職して、個人事業として飲食店を開業する予定である。可能な限りその飲食店を続けていきたいが、老後資金についての準備も進めておきたいと考えている。また、自分に万一のことがあった場合のことも考えて、会社員と自営業者の社会保険の違いも知りたいと思っている。そこで、Aさんは、ファイナンシャル・プランナーのZさんに相談することにした。Aさんとその家族に関する資料は、以下のとおりである。

〈Aさんに関する資料〉
(1)　Aさん（1973年4月10日生まれ）
　　・公的年金加入歴（予定含む）：20歳から23歳で就職するまでは国民年金未加入。23歳で会社員となり、現在にいたるまで厚生年金に加入、会社を退職後は60歳まで第１号被保険者として国民年金に加入。
(2)　妻Bさん（1974年5月11日生まれ）
　　・公的年金加入歴（予定含む）：大学卒業後からAさんと結婚するまでの5年間は、厚生年金保険に加入（60月）。結婚後は、国民年金に第３号被保険者となり、現在に至る。Aさんが退職後は第1号被保険者として国民年金に加入。
(3)　長男Cさん（20歳）大学生
※妻Bさん、長男Cさんは、現在および将来においても、Aさんと同居し生計維持関係にあるものとする。
※Aさんとその家族は、現在および将来においても、公的年金制度における障害等級に該当する障害の状態にないものとする。

問1 □□□

　Zさんは、Aさんが年金額を増やす方法として、「国民年金基金」について説明した。資料の表中の空欄に当てはまる数字または語句を答えなさい。

対象者	国民年金第１号被保険者 日本国内に住所がある60歳以上（　①　）未満の者や日本国内に住所がない20歳以上65歳未満の日本国籍を有する者で国民年金の任意加入被保険者
掛　金	最高（　②　）円／月（個人型確定拠出年金と合算して）
特　徴	掛金は全額（　③　）控除として所得控除となる 口数制で加入。1口目は（　④　）年金

問2 ☐☐☐

　Zさんが Aさんに説明した次の記述のうち、適切なものには○印を、間違っているものには×印を記入しなさい。

1．自営業者などが対象となる国民健康保険は、給付の内容は健康保険とほぼ同じですが、傷病手当金や出産手当金の給付はありません。
2．Aさんが国民健康保険の被保険者となった場合、妻Bさんは Aさんの被扶養者として国民健康保険の対象となります。
3．Aさんが現在の会社を退職後に死亡した場合は、妻Bさんに対して遺族厚生年金が支払われることはありません。

問3 ☑☑☑

　Aさんは現在の会社で企業型確定拠出年金に加入しており、退職に伴い、その資産を移管する必要がある。資産の移換や個人型確定拠出年金について、Zさんは以下の説明をした。空欄にあてはまる語句または数値を、下記の〈語句群〉のイ〜オの中から選びなさい。

　企業型確定拠出年金の加入者が退職して自営業者（国民年金の第1号被保険者）になる場合、（　①　）にその資産を移換し、個人型確定拠出年金（iDeCo）の加入者または運用指図者となります。個人型確定拠出年金（iDeCo）の加入要件は（　②　）であることです。Aさんの場合、60歳以降も国民年金の任意加入被保険者となれば、その間も加入者として掛金を拠出することができます。また、老齢給付金の受給開始時期は（　③　）の間で選択可能です。企業型から個人型への資産移換の手続きは、退職後、原則として（　④　）に行いましょう。

〈語句群〉
イ．企業年金基金　　ロ．日本年金機構　　ハ．国民年金基金連合会
ニ．20歳以上60歳未満　ホ．国民年金の被保険者　へ．20歳以上70歳未満
ト．60歳から65歳　　チ．60歳から70歳　　リ．60歳から75歳
ヌ．3カ月以内　　ル．6カ月以内　　オ．1年以内

8 個人事業主の老後資金

問1

解答

① 65歳
② 68,000
③ 社会保険料
④ 終身

　国民年金基金は自営業者やフリーランスのための年金制度で、掛金が全額社会保険料控除となるため、節税しながら老後資金の準備ができる制度である。「全国国民年金基金」と職種別で設立された「職能型国民年金基金」がある。掛金は給付の型、加入口数、加入時の年齢、性別によって決まる。1口目は終身年金だが、2口目以降は終身年金あるいは確定年金から選択可能である。

対象者	国民年金第1号被保険者 日本国内に住所がある60歳以上（①65歳）未満の者や日本国内に住所がない20歳以上65歳未満の日本国籍を有する者で国民年金の任意加入被保険者
掛　金	最高（②68,000）円／月（個人型確定拠出年金と合算して）
特　徴	掛金は全額（③社会保険料）控除として所得控除となる 口数制で加入。1口目は（④終身）年金

問2

解答

1. ○
2. ×
3. ×

1. 給付の内容は健康保険とほぼ同じであるが、原則として傷病手当金や出産手当金はない。なお、健康保険と異なり、業務上の病気やケガも給付対象となる。
2. 国民健康保険には被扶養者という概念はなく、全員が被保険者となるため、Aさんの妻Bさんも被扶養者ではなく被保険者として国民健康保険に加入する。

3．遺族厚生年金は「老齢厚生年金の受給権者、または受給資格期間を満たす者」が死亡した場合も支給される。この場合の受給権者、受給資格期間を満たす者は保険料納付済期間、保険料免除期間および合算対象期間を合算した期間が25年以上ある者に限られる。Aさんの場合は25年以上の保険料納付済期間があるため、老齢厚生年金が支給される。

【遺族厚生年金の死亡者の要件】

①厚生年金保険の被保険者

②厚生年金保険の被保険者の資格を喪失後、被保険者であった間に初診日がある傷病により、初診日から5年以内の者

③障害等級1級または2級の障害状態にある障害厚生年金の受給権者

④老齢厚生年金の受給権者、または受給資格期間を満たす者

　＊　①〜③の場合を短期要件、④の場合を長期要件といい、年金額の計算方法が異なる

問3

解答

① ハ
② ホ
③ リ
④ ル

　企業型確定拠出年金の加入者が退職して自営業者（国民年金の第1号被保険者）になる場合、国民年金基金連合会にその資産を移換し、個人型確定拠出年金（iDeCo）の加入者または運用指図者となる。個人型確定拠出年金（iDeCo）の加入要件は国民年金の被保険者であることです。Aさんの場合、60歳以降も国民年金の任意加入被保険者となれば、その間も加入者として掛金を拠出することができる。また、老齢給付金の受給開始時期は60歳から75歳の間で選択可能。企業型から個人型への資産移換の手続きは、退職後、原則として6カ月以内に行う。

9 生命保険の見直し

【第9問】設例を読んで、下記の問1〜問3に答えなさい。

> 　会社員のAさん（35歳）の家族構成は、専業主婦である妻Bさん（31歳）と長女Cさん（1歳）の3人である。マイホーム（戸建）を購入したのをきっかけに、生命保険の見直しをしたいと考えファイナンシャル・プランナーのZさんに相談した。今後のためになるべく保険料を少なくして大きな保障を得たいと考えている。
>
> 　Zさんが収集した情報の一部は、以下のとおりである。
>
> ※試算にあたっては、物価上昇率は考慮していない。
> ※設問の都合上、□□となっている箇所がある。

〈Aさんの必要保障額〉

(万円)

	現在	長女Cさん独立時	Aさん定年時
Aさん死亡時の年齢	35歳	56歳	60歳
Aさん死亡時の妻Bさんの年齢	31歳	52歳	56歳
Aさん死亡時の長女Cさんの年齢	1歳	22歳	26歳
日常生活費	（ ① ）	（ ② ）	5,208
家賃	－	－	－
住宅ローン	（ ③ ）	□□	□□
住宅修繕・リフォーム費用	1,000	1,000	200
租税公課	540	340	300
教育資金	1,200	0	0
結婚資金援助額	200	200	0
耐久消費財購入費用	500	300	250
その他（趣味・娯楽等）	2,200	1,200	1,000
車関連費用	1,500	900	600
死亡整理資金（葬儀費用等）	500	500	500
(a)遺族に必要な資金の総額	□□	□□	□□
遺族基礎年金	1,734	0	0
遺族厚生年金	3,800	3,480	3,240
妻Bさんの公的年金（老齢給付）	1,820	1,820	1,820
妻Bさんの就労収入	2,800	800	400
死亡退職金等	500	1,000	0
金融資産（現金・預貯金等）	200	1,400	1,700
(b)準備資金	10,854	8,500	7,160
必要保障額(a−b)	□□	□□	□□

〈支出に関する資料〉

　日常生活費：月額28万円（日常生活費以外の支出については、表のとおり）

　子どもの教育資金：1,200万円　　　子どもへの結婚援助資金：200万円

〈取得したマイホーム（戸建）に関する資料〉

　物件価格・・・・・・・3,700万円（取得時）

　資金調達方法・・・・・自己資金1,000万円　銀行からの借入金2,700万円

住宅ローンについて‥返済期間25年、毎年の返済額100万円

(三大疾病保障特約付団体信用生命保険に加入)

〈Aさんの現在加入している生命保険(死亡保険金受取人はすべて妻Bさん)〉

定期保険特約付終身保険:死亡保険金額2,500万円(内、終身保険部分100万円)

勤務先で加入の団体定期保険:死亡保険金額800万円

〈Aさんが60歳定年時に勤務先から支給される退職一時金〉

退職一時金:1,700万円

問1 □□□

下記条件を参考に、左ページの表の①〜③に入る数値を求めなさい。

必要保障額の計算の条件　(計算結果については万円未満四捨五入とする)

ⅰ)長女Cさんが独立する年齢は、22歳(大学卒業時)とする。

ⅱ)Aさん死亡後から長女Cさんが独立するまでの生活費は、現在の日常生活費の70%、長女Cさん独立後の妻Bさんの生活費は、現在の日常生活費の50%とする。

ⅲ)長女Cさん独立時の妻Bさんの平均余命は、35年とする。

問2 □□□

Aさんが今死亡した場合に支払われる保障額は、死亡保険金(団体信用生命保険は除く)と死亡退職金を合わせていくらか。Zさんが収集した情報、表から読み取りなさい。

問3 □□□

Zさんは次のような保険設計を検討している。Aさんの依頼内容を踏まえたうえで、適切なものには○印を、不適切なものには×印をつけなさい。

1. 現在の定期保険特約付終身保険を解約して、受取解約返戻金で保障が一生続く終身保険に一時払いで加入することを勧める。

2. Aさんの住宅ローンには、団体信用生命保険が付帯されており、Aさんが死亡した場合は保険金が住宅ローンに充当されるため、生命保険をすべて解約して、その分を老後に備えて貯蓄したほうが良い。

3. 必要保障額は長女Cさんの成長とともに逓減していくので、必要保障額に見合うよう、受取総額が逓減する収入保障保険や、期間の経過に応じて保険金額が減少する逓減定期保険に新規加入することを勧める。

9 生命保険の見直し

問1

解答

① 10,819

② 5,880

③ 0

　生命保険に新規に加入する場合や生命保険の見直しをする場合には、必要保障額を算出することが重要である。

〈Aさんの必要保障額〉 (万円)

	現在	長女Cさん独立時	Aさん定年時
Aさん死亡時の年齢	35歳	56歳	60歳
Aさん死亡時の妻Bさんの年齢	31歳	52歳	56歳
Aさん死亡時の長女Cさんの年齢	1歳	22歳	26歳
日常生活費	①〔10,819〕	②〔5,880〕	5,208
家賃	－	－	－
住宅ローン	③〔 0 〕	0	0
住宅修繕・リフォーム費用	1,000	1,000	200
租税公課	540	340	300
教育資金	1,200	0	0
結婚資金援助額	200	200	0
耐久消費財購入費用	500	300	250
その他(趣味・娯楽等)	2,200	1,200	1,000
車関連費用	1,500	900	600
死亡整理資金(葬儀費用等)	500	500	500
(a)遺族に必要な資金の総額	18,459	10,320	8,058
遺族基礎年金	1,734	0	0
遺族厚生年金	3,800	3,480	3,240
妻Bさんの公的年金(老齢給付)	1,820	1,820	1,820
妻Bさんの就労収入	2,800	800	400
死亡退職金等	500	1,000	0
金融資産(現金・預貯金等)	200	1,400	1,700
(b)準備資金	10,854	8,500	7,160
必要保障額(a－b)	7,605	1,820	898

①Aさん35歳時の遺族の生活費

　28万円×70%×12か月×(22歳－1歳)＋28万円×50%×12か月×35年

≒ **10,819万円**

②長女Cさん独立時の遺族の生活費

　28万円×50%×12か月×35年＝ **5,880万円**

③住宅ローン

　団体信用生命保険に加入しているため、住宅ローンの残債は保険金により完済される。よって、必要保障額の計算上、住宅ローンを必要資金に含める必要はなく、**0円**となる。

問2

解答

3,800万円

　Aさんが現在加入している定期保険特約付終身保険2,500万円、勤務先で加入している団体定期保険800万円、死亡退職金等（表より）500万円を合わせて**3,800万円**を遺族が受け取ることとなる。

問3

解答

1. ×
2. ×
3. ○

1．不適切

　現在加入している定期保険特約付終身保険を解約して受け取れる解約返戻金では、一時払いで買える終身保険の保険金額はわずかな金額である。それよりも、必要保障額に見合うよう、受取総額が逓減する収入保障保険や、期間の経過に応じて保険金額が減少する逓減定期保険に新規加入したほうが良い。

2．不適切

　団体信用生命保険は保険金でローン残高が相殺される保険で、遺族の生活保障までカバーしていない。生命保険をすべて解約すると、遺族の生活保障がなくなってしまうため、そのための保険を新たに検討することが必要になる。

3．適　切

　必要保障額の逓減に合わせて、死亡保障の金額（受取総額）が逓減する収入保障保険や逓減定期保険への加入は、有用な選択肢の1つである。また、いつでも同じ保険金額を受け取れる定期保険と比べると、一般的に保険料を抑えることができる。

10 遺族年金

【第10問】設例を読んで、下記の問1〜問3に答えなさい。

　　会社員のAさん（48歳）は、2024年5月4日に病気により死亡した。Aさんは、妻Bさん（46歳）、長男Cさん（大学1年生・19歳）、次男Dさん（高校1年生・16歳）との4人家族であった。

〈Aさんおよび家族に関する資料〉
Aさん
1975年11月4日生まれ
2024年5月4日死亡

厚生年金の加入歴　　2003年3月まで60月（平均標準報酬月額240,000円）
　　　　　　　　　　2003年4月から253月（平均標準報酬額500,000円）
国民年金の加入歴　　20歳から就職するまでは未加入

妻Bさん（会社員）年収360万円
1977年8月8日生まれ

厚生年金の加入歴　　2000年4月から2003年3月まで3年間（36月）加入
　　　　　　　　　　2013年4月から現在にいたるまで加入
国民年金の加入歴　　2003年4月から2013年3月までは第3号被保険者
　　　　　　　　　　20歳から就職するまでは第1号被保険者　保険料納付済

※妻Bさんは、60歳になるまで現在の勤務先で厚生年金に加入するものとする。
※妻Bさん、長男Cさん、次男Dさんは、いずれもAさんと同居し、生計維持関係にあった。
※全員、公的年金制度における障害等級に該当する障害の状態ではないものとする。
※上記以外の条件は考慮せず、各問に従うこと。

問1 □□□

　公的年金の遺族給付に関する以下の文章の空欄①〜③に入る最も適切な語句を、下記の語句群のイ〜リの中から選びなさい。なお、同じ語句を何度でも使ってよいものとする。

　（　①　）とは、一定の条件を満たす夫が亡くなった場合に、妻が受給する遺族厚生年金に加算される給付である。ただし、（　①　）が受け取れるのは、夫の死亡当時、妻が（　②　）歳以上（　③　）未満であること。夫の死亡当時、妻が（　②　）歳未満で子のある場合は、その妻が（　④　）歳になったときに、遺族基礎年金の遺族の要件に該当する子と生計を同じくしていた場合である。なお、遺族基礎年金が支給されている間は、（　①　）は支給停止になる。

〈語句群〉
イ．経過的寡婦加算　ロ．中高齢寡婦加算　ハ．振替加算　ニ．加給年金
ホ．20　ヘ．30　ト．40　チ．60　リ．65

問2 □□□
　妻Bさんが受給できる遺族厚生年金の年金額を、2024年度価額に基づいて求めなさい。計算については設例の条件および下記資料を参照すること。

遺族厚生年金の年金額 =（①＋②）×3／4
　①2003年3月以前の期間 = 平均標準報酬月額×7.125／1000×2003年3月以前の加入月数
　②2003年4月以降の期間 = 平均標準報酬額×5.481／1000×2003年4月以降の加入月数

加入月数が300カ月未満の場合は、300カ月とみなして計算する。

※計算過程においては円未満を四捨五入とし、解答の年金額は円単位とする

問3 ☑☑☑
　妻Bさんへのアドバイスとして述べた次の記述のうち、適切なものには○印を、不適切なものには×印をつけなさい。

1．遺族年金を受給している遺族が婚姻すると、遺族年金の受給権を失う。
2．妻Bさんは子が2人いるため、遺族基礎年金には子の加算が2人分加算される。
3．妻Bさんが65歳になって老齢厚生年金を受け取る権利が発生しても、遺族厚生年金を受け取っている場合は、老齢厚生年金を受け取ることはできない。

10 遺族年金

問1

解答

① ロ
② ト
③ リ
④ ト

　問題の説明文は、中高齢寡婦加算の説明をしている。

　中高齢寡婦加算の金額は、2024年度額で612,000円／年で、支給される要件は以下のとおり。

亡くなった夫の要件	短期要件、または20年以上厚生年金に加入した長期要件に該当する場合
支給される妻の要件	夫死亡当時、40歳以上65歳未満であること。夫の死亡時に、40歳未満の子のある妻は、その妻が40歳になったときに、遺族基礎年金の遺族の要件に該当する子と生計同一であること。 ただし、遺族基礎年金が支給されている間は支給停止

問2

解答

596,960円

　Aさんの条件を、計算式に当てはめて計算すると以下のとおりとなる。

①2003年3月以前の期間 $= (240{,}000円 \times 7.125 \, / \, 1000) \times 60月 = 102{,}600円$

②2003年4月以降の期間 $= (500{,}000円 \times 5.481 \, / \, 1000) \times 253月 = 693{,}346.5円$
(1円未満四捨五入して)　693,347円

$(102{,}600円 + 693{,}347円) \times 3 \, / \, 4 = 596{,}960.25円$
(1円未満四捨五入して)596,960円

なお、短期要件の場合は、加入月数が300カ月未満のときは、300カ月とみなして計算する。

問3

解答

1　○
2　×
3　×

1．適　切

遺族年金は、死亡者と生計維持関係にある一定の遺族に対して支給されるが、遺族（受給権者）が婚姻すると遺族年金の受給権を失う。

2　不適切

妻Bさんには子が2人いるが、遺族基礎年金が受けられる子の範囲には、18歳到達年度の末日まで、または1級・2級の障害状態であるときは20歳未満という要件があるため、長男Cさんは対象とならない。そのため、子の加算は1人分となる。

3　不適切

妻Bさんが65歳になると遺族厚生年金の額は、下記のA、Bのいずれか多い方とされる。その上で、まず老齢基礎年金と老齢厚生年金が支給され、老齢厚生年金の額がAまたはBの額より少ない場合、その差額が遺族厚生年金として支給されることになる（妻自身の老齢厚生年金が優先して支給されるため、遺族厚生年金は老齢厚生年金の額に相当する部分が支給停止され、その差額分のみが支給される）。

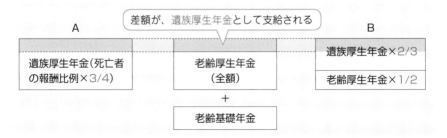

＜6つの係数表＞

　係数を使う問題は、実技試験でよく出題されます。数字を覚える必要はありませんが、使い方（本冊 31 ページ参照）を押さえておきましょう。

①終価係数表

	年利1%	年利2%	年利3%	年利4%	年利5%
1年	1.0100	1.0200	1.0300	1.0400	1.0500
2年	1.0201	1.0404	1.0609	1.0816	1.1025
3年	1.0303	1.0612	1.0927	1.1249	1.1576
4年	1.0406	1.0824	1.1255	1.1699	1.2155
5年	1.0510	1.1041	1.1593	1.2167	1.2763

②現価係数表

	年利1%	年利2%	年利3%	年利4%	年利5%
1年	0.9901	0.9804	0.9709	0.9615	0.9524
2年	0.9803	0.9612	0.9426	0.9246	0.9070
3年	0.9706	0.9423	0.9151	0.8890	0.8638
4年	0.9610	0.9238	0.8885	0.8548	0.8227
5年	0.9515	0.9057	0.8626	0.8219	0.7835

③年金終価係数表

	年利1%	年利2%	年利3%	年利4%	年利5%
1年	1.000	1.000	1.000	1.000	1.000
2年	2.010	2.020	2.030	2.040	2.050
3年	3.030	3.060	3.091	3.122	3.153
4年	4.060	4.122	4.184	4.246	4.310
5年	5.101	5.204	5.309	5.416	5.526

④減債基金係数表

	年利1%	年利2%	年利3%	年利4%	年利5%
1年	1.00000	1.00000	1.00000	1.00000	1.00000
2年	0.49751	0.49505	0.49261	0.49020	0.48780
3年	0.33002	0.32675	0.32353	0.32035	0.31721
4年	0.24628	0.24262	0.23903	0.23549	0.23201
5年	0.19604	0.19216	0.18835	0.18463	0.18097

⑤資本回収係数表

	年利1%	年利2%	年利3%	年利4%	年利5%
1年	1.0100	1.0200	1.0300	1.0400	1.0500
2年	0.5075	0.5150	0.5226	0.5302	0.5378
3年	0.3400	0.3468	0.3535	0.3603	0.3672
4年	0.2563	0.2626	0.2690	0.2755	0.2820
5年	0.2060	0.2122	0.2184	0.2246	0.2310

⑥年金現価係数表

	年利1%	年利2%	年利3%	年利4%	年利5%
1年	0.9901	0.9804	0.9709	0.9615	0.9524
2年	1.9704	1.9416	1.9135	1.8861	1.8594
3年	2.9410	2.8839	2.8286	2.7751	2.7232
4年	3.9020	3.8077	3.7171	3.6299	3.5460
5年	4.8534	4.7135	4.5797	4.4518	4.3295